마라톤 투자자 서한

First published in English under the title
Capital Returns; Investing Through the Capital Cycle: A Money Manager's Reports 2002-15
edited by Edward Chancellor, edition: 1
© Marathon Asset Management LLP 2016
© Introduction Edward Chancellor 2016
This edition has been translated and published under licence from Springer Nature Limited.
Springer Nature Limited takes no responsibility and shall not be made liable for the accuracy of the translation.
All rights are reserved.
Korean translation rights © Bookon 2025
Korean translation rights are arranged with Springer Nature Customer Service Center GmbH through AMO Agency, Korea.

이 책의 한국어판 저작권은 AMO 에이전시를 통해 저작권자와 독점 계약한 부크온에 있습니다.
저작권법에 의해 한국 내에서 보호를 받는 저작물이므로 무단 전재와 무단 복제를 금합니다.

마라톤 투자자 서한

1쇄 2025년 4월 15일

엮은이 에드워드 챈슬러
옮긴이 김상우

펴낸곳 (주)한국투자교육연구소 부크온
펴낸이 김재영
교열·감수 김경수, 이승호
편집·디자인 강이랑, 권효정
주소 서울시 영등포구 선유로9길 10, 문래 SK V1센터 1001호
전화 02-723-9004   **팩스** 02-723-9084
홈페이지 www.bookon.co.kr
블로그 blog.naver.com/bookonblog
이메일 book@itooza.com
출판신고 제2010-000003호(2008년 4월 1일 신고)

ISBN 979-11-983759-7-1 13320

◆ **부크온**은 한국투자교육연구소 아이투자(itooza.com)의 출판 브랜드입니다.
◆ 파손된 책은 구입하신 곳에서 교환해 드리며, 책값은 뒤표지에 있습니다.
◆ 무단전재나 무단복제를 금합니다.

'자본사이클'을 활용한 주식투자 성공 전략!

CAPITAL
마라톤
투자자 서한
RETURNS

에드워드 챈슬러 엮음 | 김상우 옮김

iTOOZA 부크온 BOOK On

영국 소재 투자관리 회사인, '마라톤 에셋 매니지먼트'에서 동사가 지향하는 투자법과 업계 동향에 대해 발간한 리포트 14년(2002~ 2015년) 치를 정리해서 엮은 책입니다. 저는 이 회사 출신 2인이 설립한 '노마드 투자조합'의 주주서한 모음집인 『노마드 투자자 서한』을 보면서 동사의 탁월함은 짐작하고 있었지만 정작 궁금했던 투자철학을 이 책으로 해결할 수 있어 너무 좋았습니다.

명저 『금융투기의 역사』의 저자인 에드워드 챈슬러는 (편집재량권을 보장받은 상태에서) 직접 선정한 리포트를 연도별로 단순 나열하지 않고 7개의 주제로 나눠 엮음으로써 이해하기 쉽게 또한 학습효과를 높여주었습니다.

마라톤은 '자본배분 능력이 뛰어난 경영자가 자본사이클을 잘 이해하는 기업에 투자하는 원칙'을 설립 이후 지금까지 지켜오고 있다고 하는데요. 전통적으로 정의된 가치주와 성장주 모두에서 투자 기회를 찾는 '마라톤의 투자법'을 어떤 관점과 방식으로 투자에 적용하고 있는지를 풍부한 실제 사례를 통해 배울 수 있습니다.

워런 버핏의 주주서한 모음집의 다른 버전이라고 해도 전혀 부족하지 않은 이 책을 자신 있게 추천합니다.

— 숙향, 『이웃집 워런 버핏, 숙향의 투자 일기』 저자

월스트리트의 돌고 도는 돈의 수레바퀴
삽화 : 데이비드 폴드바리(David Foldvari)

차 례

책을 펴내며 자본시장 작동방식에 대한 마라톤의 시각 010
책을 엮으며 마라톤의 자본사이클 투자철학 014

편집자 서문

자본사이클 분석의 기본 개념 017

'자본사이클' 작동방식에 주목하라 | 자본사이클의 실제 사례들 | 원자재 슈퍼사이클 | 자본적지출과 투자 수익은 반비례한다 | 평균회귀 | '자산 증가의 이례현상'을 야기하는 행동 편향들 | 경쟁 무시 | 내부 관점 | 외삽 추론 | 왜곡된 인센티브 | 죄수의 딜레마 | 자본사이클을 이용한 차익거래의 제약 | 마라톤의 투자 포인트 | '수요'보다는 '공급'에 초점을 맞춰라 | 산업 내 '경쟁 상황'을 파악하라 | 유혹적인 말에 항상 경계심을 가져라 | 중요한 것은 기업 경영진의 '자본배분 능력'이다 | '숲'을 볼 수 있어야 한다 | 장기적 투자규율이 필요하다 | 자본사이클이 작동되지 않는 경우 | 자본사이클 투자철학의 핵심 포인트 | 『마라톤 투자자 서한』 미리보기

| 1부 | 자본사이클 투자철학

1장

자본사이클 혁명   063

1.1 협력의 진화 2004년 2월 ｜ 1.2 대구 어업의 자본사이클 2004년 8월 ｜ 1.3 이번도 다르지 않다 2006년 5월 ｜ 1.4 슈퍼사이클의 재앙 2011년 5월 ｜ 1.5 맥주, 그 맛을 찾다 2010년 2월 ｜ 1.6 오일 피크 2012년 2월 ｜ 1.7 메이저 석유기업들의 고통 2014년 3월 ｜ 1.8 마라톤의 매수 후보 종목 2014년 3월 ｜ 1.9 성장 패러독스 2014년 9월

2장

성장 속의 가치   113

2.1 잘못된 꼬리표 2002년 9월 ｜ 2.2 장기게임 2003년 3월 ｜ 2.3 이중스파이 : 대리인 사업모델 2004년 6월 ｜ 2.4 디지털 해자 2007년 8월 ｜ 2.5 퀄리티에 주목할 때 2011년 8월 ｜ 2.6 반도체산업의 틈새시장 2013년 2월 ｜ 2.7 성장 속의 가치 2013년 2월 ｜ 2.8 경쟁에서 승리할 수 있는 기업 2014년 5월 ｜ 2.9 숨은 보석들 2015년 2월

3장

경영진이 중요하다   161

3.1 몇 가지 구조적인 문제점 2003년 9월 ｜ 3.2 경기순응적 기업 행동 2010년 8월 ｜ 3.3 '뛰어난 자본배분가' 비요른 왈루스 2010년 9월 ｜ 3.4 북쪽의 별들 2011년 3월 ｜ 3.5 경영진에 대한 보상 문제 2012년 2월 ｜ 3.6 행복한 가족 2012년 3월 ｜ 3.7 요한 루퍼트의 지혜와 유머 2013년 6월 ｜ 3.8 경영진을 직접 만나야 할 이유 2014년 6월 ｜ 3.9 기업문화가 중요한 이유 2015년 2월

| 2부 | 거품, 붕괴, 그리고 다시 거품

4장

언제나 대기 중인 사고들 221

4.1 언제나 대기 중인 사고들 : 앵글로아이리시은행 관련 기록 2002~2006년 | 4.2 부동산 사업자들만의 은행 2004년 5월 | 4.3 '자산 증권화'라는 이름의 연금술 2002년 11월 | 4.4 사모펀드 붐 2004년 12월 | 4.5 점점 부풀어오른 '거품' 2006년 5월 | 4.6 소포전달게임 2007년 2월 | 4.7 끝이 보이는 '부동산 축제' 2007년 2월 | 4.8 '도관'이 깨질 때 2007년 8월 | 4.9 140년 만에 보는 뱅크런 2007년 9월 | 4.10 은행의 7대 죄악 2009년 11월

5장

좀비의 출현 295

5.1 매수 타이밍 2008년 11월 | 5.2 스페인 '건설제국'의 해체 2010년 11월 | 5.3 피그(PIIGS)도 날 수 있다 2011년 11월 | 5.4 고장난 은행들 2012년 9월 | 5.5 지연된 '정화과정' 2012년 11월 | 5.6 자본사이클 작동을 방해하는 요인들 2013년 3월 | 5.7 '좀비기업'들이 계속 살아남는 이유 2013년 11월 | 5.8 피케티 교수, 안심해도 될 듯 2014년 8월

6장

차이나 신드롬   339

6.1 중국식 기법 2003년 2월 | 6.2 화려하기만 한 겉모습 2003년 11월 | 6.3 그럼에도 '계속 질주' 2005년 3월 | 6.4 레버리지게임 2014년 2월 | 6.5 돈을 벌 수 있는 기회? 2014년 9월 | 6.6 먼저 움직이는 자가 살아남는다 2015년 5월

7장

월스트리트의 속마음   371

7.1 항의서한 2003년 12월 | 7.2 그들만의 '파티' 2005년 12월 | 7.3 안심하게나, 먹을 것은 풍족하다네 2008년 12월 | 7.4 중국 탈출 2010년 12월 | 7.5 국회의사당을 점령하라 2011년 12월 | 7.6 '시민은행 그리드스핀' 2012년 12월 | 7.7 GIR과의 오찬 인터뷰 : 황금 궁전호텔이 청구한 계산서 2013년 12월

책을 펴내며

자본시장 작동방식에 대한 마라톤의 시각

 마라톤 에셋 매니지먼트Marathon Asset Management LLP는 곧 창립 30주년을 맞이한다.[1] 그동안 우리의 투자철학은 꾸준히 진화해 왔지만, 자본시장 작동방식에 관한 우리의 기본적인 생각 두 가지는 전혀 변함이 없었다.

 첫 번째 생각은 '고수익에는 자본이 유입되고, 저수익에는 자본이 유출된다'는 것이다. 이런 자본의 유입과 유출은 많은 경우 예측 가능한 방식으로 산업의 경쟁 환경에 영향을 미친다. 우리는 이를 자본사이클capital cycle(자본순환주기)이라고 부르려 한다. 우리가 하는

---

1) 마라톤은 1986년 설립됐다. 이 책을 출간한 2016년을 기준으로 보면 '30주년'이 되는 셈이다—옮긴이.

일은 이런 사이클의 역학을 분석하는 것이다. 요컨대 자본사이클이 작동할 때와 작동하지 않을 때가 언제인지를 알아내고, 이를 통해 고객을 위해 수익을 창출할 수 있는 방안은 무엇인지 알아내는 것이다.

변하지 않는 우리의 두 번째 생각은 '장기적으로 매우 중요한 것은 경영진의 자본배분 능력'이라는 것이다. 현명하게 자본을 배분하는 경영자를 찾는 일은 성공적인 주식 선정에 필요한 가장 중요한 일이다. 최고의 경영자는 해당 기업이 속한 산업에서 작동하는 자본사이클을 잘 이해하는 사람이며, 호황기에 흥분하는 법이 없다.

우리는 자본사이클 분석을 통해 창출할 수 있는 기회들이 종종 긴 잉태 기간을 필요로 한다는 것을 발견했다. 보상을 받는 시기가 불확실했기 때문이었다. 결과적으로 우리는 상대적으로 많은 수의 주식에 투자해 이 주식들을 장기간 보유할 때 우리의 방법이 가장 효과적이라는 사실을 알아냈다. 물론 이는 투자업계의 기질에 다소 반하는 것이다. 업계에서는 보유기간이 갈수록 짧아지고 있으며, 펀드매니저는 자신의 아이디어를 확신하며 집중된 포트폴리오를 선호한다.

우리는 우리 입장을 컨설턴트와 금융업계의 다른 전문가들에게 설명하는 데 가끔 어려움을 겪지만, 고객에게는 설명하기가 항상 더 쉬웠다. 우리 고객들—주로 미국의 연기금, 각 주의 기금, 재단, 기부금 운용펀드 등—은 금융회사가 아니라 일반 기업 경력을 가진 사람들을 임직원으로 채용하는 경우가 많은데, 이들에게 우리의 투자 과정을 설명할 때 이들이 공통적으로 자주 하는 말은 "그건 상식인데요"였다.

우리에게 참 다행인 것은, 투자업계의 우리 경쟁자들은 자본사이클 작동방식과 경영진의 자본배분 방식에 대한 우리의 생각을 그다지 따르지 않는다는 것이다. 이로 인해 전 세계적으로 우리의 투자 기회는 늘어났다. 오랜 세월 동안 우리는 많은 실수를 했지만, 상대 실적 면에서 우리의 전체적인 실적은 양호했다.

더욱이 우리의 투자법은 극단적인 스트레스 상황과 시장의 광기 속에서도 효과적이었다.

1990년대 말 아시아 금융위기와 밀레니엄 전환기의 TMT technology media, telecoms버블에 대해서는 우리의 지난번 보고서 모음집 『자본계정Capital Account』[2)에서 다룬 바 있다. 주요 내용은 세계금융위기Global Financial Crisis, GFC로 이어지게 된 과정과 그 재앙적 여파에 관한 것이다. 그리고 이것이 펀드매니저들에게 어떤 과제를 제시하고 있느냐 하는 것이다.

우리 역시 경영진을 잘못 골랐던 여러 실수는 물론이고, TMT버블과 세계금융위기의 파편 속에서 '떨어지는 칼날'을 잡는 많은 어이없는 실수를 범하기도 했다. 베어 스턴스Bear Stearns, 브래드포드 앤 빙리Bradford & Bingley, 블록버스터Blockbuster, MBIA, HMV 등등이 우리의 '불명예의 전당'을 장식하고 있다.

그럼에도 우리의 전체적인 실적은 만족스러웠으며, 우리 투자철학의 견고함을 확신할 수 있게 해주었다.

이런 행운과 함께 우리는 에드워드 챈슬러에게 지난 보고서 모음

---

2) 에드워드 챈슬러(Edward Chancellor) 엮음, 『자본계정: 1993~2003년 격동의 10년에 대한 마라톤 에셋 매니지먼트 보고서(Capital Account: A Money Manager's Reports on a Turbulent Decade 1993-2003)』 (2004).

집에 이어 이번 2002~2015년 보고서 모음집도 편집해주고, 더불어 통찰력 있는 서문을 써달라고 설득하는 데 성공했다.

우리는, 과거와 현재 모든 마라톤 임직원과 함께 이 회사를 키우고, 이 책을 출간하는 데 힘써 준 에드워드 챈슬러에게 깊은 감사를 드린다.

닐 오스트러Neil Ostrer, 마라톤 공동창업자
윌리엄 아라William Arah, 마라톤 공동창업자

책을 엮으며

마라톤의
자본사이클 투자철학

『마라톤 투자자 서한Capital Returns』은 내가 편집에 참여했던 마라톤의 『자본계정Capital Account』 이후 10년 만에 출간된 책이다. 이번 책도 전작인 『자본계정』과 같은 맥락에서 준비되고 출간되었다.

이 책에 수록된 글들은 1년에 8번 발간되고, 대개의 경우 5~6쪽 분량의 보고서 6개 정도를 수록한 마라톤의 〈글로벌 인베스트먼트 리뷰Global Investment Review〉에 실렸던 글들 중에서 고른 것이다. 마라톤에서는 줄여서 'GIR'이라고 부르고 있는 〈글로벌 인베스트먼트 리뷰〉는 마라톤 고객들에게 회사의 투자법을 소개하고 투자업계 동향에 대한 다양한 정보를 제공하기 위한 것이다.

이 책에 수록된 글들은 마라톤의 자본사이클 투자철학을 가장 잘 보여주는 글들이며, 바로 그런 이유로 선정된 글들이다.

그리고 우리는 일반 투자대중(그리고 방정식과 수학모델이 없는 책도 읽을 수 있는 좀 특이한 이코노미스트들)은 우리의 투자철학에 다소 관심이 있을 것으로 보고 있다.

이 책에 수록한 글을 고르는 과정은 투자업계에서 말하는 이른바 '생존 편향survivorship bias'에서 자유롭지 못했다. 다시 말해 시간의 검증을 통과하지 못했거나 완전히 틀린 것으로 밝혀진 글들은 버려졌고, 보다 나은 투자 판단이나 예측이 된 글들은 도태를 피했다.

이는 마라톤이 실제보다 더 선견지명이 있는 것처럼 보이게 만들 수 있다. 하지만 곧 알 수 있을 것이다. 마라톤의 보고서 중에는 쓸모없는 글이 훨씬 많다는 것을 말이다.

나의 의도는 마라톤의 선견지명을 강조하려는 것이 아니라, 지난 10년 동안 마라톤의 애널리스트들이 적용한 자본사이클 분석의 흥미로운 사례를 찾으려는 것이다.

전작과 마찬가지로 나는 이번에도 자유로운 편집재량권을 부여받았고, 이전과 동일한 기법을 사용했다. 요컨대 나는 원래 글보다 가독성을 높이는 방향으로 텍스트를 편집했다.

그런데 오래전에 쓴 글들을 편집하다 보니 어쩔 수 없이 '사후 편향hindsight bias'에 빠질 수밖에 없었고, 이 때문에 『마라톤 투자자 서한』은 그 자체로 온전한 원천자료가 될 수는 없을 것이다. 그러나 내가 목표로 한 것은 원문의 의미를 유지하면서 자본사이클 분석을 가능한 명확하게 설명하는 것이다.

이 책에 수록된 보고서들의 작성자들은 알파벳 순으로 찰스 카터Charles Carter, 데이비드 컬David Cull, 마이크 고드프리Mike Godfrey, 제러

미 호스킹Jeremy Hosking, 닉 롱허스트Nick Longhurst, 줄스 모트Jules Mort, 마이클 닉슨Michael Nickson, 닐 오스트러Neil Ostrer, 제임스 세돈James Seddon, 닉 슬립Nick Sleep, 마이크 테일러Mike Taylor, 사이먼 토드Simon Todd, 그리고 콰이스 자카리아Qais Zakaria이다.

『마라톤 투자자 서한』을 편찬함에 있어 나는 전작보다 훨씬 많은 도움을 받았다. 사이먼 토드Simon Todd는 여러 면에서 가장 힘들었던 보고서 선정작업을 용감하게 함께해 주었다(선정과정에서 검토해야 할 보고서가 600개가 넘었다). 퀜틴 카루더스Quentin Carruthers는 1차 편집 작업을 수행해 주었고, 윌리엄 맥레오드William MacLeod는 주석을 편집하는 데 도움을 주었다. 니콜라 릴리Nicola Riley는 꼼꼼히 여러 행정업무를 도맡아주었다. 브리짓 휴이Bridget Hui는 오탈자 교정에 큰 도움을 주었다.

『자본계정』과 마찬가지로 이번 책도 대부분 나의 친구이자 전 동료였던 찰스 카터Charles Carter의 작품이다. 이번 책에서 그와 다시 일하게 된 것은 나에게 정말 큰 기쁨이었다.

에드워드 챈슬러

편집자 서문

자본사이클 분석의 기본 개념

CAPITAL RETURNS

이 책은 마라톤 에셋 매니지먼트의 투자 전문가들이 쓴 보고서를 엮은 모음집이다. 내가 보기에 이 보고서들의 두드러진 특징은 자본의 유출과 유입에 분석적 초점을 맞추고 있다는 것이다.

일반적으로 자본은 고수익 사업으로 유입되며, 수익이 자본비용 밑으로 떨어지면 자본은 유출된다. 이런 자본 유출입 과정은 정적인 과정이 아니라 주기적인 과정이다. 자본은 끊임없이 흐른다.

자본의 유입은 신규 투자로 이어지는데, 이런 투자는 시간이 감에 따라 해당 산업의 생산능력을 증대시킨다. 하지만 결국에는 (공급과잉으로) 수익을 억누르게 된다. 이에 반해 수익이 낮으면 자본은 유출되고, 따라서 생산능력은 감소하게 된다. 그러면 시간이 가면서 (공급부족으로) 수익성은 회복된다.

전체 경제 관점에서 보면, 이런 자본의 주기적 순환은 슘페터의 '창조적 파괴creative destruction'와 비슷하다. 호황에 이어 발생하는 불황은 호황기에 발생한 잘못된 자본배분을 청소하는 기능을 하기 때문이다.

마라톤이 사용하는 용어인 '자본사이클' 접근법의 핵심은 한 산업에서 이용되는 자본의 양적 변화가 미래의 수익에 어떤 영향을 미칠지 이해하는 것이다. 요컨대 자본사이클 분석은 한 기업이 속한 산업의 공급 측면에서의 변화가 그 기업의 경쟁력에 어떤 영향을 미치는지 살펴보는 것이다.

하버드 경영대학원의 마이클 포터Michael Porter 교수는 자신의 저서 『마이클 포터의 경쟁전략Competitive Strategy』에서 "경쟁전략을 수립할 때 핵심은 기업을 그 기업의 환경과 일치시키는 것이다"라고 한 바 있다.[1] 포터는 기업의 경쟁우위에 영향을 미치는 '5대 요인five forces'을 소개한 것으로 유명한데, 그 5대 요인은 '공급자의 협상력', '구매자의 협상력', '대체재의 위협', '기존 업체들 간 경쟁 강도', '신규 진입자의 위협'이다.

결국 자본사이클 분석이란 시간이 감에 따라 경쟁우위가 어떻게 변하는지를 투자자 관점에서 분석하는 것이다.

'자본사이클' 작동방식에 주목하라

자본사이클 작동방식은 다음과 같다. 매크로 인더스트리스Macro Industries(이하 매크로)라고 하는 가상의 한 소형가전 부품 제조사가 있

---

[1] 마이클 포터, 『마이클 포터의 경쟁전략(Competitive Strategy)』 (1980), p. 3. 『자본계정(Capital Account)』, pp. 6~7 참고.

다고 해보자. 매크로의 사업은 잘되고 있었다. 너무 잘되고 있어서 회사 수익이 회사의 자본비용을 초과했다.

매크로의 CEO 윌리엄 블레위스트-하드William Blewist-Hard는 최근 〈포춘Fortune〉의 표지인물로도 나왔다. 그의 스톡옵션은 큰돈이 되었고, 그의 부인은 이제 더 이상 지루한 기업가와 결혼한 것에 불평하지 않게 되었다. 매크로 주식 분석을 담당하고 있는 9명의 투자은행 애널리스트들 중 7명은 매수를 추천하고 2명은 보유를 추천하고 있다. 현재 매크로 주식의 주가수익배수PER는 14배로 시장 평균보다 낮으며, 여러 유명한 가치투자자들이 매크로 주식을 보유하고 있다.

매크로의 전략 담당 부서는 1인당 소형가전 부품 소비가 선진국의 1/10도 안 되는 신흥국시장에서 소형가전 부품에 대한 수요가 특히 강할 것으로 예상하고 있다. 매크로의 CEO 블레위스트-하드는 이사회와 협의한 후, 증가하는 수요에 맞추기 위해 향후 3년에 걸쳐 회사의 생산능력을 50% 높이겠다는 계획을 발표했다. 그리고 이에 필요한 자본적지출 자금을 조달하기 위해 유력 투자은행 그리드스핀Greedspin(탐욕greed을 풍자하기 위해 사용한 가상의 투자은행)이 매크로의 유상증자 주관사가 되기로 했고, 블레위스트-하드와 가까운 친구인 그리드스핀의 스탠리 천Stanley Churn(잦은 매매churn를 풍자하기 위한 가상의 투자은행가)이 그 일을 책임지기로 했다. 매크로의 사업 확장은 〈파이낸셜타임스Financial Times〉의 '렉스 칼럼'에서 환영을 받았다. 사업 확장 계획 발표에 따라 매크로의 주가 역시 상승했다. 그리고 이익 증가 전망에 고무된 성장주 투자자들은 매크로 주식을 매수하기 시작했다.

5년 후, 〈블룸버그Bloomberg〉는 매크로의 CEO가 기업전략을 둘러싸고 행동주의 주주들과 오랜 불화를 겪은 끝에 사임했다고 보도했다. 헤지펀드 팩태스틱 인베스트먼트Factastic Investment(사실fact을 강조하는 펀드라는 의미의 가상의 헤지펀드)가 주도하는 행동주의자들은 매크로에게 실적이 저조한 사업은 중단할 것을 요구했다. 매크로의 이익은 급락했고, 주가도 지난 12개월 동안 46%나 하락했다. 애널리스트들은 매크로의 문제가 과도한 사업 확장―특히, 노스캐롤라이나주 더햄의 25억 달러짜리 신규 공장 건설이 지연되면서 예산이 초과된 것―에서 비롯되었다고 지적했다.

현재 소형가전 부품시장은 과도한 공급에 시달리면서 침체에 빠진 상태다. 매크로의 오랜 경쟁자들도 최근 몇 년간 생산능력을 키웠고, 다이내믹 산업을 포함한 많은 저비용의 신규 생산자들도 시장에 진입했다. 다이내믹 산업의 주가도 작년 기업공개(IPO) 이후 계속 실망스러운 실적을 보였다.

소형가전 부품시장은 최근 신흥국시장의 둔화로 침체에 시달리고 있다. 소형가전 부품의 세계 최대 소비국인 중국은 지난 10년 동안 자국 내 생산을 크게 늘렸으며, 최근에는 순수출국이 되었다.

최근 매크로는 최대 경쟁사와의 합병을 고려하고 있는 것으로 보도되었다. 매크로 주식은 장부가 미만(PBR 1.0 미만)의 가격에 거래되고 있지만, 애널리스트들은 단기적으로 주가가 반등할 조짐은 없다고 보고 있다. 아직도 매크로를 분석하고 있는 3개의 증권사 중 2개 증권사는 매도를, 그리고 1개 증권사는 보유를 추천하고 있다.

이 가상의 소형가전 부품 제조사의 부침은 전형적인 자본사이클을 보여주고 있다.

현재의 높은 수익성은 우호적인 산업 환경과 자신의 능력을 혼동하는 경영자들에게 과도한 자신감을 불어넣어주는 경우가 많다. 이는 끊임없이 업계 영웅과 악당들을 찾는 미디어에 의해 조장된 실수다.

투자자와 경영자는 모두 수요를 예측하려고 하는데, 호황기에 수요 예측은 너무 낙관적인 경향이 있다. 반면에 불황기에는 과도하게 비관적인 경향이 있다.

높은 수익성은 한 산업의 자본규율을 느슨하게 한다. 수익이 높을 때 기업들은 자본적지출을 늘리는 경향이 있으며, 경쟁자들도 이를 따라간다. 이들 모두가 똑같이 자신 있거나, 아니면 그저 시장점유율을 잃고 싶지 않아서일 수 있다.

또한 CEO의 보수는 회사 이익이나 시가총액에 따라 책정되는 경우가 많기 때문에 경영자들은 회사 자산을 늘리려는 동기를 갖게 된다.

한 기업이 대규모 생산능력 확장계획을 대대적으로 발표하면, 주가가 상승하는 경우가 많다. 그리고 성장주 투자자들은 성장을 좋아하고, 모멘텀 투자자들은 모멘텀을 좋아한다.

투자은행가들은 호황기에는 생산능력 확대를, 불황기에는 산업 구조조정을 도우면서 자본사이클이 원활히 돌아가도록 윤활유를 뿌리는 역할을 한다. 그리고 투자은행의 애널리스트들은 고성장하는 인기 있는 업종을 담당하기를 원한다(주식 거래량이 많을수록 받는 수수료도 많아진다).

은행가들은 기업이 자본적지출 자금을 조달하기 위해 하는 기업공개와 2차 상장(유상증자) 업무를 맡아서 수수료를 챙긴다. M&A 은행가나 증권사 애널리스트들은 장기적인 결과에는 관심이 없다. 투자은행가들의 인센티브가 단기적인 보상(보너스)에 쏠려 있기 때문에, 어쩔 수 없이 이들의 시간지평도 근시안적이다.

이는 단지 인센티브만의 문제가 아니다. 애널리스트와 투자자들 모두 현재 추세를 추정하는 데 열중한다. 순환적인 세상cyclical world

그림 A-1 | 산업의 자본사이클

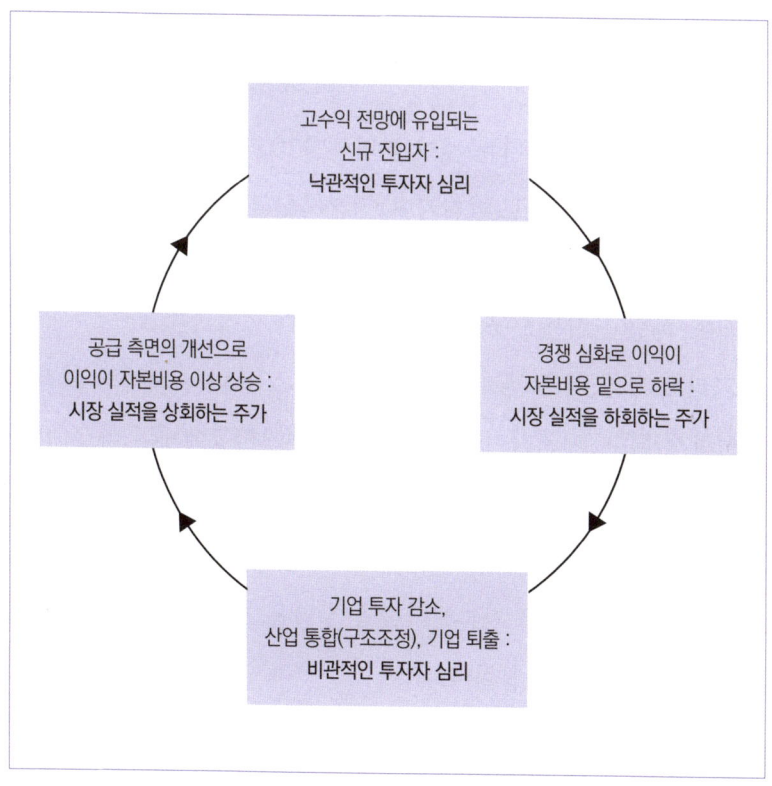

자료 : 마라톤

에서 이들은 선형적으로^{linearly} 사고한다.

또한 매크로의 사례는 자본적지출의 증가와 그것이 공급에 미치는 영향 사이에 일정한 시차가 있음을 보여주는데, 이는 자본사이클의 고유한 특징이다.

투자와 신규 생산 사이에 시차가 있다는 것은 공급의 변화가 불연속적으로 울퉁불퉁 발생하고(즉, 공급곡선은 경제학 교과서에 그려진 것처럼 그렇게 부드럽지 않다), 과도하게 발생하는 경향이 있다는 것을 의미한다. 사실, (투자 이후) 공급과 생산의 변화가 발생하기까지 존재하는 시차에 따른 시장의 불안정성은 이미 오래전부터 경제학자들이 인식하고 있던 문제였다('거미집이론$^{cobweb\ theorem}$'이 바로 그것이다).

생산능력이 과도하다는 것이 분명해지고 과거의 수요 예측이 너무 낙관적이었던 것으로 밝혀지면, 자본사이클은 반전된다.

이익이 급락함에 따라 경영진이 교체되고, 자본적지출은 대폭 축소되며, 해당 산업은 구조조정되기 시작한다.

그리고 그에 이은 투자 감소와 공급 축소는 이익 회복의 여건을 조성하게 된다. 자본사이클을 이해하는 투자자들에게는 바로 이때가 크게 하락했던 주식이 잠재적으로 흥미로워지는 순간이다.

그러나 증권사 애널리스트들과 단기적인 시간지평을 가진 투자자들은 일반적으로 이런 자본사이클의 전환을 포착하지 못하고 단기적인 불확실성에 사로잡힌다.

자본사이클의 실제 사례들

앞에서 설명한 자본사이클은 다소 단순한 것처럼 보일 수도 있지만, 이는 매우 공통적인 현상이다. 특히 반도체와 항공 같은 일부 산업은 극심한 자본사이클을 겪기 쉽고, 그 결과 생산능력이 자주 과도해지고 투자 수익 역시 기대에 미치지 못하게 된다.[2]

지난 몇십 년 동안 우리는 여러 산업에서 이런 호황-불황boom-bust의 과정을 목격했다. 마라톤의 전작 『자본계정』은 1990년대 말 TMT버블 당시 벌어졌던 잘못된 수요 예측과 과잉투자에 대해 설명한 책이다.

버블 당시 많은 통신회사들telecom companies은 인터넷 트래픽이 100일마다 2배로 늘어날 것이라는 잘못된 가정에 입각해 사업을 했다.

이런 전망은 월드컴WorldCom, 글로벌 크로싱Global Crossing, 그리고 오래전에 잊힌 수많은 '대안 통신사업자들alternative carriers(당시에는 이들을 기간 통신사업자와 구분해 마이너 텔레콤minor telecom이라고 했다)'의 막대한 자본적지출을 정당화하는 데 이용되었다.

그러나 거품이 꺼진 후 자본이 잘못 배분되었다는 것이 드러났고, 그 후 수년 동안 통신사업자들은 그 막대한 과잉투자로 고통을 받았다. (그들이 비싼 비용을 들여 깔아 놓은 광섬유 케이블의 상당 부분은 사용되지 않기 때문에 이를 '불 꺼진 광섬유dark fibre'라고 했다.)

버블 붕괴 후, 다양한 산업에서 많은 자본사이클이 발생했다. 대

---

[2] 반도체 경기에 대한 보다 자세한 내용은 2.6 '반도체산업의 틈새시장' 참고.

표적인 예는 글로벌 해운산업이다.[3]

2001년에서 2007년 사이 파나맥스급^{Panamax} 선박의 일일 운임이 10배로 치솟았다. 중국의 세계 무역 점유율이 급증하면서 해운 수요를 자극했기 때문이다.

조선산업의 신규 주문은 일일 현물 운임과 강한 상관관계가 있다. 즉각적이지는 않더라도, 일일 현물 운임에 반응해 선박 공급이 이루어진다. 하지만 신규 선박 주문이 인도되는 데는 시간이 3년까지도 걸린다.

2004년에서 2009년 사이 글로벌 건화물 선박$^{dry\ bulk\ fleet}$의 재화중량톤수$^{deadweight\ tonnage}$는 7,500만 톤에서 1억 5,000만 톤으로 2배로 증가했다.[4] 이렇게 선박의 신규 공급이 가파르게 증가한 상황에서 세계 경기가 둔화되자, 파나맥스 일일 운임은 결국 90% 하락했다. 이는 결과적으로 지난 10년 동안 글로벌 해운산업이 올렸던 모든 이익을 완전히 잠식해 버렸다. 세계금융위기가 시작되기 전인 2007년 여름 해운업에 투자한 투자자라면 투자금의 2/3를 날려버린 셈이 된다. 단적인 예로 덴마크의 머스크그룹$^{Maersk\ Group}$ 같은 세계적인 해운사의 주가도 비슷한 수준으로 하락했다.

호황기에 주문했던 신규 선박들은 경기가 하락한 후에도 한참 동

---

3) 로빈 그린우드(Robin Greenwood)와 새뮤얼 핸슨(Samuel Hanson)의 2013년 전미경제연구소(National Bureau of Economic Research, NBER) 보고서, 「선박 가격의 급등과 투자(Waves in Ship Prices and Investment)」 참고.

4) DNB 마켓(DNB Markets)의 2013년 4월 8일 보고서, 「해운업 보고서: 마침내 공급이 우세해졌지만 현물 운임이 풀릴까(Shipping Sector Report: Supply Finally Conquered but will Spot Rates be Liberated?)」

안 계속 인도되었다. 이 글을 쓰는 2015년 현재, 해운산업은 열악한 설비가동률capacity utilization과 낮은 운임으로 여전히 고통을 겪고 있는 중이다.

2002년 상승하던 주택 가격은 미국 주택건설산업에 또 다른 자본 사이클을 유발했다.

2006년 미국 주택버블이 정점에 달했을 때 신규 주택의 과잉 재고는 신규 가계 구성에 따른 수요를 충족시키는 데 필요한 연 공급량의 5배에 달했다.

부동산시장이 훨씬 더 활황이었던 스페인과 아일랜드의 경우는 주택시장 호황 이전 연평균 공급량의 약 15배에 해당하는 과잉 주택 재고를 갖게 되었다.

주택시장 호황은, 한창 진행 중일 때는 언제나 장밋빛 인구학적 전망으로 정당화되었다. 스페인의 경우 당시 이민자 유입은 주로 부동산 호황에 따른 것으로 밝혀졌는데, 부동산 거품이 꺼지고 스페인 경제가 불황에 들어가자 수십만 명의 외국인이 스페인을 떠났다.

자본사이클의 역학을 무시했던 몇몇 유명한 '가치투자자'들도 주택버블 붕괴로 예상치 못한 타격을 받았다.

2006년 미국 주택 가격이 고점을 치기 이전 몇 년 동안 주택건설 업자들은 빠르게 자산을 늘렸다. 그리고 주택시장 거품이 꺼진 후, 이 자산들은 모조리 상각처리되었다. 결과적으로 주택건설회사들이 역대 최저점을 향해 가면서 장부가 근처에서 거래되고 있을 때인 주택건설붐 말기에 미국 주택건설회사 주식을 매수한 투자자들은 막대한 손실을 보고 말았다.[5]

자본사이클 시각에서 볼 때, 영국과 호주도 비슷한 주택시장 거품을 겪었지만 결과는 달랐다. 특기할 만한 것은 주택건설에 대한 엄격한 규제가 거품에 대한 공급 반응을 막았다는 사실이다. 대체로 이로 인해 세계금융위기 이후 영국과 호주의 부동산시장은 빠르게 회복했다.[6]

원자재 슈퍼사이클

증권사들이 말하는 이른바 원자재 '슈퍼사이클supercycle'은 2002년 닷컴버블 붕괴 후 저금리 시대에 발생했다(1.3 '이번도 다르지 않다'와 1.4 '슈퍼사이클의 재앙' 참고).

원자재 가격의 상승은 대규모 투자로 꾸준히 두 자릿수의 연간 GDP 성장률을 기록하고 있던 중국에 의해 더욱 가속화되었다. 세계금융위기 이후 중국의 GDP 대비 투자 비중은 훨씬 증가해 GDP의 50%까지 상승했다. 2010년에 이르러 중국은 철광석, 석탄, 아연, 알루미늄을 포함한 여러 원자재의 전 세계 수요의 40% 이상을 차지하게 되었다. 이런 원자재에 대한 점증하는 중국의 수요 비중은 이

---

5) 예를 들어, 미국의 대형 주택건설회사 KB홈스(KB Homes)는 2001년에서 2006년 사이 자산이 연평균 28% 증가했다. 2006년 여름에 와서, KB홈스의 주가는 장부가 대비 1.2배 수준이었다. 이런 점에서 볼 때, KB홈스의 장부가는 85% 하락했으며, 고점에서 이미 상당히 떨어진 주가도 추가로 75% 더 하락했다.

6) 영국의 주택 공급이 영국 주택시장의 거품에 반응하지 않았기 때문에 지난 10년 동안 영국 주택건설주식의 실적이 미국 주택건설주식의 실적보다 상대적으로 우수했다.

후 훨씬 더 커졌다.[7] 결국 이런 상품과 그 외 몇몇 상품의 가격은 거품 수준이라고 할 수 있을 정도로 역대 추세를 훨씬 넘는 수준까지 상승했다.[8]

원자재 가격이 상승하자, 전 세계 광업회사들의 수익성도 상승했다. 이들의 사용자본이익률return on capital employed, ROCE은 2000년대 초 7.5% 수준에서 2005년 35%까지 치솟았고, 세계금융위기 이후에는 20%까지 반등했다.[9]

리먼브라더스 파산 이후에도, 대부분의 애널리스트들은 중국 경제가 미국 경제를 따라잡고 결국엔 추월할 것이라는 전망을 근거로, 최근의 원자재 수요 증가가 먼 미래까지 계속될 것으로 추론했다.

이와 같은 원자재 가격 상승, 강한 수익성, 그리고 견고한 미래 수요 전망 같은 요인들이 결합되면서 광산업자들은 생산 증가에 박차를 가했다.

미 달러화 기준 전 세계의 연간 광산 생산량은 2000년에서 2011

---

[7] 샌포드 C. 번슈타인(Sanford C. Bernstein)은 2000년에서 2013년 사이 철광석의 총 수요 증가분의 92%가 중국에서 발생했다고 추산했다. 「미국의 금속과 광산업: 슈퍼사이클… 슈퍼사이클은 어디에 있나(US Metals and Mining: Super-cycle … Where is the Super-Cycle?)」 2014년 7월 참고.

[8] 내가 전에 근무했던 보스턴의 투자회사 GMO에서는 자산가격의 거품을 추세보다 2 표준편차 높은 것으로 계산했다. 2010년 철광석은 추세보다 4.9 표준편차, 석탄은 4.1 표준편차, 아연은 1.9 표준편차, 알루미늄은 1.4 표준편차 높은 가격이었다. 제러미 그랜섬(Jeremy Grantham), 「깨어날 시간: 풍부한 자원과 가격 하락의 시대는 영원히 끝났다(The Time to Wake Up: Days of Abundant Resources and Falling Prices Are Over Forever)」, GMO, 2011년 4월.

[9] 「장기화된 광산업의 자본적지출 조정 과정(A Long Lasting Mining Capex Correction)」, UBS, 2014년 6월 5일.

년 사이 연 20% 증가했으며, 이런 증가분의 50% 이상은 철광석과 석탄이 차지했다.[10]

생산량을 기준으로 볼 때, 철광석 생산량은 같은 기간 2배로 증가했다. 2000년 연 300억 달러이던 광산업의 자본적지출은 연 1,600억 달러 이상을 기록한 고점까지 5배 이상 증가했다.[11]

그런데 실질적인 철광석 공급의 변화는 투자 후 한참 시간이 지난 후에야 나타난다. 현지 광산 하나를 개발하는 데 9년까지도 시간이 걸릴 수 있기 때문이다. 그리고 신규 공급은 일부 신규 광산의 거대한 규모로 인해 특히 대량으로 이루어진다. 자본적지출 예산이 약 200억 달러에 달했던 브라질 발레Vale의 세라 술Serra Sul 프로젝트는 전 세계 철광석 생산량의 (무려) 약 5%를 추가 공급할 것으로 예상된다.

원자재 가격이 급등한 몇 년 동안 이란과 아프리카 일부 지역을 포함한 비전통적인 생산자들도 공급에 나서기 시작했다. 소수의 메이저 업체들이 세계 광산업을 장악하고 있었지만, 경쟁이 격화되기 시작했다.

상대적으로 신규 진입자였던 호주의 포테스큐메탈그룹Fortescue Metals Group은 공격적으로 사업을 확장해 2011년에는 세계 4대 철광석 생산자가 되었다. 이 외에도 런던증권거래소에 상장된 다소 의심

---

10) 샌포드 C. 번슈타인, 앞의 글 참고.
11) 광산업체의 감가상각 대비 자본적지출 비율은 2001년 1.1배에서 2012년 3배까지 치솟았다. UBS, 앞의 글 참고.

스러운 여러 외국 기업들을 포함해 많은 소규모 광산업체가 시장에 진출했다.[12] 원자재 가격이 상승하자 고철의 공급도 증가했다.[13]

원자재 슈퍼사이클은 2011년 전환점을 맞이한 것으로 보이는데, 이는 중국의 성장률이 둔화되기 시작한 시기와 대략 일치한다. 2015년 4월이 되자 해상운송 철광석 가격은 미 달러화 기준으로 고점에서 약 70% 하락했다. 가격이 높을 때 도입된 신규 생산설비는 가격이 하락한 후에도 몇 년 동안 가동될 수밖에 없었고, 이는 과잉 생산능력을 더욱 가중시켰다.[14] 원자재 가격 하락과 함께 글로벌 광산업체들의 수익성도 하락했고, 주가 실적도 시장을 하회했다.[15]

따라서 거대한 원자재 슈퍼사이클도 전형적인 자본사이클의 특징을 갖고 있다. 요컨대 높은 가격 때문에 수익성이 높아지면, 과도하게 낙관적인 수요 예측에 따라 투자가 증가하고 신규 진입자가 등장한다. 그 후 공급이 증가하는 상태에서 수요가 기대를 밑돌면, 사이클은 반전된다.

---

12) 12개월 기준으로, 전 세계 중하위 광산업체들의 자본조달액은 2005년 10억 달러에서 2011년 300억 달러로 급증한 후, 2014년 초 다시 20억 달러 수준으로 하락했다(번슈타인의 앞의 글).
13) 고철 소비는 2000년 4억 100만 미터톤에서 2011년 5억 7,300만 미터톤으로 증가했다.
14) 앞에 소개한 샌포드 C. 번슈타인의 최근 연구보고서에 따르면, 가동 예정인 잠재적인 신규 생산설비는 현재 전 세계 철광석 생산량의 50%에 이른다.
15) 포테스큐의 주가는 2015년 6월까지 5년 동안 44% 하락했다.

자본적지출과 투자 수익은 반비례한다

'자본사이클 접근법'을 뒷받침하는 최근의 이런 증거 사례들에 대해, 금융학 교수들은 어떻게 말해야 할까? 불과 10년 전 내가 『자본 계정』의 서문을 쓸 때는 이 주제에 관한 학술 저작은 거의 없었다. 그러나 최근 자본적지출과 투자 수익은 반비례한다고 주장하는 많은 논문들이 등장했다. 소시에테제네랄의 전략가 앤드루 랩손$^{Andrew\ Lapthorne}$이 분석한 것처럼(〈그림 A-2〉), 자산 증가가 가장 적은 편에 속한 기업들의 투자 수익이 자산 증가가 가장 많은 편에 속한 기업들보다 좋았다.

현대 금융이론은 시장은 효율적이지만 일부 '요인들^{factors}'—즉, 규모, 가치, 모멘텀—은 역사적으로 벤치마크 지수를 이겨왔다는 관념에 기초하고 있다.

노벨경제학상 수상자 유진 파마$^{Eugene\ Fama}$와 그의 동료 케네스 프렌치$^{Kenneth\ French}$는 그들의 기존 모형(3대 요인 자산가격결정모형, 혹은 3 팩터 자산가격결정모형)에 두 가지 요인, 즉 이익^{profits}과 투자^{investment}를 추가할 것을 제안했다.[16] 자본사이클과 관련해, 파마와 프렌치는 (자본사이클에) 덜 연루된 기업들이 더 높은 수익을 제공한다고 했다. 이런 현상을 '자산 증가의 이례현상$^{asset\text{-}growth\ anomaly}$'이라고 한다.

---

16) 유진 파마와 케네스 프렌치의 2014년 9월 연구논문, 「5대 요인 자산가격결정모형(A Five-Factor Asset Pricing Model)」.

그림 A-2 | '자산 증가'와 '투자 수익'(1990~2015년)

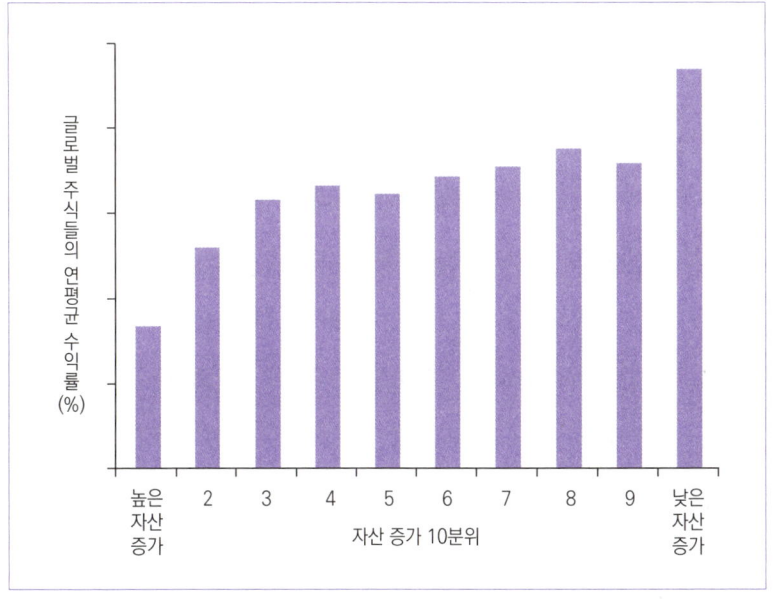

자료 : 소시에테제네랄

〈저널 오브 파이낸스The Journal of Finance〉의 한 논문은—M&A, 주식발행, 신규 대출 같은—자산 확장과 관련된 기업 활동은 낮은 주가 수익으로 이어지는 경향이 있다고 했다.[17] 반대로—기업분할, 자사

---

17) 마이클 쿠퍼(Michael Cooper), 후세인 굴렌(Huseyin Gulen), 마이클 쉴(Michael Schill), 「자산 증가와 주식 수익의 단면(Asset Growth and the Cross-Section of Stock Returns)」, 〈저널 오브 파이낸스(The Journal of Finance)〉, 2008년. 셰리든 티트먼(Sheridan Titman), 존 웨이(John Wei), 페이쉐 시에(Feixue Xie), 「자본 투자와 주식 수익(Capital Investment and Stock Returns)」, 〈저널 오브 파이낸셜 앤 퀀터티브 어낼러시스(Journal of Financial and Quantitative Analysis)〉, 2004년. 유항 시에(Yuhang Xie)의 2007년 연구보고서, 「Q-이론을 통한 가치효과 분석: 경험적 조사(Interpreting the Value Effect through Q-Theory: An Empirical Investigation」, 그리고 S.P. 코타리(S.P. Kothari), 조너선 르웰른(Jonathan Lewellen), 제롤드 워너

주 매입, 부채 상환, 배당 개시와 같은—자산 축소와 관련된 활동은 초과수익으로 이어진다. 기업의 자산 확장이 주주 수익에 미치는 부정적인 영향은 5년까지 지속되는 것으로 밝혀졌다.

이 논문의 저자들은 기업의 자산 증가는 전통적인 가치(저PBR), 규모(시가총액), 그리고 모멘텀(장기 및 단기적인 지평)보다 강력한 수익 결정 요인이라는 결론을 내렸다.

다른 금융경제학자들은 기업이 상대적으로 좋은 주가 실적을 낸 후에는 투자를 가속화하며, 그러면 그 후 이 기업들의 주가 실적은 시장을 하회한다는 사실을 발견했다. 이는 자산 증가가 모멘텀 역전 현상을 설명해 줄 수 있다는 것을 의미한다.[18]

다시 말해 최근의 연구는 가치주에서 역사적으로 관찰되는 초과수익과 성장주에서 발견되는 저수익은 자산 증가와 별개의 것이 아니라는 결론으로 기울고 있다.

이런 결론은 자본사이클 투자법의 핵심적인 통찰, 요컨대 가치주와 성장주의 전망을 분석할 때는 기업과 산업 수준 모두에서 자산 증가를 고려해야 한다는 통찰로 이어진다. 한 연구자는 자본적 투자를 통제하면 가치효과는 사라진다고 주장하기에 이르렀다.[19]

(Jerold Warner)의 2014년 9월 연구보고서, 「전체 기업투자 행동(The Behavior of Aggregate Corporate Investment)」도 참고.

18) 크리스토퍼 앤더슨(Christopher Anderson), 루이스 가르시아-피쥬(Luis Garcia-Fijoo), 「자본적 투자, 성장 옵션, 그리고 증권 수익에 대한 경험적 증거(Empirical Evidence on Capital Investment, Growth Options, and Security Returns)」, 〈저널 오브 파이낸스〉, 2006년.

19) 유항 시에, 앞의 연구보고서.

평균회귀

'자산 증가의 이례현상'은 평균회귀의 관점에서 볼 수 있다.[20] 평균회귀는 야성적 충동 animal spirits(기업가의 사업감각)의 변동만으로 발생하는 것은 아니며, 그보다는 투자율의 차이로 발생한다. 자신들이 투입한 자본비용 이상으로 이익을 내는 기업들은 더 많이 투자하는 경향이 있고, 그럼으로써 미래 이익을 끌어내린다. 하지만 자본비용 이하의 이익을 내는 기업은 그 반대로 행동하게 된다.

이는 '가치투자의 바이블'이라 할 수 있는 『증권분석 Security Analysis』(1934)에서 벤저민 그레이엄 Benjamin Graham과 데이비드 도드 David Dodd가 발견한 현상이다.

투입한 자본 대비 큰 이익을 얻는 기업은 바로 그 이유로 프리미엄 가격에 거래된다. 그런데 이런 큰 이익은 경쟁을 유인하며, 따라서 무한히 지속되기 어렵다. 반대로 이례적으로 낮은 이익을 내는 기업은 바로 그 이유로 크게 할인되어 거래된다. 새로운 경쟁의 부재, 기존 경쟁자의 철수, 그리고 다른 자연스러운 경제적 힘들은 궁극적으로 상황을 개선시키고, 투자 대비 이익률을 정상화시키는 경향이 있다.

투자가 개별 기업들과 전체 시장 모두에 평균회귀를 가져온다. 애리조나대학의 한 연구원은 미국과 EAFE Europe, Australasia, Far East로 구

---

20) 평균회귀와 자본사이클에 관한 논의는 『자본계정』 p.28 참고.

성된 대부분의 선진국에서 '기업의 투자'가 총수익성, 주식의 시장 수익률, 심지어 GDP 성장에 대한 중요한 부정적인 예측 지표가 된다는 것을 증명했다.[21]

예를 들어, 1990년대 말 미국 주식시장 거품기 동안 GDP에서 투자가 차지하는 비중은 평균 수준을 넘어섰다. 주식시장 거품이 꺼지고 호황기의 잘못된 자본배분이 드러난 후, 총투자와 수익성 모두 하락했으며 미국 경제는 침체로 들어갔다.

이 모든 것은 자산배분가는 자본사이클과 함께 시장의 밸류에이션을 고려해야 한다는 것을 말해준다.

일반적인 경우 '투자'와 '수익성'은 같은 방향으로 함께 움직인다. 그러나 최근 미국 주식시장은 일종의 수수께끼가 되었다. 밸류에이션 관점(예컨대, 경기를 감안해 조정한 PER)에서 볼 때, 2010년 이후 미국 주식은—주로 이익이 평균 이상이었다는 사실 때문에—비싸 보였다. 그런데 세계금융위기 이후 기업의 투자는 활기를 잃고 있었다.

평균회귀의 한 주요 요인(투자)이 사라짐에 따라, 이익은 예상보다 긴 기간 동안 높은 수준을 유지했고, 따라서 미국 주식시장은 강한 수익을 제공했다. 물론 미국 연방준비은행의 비전통적인 통화정책이 최근 몇 년 미국 주가를 올리는 데 아무런 역할도 하지 못했다는 말은 아니다.

중국은 그 반대 사례를 제공한다. 중국의 경우 밸류에이션 관점

---

21) 살만 아리프(Salman Arif)의 2012년 3월 연구보고서, 「총투자와 그 결과(Aggregate Investment and Its Consequences)」. 홍콩, 스위스, 스웨덴은 이런 연구결과에 대한 예외다.

에서 볼 때 주가가 싸 보이는 경우가 종종 있었지만, 높은 수준의 투자와 자산 증가가 진행됐다. 하지만 결국 열악한 기업 수익성으로 이어졌다.

'자산 증가의 이례현상'을 야기하는 행동 편향들

자본사이클 분석에서 관찰된 시장의 비효율성은 행동금융학이 기존에 발견한 연구결과들로 설명될 수 있다. 과신overconfidence, 기저율 무시base-rate neglect, 인지부조화cognitive dissonance, 편협한 범주화narrow-framing, 외삽 추론extrapolation(지나친 추론) 등이 그 예다. 이런 행동적 요인들이 결합되어 투자 수준이 높은 기업들의 경우 실적은 오히려 낮은 경향이 있다는 '자산 증가의 이례현상'을 야기시킨다.

또 이런 행동적 요인들은 대리인 관련 문제agency-related problems에서 그 편향이 더 심각해진다. 특히 왜곡된 인센티브는 투자자와 경영자 모두를 자본사이클 분석에 해로운 단기적인 시각을 갖게 만든다.

그리고 뒤에 가서 다시 설명하겠지만, 자본사이클을 이용한 '차익거래에 많은 제약'이 있기 때문에 합리적인 투자자들도 자본사이클을 이용한 차익거래를 하기가 쉽지는 않다.

과신

투자자와 기업 경영자들이 자본적지출과 미래 투자 수익이 반비례한다는 사실에 거의 관심을 갖지 않은 이유는 무엇일까? 간단히 말하면, 이들이 자산 증가에 몰두하기 때문으로 보인다. 기업 확장은 경영자와 주주들의 상상력에 불을 지핀다.

하지만 성장에 대한 잘못된 숭배는 그 결과가 자명하다. 높은 성장 전망(높은 밸류에이션)을 가진 주식의 열악한 역대 실적이 그대로 말해준다.

행동금융학에 따르면, 예상을 함에 있어 투자자들(그리고 기업 경영자들)은 과신에 빠지는 경향이 있다. 요기 베라$^{Yogi\ Berra}$가 말한 것처럼, "예측, 특히 미래를 예측하는 것은 어려운 일이다". 곧 살펴보겠지만, 미래의 수요 수준을 예측하는 경우는 특히 그렇다.

경쟁 무시

과잉투자는 어느 한 행위자의 단독적인 활동이 아니다. 과잉투자는 한 산업의 여러 행위자들이 동시에 생산능력을 확대하기 때문에 발생한다. 시장 참여자들이 수요 증가를 인지하고 이에 생산능력 확대로 대응할 때, 이들은 공급 증가가 미래 수익에 미치는 영향은 고려하지 못한다.

하버드 경영대학원 교수 로빈 그린우드$^{Robin\ Greenwood}$와 새뮤얼 핸슨Samuel Hanson에 따르면, 기업이 자신들의 결정이 초래한 결과에 대한 피드백을 늦게 받을 때 '경쟁 무시' 성향이 특히 강해진다.[22] 1999년 〈아메리칸 이코노믹리뷰American Economic Review〉에 실린 한 논문의 저자들은 매우 많은 신규 사업자들이 실패하는 이유를 살펴봤다. 그 결과 경영자들이 자신의 능력을 너무 과대평가하는 바람에 경쟁 위협을 무시한다는 사실을 발견했다.[23]

공급곡선의 외부(우측) 이동outward shift in the supply curve에 관심을 갖지 못하는 것은 '기저율 무시'라고 하는 또 다른 일반적인 행동 특징과 연결될 수 있다.

기저율 무시는 결정을 할 때 이용 가능한 모든 정보를 고려하지 못하는 사람들의 성향을 말한다.

자본사이클의 작동과 관련해 투자자들은 현행 (그리고 예상) 미래 수익성current (and projected) future profitability에 초점을 맞추지만, 수익이 창출되는 그 산업의 자산 기반의 변화는 무시한다. 때때로 이런 성향은 심리학자들이 말하는 이른바 '인지부조화'로 변형된다.

---

22) 로빈 그린우드, 새뮤얼 핸슨, 「선박 가격의 상승과 투자(Waves in Ship Prices and Investment)」, NBER 연구보고서, 2013년 7월. 과잉투자 현상에 대해 그린우드와 핸슨은 "시장 참여자들이 외생적으로 주어진 현금흐름을 과도하게 추정하는 모델은 경제학에서 이미 잘 알려진 현상이다… 그러나 대부분의 산업에서 현금흐름은 외생적인 것이 아니라 수요 충격에 대한 그 산업의 공급 반응에 영향을 받는 내생적 균형의 결과이다. 따라서 기업들은 (1) 그 산업이 직면한 외생적 수요 충격의 지속성을 과대평가하거나, (2) 그런 수요 충격에 대한 장기적인 내생적 공급 반응을 제대로 평가하지 못하기 때문에 현재 이익을 과대추정할 수 있다"고 했다.

23) 콜린 캐머러(Colin Camerer), 댄 로발로(Dan Lovallo), 「과신과 과잉 진입: 실험적 접근법(verconfidence and Excess Entry: An Experimental Approach)」 〈아메리칸 이코노믹리뷰〉, 1999.

인지부조화란 일단 어떤 한 행동방침이 결정되면 반증 증거는 의도적으로 고려하지 않는 것을 말한다.

내부 관점

이런 편협한 범주화는 '내부 관점inside view'을 택하는 의사결정자에 의해 발생한다. 내부 관점이란 심리학자 대니얼 카너먼Daniel Kahneman이 만든 용어로,[24] 한 집단의 사람들이 "특정 상황에 초점을 맞추고 자신만의 경험에서 증거를 찾을 때" 발생한다.[25]

레그 메이슨Legg Mason의 투자전략가였던 마이클 모부신Michael Mauboussin은 이와 관련해 다음과 같이 말했다.

내부 관점은 특정 과제와 보유하고 있는 정보에 집중해 어떤 문제를 생각하고, 그런 고유한 일련의 투입 요소들에 기초해 예측하는 것이다. 이는 애널리스트들이 모형화를 할 때 가장 많이 사용하는 방법이며, 사실 모든 형태의 기획에 공통된 것이다.

반면, 외부 관점outside view은 그 문제를 보다 광범위한 참고군reference class의 한 사례로 본다. 외부 관점은 그 문제를 고유한 것으

---

[24] 마이클 모부신, 「죽음, 세금, 그리고 평균회귀(Death, Taxes and Reversion to the Mean)」, 레그 메이슨 캐피털 매니지먼트(Legg Mason Capital Management), 2007년 12월 참고.

[25] 대니얼 카너먼, 『생각에 관한 생각(Thinking Fast and Slow)』, 2011년, p. 247.

로 보기보다는, 모형화에 유용한 척도를 제공해 줄 수 있는 유사한 상황들이 있는지 찾는다.

카너먼은 외부 관점의 경우 애널리스트들이 한 기업에 대해 찾아낸 소중한 모든 정보를 제쳐둘 것을 강요하기 때문에 매우 부자연스러운 사고 방법이라고 했다. 사람들이 외부 관점을 거의 사용하지 않는 것은 바로 이런 이유 때문이다.[26]

한 산업에 대해 매우 전문적인 지식을 가진 애널리스트들은 내부 관점을 택하는 경향이 있다. 이들은 자신의 사례가 고유한 것이라고 가정한다.

투자 분석에 있어 외부 관점을 택하는 한 사례는 관련된 역사적 유사점을 찾는 것(예컨대 2000년대 미국의 부동산 호황을 1980년대 일본 부동산 시장과 비교하는 것)이다.

신규 진입자의 실패에 관한 〈아메리칸 이코노믹리뷰〉의 논문에서 저자들은 "내부 관점에서는 경쟁자들의 수나 그들의 능력에 대한 예상은 특별히 고려되지 않는다. 그러나 외부 관점에서는 대부분의 신규 진입자들이 실패한다는 사실이 무시될 수 없다"고 했다.[27]

---

26) 마이클 모부신, 앞의 글. '내부 관점'을 택한 애널리스트들의 실패에 대해서는 뒤에 살펴볼 것이다(3.1 '몇 가지 구조적인 문제점' 참고).
27) 콜린 캐머러, 댄 로발로, 앞의 글.

외삽 추론

내부 관점은 외삽 추론(지나친 추론) 성향과 연결된다.

대니얼 카너먼과 아모스 트버스키Amos Tversky가 수립한 경제학의 한 분야인 행동금융학은 우리가 우리 앞에 있는 정보에 어떻게 '얽매이는지anchored', 그리고 우리가 최근 경험에 얼마나 과도한 영향을 받는지('최신 편향recency bias')를 설명하고 있다. 또 다른 공통적인 편향heuristic(휴리스틱 : 논리적 분석이나 사실보다 경험적 지식에 따른 판단)은 작은 사례에서 강한 추론을 이끌어내는 것이다.

이런 편향들은—교역 주기, 신용 주기, 유동성 주기, 부동산 주기, 이익 주기, 원자재 주기, 벤처캐피털 주기, 산업 자본사이클 등—대

그림 A-3 | 투자자의 과잉 반응과 자본사이클

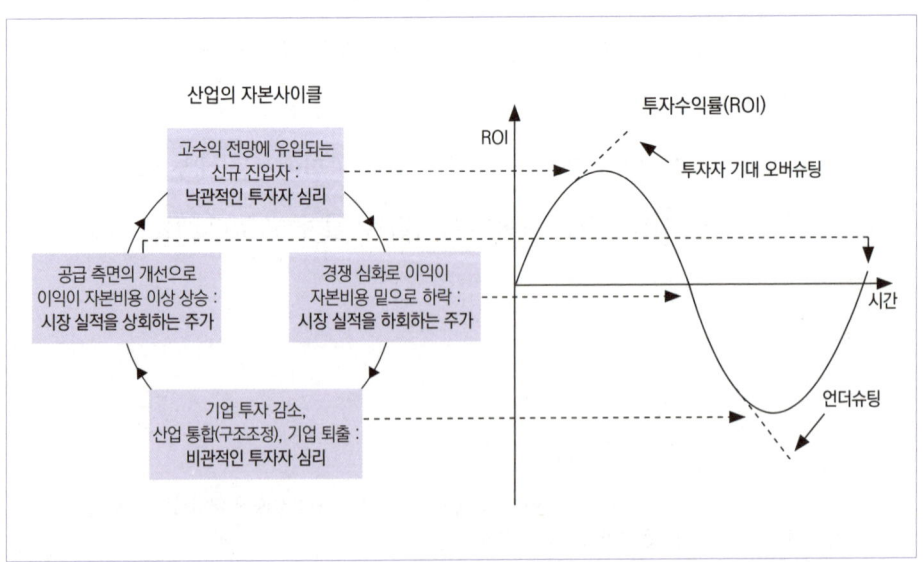

자료 : 마라톤

부분의 경제 활동이 주기적이라는 사실에도 불구하고, 투자자들의 선형적인 예측 성향을 강화한다. 우리의 외삽 추론 성향은 태생적인 것이 분명하다.

이익이 저조한 싼 주식을 매수하는 가치투자자들은 외삽 추론 성향에서 안전한 투자자들이다. 최근 한 투자 교과서의 저자는 다음과 같이 말했다.

> 시장을 상회하는 가치주의 장기적인 실적의 행동학적인 주요 이유는 수년의 성장률에 대한 투자자들(특히, 성장주 투자자들)의 과도한 외삽 추론에 있다. 사실 성장은 시장의 예상보다 빨리 평균으로 회귀하며, 따라서 성장주가 기대에 못 미칠 가능성이 더 높다.[28]

자본사이클 분석가라면 이 말에 동의할 것이다. 다만, 양적 밸류에이션 지표만 주로 고려하는 가치투자자들이 곧잘 간과하는 공급 측면의 변화가 평균회귀를 유발한다는 점을 특히 덧붙일 것이다.

왜곡된 인센티브

왜곡된 인센티브는 이와 같은 유명한 행동적 약점(편향)들을 더욱 악화시킨다.

---

28) 안티 일마넨(Antti Ilmanen), 『기대수익(Expected Returns)』, 2011년, 12장 참고.

CEO에 대한 보상은 주당순이익이나 주주 수익의 연간 변동 같은 단기적인 실적지표와 자주 연계된다. 주가는 대규모 자본적지출 발표에 긍정적으로 반응하는 경우가 많다.[29] 그래서 더 자주 투자하는 기업이 종종 프리미엄 밸류에이션을 받는다. 자산증가율이 높은 기업의 주식은 긍정적인 모멘텀을 보여주는 경우가 많다.[30] 임원 보수는 매출액이나 시가총액으로 측정한 기업 규모와도 자주 연계된다. 따라서 인센티브는 경영진으로 하여금 성장을 선호하고, 그에 따른 여하한의 장기적인 역효과는 경시하게 만든다.

하지만 소유 지분이 큰 경영자의 경우는 수익성 있는 대안을 찾지 못하면—자사주 매입을 통해—사용자본 capital employed을 줄일 가능성이 높다는 증거가 있다.

자신에 대한 보상이 단기 실적과 연계된 투자자들도 근시안적인 경향이 있다.

채권과 주식발행, 그리고 기업공개를 통해 투자에 필요한 자본을 조달해 주고, 그럼으로써 자본사이클을 유발하는 투자은행가들은 그들의 자본조달 활동이 고객과 주주들에게 가져다줄 결과보다는 그들이 창출하는 수수료로 보상을 받는다.

투자은행의 애널리스트들은 이 과정에서 '치어리더' 역할을 하고, 이들의 보수는 주식 매매 회전으로 창출되는 중개수수료와 연계된다. 이들도 장기적인 결과에는 별 관심이 없다.

---

29) 셰리든 티트먼, 존 웨이, 페이쉐 시에, 앞의 글.
30) 셰리든 티트먼 외, 앞의 글.

죄수의 딜레마

한 산업의 과잉투자에 대해서는 게임이론으로도 설명할 수 있다. 수익성이 높은 기업의 경영진은 죄수의 딜레마Prisoner's Dilemma와 유사한 문제에 직면할 수 있다.

미래의 수요 증가가 한 사업자에게만 사업 확장에 따른 수익성을 제공하고, 그 외의 사업자들에게는 그렇지 않은 상황이 있다고 해보자. 여러 사업자가 동시에 사업을 확장하면, 미래 어느 시점 이들의 총수익은 감소한다. 그런 상황에서는—이익은 그들 중 한 사업자에게만 발생하기 때문에—기존 사업자들은 사업을 확장하지 않는 것이 집단적으로 합리적이다. 그런데 해당 산업이 경쟁적이거나 진입장벽이 낮으면, 한 사업자가 먼저 대오를 깨고 확장의 과실을 누리려는 동기가 생긴다. 나머지 사업자들은 어떤 한 경쟁자가 자신들을 훨씬 앞서나가는 것을 받아들일 수 없고 시장점유율을 지키고 싶어 하기 때문에 다른 사업자들과 같이 행동해야 한다고 느낄 수 있다.

따라서 과도한 자산 증가는 한 산업에서 행위자들 간의 협력 부족으로 발생한 결과일 수 있다(1.1 '협력의 진화' 참고).

자본사이클을 이용한 차익거래의 제약

자산이 크게 증가하는 기업의 주가가 계속 저조하다면, '현명한 투자자들'이 이 주식을 공매도하지 않는 이유는 무엇일까? 혹은, 공매도에 제한이 있다면, 적어도 매수하지 않은 이유는 무엇일까?

그것은 자산이 빠르게 증가하는 기업의 주가는 변동성이 큰 경우가 많고, 변동성이 큰 주식을 공매도 하는 것은—1990년대 말 인터넷과 기술주 공매도자들이 큰 손해를 본 것처럼—매우 큰 비용이 들수 있기 때문이다.

또한 자산이 크게 증가하는 기업들은—1990년대 여러 통신회사들과 최근의 글로벌 광산업체의 경우처럼—시가총액이 큰 경우가 많다.

자산이 크게 증가하는 기업의 주식을 매수하는 것을 피하는 투자자들은 어쩔 수 없이 벤치마크에 크게 반대 베팅하는 입장이 될 수 있다. 단기적으로 저조한 실적은 전문 투자자들을 밤에 잠들지 못하게 만드는 유일한 리스크, 즉 '경력리스크 career risk'를 유발할 수 있다.

자본사이클 기간이 각기 다르며, 누구도 사이클이 언제 전환될지 사전에 알지 못한다는 것도 주목해야 한다. 이런 불확실성은 자본사이클을 이용한 차익거래에 또 다른 제약을 가한다.[31]

---

31) 에릭 램(Eric Lam), 존 웨이(John Wei), 「차익거래의 제약, 투자 마찰, 그리고 자산 증가의 이례현상(Limits-to-Arbitrage, Investment Frictions, and the Asset Growth Anomaly)」, 〈저널 오브 파이낸셜 이코노믹스(Journal of Financial Economics)〉, 2011년 참고. 하버드의 안드레이 슐라이퍼(Andrei Shleifer)와 로버트 비시니(Robert Vishny)는 합리적인 투자자들이, 예컨대 변동성이 심한 주식을 공매도할 때 발생하는 높은 비용에 직면할 때 시장은 비효율적이 된다는 것을 증명했다. 이들은 이런 현상을 설명하기 위해 '차익거래의 제약(limits to arbitrage)'이라는 표현도 만들었다[이 표현을 제목으로 한 〈저널 오브 파이낸스(Journal of Finance)〉 1997년 논문 참고]. 램과 웨이는 높은 자산 증가와 그 이후 수익 사이의 반비례 관계는 시가총액이 크거나, 매매 비용이 더 많이 들거나, 혹은 변동성이 더 커서 차익거래 하기 어려운 주식에서 가장 확연하다고 주장한다.

하지만 다행히도 마라톤의 경우 자체 지분private ownership과 오랜 고객관계로 인해 벤치마크에서 일탈하는 실적에 보다 관대한—그리고 자본사이클 분석을 적용하는 데 필수적인—장기적인 접근법을 택할 수 있었다.

마라톤의 투자 포인트

마라톤의 방법은 전통적으로 정의된 가치주와 성장주 모두에서 투자 기회를 찾는 것이다.[32] 이런 투자 기회는 수익이 평균으로 회귀하는 속도를 시장이 자주 오인하기 때문에 발생한다.

우리는 '가치주'의 경우 이익이 시장 예상보다 더 빨리 반등할 것이라는 데에, 그리고 '성장주'의 경우 이익이 시장 예상보다 더 오래 높은 수준을 유지할 것이라는 데 베팅한다.

'수요'보다는 '공급'에 초점을 맞춰라

미래는 불확실함에도 불구하고, 왜 마라톤의 방법이 더 낫다고 할 수 있을까?

그것은 대부분 투자자들의 경우 그들이 주목하는 기업들의 미래

---

32) 2.1 '잘못된 꼬리표'와 2.7 '성장 속의 가치' 참고.

수요를 예측하는 데 많은 시간을 쓰고 있기 때문이다. 항공산업 애널리스트라면 예컨대 5년 후 장거리 비행 탑승객이 세계적으로 얼마나 될 것인가 하는 질문에 답하려고 할 것이다. 그리고 글로벌 자동차 전략가라면 지금부터 15년 후 중국의 승용차 수요를 예측하려고 할 것이다. 이런 질문들에 대한 답은 아무도 모른다. 장기적인 수요 예측은 커다란 예측 오류로 이어질 가능성이 높다.

그러나 자본사이클 분석은 수요보다는 공급에 초점을 맞춘다. 공급 전망은 수요보다 불확실성이 훨씬 적고, 따라서 예측하기가 더 쉽다.

사실 한 산업의 총공급 증가는 잘 확인되는 경우가 많고, 그 산업의 총자본적지출이 변한 후—해당 산업에 따라—다양한 시차를 두고 발생한다. 항공기 제작과 조선산업 같은 일부 산업에서는 공급 파이프라인이 이미 잘 알려져 있다.

대부분의 투자자들(그리고 기업 경영자들)은 한 산업의 공급 변화보다는 수요 상황을 생각하는 데 더 많은 시간을 쓰기 때문에 주가는 부정적인 공급 충격을 예측하지 못하는 경우가 많다.[33]

---

33) 회계에 기초한 몇몇 지표들은 자본사이클에 대한 통찰을 제공한다. 앞에서 언급한 것처럼 자산이 가장 빠르게 증가하는 주식들은 실적이 저조한 경향이 있다. 한 기업의 감가상각 대비 자본적지출이 평균 수준 이상으로 증가하면, 이는 그 기업의 자본사이클이 악화되고 있다는 신호일 수 있다(1.4 '슈퍼사이클 재앙'과 1장 '자본사이클 혁명' 참고). 보고이익과 잉여현금흐름 간의 차이가 커지는 것은 또 다른 경고신호다(1.7 '메이저 석유기업들의 고통' 참고). 허핀달 지수(Herfindahl Index)는 경쟁 상황의 변화를 보여줄 수 있는 산업의 집중도에 대한 통계적 지표를 제공한다. 일화적인 징후도 자본사이클을 판단하는 데 아주 유용한 것으로 밝혀졌다. 예컨대 기업이 웅장한 새 본사건물을 짓기 시작하면, 일반적으로 이는 나쁜 징후다(4.9 '140년 만에 보는 뱅크런' 참고).

산업 내 '경쟁 상황'을 파악하라

투자 관점에서 핵심 포인트는, 수익은 공급 측면의 변화에 의해 결정된다는 것이다. 기업의 수익성은 경쟁 상황이 악화될 때 위협을 받는다.

자본사이클의 부정적인 국면은 산업 분열industry fragmentation과 공급 증가로 특징지어진다. 자본사이클 분석의 목표는 이런 (산업 분열과 공급 증가) 동향을 시장보다 먼저 파악하는 것이다.

신규 진입자는 업계에 진출했다는 것을 대대적으로 널리 알린다. 인기 있는 업종에 많은 기업공개가 집중되는 것은 경고신호이며, 유상증자 같은 2차 주식발행은 부채 증가와 마찬가지로 또 다른 경고신호이다.

따라서 경쟁 상황에 초점을 맞추면 투자자는 공급 상황이 유리하고 기업이 시장의 예상보다 오래 수익성을 유지할 수 있는 기회를 발견할 수 있다. 또한 경쟁 상황과 공급 측면을 이해하면 (2005~2006년 당시 미국의 주택건설주 같은) 가치 함정을 피하는 데도 도움이 된다.

유혹적인 말에 항상 경계심을 가져라

자본사이클 분석가는 특히 투자은행들의 행동, 그리고 그들의 '치어리더'인 애널리스트들이 하는 일에 주의를 기울인다.[34]

자신들을 위한 수수료 창출 외에도, 투자은행의 주요 경제적 기능은 자본이 부족한 기업들에게 자금을 공급하는 것이다. 그리고 이 일로 넉넉한 수수료도 번다. 투자은행가들은 자본 확대가 고객들에게 미칠 수 있는 장기적인 부정적인 결과는 개의치 않고 자본사이클을 유발해 보수를 받는다.

주식중개인들도 그들의 단기적인 시간지평을 넘어 작동하는 자본사이클에는 거의 관심을 기울이지 않는다. 대신 이들은 주식 매매 회전률을 높이고 수수료를 창출하는 데 도움이 되는 다음 분기 이익을 예측하는 데 시간을 쓰고, 때로는 '(업종 간의) 벽을 넘어서' 은행 동료들의 신주 발행 마케팅을 돕기도 한다.

사실 주식중개인들은 자본사이클의 움직임을 예측하는 능력이 전혀 없다. 이와 관련해 벤저민 그레이엄은 다음과 같이 말했다.

"설득력 있는 일련의 사실을 갖고 인기 있는 한 산업이 몰락의 길로 가고 있다거나, 인기 없는 산업이 조만간 번영할 것이라고 지적하는 증권사의 연구는 거의 찾아볼 수 없다. 미래에 대한 월스트리트의 시각은… 특히 여러 산업의 이익 향방을 예측하는 것에 편중되어 있을 때, 오류가 많은 것으로 악명이 자자하다."

그러나 주식중개인이 계속 자본사이클을 분석하지 않는다고 해서 그들의 모든 노력이 헛된 것은 아니다.

한편, 좋은 자본사이클 분석가는 성격상 역발상론자contrarian이다.

---

34) 이에 대한 풍자적 시각은 7장 참고.

월스트리트의 유혹적인 말에 항상 회의적이기 때문이다.

중요한 것은 기업 경영진의 '자본배분 능력'이다

마라톤은 워런 버핏의 두 가지 말을 즐겨 따르고 있다.

첫째는 "대부분의 최고경영자들은 마케팅, 생산, 엔지니어링—혹은 때로는 사내 정치—같은 분야에 탁월했기 때문에 회사의 최고 지위에 올랐다"는 것이다. 그러나 이들은 경영자에게 요구되는 자본배분 능력은 갖추지 못했을 수 있다.

둘째는 "근무한 지 10년이 지나면, 이익잉여금이 순자산의 10%인 기업의 CEO는 사업에 사용하는 전체 자본의 60% 이상을 배분할 책임을 지게 된다"는 것이다. 따라서 자본사이클 분석가는 경영자의 자본배분 능력을 평가하기 위해 면밀히 관찰한다. 마라톤은 이를 위해 경영자들을 만나고 인터뷰하는 데 많은 시간을 할애한다(3.8 '경영진을 직접 만나야 할 이유' 참고).

'숲'을 볼 수 있어야 한다

산업 전문가들은 '내부 관점'을 취하기 쉽다. 산업 전문가들은 복잡한 디테일에 매몰되어 숲을 보지 못하게 된다. 예를 들어, 이들은 해당 산업 내 기업들의 실적과 전망을 비교하는 데 너무 많은 시간을 쓰는 바람에 결과적으로 그 산업 전체가 직면하고 있는 리스크를 인식하지 못할 수 있다.

마라톤은 '준거집단 무시reference group neglect' 편향에 빠질 가능성이 적고 산업 전반의 자본사이클 역할을 더 잘 이해할 수 있는 제너럴리스트generalist(종합지식인)를 더 선호한다.

장기적 투자규율이 필요하다

자본사이클 분석은 가치투자처럼 인내가 필요하다. 한 산업의 자본사이클이 그 사이클을 마치기까지는 오랜 시간이 걸린다. 나스닥은 1995년 거품을 형성하기 시작했지만, 닷컴버블이 터진 것은 2000년 봄에 와서였다.

신규 공급은 산업별로 다양한 시차를 두고 발생한다. 앞에서 살펴본 것처럼, 신규 광산은 생산을 시작하기까지 거의 10년이 걸릴 수 있다. 2006년 5월 마라톤은 증가하는 광산 투자의 위험을 경고한 바 있다(1.3 '이번도 다르지 않다' 참고). 그러나 원자재 슈퍼사이클은 세계금융위기 이후 반등한 후 5년 동안 약화되지 않았다.

마라톤의 장기적인 투자규율은—매우 낮은 포트폴리오 회전율과 함께—자본사이클 접근법을 적용하기에 아주 적합하다.

자본사이클이 작동되지 않는 경우

자본사이클 분석에는 인내, 어느 정도의 끈기(오랫동안 시장과 다른 경로를 유지할 의지), 그리고 역발상적인 사고가 요구된다.

일단 사이클이 전환되고 한 산업의 생산능력이 과잉이라는 사실이 밝혀지면, 사건의 진행은 필연적인 것처럼 보인다. 물론 이는 사후 편향hindsight bias이며, 그 당시에는 결과가 결코 그렇게 확실해 보이지는 않는다. 게다가 이따금 정상적인 자본사이클의 작동이 고장나기도 한다.

지난 20년 동안, 인터넷은 오랫동안 유지되어 오던 많은 사업모델들—광고(업종별 전화번호부), 미디어(신문), 소매업(서점), 그리고 엔터테인먼트(음악산업과 비디오 대여)—을 파괴했다. 신기술의 파괴적 영향을 과소평가한 투자자들은 돈을 잃고 말았다.[35]

또한 정책결정자가 산업을 보호할 때나(5.4 '고장난 은행들'과 5.5 '지연된 정화과정' 참고), 현재 중국에서 볼 수 있는 국가자본주의 상황에서(6장 '차이나 신드롬' 참고) 자본사이클은 적절한 기능을 멈추기도 한다.

---

35) 이와 관련된 마라톤의 경험은 5.6 '자본사이클 작동을 방해하는 요인들' 참고.

자본사이클 투자철학의 핵심 포인트

따라서 자본사이클 분석의 핵심은 다음의 논지들로 요약될 수 있다.

- 대부분의 투자자들은 공급보다 수요를 파악하는 데 더 많은 시간을 할애하고 있다. 그러나 수요는 공급보다 예측하기 어렵다.
- 공급의 변화가 산업의 수익성을 결정한다. 주가는 공급 측면의 변화를 예측하는 데 실패하는 경우가 많다.
- 가치와 성장의 이분법은 잘못된 것이다. 공급 측면의 지원을 받는 산업에 속한 기업의 밸류에이션은 높을 수 있다.
- 경영진의 자본배분 능력은 매우 중요하며, 경영진과의 미팅은 소중한 통찰을 제공해 주는 경우가 많다.
- 투자은행가들은 대체로 투자자들에게 해를 끼치는 방식으로 자본사이클을 유발한다.
- 정책결정자가 자본사이클에 개입하면, 시장 정화 과정이 저지될 수 있다. 신기술도 정상적인 자본사이클의 작동을 방해할 수 있다.
- 제너럴리스트(종합지식인)가 자본사이클 분석에 필요한 '외부 관점'을 채택하는 데 유리하다.
- 장기 투자자들이 자본사이클 접근법에 더 적합하다.

『마라톤 투자자 서한』 미리보기

나는 마라톤의 〈글로벌 인베스트먼트 리뷰〉에 실렸던 글들을 다음과 같은 순서로 묶었다.

1장 자본사이클 혁명

1장에서는 어업에서 풍력터빈에 이르기까지 여러 산업에서 진행된 자본사이클의 작동 과정을 살펴봤다.

앞에서 말한 대로, 그리고 최근 광업과 석유산업의 경우처럼, 자본사이클은 높은 수익성이 자본적지출 증가로 이어질 때 위험 국면에 진입한다. 광업과 석유산업의 경우, 광산회사들의 감가상각 대비 자본적지출 비율의 상승과 에너지회사들의 잉여현금흐름전환율 하락은 투자자들에게 위험신호가 되었다.

이와 달리 세기 전환기의 글로벌 맥주산업의 경우처럼, 낮은 수익성이 산업 구조조정을 유발할 때 자본사이클은 유리한 국면으로 진입한다. 또한 업계 경쟁자들이 서로에 대한 극심한 경쟁을 멈추고 협력하는 법을 배우면 자본사이클은 긍정적인 방향으로 전환된다.

2장 성장 속의 가치

2장의 글들은 전통적인 성장-가치의 이분법을 피하고 있다.

마라톤은 일반적으로 회계지표 기준으로 저렴한 주식을 매수하는 차원의 '가치투자자'라는 꼬리표를 거부한다. 대신 우리의 목표는 마라톤이 추산한 내재가치보다 낮은 가격에 거래되고 있으면서 강력한 경쟁력을 가진 주식을 찾는 것이다.

이런 기업은 네트워크 효과의 혜택을 누리고 있거나, 안전한 틈새시장을 점유하고 있거나, 해당 산업 공급망 안에서 확고한 지위를 차지하고 있거나, 그들 제품이 '가격보다는 품질에 관심이 있는 제3자'를 통해 판매되고 있기 때문에 가격결정력을 갖고 있을 수 있다.

마라톤은 강력한 해자로 보호되고 있는 기업이라면 높은 밸류에이션이 정당화되는 경우가 많다고 주장한다. 이익은 거의 혹은 전혀 없으면서 밸류에이션이 높은 아마존 같은 고속성장 기업도 해당 산업의 공급 측면의 지원을 받으면 좋은 투자자산이 될 수 있다.

3장 경영진이 중요하다

중기적으로 기업의 실적은 경영진이 자본을 얼마나 잘 배분하느냐에 달려 있다. 따라서 경영진의 자본배분 능력을 평가하기 위해 투자자가 경영진을 만나는 것은 중요한 일이다.

마라톤은 CEO들을 만나면 많은 것을 알 수 있다고 본다. 개인 전용 비행기로 여기저기 돌아다니거나, 화려한 신사옥을 건설하는 데 시간을 쓰거나, 탐욕적이고 자만심이 강한 CEO는 일반적으로 주주들에게 열악한 수익을 제공한다.

핀란드 삼포그룹Sampo의 비요른 왈루스Björn Wahlroos같이 훌륭한 경영자는 소속 산업의 자본사이클을 이해하고 역발상으로 투자한다.

4장 언제나 대기 중인 사고들

금융위기는 대부분의 세계를 불시에 덮쳐왔지만, 은행도 자본사이클 시각에서 분석될 수 있다. 은행 자산(대출)이 강하게 증가하고 있다면, 이는 일반적으로 부정적인 신호다. 리먼브라더스가 파산하기 몇 년 전, 마라톤의 투자전문가들은 여러 은행과 미팅을 가졌고—특히 나중에 파산하면서 아일랜드 국가신용을 위험에 빠트렸던 앵글로아이리시은행Anglo-Irish Bank에서—그들이 본 것에 대해 점점 더 우려하기 시작했다.

스웨덴의 한델스방켄Handelsbanken은 자산-부채 미스매칭과 만성적인 단기주의를 포함한 현대 은행에 고유한 여러 문제들을 어떻게 극복할지에 대한 좋은 모델을 제공해 주고 있다.

5장 좀비의 출현

정책결정자들은 금리를 인하하고 유럽 자동차산업같이 타격을 받은 산업을 지원하면서 금융위기에 대응했다. 그러나 이런 조치들은 '창조적 파괴'라는 경제 과정에 개입하는 것이다.

초저금리 시대에는 수익이 낮은 기업들도 살아남을 수 있으며, 이로 인해 유럽이—일본의 잃어버린 10년과 비슷한—'좀비' 자본주의 시대로 들어갈 가능성을 열어주었다.

저금리는 투자자들이 수익률yield을 추구하게 만들었는데, 이는 미래 언젠가 자본손실의 위험을 내포한 것이다.

6장 차이나 신드롬

많은 투자자들은 경제가 성장하면 투자 수익이 따라온다고 믿는다. 그러나 1990년대 초 개방 이후 중국 주식시장의 수익은—이따금 거품이 발생하기도 했지만—끔찍한 수준이었다.

중국 주식의 열악한 수익률은 대체로 값싼 자본, 부채 탕감, 그리고 절대 멈추지 않는 자산 증가에 의존한 중국 정부의 투자집중성장 모델 때문이다. 중국의 많은 기업공개 기업들이 대형 국영기업에서 분할된 데다 인위적인 이익으로 포장되면서 투자자의 이익을 더욱 훼손시켰다.

7장 월스트리트의 속마음

앞에서 말한 것처럼, 기본적으로 마라톤은 특히 수수료(와 보너스)를 우선시하는 현대 투자은행가들을 의심하고 있다.

마지막 7장은 그리드스핀Greedspin이라는 가상의 한 투자은행과 그 대표 스탠리 천Stanley Churn이라는 역시 가상의 한 은행가의 터무니없는 행동을 통해 월스트리트를 풍자한 것이다. 이 가상의 은행가와 은행이 현재 존재하거나 혹은 지금은 사라진 실제 은행가나 은행을 조금이라도 닮은 점이 있다면, 그것은 전적으로 우연이다.

CAPITAL

1부

자본사이클 투자철학

1장

자본사이클 혁명

CAPITAL RETURNS

1장의 글들은 대구 어업에서 글로벌 맥주산업 및 풍력터빈 제조업에 이르기까지 다양한 산업에서 진행된 자본사이클의 작동 과정을 설명한 글이다.

이 글들을 서로 연결해주는 공통적인 논지는 시간이 가면서 경쟁—혹은 공급 측면—이 어떻게 진화하는지, 그리고 경쟁이 산업과 개별 기업들의 자본수익률을 어떻게 결정하는지 이해하는 것이 중요하다는 것이다.

또한 1장의 일부 글들은 규제의 악영향과 기술이 특정 산업의 자본사이클에 미치는 잠재적인 파괴적 영향에 주목하고 있다.

자본사이클을 이해하면 투기적 거품을 찾아내고 이를 피하는 데 도움이 된다. 아주 많은 경우, 높은 수익은 자본을 유인해서 과도한 경쟁과 과잉 투자를 유발한다.

예를 들어, 최근 광업 부문에서 폭발적인 자본적지출이 있었다. 1장의 글 중 4개는 광업과 석유가스산업에서 지속적으로 증가한 투자가 지난 10년 동안 주주들에게 끼친 해악을 조명하고 있다.

1.1 협력의 진화 2004년 2월

한 산업의 불안정은, 오히려 향후 수익이 개선될 여건을 조성할 수 있다. 자본사이클의 관점에서 보면 '불안정'이 '안정의 조건'을 창출하기 때문이다.

1980년대, 『협력의 진화The Evolution of Cooperation』를 저술한 미국의 정치학자 로버트 액설로드Robert Axelrod는 게임이론 전문가들을 초청해 이들을 대상으로 정치학에서 가장 유명한 문제인 죄수의 딜레마 게임prisoner's dilemma game을 여러 번 반복 시행했다.[1] 그 결과 액설로드는 '팃포탯tit for tat(눈에는 눈, 이에는 이와 같은 식의 맞대응)', 요컨대 상호주의reciprocity가 장기적으로 채택할 수 있는 가장 성공적인 전략이라는 사실을 발견했다.

그는 팃포탯의 흥미로운 사례로 1차 세계대전 당시 참호전을 들었다. 오랜 기간 서로 반대편 참호에 주둔하고 있을 때, 영국군과 독일군 병사들 사이에는 자발적으로 무언의 휴전이 발생했다. 이때 만약 어느 한쪽이 그 협정을 어기면, 피해를 입은 쪽에서 복수를 하게 되고, 그런 후에야 다시 휴전으로 돌아가게 되었다.

투자자 관점에서 볼 때, 기간산업에서 이와 비슷한 종류의 협력이

---

1) 죄수의 딜레마는 서로 떨어져 있는 두 명의 죄수에게 서로를 배신하라는 유인책이 제공되는 상황이다. 한 명이 자백하지 않는데 다른 한 명이 배신하고 밀고하면, 밀고자는 석방되고 자백하지 않은 사람은 가혹한 처벌을 받는다. 그런데 둘 모두 자백하지 않으면, 두 죄수 모두 약한 처벌을 받는다. 이런 죄수의 딜레마 게임을 한 번만 할 경우 두 죄수 모두에게 합리적인 전략은 상대방을 배신하는 것이다. 그런데 이 게임을 여러 번 반복하면, 배신할 경우 보복을 받게 되는 '팃포탯'이라는 성공적인 전략이 발전하게 된다.

주주가치 창출에 필수적이다. 그 방법은 협력 행동이 발생할 가능성이 없는 산업들을 피하고, 협력 행동이 존재하거나 발전할 수 있는 조건을 찾는 것이다.

역발상 투자자들에게는 한 산업이 그간 수익이 열악했다면, 이는 잠재적인 기회가 될 수 있다. 기업들이 재무상태 개선이라는 필수 과제에 나서고 있다면, 협력 행동이 발생할 가능성이 더 크기 때문이다.

『불안정한 경제의 안정화Stabilizing an Unstable Economy』를 저술한 미국 경제학자 하이먼 민스키Hyman Minsky가 "금융 안정은 온갖 종류의 과잉 행동을 유발하기 때문에 불안정해진다"고 말한 것처럼, 자본사이클의 관점에서 보면 불안정이 안정의 조건을 창출한다.

우리에게 이상적인 자본사이클 기회는 과잉 경쟁 상황에서 소수의 대형 참여자가 발생해서 이들이, 완곡하게 말해, 이른바 '가격결정 규율pricing discipline'을 행사할 때 창출되는 경우가 많다. 소수의 참여자인 것이 중요한데, 그것은 기회주의적 신규 진입자들이 어떤 가격우산[2]의 이점도 이용하지 못하게 만들기 위해서는 진입장벽도 필요하지만, 어떤 한 지배적인 가격결정자의 보복(예컨대 가격 인하)이 더 강력한 무기가 될 수 있기 때문이다.

과점적 산업구조를 발전시킨 산업은 잠재적으로 유리한 자본사이클을 갖지만, 지속적으로 열악한 수익을 창출한다. 부분적으로 이는

---

2) '가격우산'은 소규모 경쟁업체가 지배적 기업의 가격 바로 아래에 가격을 책정함으로써 가격 경쟁없이 전반적으로 높은 가격 수준에서 이익을 얻을 수 있게 해주는 것을 말한다 —옮긴이.

'팃포탯'이 적절히 확인될 수 있는 경우에만 팃포탯 전략이 작동할 가능성이 높기 때문이다.

예를 들어, 자동차산업에서는 일상적인 경쟁에 노이즈(고려해야 할 여러 소소한 사항들)가 너무 많다. 자동차 제조사는 가격을 결정해야 할 뿐만 아니라, 자동차 사양, 고객의 차량 구매자금 조달 조건, 신규 모델 출시, 서비스와 보증 조건 등에 대해서도 결정해야 하는데, 이는 제품의 차별화가 높은 수익을 올리는 데 오히려 방해가 될 수 있다는 역설적 결론에 이르게 된다. 이는 제품이 상대적으로 차별화되지 않는 철강이나 제지 회사와 대비된다.

정치도 자본사이클의 작동을 방해할 수 있다. 예를 들어, 유럽 자동차산업에서 폭스바겐은 수년 동안 시장점유율 장악 전략을 추구해 왔다. 폭스바겐의 대주주 니더작센 주정부 State of Lower Saxony(2004년 초 기준 폭스바겐의 지분 18.2%를 보유한 최대주주)의 의제는 지역의 고용상황에 주목하는 것으로, 주주보다는 이해관계자 쪽에 더 관심을 두고 있다. 항공산업의 경우 유럽에서는 '국적항공사'를 보호하는 관습이 아직도 사라지지 않고 있다.

잦은 거래 같은 거래 빈도 transaction frequency는 가격결정권이 일선 관리자들에게 맡겨진 항공산업의 경우처럼 지속적인 가격 인하에 따른 지옥 같은 경쟁 환경을 조성하면서 혼란을 야기할 수 있는 또 다른 특징이다. 이는 3개의 참여자(업체)가 장기 공급계약을 확보한 상태에서 생산능력 확대에 대해서는 사전에 확실한 입장을 밝히고 가끔씩만 결정을 해도 되는 유럽의 자동차유리산업과는 대비된다.

로버트 액설로드는 반복적인 죄수의 딜레마 게임에서 '팃포탯' 전략이 성공할 수 있는 것은 현재의 게임에서 하는 의사결정에 영향을 미치는 이른바 '미래의 그림자shadow of the future' 때문이라고 했다. 게임 참가자들은 경쟁자가 다음 게임에서 보복할 것이라고 생각하면 현재의 게임에서 배반할 가능성이 낮다. 휘하 병사들이 택한 '우리도 살고 적도 살고live and let live' 전략에 분노한 1차 세계대전의 장군들은 병사들의 행동을 바꿀 방법은 '미래의 그림자'를 없애는 것이라는 것을 깨달았다. 그래서 장군들은 특정 참호에서 병사들이 복무하는 시간을 줄임으로써 적군과 협력적 교전(비교전) 규칙을 만드는 것을 어렵게 해서 미래의 그림자를 없애버렸다.

따라서 우리는 경영자들이 경쟁자의 행동에 어떻게 대응할 것인지 미리 밝히면서 '미래의 그림자'를 키우고 있는 산업은 전적으로 환영한다.

생물학적 진화는 자연선택으로 진행되며, 협력의 진화도 그렇다. 고용이나 반독점에 대한 관심은 특히 미국 파산법 11장 파산보호 규정Chapter 11 bankruptcy protection을 통해 이런 진화 과정이 원활하게 진행되는 것을 방해한다. 과거에 우리는 출구장벽을 부과하는 것이 '비적격자의 생존survival of the unfittest'을 유발할 수 있다고 말한 바 있다. 보다 광범위한 거시경제적 차원에서도 그렇다. 투자 및 기술 거품을 주택 및 신용 거품으로 바꾼 연방준비은행의 저금리정책은 (지금까지) 많은 자연적인 진화의 힘을 방해했다.

행위자가 적고, 경영진이 합리적이며, 진입장벽이 있고, 출구장벽은 낮고, 경쟁 규칙은 복잡하지 않은 기간산업은 기업들이 협력적 행동을 할 수 있는 완벽한 조건이 된다. 현재 이런 조건을 갖춘 산업을 찾는 것은 상대적으로 쉽고(현재의 자본수익률returns on capital만 보면 된다), 이런 상태로 진화하고 있는 산업들에서 실제로 좋은 투자수익이 발생하게 된다.

자본사이클 관점에서 볼 때 즐거운 점은 다양한 행동 편향들로 인해 대부분의 투자자들이 이런 기회를 모르고 있다는 것이다. 반면에 우리는 지금 경쟁이 벌어지고 있는 여러 전장에서 다음에 평화가 찾아올 곳을 늘 찾고 있다.

 ## 1.2 대구 어업의 자본사이클 2004년 8월

대구 어업은 관련국 정부들이 개입하기 전까지는, 실제 작동하던 자본사이클의 훌륭한 사례였다. 하지만 이후 상황이 달라졌다. 정부의 개입은 곧 재앙이 되었다.

사려 깊은 투자매니저라면 올해 여름휴가 때 해변에서 읽을 책으로 찰스 엘리스Charles Ellis의 『자본: 장기투자의 우수함에 대하여 Capital: The Story of Long-Term Investment Excellence』를 챙겨놓았겠지만, 우리가 이번 여름휴가에서 읽을 책은 마크 쿨란스키Mark Kurlansky의 『대구Cod』이다. 이 훌륭한 책에서 쿨란스키는 사회역사학자 겸 미식가의 관점에서 대구 어업 및 가공 산업의 흥망성쇠를 잘 소개하고 있다. 이 책은 중간중간 요리법을 많이 소개한 요리여행기 형태를 띠고 있다. 물론 그 요리법들이 매력적으로 보이기는 하지만, 우리는 이 책을 자본사이클 관점에서 읽어볼 것을 권한다. 그러면 대구 산업의 흥망성쇠를 훨씬 더 재미있게 접하게 될 것이다.

바다에는 항상 대구가 넘쳐나지만, 굳이 말하자면, 대구무역의 수혜자는 항상 바뀌어 왔다. 이 글은 쿨란스키의 『대구』를 투자자 관점에서 요약한 것이다. 그의 훌륭한 책을 우리 관점에서 재해석한 것에 대해 쿨란스키 씨에게 심심한 사과의 말씀을 드리는 바이다.

대구는 높은 단백질 함량과 저지방으로 사랑받는 생선이다. 생선 상태에서는 어육이 뼈에서 잘 벗겨지고 잘 떨어지기 때문에 가공이나 요리 준비가 쉽고, 건조시키면 수분이 증발하고 남은 고기의 단백질 함량이 80% 이상이나 된다. 대구는 거의 모든 부위를 이용할 수 있다. 예컨대, 아이슬란드에서 내장은 비료로 사용되고 뼈도 우유로 부드럽게 만든 후 아이들에게 먹인다. 대구는 크기도 크고 쉽게 잡힌다(너무 쉽게 잡혀서 스포츠낚시꾼들은 대구에 별 흥미를 느끼지 않는다). 대구시장은 북아메리카에서 유럽을 거쳐 카리브해 지역까지 걸쳐 있다. 어업에서 대구는 돈이 된다(적어도 과거에는 그랬다).

16세기 초, 대구는 너무 사랑받는 생선이었던 까닭에 포르투갈 어민들이 배를 타고 뉴펀들랜드 지역까지 와서 스페인의 바스크시장에 팔 대구를 잡기도 했다. 이 항해는 결코 쉬운 것이 아니었으며, 쿨란스키에 따르면 "유럽인의 야심이 기술보다 훨씬 앞섰고, 좋은 배와 항해술이 나오기 전까지는 배가 난파되거나 실종되는 일은 이 새로운 모험에서 항상 있는 일이었다".

16세기 중반까지 유럽인이 먹은 생선의 60% 이상이 대구였기 때문에(거의 2세기 동안 이 비율은 상대적으로 변화가 없었다), 대구 가격이 이런 어려움을—적어도 어업 발전에 필요한 자금을 공급할 정도로 충분히—반영한 것은 아마도 당연한 일이었을 것이다.

대구를 잡은 후에는 시장까지 가는 먼 항해를 위해 대구의 내장을 제거하고, 햇볕에 말리고, 염장을 했다. 그러나 돛으로 움직이는 작은 저인망 트롤어선에는 공간이 부족했고, 따라서 대구 가공은 항구에서 이루어졌다. 뉴펀들랜드, 뉴잉글랜드, 그리고 아이슬란드 해변 지역처럼 대구어장 근처에 위치하면서 대구를 말릴 수 있는 평평한 자연암석들이 있는 항구들이 바다의 풍부한 생선과 유럽의 가정을 이어주는 자연스러운 교차로가 되었다.

그 결과 대구 가공이 유행하게 되었고, "특별한 기술도, 자본도 거의 없는 사람들도 돈을 벌었다". 그러나 초과수익이 발생한 이 시스템의 교차로 항구들은 너무 작아서 대서양 횡단 화물선들이 정박할 수 없었기 때문에 그 지위를 오래 유지할 수 없었다. 따라서 교차로는 중앙시장을 가진 근처의 가장 가까운 대형 항구로 옮겨갔다. 뉴잉글랜드의 경우 보스턴이 그런 곳이었다.

미국 독립혁명 전까지 영국은 매사추세츠주와의 무역 독점을 통해 보스턴의 염장대구를 영국이 선정한 항구들에 팔도록 식민지 미국에 요구했다.

그러나 영국은 독자적인 대구산업이 있었고, 염장생선이 아니라 선어를 즐겼다. 또 뉴잉글랜드산 대구의 경우 시장이 이미 따로 형성돼 있었다. 바로 유럽 대륙, 특히 스페인의 바스크 지역과 포르투갈이었다. 따라서 영국 당국은 유럽 대륙 시장들과의 '불법' 무역에 눈을 감아주었고, 뉴잉글랜드 기업가들은 돈과 직물을 받고 유럽인들에게 직접 염장대구를 판매했다. 유럽에 팔고 남은 품질이 낮은 대구는 카리브해 지역의 사탕수수 농장에 직접 판매하고 그 대가로 당밀을 받았다.

이에 따라 뉴잉글랜드를 중심으로 3각 무역이 발전했다. 배들은 뉴잉글랜드의 염장대구를 유럽으로 가져갔고, 아프리카 노예들을 카리브해 설탕농장으로 보냈으며, 카리브해의 당밀은 새로 설립된 뉴잉글랜드의 럼주 양조장으로 옮겼다.

18세기에 이르러 대구를 기반으로 한 3각 무역은 뉴잉글랜드를 '굶주린 정착민들이 사는 먼 식민지'에서 '진정한 대구 귀족들cod aristocracy이 사는 국제상업중심지'로 발전시켰다.

이런 단계는 기술이 야심을 따라잡을 때까지, 요컨대 최소한 3개의 기술이 결합되기 전까지 계속되었다. 첫 번째 기술은 1920년대 클래런스 버즈아이Clarence Birdseye(그 말고 누구겠는가?)에 의해 개발되었다. 그는 살아 있는 생선을 욕조에 넣는 등의 행동으로 부인을 화나게 했던 일련의 재택 실험 끝에 식품냉동기술을 개발했다. 두 번째는 돛으로 항해했던 구시대의 트롤어선보다 크고 효율적인 증기 트롤어선의 등장이었다. 세 번째는 역사상 처음으로 대구 어군의 위치를 정확하게 찾아낼 수 있게 해준 수중음파탐지기인 소나였다. 1930년대에는 소나가 영국 선박들의 기본 보급장비가 되었다.

식품냉동기술이 신형 증기어선에 도입되자, 생선을 보존 처리하기 위해 기존의 오래된 항구에 정박하거나 보스턴 수산물시장에 수수료를 지불할 필요가 없어졌다. 대신 스페인 선박들은 뉴펀들랜드 해안에서 어업을 하고, 잡은 생선을 프랑스의 라로셸항La Rochelle에

하역했다. 그 결과 기존의 오래된 항구들과 보스턴시장은 몰락하기 시작했다.

그러나 신형 장비는 비쌌고, 이로 인해 '자본이 없는 사람들'은 이 산업에 진입하기 어려워졌으며, 남아서 이 산업에 종사하던 사람들은 경쟁력을 유지하기 위해 상당한 빚을 지게 되었다. 이들의 경제적 동기는 빚을 갚기 위해 더 많은 생선을 잡는 것이었고, 과잉 조업이 일상이 되었다. 생선 가격이 하락하자, 어부들은 '죄수의 딜레마'에 빠졌고, 더 많은 생선을 잡는 선택을 했다. 마침내 어업권을 두고 '대구전쟁cod wars'이 벌어졌고, 산업은 위기에 빠졌다.

아이슬란드 정부는 대구전쟁에 제일 먼저 개입하였다. 아이슬란드는 처음에는 해안에서 1마일까지, 그다음에는 4마일, 그리고 또 50마일, 그리고 1973년에는 200마일까지 연안해역 영유권을 주장했다. 이는 아이슬란드 어업을 지원하기 위해 해역을 국유화하고 외국 어선들을 그 밖으로 몰아내는 것이었다. 캐나다, 미국, EU 정부는 아이슬란드와 동일한 조치를 취할 수밖에 없었다. 이에 따라 북대서양은 고갈된 어족자원을 회복하기 위해 어업쿼터를 둔 4개의 배타적인 구역으로 분할되었다.

자본사이클 관점에서 볼 때, 정부의 개입은 재앙이 되었다.

정부 개입이 없었다면, 자본은 대구산업에서 유출되고, 생산능력은 감소하고, 그러면 가격은 경제적인 수익률이 가능한 수준으로 상승하게 될 것이었다. 그러나 세금으로 행해진 정부 지원으로 인해 대구산업의 생산능력은 높은 수준을 유지했고, 가격은 낮은 수준에 머물렀다. 설상가상으로, 쿼터시스템은 행정적으로 복잡했고, 집행하기 어려웠으며, 무시되는 경우도 많았다. 언론에 따르면 어업에서 벌어들인 1달러당 그 3배인 3달러를 어업에 투자한 캐나다 정부가 관료주의적 비효율성의 정점을 찍었다.

약 150년에 걸쳐 대구 조업 및 가공 산업은 처음에는 항구, 그다음에는 시장, 또 그다음에는 식품가공업자들이 초과수익을 올리던 산업에서 생선 소비자가 산업의 최대 수혜자가 된 산업으로 변했다. 이 과정을 이끈 핵심 동인은 대구산업의 핵심 교차로에서 벌어들이던 초과수익을 없애버린 기술 비용의 하락이었다.

바로 이 때문에 마라톤의 분석은 한 기업의 수익성의 크기(교차로의 규모—보스턴 항구의 수용 능력은 어느 정도인가?)뿐만 아니라, 그 수익성의 지속가능성(어선들이 보스턴에 정박하는 이유는 대체 무엇인가?)에도 초점을 맞춘다. 주식을 보유하는 기간이 길수록 지속가능성은 더욱 중요해지고, 따라서 우리는 자신만의 교차로를 통제하는 기업에 초점을 맞춘다. 예컨대 나이키의 10억 달러 미디어 예산과 이튼 알렌Ethan Allen(미국의 가구회사)의 광고비 지출은 충분한 것인지, 인벤시스Invensys(영국의 공장자동화 전문기술회사)의 연구개발은 독점적인 것인지 묻는다.

그리고 자신들의 운명에 대한 통제력이 부족한 기업의 경우는 경쟁이 격화되고 있는 것은 아닌지 알아보기 위해 소속 산업의 공급 측면에 초점을 맞춘다. 예컨대 태국의 시멘트산업이 다시 확장되고 있는 것은 아닌지, 시마노Shimano(일본의 자전거 부품회사)가 틈새시장 경쟁자들에게 점점 밀리고 있는 것은 아닌지 묻는다.

대구산업에서 초과수익을 없애버린 것과 동일한 자본사이클 과정은 경제 전반에서도 찾아볼 수 있다.

일관제철산업에서 적은 비용으로 철강을 대량 생산할 수 있는 베서머 제강법Bessemer Process이 도입된 후 (초과수익이 사라지는) 상품화까지 약 70년이 걸렸으며, 주로 자산이 적은 소규모 제철소들의 경쟁을 통해 상품화가 이루어졌다. 백화점은 대형마트가 등장한 이후 30년 만에 상품화되었고, 반도체산업에서 초과수익은 이제 2년도 안 돼 사라진다.

오늘날 투자자들이 직면한 문제는, 여러 산업 분야들이 이와 동일한 과정으로 가는 데 얼마나 시간이 걸릴 것이냐 하는 것이다. 그러니까 '21세기판 뉴펀들랜드 항구나 보스턴 수산물시장'이 될 다음 산업이 과연 무엇일까 하는 것이다.

 1.3 이번도 다르지 않다 2006년 5월

구리 가격은 지난 몇 년 사이 6배 상승했다. 철광석을 비롯한 많은 기초 금속 가격도 급등했다. 이같은 높은 원자재 가격은 공급 측면의 반응을 유발하고 있다.

최근 신문보도가 사실이라면, 요즘은 프랑스 철도에서 신호수 일을 하기가 힘든 시대다. 지금 프랑스 철도 신호수들은 지상이나 지하 구리 케이블을 막론하고 유례없는 수준의 구리 케이블 절도 사태에 대처해야 하는 상황이다. 최근 구리 가격 상승으로 도둑들이 프랑스 철도의 구리 케이블에 눈독을 들이게 되었기 때문이다.

보도에 따르면, 도둑들은 선로에서만 7톤의 구리를 훔쳤다. 이런 가운데, 영국 조폐국은 화폐로 사용하는 것보다 구리로 만들어 팔 때 더 가치가 있다고 하는 1페니짜리 동전을 녹여서 팔 생각을 하지 말라고 경고했다.

이런 이상한 상황은 지난 몇 년 동안 원자재 가격이 전체적으로 상승한 데 따른 것이다. 구리 가격은 2001년 말 이후 6배 상승했고, 철광석, 아연, 알루미늄, 그리고 금을 포함한 다른 많은 기초 금속의 가격도 상승했다.

원자재 호황의 부분적인 이유는 신흥국, 특히 중국과 인도의 수요 때문이다.

사람들은 지금 원자재 슈퍼사이클supercycle이 진행 중이라고 한다.[3] 그런데 원자재 가격이 낮았던 1990년대 중반과 후반에는 저조한 투자로 원자재 공급이 위축되었다. 원자재 강세론자들은 투자규율이 개선되어 공급 수준이 억제될 것이기 때문에 이번 사이클은 이전 사이클들과는 다를 것이라고 말한다.

또한 채굴장비도 부족한 상태다(이는 요즘 광산회사들의 공통된 불만사항이다). 최근 한 증권사 보고서는 채굴비용 상승으로—비용은 지난 2년 동안 약 30% 상승했다고 한다—광산회사들이 계속 더 가격을 인상할 수 있기 때문에 원자재 가격이 상승할 것이라고 주장했

---

[3] '원자재 슈퍼사이클(commodity supercycle)'이라는 표현은 원자재 상승장이 시작된 2004년 3월 발간된 모건 스탠리 보고서에 처음 등장했다.

다. 바로 이런 주장이 원자재 강세장 순환 논리이다.

원자재 가격의 상승은 자연히 월스트리트의 관심을 끌었다. 자산배분가들은 모든 투자 포트폴리오에 원자재를 필수적으로 포함시켜야 한다고 주장한다. 지금 헤지펀드들은 원자재전문가가 되었다. 또 은행들은 원자재 매매 직원들의 규모를 2배로 늘릴 계획을 구상하고 있으며, 원자재매매자들에 대한 수백만 달러의 보너스 계약에 관한 보도들이 쏟아져 나오고 있다. 몇몇 투자은행은 고객들에게 파생상품을 판매하는 데 이용할 목적으로 원자재 전문 지수를 개발하기도 했다.

우리 마라톤에는 (풍력, 태양열, 탄소 배출 등에 관한 콘퍼런스 초청장과 함께) 원자재 전문 분야에 대한 신종 콘퍼런스에 참석해 달라는 초청장이 쇄도하고 있다. 원자재 관련 펀드의 인기 상승은 추세 추종자인 개인투자자들이 이런 흐름에 동참하고 있음을 말해준다.

간단한 경제학적 분석에 따르면, 많은 원자재의 가격 급등은 지속 가능하지 않다. 구리를 예로 들어보자. 현재 구리의 생산비용은 파운드당 0.80~0.90달러이며, 생산 한계비용은 이보다 다소 높은 파운드당 1.20달러이다. 그러나 현재 구리 가격은 파운드당 3.60달러로 생산비용의 4배에 달한다(5년 전 구리 가격은 60센트에 불과했다). 헤지펀드와 산업 외부의 매수자들은 가격이 하락하기 전에 빠져나올 생각으로 가격을 끌어올리고 있기 때문에 투기가 작동 중이라는 것을 어렵지 않게 알 수 있다.

원자재 강세론자들은 높은 가격은 공급 부족 때문이라고 하면서, 생산 투자를 촉진하기 위한 인센티브 차원에서 가격 인상이 필요하

다고 주장한다. 그럼에도 어떤 시점이 되면 추가 공급이 나올 것은 분명하다.[4]

사실 광산회사들은 누구나 예상할 수 있는 방식으로 분명하게 가격 상황에 반응했다. 다시 말해 광산회사들은 처음에는 가격 인상에 회의적이었지만, 나중에는 신규 공급을 위해 상당한 투자를 하기 시작했다. 2003년에서 2005년 사이 광산 채굴비용은 2배로 뛰었다. 광산회사들의 추가 지출(투자) 중 많은 부분은 이렇게 상승한 생산비용을 흡수하기 위한 것이지만, 그게 전부는 아니다. 사실 일부 광산회사들은 구리 공급이 충분해서 몇 년 후에는 시장에 상당한 재고가 쌓일 것으로 믿고 있다. 공급 병목현상은 영원히 지속되지 않는다.

방정식의 나머지 부분은 수요다. 중국의 수요는 매우 강하게 증가하고 있다. 그러나 이런 수요가 얼마나 오랫동안 지속될지는 알기 매우 어렵다. 우리가 말할 수 있는 것은 일반적으로 국가는 경제가 발전할수록 원자재 사용에 더 효율적이 되며, 따라서 중국에서도 점차 이런 일이 벌어지는 것을 보고 놀라지 말아야 한다는 것이다. 실제로 중국 정부는 미래에는 서비스 기반 경제 쪽으로 더 이동하겠다는 뜻을 밝힌 바 있다. 중국이라는 거대한 경제의 성장 속도를 조절하려는 이런 시도는 수요에도 같은 영향을 미칠 수 있다. 하지만 '성장 속도'보다 오히려 '수요'에 더 빨리 영향을 미칠 수 있다.

1970년대 고유가가 산업의 에너지 효율성을 개선시킨 것처럼, 원

---

4) 세계철강협회(The World Steel Association)는 2002년에서 2013년 사이 세계 철광석 생산이 2배 증가했다고 추산하고 있다.

자재 가격이 높은 수준을 계속 유지하면 수요에 부정적인 영향을 미칠 것으로 예상하는 것이 타당한 것 같다. 이런 현상은 건설산업에서 구리 대신 보다 저렴한 PVC 플라스틱을 사용하면서 지난 1년 동안 구리 파이프에 대한 수요가 9만 톤에서 4만 5,000톤으로 크게 감소한 독일에서 이미 벌어지고 있다.

원자재에서 자본사이클이 진행되고 있기 때문에, 최근에 있었던 또 하나의 소형 거품인 컨테이너 해운산업의 거품과 그 결과를 살펴볼 필요가 있다.

몇 년 전 우리는 컨테이너 해운산업에서도 '슈퍼사이클'을 확실히 예상한 적이 있다. 그 이전의 투자 부족이 신규 선박 부족으로 이어지고, 중국의 강한 성장으로 해운 수요가 연간 두 자릿수 비율로 증가하고 있었기 때문이다. 사실 우리는 낯선 컨테이너 해운 전문 콘퍼런스 초대장을 받기도 했다.

이런 '한 세대에 한 번뿐인 상황'에 자극을 받은 해운사들은 2005년 중반 M&A 열기가 뜨거웠다. 완전 가동 상태인 조선소들은 향후 몇 년간 주문 예약이 꽉 차 있었다. 충분히 예상할 수 있듯이, 이런 열광적인 상황은 사이클의 정점을 알려주는 것이었고, 지금은 공급이 계속 증가하는 가운데 해운 운임(그리고 해운사의 주가)은 급락한 상태다.[5] 그렇다면 원자재산업에 닥쳐올 일들을 알려주는 신호는 과

---

5) 영국의 조선해운 분석기관 클락슨 리서치(Clarksons Research)에 따르면, 건화물선 신규 조선 주문 톤은 2004년 적재중량 3,300만 톤에서 2007년 1억 6,400만 톤으로 정점을 찍은 후, 2009년 다시 3,100만 톤으로 하락했다. 주요 원자재의 해상 운임을 보여주는 발틱운임지수(Baltic Dry Index)는 2008년 5월 1만 2,000달러로 고점을 찍은 후,

연 무엇일까?

1.4 슈퍼사이클의 재앙 2011년 5월

지금 원자재산업은 자본사이클의 정점에 있다는 전형적인 신호를 보이고 있다. 그렇다면 그다음 수순은 무엇일까?

원자재산업의 자본사이클—특히 지난 몇 년 동안 진행된 원자재산업의 막대한 자본적지출과 원자재에 대한 중국 수요의 불안정한 성격—에 대한 간략한 분석에 따르면, 상당히 과도해진 원자재의 '슈퍼사이클'이 하강 국면에 진입하고 있다.

이 자본사이클은 몇 년 전 원자재 가격 상승으로 광산회사들의 자기자본이익률return on equity, ROE이 실제로 개선되면서 시작되었다. 처음에는 개선된 산업 환경에 대한 광산회사들의 반응이 매우 절제된 것처럼 보였다. 이들의 현금흐름 대비 자본적지출은 원자재 가격이 상승하기 시작한 2000년대 초 다소 하락했다. 주식시장에도 거품이 없었다. 광산주들은 펀더멘털이 어느 때보다도 좋았기 때문에 좋은 실적을 냈다.

나쁜 소식은 원자재산업이 전형적인 자본사이클의 정점에 있다는

6개월 후 663달러로 94% 하락했고, 2014년 말 현재 저점에서 조금 상승한 782달러에 머물러 있다.

그림 1-1 | 원자재 가격 명목 변화율(2001~2010년)

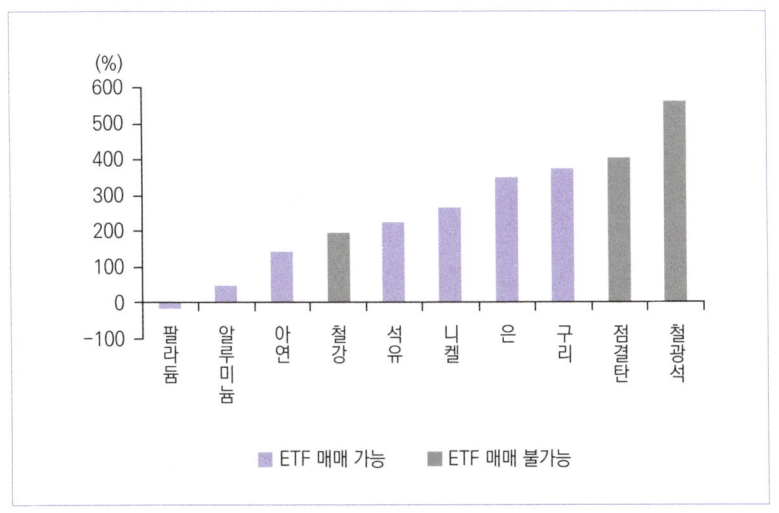

자료 : 맥쿼리(Macquarie)

그림 1-2 | MSCI 선진국지수 소속 광산회사들의 자본적지출

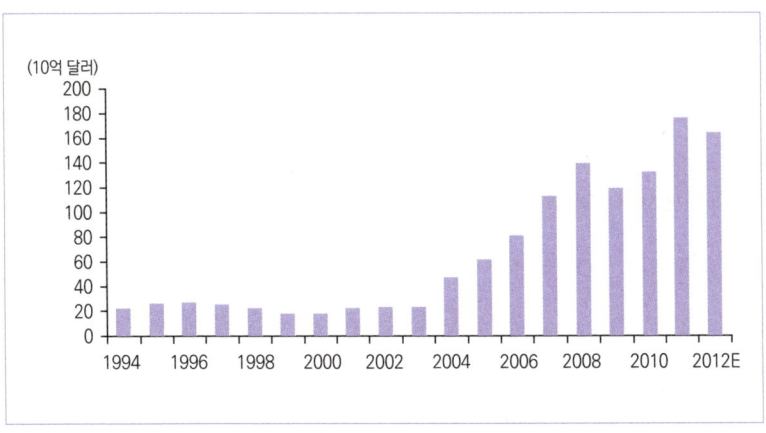

자료 : 팩트셋(Factset), 블룸버그, 마라톤

신호를 보이고 있다는 것이다. 투하자본이익률return on invested capital, ROIC이 상승하면서, 더 많은 자본이 유입되고 주가도 상승하면서, M&A와 기업공개가 증가했다. MSCI 세계지수MSCI All Country World Index6)에 포함된 124개 광산회사의 자본적지출 합계는 10년 전 300억 달러 미만에서 2011년 무려 1,800억 달러로 6배 증가할 것으로 전망된다.

이런 모든 투자의 영향은 시차를 두고 나타났다. 광산업에서 증가한 자본적지출도 몇 년이 지난 후 생산량을 연일 신고점으로 끌어올렸다. 메릴린치Merrill Lynch 추산에 따르면, 2000년에서 2014년 사이 전 세계 니켈 생산량은 1,000미터톤에서 2,000미터톤으로(100% 증가), 구리 생산량은 1만 5,000미터톤에서 2만 미터톤 이상으로(33% 증가), 알루미늄 생산량은 2만 5,000미터톤에서 5만 미터톤 이상으로(100% 증가) 증가했다. 가장 인상적인 것은 전 세계 철광석 생산량이 2000년 초 10억 미터톤에서 2014년 22억 5,000만 미터톤으로 불과 10년 만에 125% 증가했다는 것이다.

광산업의 이런 변화를 투자은행가들은 놓치지 않았다. 당연히 이들은 아주 유혹적인 원자재 테마의 기업공개를 시장에 내놓았다. 2005년에서 2010년 사이 금속과 광업 부문의 기업공개 수는 50%나 증가했다. 또한 이들은 고객인 광산회사들을 부추겨 M&A 광풍에 몰아넣었다. 그 결과 광업 부문의 M&A 거래는 그 규모가 날로

---

6) 23개 선진국과 25개 신흥국 주요 상장기업을 포함한 지수. MSCI 선진국지수(MSCI World Index)는 선진국만, MSCI 신흥국지수(MSCI Emerging Markets Index)는 신흥국만 포함한다.―옮긴이.

그림 1-3 | 금속 및 광산업의 전 세계 M&A 활동

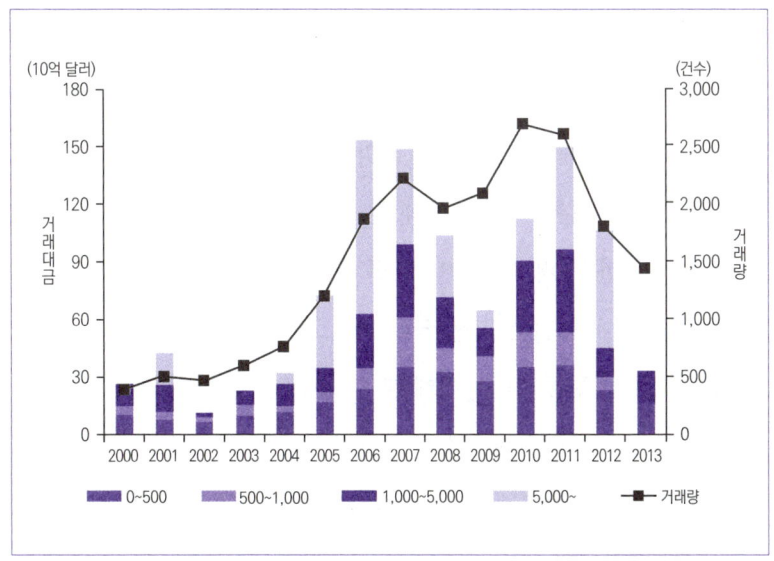

자료 : 프라이스워터하우스쿠퍼스(PricewaterhouseCoopers)

그림 1-4 | 금속 및 광산업의 자본시장 자본 조달

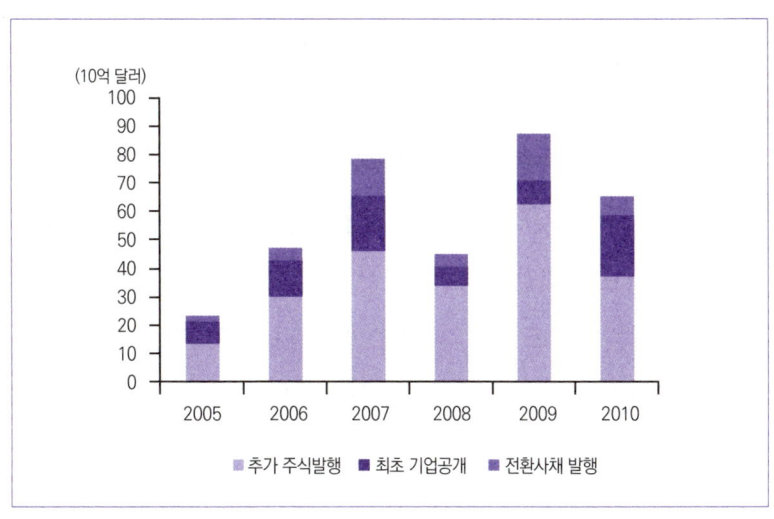

자료 : 딜로직(Dealogic), 크레디트스위스(Credit Suisse)

1장_자본사이클 혁명　83

커져 갔다.

수많은 기업공개와 매우 활발한 M&A 활동 같은 현상은 해당 산업의 자본사이클 후반기에 발생하는 경향이 있다. 따라서 고비용 생산자들까지도 원자재 가격이 생산의 한계비용을 훨씬 초과하는 상황에서 점점 더 많은 자본이 금속 및 광업 부분에 유입되고 있다.

그런데 이런 슈퍼사이클이 반전되면, 원자재 가격은 대체원가replacement cost에 도달하기 전까지 아주 오랫동안 하락할 수 있다. 이는 벤치마크 추종 투자자들에게 문제가 될 수 있다. 왜냐하면 FTSE 월드 인덱스FTSE World Index의 한 종목으로서 금속 및 광업 부문은—1999년의 저점에서 3배 이상 상승하면서—현재 역대 최고가에 근접해 있기 때문이다.[7]

많은 평론가들은 중국의 부상과 관련된 원자재의 '새로운 패러다임'이 왔다고 열광하고 있다. 원자재에 대한 거의 모든 수요 증가는 중국의 지칠 줄 모르는 원자재 수요 때문이다. 지금 중국은 전 세계의 철광석, 니켈, 구리, 아연 생산량의 약 50%를 소비하고 있다.

그러나 원자재 강세론자들은 몇몇 문제 신호들을 간과하고 있는 것 같다. 그중 가장 분명한 것은 중국의 고정자산 투자가 GDP의 50%에 이를 정도로 거침없이 증가했다는 것이다. 어디든 도로를 건설하는 경향이 있는 일본조차 투자는 GDP의 30%에서 정점을 찍었다.

이런 투자 자본의 많은 부분이 낭비되고 있다는 것은 놀라운 일

---

7) 2012년 1월 1일에서 2014년 12월 31일 사이, MSCI 금속광업지수(MSCI Metals & Mining Index)는 MSCI 선진국지수보다 79%p 낮은 실적을 냈다.

이 아니다. 중국 산업 부문의 순영업자산 대비 수익률return on net operating assets은 낮고 계속 하락 추세에 있다. 그러나 낮은 수익성에도 불구하고 중국 국영기업의 투자는 멈추지 않고 있다. 예를 들어, 전력산업에서 자본적지출은 영업현금흐름의 100% 이상을 달리고 있다(시멘트와 철강 산업의 EBITDA 대비 자본적지출은 이보다 아주 조금 낮은 수준이다). 더욱이 지금 언급한 이 모든 산업들은 과도한 부채까지 안고 있다.

낙관론자들은 중국 정부가 산업 구조조정을 촉진하고 생산능력을 줄일 것이라고 기대하고 있다. 그러나 이런 일이 벌어진다고 해도, 이런 산업들에서의 투자 증가 속도가 느려지는 것은 전반적인 원자재 수요에 좋은 소식은 아닐 것이다.

투자자들은 과열된 중국 경제의 신호를 무시하고 있다. 대규모 자본이 유입되었고, 지금도 계속 유입되고 있는, 그리고 공급이 무섭게 증가하고 있는 원자재산업에 현혹되어 있다. 우리는 이 모든 것이 원자재 자본사이클의 현재 국면이 시작보다는 종말에 훨씬 더 가깝다는 것을 보여주는 분명한 증거라고 생각한다.

1.5 맥주, 그 맛을 찾다 2010년 2월

M&A 과정의 결과 세계 맥주시장은 4대 메이저 맥주회사로 재편됐다. 그리고 이런 통합(구조조정)은 전 세계 양조산업의 가격결정력을 개선했다.

> "대부분의 사람들은 처음에는 맥주맛을 싫어하지만,
> 이는 많은 사람들이 극복할 수 있었던 편견이다."
>
> - 윈스턴 처칠

오랫동안 마라톤의 유럽 포트폴리오에서 맥주회사에 대한 유일한 익스포저exposure(위험 노출)는 하이네켄Heineken에 대한 투자였다(물론 여기서 우리가 말하는 익스포저는 하이네켄을 마시면서 떠오른 주식투자에 대한 영감이 아니라 실제 투자를 말한다). 매수를 시작한 2002년부터 2008년까지 우리가 이 네덜란드 맥주회사의 주주였던 것은 특별히 행복한 경험은 아니었다. 2009년 일부 회복하기는 했지만, 이 기간 하이네켄의 주가 실적이 전체 유럽시장보다 30% 정도 낮았기 때문이다.

하이네켄의 저조한 실적은 부분적으로 일련의 열악한, 그리고 너무 많은 가격을 지불한 인수 때문이었다. 2009년까지 10년 동안 하이네켄은 약 95억 달러를 투자했지만, 이 기간 자본수익률은 20%에서 10% 밑으로 하락했다.

이런 저조한 실적은 영국이 경기침체에 들어가고 환경이 불리하게 바뀐 2008년 안타깝게도 스코티시 앤 뉴캐슬Scottish & Newcastle의 영국 양조장을 인수하면서 절정에 달했다. 다른 일부 양조장들은 그렇게 나쁘지 않았지만, 양조산업 전체의 자본수익률은 2000년 13%에서 2008년 9%로 지속적으로 하락했다.

이 모든 것을 고려했을 때, 우리가 우리의 편견을 극복하고 양조산업에 대한 익스포저를 늘린 것에 대해 놀라는 사람도 있을 것이다. 현재 우리는 상장된 4개 양조회사 중 유럽 포트폴리오에 3개 회사(하이네켄, 칼스버그Carlsberg, 안호이저부시 인베브AB Inbev), 그리고 영국 전용 포트폴리오에 나머지 한 개 회사(SAB밀러SABMiller)를 보유하고 있다.

지난 몇 년 동안 수익을 하락시켰던 인수 활동은 전체 양조산업의 통합 과정의 일부분이었다.

양조산업의 구조조정은 남아프리카 양조회사 SAB가 미국의 밀러Miller를 인수한 2002년 본격적으로 시작되었다. 그 외 다른 중요한 M&A 활동으로는 2004년 브라질 암베브AMBev와 벨기에 인터브루Interbrew의 합병(이 합병으로 인베브InBev가 탄생했다), 2007년 SAB밀러와 미국의 몰슨 쿠어스Molson Coors의 합작(이 합작으로 밀러 쿠어스Miller Coors가 탄생했다), 2008년 하이네켄과 칼스버그의 스코티시 앤 뉴캐슬 분할 인수, 그리고 같은 해 미국의 대표적인 양조회사 안호이저-부시Anheuser-Busch의 인베브에 대한 막대한 가격(60억 달러)의 인수 등이 있었다. 보다 최근인 2010년 1월 하이네켄은 멕시코 시장 2위이자 브라질 시장 4위인 멕시코 양조회사 펨사FEMSA(정확히는 펨사의 맥주사업 부문)를 76억 달러에 인수했다.

이런 과정은, 투자은행가들에게 계속 수수료를 지급하고, 인수합병 과정에 여러 회사의 이름이 바뀌고 새 이름이 생기면서 투자자들을 혼란스럽게 만들기도 했다. 하지만 이런 오랜 M&A 과정의 결과 〈그림 1-5〉처럼 세계 맥주시장은 세계 맥주 생산량의 약 50%를 장악하게 된 (그리고 유럽에 상장된) 4대 메이저 맥주회사의 손에 들어가게 되었다.

그림 1-5 | 맥주회사의 세계 시장점유율(판매량)

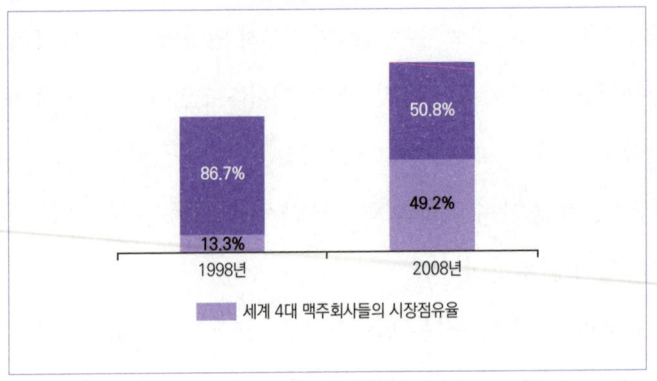

자료 : 번스타인(Bernstein), EU통계국(Eurostat)

    이런 과정은 다른 곳보다 시장이 특히 집중된 곳에서 더 확연했다. 예를 들어, 세계 5대 맥주시장인 영국에서는 3개 업체(하이네켄, 몰슨 쿠어스, 안호이저부시 인베브)가 시장의 67%를 나눠 점유하고 있고, 세계 최대 맥주시장인 미국에서는 안호이저부시 인베브와 밀러 쿠어스 단 2개 업체가 시장의 80%를 점유하고 있다.

    안호이저부시 인베브 단독으로 70%의 시장을 점유한 세계 6대 맥주시장[8]도 이와 비슷한 상황이다. 반면, 세계 7대 맥주시장인 러시아에서는 칼스버그, 안호이저부시 인베브, 그리고 하이네켄이 70%의 시장을 나눠 점유하고 있다.

    통합의 절대적인 규모와 별개로 고무적인 점은 4대 메이저 맥주회사가 서로 다른 수익 영역에 초점을 맞추고 있으며, 예상대로 그

---

8) 2010년 기준 브라질로 보인다—옮긴이.

들이 가장 큰 시장점유율을 장악한 부문에서 가장 큰 수익을 올리고 있다는 것이다.

이런 통합이 수익성에 어떤 영향을 미친 것일까?

2005년에서 2010년 사이 세계 맥주 판매량은 매우 꾸준한 4%의 성장률을 보였다. 이런 모든 성장은 점점 더 부유해지고 1인당 맥주 소비 개시비용 부담이 낮아진 신흥국시장, 특히 중국(연간 9% 성장)과 브라질(연간 5% 성장)에서 나왔다.

반면, 서구 시장은 판매량 증가가 꽤 정체된 모습이었고, 어떤 경우는 판매량이 감소했다. 따라서 같은 기간 미국과 서유럽 시장이 가격을 꽤 큰 폭으로 인상했다는 것은 흥미로운 대목이다.

이런 가격 인상은 분명 '비용 상승cost push' 요인이 작용하기도 했지만(주요 원자재인 보리의 경우 2005년에서 2007년 사이 가격이 60% 상승했다), 대형 양조회사들이 크게 확대된 규모를 이용해—그들을 방해하는 제3자의 개입에 대한 별다른 우려 없이—판매유통업자들을 굴복시킬 수 있었다는 것을 보여주기도 한다.

이런 고무적인 과정은, 예를 들면 영국 시장의 대형 업체들이 2010년 일률적으로 4% 가격 인상을 발표하면서 계속 진행되고 있다.

신흥국시장에서는 유통채널이 보다 세분화되었다는 부분적인 이유와 가격 인상을 감추는 것이 가능할 정도로 높은 수준의 인플레이션이 진행 중이라는 주된 이유로 인해 가격 인상이 보다 쉽게 이루어졌다.

신흥국시장에서는 판매량 증가와 더불어 이전보다 부유해진 소비자들에게 더 비싼 제품을 사라는 '제품 프리미엄화premiumization'

도 진행되었다. 유럽에서는 프리미엄 라거 맥주가 시장의 약 25%를 차지하지만(미국은 15%), 대부분의 신흥국시장에서 프리미엄 맥주의 시장점유율은 5% 훨씬 미만이다.

통합된 시장이 프리미엄화의 전제조건은 아니지만, 어떤 한 시장에서 판매량이 많으면 양조회사가 다양한 가격대에 다양한 제품을 공급하는 것이 보다 경제적이다.

공급 측면에서, 통합 과정이―특히 시장의 분화된 지역적 특성으로 인해 계속 과잉 생산능력 상태였고, 이를 판매유통업자들이 이용했던―유럽 지역의 양조 생산능력 감소로 이어지면서 자본사이클 측면에서 고무적인 국면이 되었다.

일부 시장에서는 꽤 상당한 생산능력 감소가 있었다. 예를 들면, 영국에서는 하이네켄의 스코티시 앤 뉴캐슬 인수 후 양조 생산능력의 10%가 감소했다. 아일랜드, 핀란드, 프랑스 같은 시장에서도 비슷한 정도로 생산능력이 감소했고, 덴마크 시장의 경우는 이보다 감소량이 적었다. 또한 맥주회사들은 제품 범위를 단순화할 뿐만 아니라 가동률을 개선하기 위해 해외시장에서의 공급 확대 가능성을 검토하면서, 조달 등의 영역에서 비용을 절감하기 위해 노력했다.

양조산업 전체의 EBITDA 대비 순부채비율을 장기 평균 1.5배에서 평균 3배까지 상승시킨 M&A 돈잔치가 끝난 후, 판매량을 공격적으로 늘려 시장점유율을 방어할 필요가 줄어들면서, 재무 상태에 대한 관심이 더욱 커졌다. 그 결과, 역사적으로 약 2배였던 맥주회사들의 감가상각 대비 자본적지출 비율은 이제 평균 1.5배 미만으로, 매출의 약 10%에서 8% 미만으로 하락했다. 운전자본에도 더욱 주목하면서, 일부 맥주회사는 명시적인 운전자본 감축 목표를 정하기도 했다.

이 모든 것—가격 책정, 비용절감, 재무 상태 효율성에 대한 관심—을 종합해 볼 때, 맥주회사들의 이익률은 물론 자본수익률의 개선도 예상되었다. 밸류에이션의 경우, 평균 잉여현금흐름수익률free cash flow yields은 6~7%로 GDP 증가율과 비슷한 수준이었는데, 이는 주식시장이 시장 통합과 개선된 규율로 인한 맥주회사들의 장기적인 수익 잠재력을 과소평가하고 있다는 것을 의미했다.

이처럼 맥주회사들의 자본사이클이 개선됨에 따라 우리는, 윈스턴 처칠의 말을 빌리자면, 우리의 편견을 극복하고 맥주산업에 대한 익스포저를 늘릴 수 있게 되었다.[9]

1.6 오일 피크 2012년 2월

다른 시장과 마찬가지로 에너지 시장에서도 '높은 가격에 대한 가장 좋은 해결책은 높은 가격이다'.

지난 12개월 동안 에너지산업이 상대적으로 좋은 주가 실적을 기록했고 유가는 역대 최고가에 근접한 상황에서(〈그림 1-6〉), 에너지

---

9) 이 글을 쓴 2010년 2월부터 2014년 말까지—러시아 사업에서 문제가 있던 칼스버그를 제외하고—이 글에서 언급한 모든 맥주회사들의 주가는 MSCI 유럽지수(MSCI Europe Index)를 상회했다.

그림 1-6 | 브렌트 유가

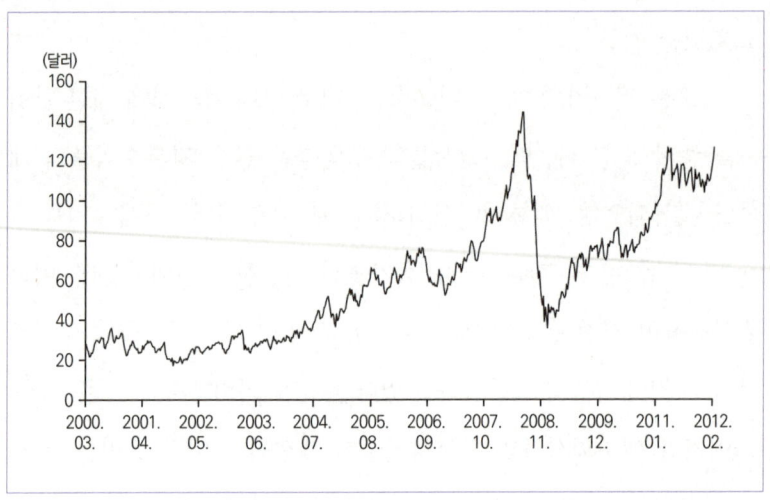

자료 : 블룸버그

산업에 대한 우리의 비중이 상당히 적은 것이 과연 타당한 것일까?

높은 유가와 원자재에 자본배분을 늘리는 것을 정당화하기 위한 다양한 이론들이 제시되었는데, 그중 가장 대표적인 것이 '피크 오일peak oil' 이론이다. 에너지 강세론자들은 감소하는 석유 매장량, 상승하는 생산비용과 함께, 신흥국시장의 에너지 수요 증가로 인해 원유 가격이 배럴당 200달러를 돌파할 것으로 전망하고 있다. 그러나 고유가가 단기적으로는 석유회사의 이익에 도움이 될 수 있겠지만, 향후 몇 년 동안 유가와 에너지 주식 모두에 상당한 타격을 가할 수 있다.

'높은 가격에 대한 가장 좋은 해결책은 높은 가격이다'라는 말이 있다. 따라서 원유가격이 높은 수준에서 멈춘 것처럼 보이지만, 배럴당 100달러가 넘는 유가 그 자체가 에너지 투자자들의 리스크를 높이는 상황을 만들고 있다.

신기술과 개선된 시추법을 통해 생산량을 늘리고 셰일가스와 재래식 자원에서 추출하는 천연가스 비용을 낮춘 북아메리카에서 천연가스 공급이 증가했다. 미국의 셰일가스 매장량은 막대한 것으로 추산된다. 그런데 추출 기술이 계속 발전하고 있고, '프래킹fracking[10] 혁명'은 아직 매우 초기 단계에 있다. 따라서 석유산업 초창기에 그랬던 것처럼 현재 추산하고 있는 잠재적인 셰일가스 매장량도 여전히 과소평가된 것일 수 있다. 이처럼 보다 저렴한 새로운 에너지원은 미국의 천연가스 가격을 하락시켰고, 원유와 가스의 가격 차이를 벌렸다. 최소한 미국에서 이런 상황은 1차 에너지원이 석유와 석탄에서 천연가스로 급전환되는 결과를 가져왔다.

가스 공급의 급증은 북아메리카에만 영향을 미칠 것이라고 주장하는 사람들은 미국이 원유의 최대 소비국일 뿐만 아니라(그리고 현재 순수입국이다), 이런 저렴한 가스를 수출하기 위해 상당한 투자를 하고 있다는 사실을 무시하고 있는 것이다.

우리가 알기로는 미국의 가스 수입 플랜트들이 재설계되고 있다. 현재 미국은 가스 수입 플랜트들을 수출이 가능하도록 개조하고 있으며, 새로운 가스 수출 설비도 계획 중이다. 더욱이 10년 만에 가장 낮은 미국의 천연가스 가격을 이용하기 위해 업계는 미국으로 생산을 옮기기 시작했으며, 심지어 물리적 자산까지 이전하고 있다. 세계 최대의 메탄올제조사 메타넥스Methanex의 경우, 현재 가동되지 않

---

10) 셰일가스 추출 수압균열법—옮긴이.

는 칠레 공장을 해체해 이를 미국 루이지애나주에 재설치할 계획을 하고 있다.

'고유가'는 에너지 시장에 다른 여러 중대한 변화들을 촉진하고 있다. 운송산업은 훨씬 더 연비 효율적으로 되어 가고 있다. 항공사들은 연비가 효율적인 새로운 항공기와 엔진들을 주문하고 있으며, 해운사들은 해운 운임이 낮고 구형 선박이 여전히 공급과잉 상태임에도 불구하고 연비 효율적인 신규 선박들을 주문하고 있다.

또한 운송에 비석유 연료의 사용이 증가하고 있다. 태국에서는 택시, 트랙터, 버스, 그리고 일부 승용차에 사용되는 신기술로 인해 천연가스가 휘발유보다 많이 팔리고 있다. ('친환경green 차량'에 세제 혜택을 주는) 미국과 영국에서는 하이브리드 차량뿐 아니라 이제는 완전 전기차도(스마트Smart 같은 경제적인 보급형 모델에서 스포티한 테슬라까지) 점점 더 많이 판매되고 있으며, 운행 중인 이런 차량의 배터리를 충전해주는 충전시설이 계속 건설되고 있다. 그리고 기업들은 천연가스 트럭(나비스타Navistar와 클린 에너지 퓨얼스Clean Energy Fuels Corp)과 수소차(아칼Acal Energy)를 개발 중에 있다. 요컨대 값비싼 원유의 사용을 줄이기 위한 투자는 전혀 부족하지 않다.

한편 OPEC 석유생산국들은 고유가에 다소 안주하는 모습이다. 일부 국가는 고유가로 창출된 추가 수입을 이용해 사회적 지출에 수십억 달러를 쏟아붓고 있다. 사우디아라비아의 경우, 계획한 지출에 충당하기 위해서는 유가가 배럴당 90달러는 되어야 한다(다른 OPEC 국가들의 경우, 계획된 지출에 충당하기 위해서는 이보다 훨씬 높은 유가가 '필요하다').

그러나 이런 높은 지출 공약에 충당하기 위해서는 유가가 높아야 할 뿐만 아니라 상당한 양의 원유도 판매해야 한다. 이는 가격을 통제할 엄격한 생산규율의 적용을 더욱 어렵게 만들고 있으며, 그럼으로써 미래 유가에 대한 OPEC의 영향력을 약화시키고 있다.

최근 대형 글로벌 석유회사들과 가졌던 여러 미팅에서도 걱정스러운 신호들이 나왔다. 현재 이들 회사의 고위 임원들은 미래 유가를 현재 시장가격 수준으로 예상하고 있는 것으로 보인다. 예를 들어 프랑스 에너지회사 토탈Total Energies은 석유 탐사와 획득 비용의 지출을 정당화하는 데 사용하는 '장기 유가' 전망을 10년 전 배럴당 20달러에서 현재 배럴당 80~100달러 수준으로 높였다. 토탈은 이런 높은 유가 전망에 기초해 석유 탐사와 획득 비용으로 연간 200억 달러를 지출할 용의가 있다고 밝혔다. 토탈은 이런 지출 증가는 토탈의 연간 석유 생산량 증가로 이어지고, 그러면 토탈의 주가도 (상향) 재평가될 것이라고 믿고 있다.[11]

토탈만 그런 것이 아니다. 석유산업 전체가 미래 유가에 대한 부풀려진 기대에 근거해 높은 수준의 투자를 정당화하고 있다. BP(브리티시 페트롤륨British Petroleum)도 신규 프로젝트를 테스트하는 데 사용하는 기준 유가를 2002년 배럴당 16달러에서 2012년 2월 현재 60달러 이상으로 높인 상태다. 캐나다에 매우 저비용의 석유 및 가스 자산(현재 생산량 기준 향후 100년 이상 생산 가능한 매장량)을 보유

---

11) 이 글을 쓴 2012년 2월부터 2014년 말까지 토탈의 주가는 미 달러화 기준으로 9% 하락하면서, MSCI 유럽지수보다 26% 낮은 실적을 기록했다.

하고 있고, 경영도 우수한 임페리얼 오일Imperial Oil마저 10년 전 배럴당 35~40달러로 보던 유가 전망치를 현재 배럴당 50~60달러로 보고 있다. 브라질의 국영 석유회사 페트로브라스Petrobras는 향후 5년 동안 2,250억 달러의 지출을 통해 현재 이미 충분한 생산량을 향후 10년 동안 2배 이상 늘리는 것을 목표로 하고 있다. 브라질의 이 거대 석유기업은 앞으로 5년 동안 원유 가격이 배럴당 80~95달러는 될 것으로 가정하고 있다. 지난해 있었던 페트로브라스의 700억 달러에 달하는 회사 역사상 최대 규모의 주주배정 유상증자는 유가가 높은 수준을 유지하는 동안은 신규 석유 프로젝트에 필요한 자금을 조달하는 데 전혀 부족함이 없다는 것을 보여준다.[12]

현재의 이익으로 볼 때, 석유회사의 밸류에이션은 그렇게 높아 보이지 않는다. 석유회사들의 현금흐름은 낮게 평가되고 있고, 배당수익률은 평균 이상이다.

그러나 고유가에 대한 석유회사들의 새로운 가정으로 인해 그들의 비용이 높은 수준에서 고정될 리스크가 있다. 석유회사들이 그들

---

[12] 2010년 9월 페트로브라스는 회사 역사상 최대 규모의 유상증자를 실시해 브라질 주식시장에서 730억 달러의 자금을 조달했다—자본사이클에 경고신호가 있다면, 바로 이것이 경고신호였다. 그러나 이 자금 전체가 석유 증산에 사용된 것은 아니었다. 2014년 3월 브라질 연방경찰은 자금세탁 혐의로 페트로브라스 정유 부문 전 대표 파울로 로베르토 코스타(Paulo Roberto Costa)를 체포했다. 〈이코노미스트(The Economist)〉에 따르면, 코스타는 선처를 호소하면서 이보다 훨씬 많은 것을 자백했다. 코스타는 그의 사업부로부터 계약을 따낸 건설회사들이 공사대금의 3%를 정당 비자금으로 전용했다고 주장했다. 경찰은 페트로라오[petrolao, 직역하면 '큰 기름덩이(big oily)'이며 거대 석유회사 페트로브라스를 지칭한다]를 브라질 최대의 부패 스캔들로 만든 60억 달러의 수상한 지급 내역을 확인했다.

의 건전한 현금흐름을 고비용 프로젝트에 더 많이 지출할수록, 그들의 이익과 현금흐름이 줄어들 가능성은 더 커진다. 석유회사 이익의 영업레버리지가 높아지고 있고, 따라서 이들의 이익은 심한 유가 조정에 특히 취약하다. 또한 고유가가 오래 지속될수록, 유가 조정의 리스크는 더욱 커진다.

이런 점들을 고려할 때 우리의 글로벌 포트폴리오에서 에너지산업에는 개별 종목 중심의 그리 크지 않은 비중을 두는 것이 현명해 보인다. 이는 어떤 단계에서는, 적어도 상대적인 실적 면에서는 상당한 도움이 될 것이다.[13]

1.7 메이저 석유기업들의 고통 2014년 3월

세계 5대 석유기업의 경우 최근 지표들이 매력적으로 보인다. 하지만 실상 이들 기업은 자본적지출의 효과가 지연되면서 고통을 겪고 있는 중이다.

지금은 메이저 석유기업에 대한 익스포저를 늘려야 할 때일까?

MSCI 선진국 석유가스지수MSCI World Oil & Gas Index의 40%를 차지하고 있는 세계 5대 석유기업의 주식은 MSCI 선진국지수의 PER보

---

13) 2014년 말 현재 브렌트 유가는 이 글을 쓴 2012년 2월 유가에서 50% 이상 하락한 57달러로 떨어졌다. 같은 기간 FTSE 올-월드 석유가스 지수(FTSE All-World Oil & Gas Index)는 16% 하락하면서, FTSE 올-월드 지수(FTSE All-World Index)보다 48% 이상 낮은 실적을 기록했다.

다 상당히 낮은 가격에 거래되고 있으며, 평균 배당수익률은 MSCI 선진국지수의 2배에 가깝다. 이런 밸류에이션은 매력적으로 보이지만, 이들 5대 석유기업의 최근 재무 실적을 자세히 살펴보면 꽤 우려할 만한 대목이 발견된다.

2003년에서 2012년 사이 브렌트 유가가 연평균 16% 상승했을 때, 메이저 석유기업들의 순이익은 연평균 8% 증가에 그쳤다. 자사주 매입 효과를 포함한 이들 전체의 주당순이익EPS 증가율은 연평균 10%였다. 이는 같은 기간 연평균 12%의 이익증가율을 기록한 S&P 500에도 뒤진 실적이다.

2003년에서 2007년 사이 (연간 33% 상승한) 브렌트 유가의 급등으로 인해 전체 메이저 석유기업들의 ROE는 27%로 높아졌다. 자본사이클 이론의 주장처럼, 이는 자본적지출의 급등으로 이어졌다. 2003년에서 2007년 사이 감가상각 및 상각 비용 대비 1.2배이던 자본적지출은 2007년에서 2012년 사이 1.7배로 증가했다. 이런 자본적지출 증가에도 불구하고, 이 기간 이들의 순이익은 사실상 약간 하락했는데, 이 때문에 대형 에너지기업들의 ROE는—유가가 거의 20% 상승했던 2007년에서 2012년 사이 27%에서 17%로 오히려—크게 하락했다.

유가 상승과 자본적지출의 증가가 보다 빠른 이익 증가로 이어지지 못한 이유는 무엇일까?

주요 문제는 메이저 석유기업들이 그저 현상 유지를 위해 서로 싸웠다는 것이다. 유전과 가스전의 수율yield은 그 수명을 마칠 때까지 시간이 가면서 매년 약 5% 정도씩 꾸준히 하락한다. 따라서 이런 수율 하락을 상쇄하기 위해서는 상당한 금액의 자본적지출이 필요하다.

최근, 진행 중인 석유 탐사 프로젝트의 질과 기존 자산의 질이 일치하지 않게 되었다. 신규 유전들은 기술적으로 접근하기 더 어려울 뿐만 아니라, 더 위험한 지역에 있다. 따라서 과거와 동일한 수준의 생산을 위해서는 훨씬 큰 자본적지출이 필요해졌고, 이는 불가피하게 투하자본이익률ROIC 하락으로 이어졌다. 지난 몇 년 메이저 석유기업들의 순생산증가율이 매우 저조했던 것은 바로 이 때문이다(지난 5년 동안 메이저 석유기업들의 합계 생산량은 연간 약 2%씩 감소했다).

물론—완전 생산능력에 도달하기까지 걸리는 시간이 평균 약 6년인—석유 프로젝트의 장기적인 성격을 고려하면, 최근에 진행된 자본적지출의 효과와 그에 수반된 이익 증가는 향후 5년에 걸쳐 나타날 수 있다.

그러나 향후 4년(2014~2017년) 기업의 가이던스(실적 전망)와 애널리스트 전망치를 분석해 보면, 자본적지출의 효과와 이익 증가는 쉽지 않아 보인다.

기업 가이던스와 애널리스트 전망치에 따르면, 감가상각 대비 자본적지출 비율은 1.6배로 높은 수준을 유지할 것으로 예상된다. 잉여현금흐름전환율도 지난 5년 동안보다 훨씬 낮은 50%로 예상된다.[14] 또한 생산증가율도 연간 고작 2% 수준에 그쳐 저조할 것으로

---

14) 잉여현금흐름전환율은 기업의 이익이 잉여현금흐름으로 전환되는 비율을 나타낸 지표다.

예상된다. 이론적으로 이런 생산증가율은 지난 5년보다 높은 것이기는 하지만, 현실은 기대에 못 미치는 경우가 많다.

따라서 메이저 석유기업들의 주가가 현재 '싸다'고 주장하기는 어렵다. 현금 이익을 기준으로 본 밸류에이션은, 밸류에이션이 싸다고 주장하는 이들이 제시하는 이익 배수보다 훨씬 높은 수준이기 때문이다.

사실 위의 예상들이 맞다면, 메이저 석유기업들의 주가는 전체 시장보다 프리미엄을 받는 잉여현금흐름 대비 22배 수준이 되어야 한다. 그러나 석유 부문의 이익 증가 전망은, 유가의 상당한 회복력을 가정하더라도 전체 시장보다 낮다. 게다가 에너지 생산과 사용 방법이 변하고 있는 것을 보면(대체에너지, 천연가스, 전기에너지 등의 생산과 사용 증가), 실제로 유가는 중기적으로 하락할 가능성이 높다.

또한 투자자들이 석유산업에 투자하기에 앞서 메이저 석유기업들의 현금흐름 배수에 할인을 적용해야 할 특별한 이유들이 있다.

첫째, 석유기업들에게 요구되는 절대적인 연간 자본적지출액은 투자자가 경영진의 자본배분 능력을 상당히 신뢰해야 한다는 것을 의미한다. 그러나 수익보다 성장에 편향된 경향이 있는 경영진의 자본배분은 역사적으로, 특히 석유가격이 강하게 상승하는 시기에는 문제가 되기도 했다.

둘째, 유전은 종속자산captive assets이다. 정부 개입과 이익 환수 리스크가 평균 이상이며, 이런 리스크는 업계의 여러 자산 기반이 정치적으로 덜 안정된 지역으로 이동함에 따라 증가하고 있다.

그래도 낙관적일 수 있는 좋은 점을 찾자면 어떤 것이 있을까?

자본사이클로 인해, 장기적으로 증가한 자본집약도(여러 정의가 있지만, 여기서는 매출액 대비 자본적지출로 보고 있음)와 낮은 수익은 결국 공급 측면의 위축으로 이어지면서 자본수익률의 상승 전환과 보다 건전한 주가 수익의 기반을 조성한다는 점이 있다. 이런 의미에서 약한 유가는—2003년 이후 유가 급등이 자본규율을 훼손하면서 생산에 더욱 집중하는 결과를 초래했다는 의미에서 저주라고 할 수 있었던 것처럼—투자자들에게 일종의 '숨은 축복blessing in disguise'이 될 수도 있다.

 1.8 마라톤의 매수 후보 종목 2014년 3월

한 덴마크 풍력터빈 제조사가 겪은 자본사이클은, 어떻게 한 기업이 '가치주' 매수 기회에서 비싼 '성장주'가 되었다가, 몇 년 후 다시 싼 '가치주'가 될 수 있는지를 보여준다.

마라톤은 한 산업에서 진행 중인 자본사이클의 2개 국면에서 투자한다.

잘못된 이름이기는 하지만 이른바 '성장주' 유니버스의 경우 우리는 대부분의 투자자들의 예상보다 수익이 더 오래 지속될 것으로 믿는 기업들을 찾는다. 이 경우 좋은 기업은 평범한 기업으로 변하는 것에 저항하는 기업이다.

이른바 '가치주' 유니버스의 경우 우리의 목표는 실적 개선 잠재

그림 1-7 | 수익의 평균회귀율

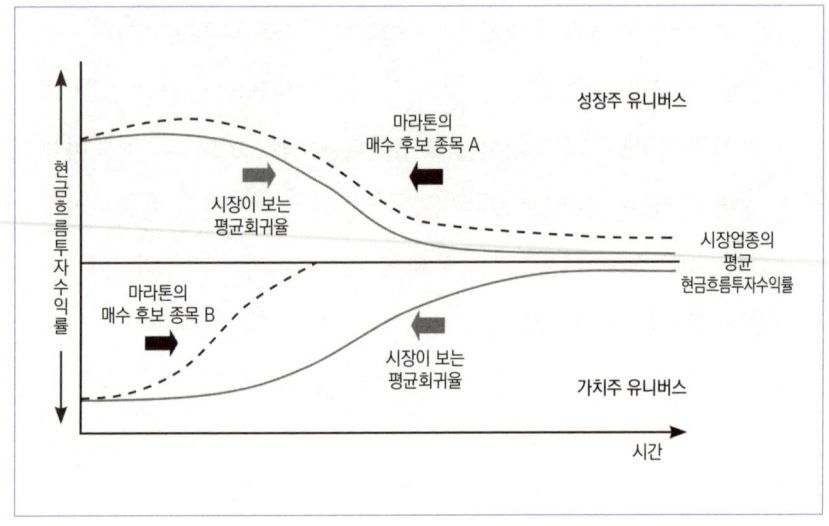

자료 : 마라톤, 크레디트스위스 홀트(Credit Suisse HOLT)

력이 일반적으로 과소평가되고 있는 기업을 찾는 것이다.

이 두 경우 모두에 있어서, 시장 참여자들은 종종 그 기업이 평범한 기업으로 돌아갈 확률(수익의 '평균회귀율$^{fade\ rate}$')을 잘못 계산한다. 마라톤의 경험에 의하면, 잘못된 가격 책정은 행동적 요인으로 인해 시장에 상존하는 경우가 많다.

〈그림 1-7〉은 기업 수익의 '평균회귀율'을 나타낸 것인데, 선진국 시장이 보는 평균회귀율 개념은 산업의 경쟁 환경과 고수익산업으로의 자본 유입(그리고 저수익산업에서의 자본 유출)에 초점을 맞추는 우리의 자본사이클 분석과 개념적으로 매우 비슷하다.

이 틀을 사용하면 2개의 매수 후보 종목을 찾을 수 있다. 매수 후보 A는 시장의 예상보다 오래 고수익을 지속할 수 있는 기업이다(그림 상단의 점선). 즉 이 기업은 평균 이상으로 오래 평균 이상의 수익을 유지하는 기업이다. 매수 후보 B는 시장의 일반적인 예상보다 빨리 실적이 개선될 수 있는 기업이다(그림 하단의 점선).

마라톤의 경험에 의하면, 주식시장은 우수한 평균회귀 특성을 가진 기업들의 가격을 잘못 책정하는 경우가 종종 있다.

매수 후보 A의 경우, 가격 책정 오류는 여러 원천에서 발생한다. 그중 하나는 진입장벽 효과의 지속성을 과소평가하는 것이고, 또 하나는 대상시장addressable market의 규모와 범위를 과소평가하는 것이다. 경영진의 자본배분 능력도 종종 간과된다. 이런 점에서, 대표적인 B2B 전문 유통업체 번즐Bunzl CEO와의 최근 미팅은 얻은 게 많았던 자리였다. 번즐을 담당하고 있던 매도 측 애널리스트들은 핵심 사업의 수익성에 대해 꽤 정확한 예측을 했지만, 이들은 볼트온 기업인수를 통해 가치를 부가한 경영진의 능력은—이를 뒷받침하는 20년의 증거가 있음에도 불구하고—계속 인정하지 않고 있었다. 투자자들도 즉각적인 높은 주가 상승 전망은 보이지 않는 번즐 같은 '지루한' 고수익 기업에 대해 부정적인 편견을 갖고 있는 것으로 보인다.

매수 후보 B가 발견되는 조건은 통합(구조조정)이나 파산을 통해 약한 기업들이 사라지면서 완화된 경쟁의 긍정적인 효과를 시장이 종종 잘못 판단하는 데서 나온다. 아니면, 제각기 행동하면서 제어가 안 되던 과점이 과도한 경쟁에 질려서 평화로운 공존을 원하게 될 수도 있다. 자본사이클의 반전은 최약체 경쟁자가 극단적인 스트레스 상황에서 타월을 던지는 등 비관이 정점에 달했을 때 종종 발생한다. 고통스러운 손실이 주가 하락과 같이 진행될 때, 투자자들이 장기적인 시각을 갖고 단기적인 변동성은 기꺼이 감내하겠다고 한다면 훌륭한 기회를 발견할 수 있다.

문제를 다루는 경영진의 능력도 간과될 수 있다. 신임 CEO가 외부에서 영입되어 변화의 가능성이 극대화될 때 특히 그렇다. 최근 몇 년 동안 피아트Fiat의 세르조 마르키온네Sergio Marchionne가 해낸 턴어라운드가 그 대표적인 사례다.[15] 능력이 뛰어난 경영자들은 특히 경제적 보상 때문에 문제 기업을 턴어라운드시키는 것에 관심을 갖는 경우가 종종 있다. 경영자의 이런 동기는 곤경에 처한 영국 아웃소싱회사 세르코Serco의 CEO로 취임할 예정인 루퍼트 솜스Rupert Soames와의 최근 미팅에서 분명히 확인할 수 있었다.

마라톤의 최근 유럽 포트폴리오는 저수익 기업에 투자한 사람들이 직면한 위험과 기회를 잘 보여준다.

덴마크의 베스타스 윈드시스템Vestas Wind Systems의 경우, 마라톤은 이 회사가 세제 혜택 변경으로 일시적으로 약화된 미국 시장 때문에 고통을 겪고 있던 2003년 처음 투자를 개시했다. 베스타스는 부분적으로 이 문제에 대한 대응 차원에서 미국 현지의 한 경쟁업체를 인수했다. 그 후 풍력터빈에 대한 수요가 회복됐고, 베스타스의 주

---

15) 세르조 마르키온네는 2004년 중반 피아트의 CEO로 취임했다. 이후 마르키온네는 피아트의 자동차사업을 다시 활성화시키고, 회사의 농업장비 부문[케이스 뉴홀랜드(Case New Holland)]을 기업분할했다. 마르키온네가 CEO에 취임할 당시 우리가 보유하고 있던 피아트 투자자산의 가치는 2014년 말까지 183% 이상 증가했다[배당금 제외, 피아트크라이슬러(FCA)와 케이스 뉴홀랜드(CNH)의 주가 합산 기준].

그림 1-8 | 베스타스 윈드시스템 : 감가상각 대비 자본적지출 비율과 상대 주가 실적

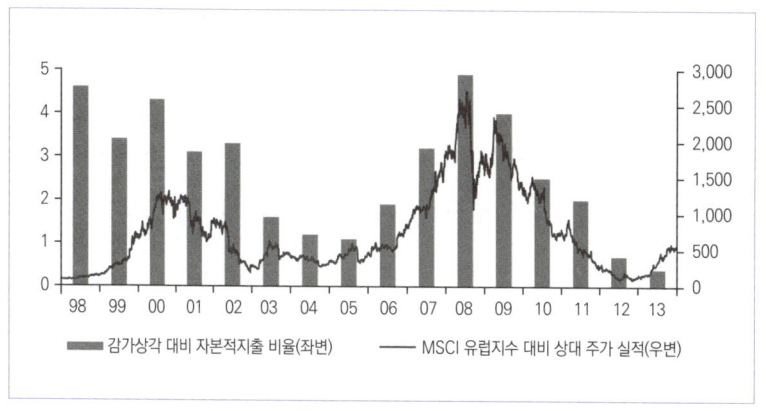

자료 : S&P 캐피털 아이큐(S&P Capital IQ), 팩트셋(FactSet)

가는 저점에서 2008년 고점까지 약 40배 상승했다.

그러나 좋은 소식은 오래 가지 않았다. 세계금융위기가 도래하면서 전 세계의 풍력단지 프로젝트들은, 신규 풍력터빈 설비들이 가동을 시작하는 바로 그 시점에 빠르게 보류되었다. 우리가 베스타스 주가의 고점 부근에서 보유량을 4분의 1 정도 줄이기는 했지만(〈그림 1-8〉 참고), 남은 보유분은 그 후 가치가 96% 하락하면서 '원금 복귀 Return-to-Go'라는 불명예를 겪었다.

베스타스는 대체에너지 자본사이클의 희생양이 되었다. 베스타스의 감가상각 대비 자본적지출 비율은 2005년 1배를 조금 넘는 수준이었지만, 2008년에는 거의 5배에 달하면서 풍력터빈산업의 과잉생산능력에 일조했다.

결과적으로 보면, 세계금융위기가 닥쳤을 때 베스타스 보유량을 전량 처분하는 것이 옳았다. 그 후 베스타스 주가는 4년 이상 시장을

하회했다. 그때 우리가 베스타스 보유량을 전량 처분했더라면, 왜 우리가 여전히 자리를 지키고 있냐는 컨설턴트와 고객들의 불편한 질문에 대답해야 하는 일은 없었을 것이다.

그럼에도 우리는 베스타스와 계속 접촉을 유지했고 이를 통해 나중에 더 많은 베스타스 주식을 살 기회를 얻었다. 이는 우리가 난처한 입장에서 벗어나기 위해 베스타스와 관계를 끊었다면 얻지 못했을 기회였다.

2013년 초 깊은 인상을 준 스웨덴 출신의 신임 회장과 미팅을 가진 후, 마라톤은 베스타스 주식을 추가 매수해 보유량을 90% 더 늘리면서 베스타스의 최대주주가 되었다. 이후 신임 경영진은 약한 산업 수요에 대한 투자자들의 공포가 너무 비관적인 것으로 드러났을 때 상당한 구조조정을 실행할 수 있었다. 2013년 자본적지출은 감가상각의 0.4배로 대폭 축소되었고, 이를 통해 현금흐름을 늘리고 약한 재무 상태를 개선할 수 있었다. 이후 베스타스 주가는 360% 상승했고, 이는 우리가 지난번 고점에서 더 많은 주식을 처분하지 못해 느꼈던 부끄러움을 일부 덜어주었다.

베스타스의 사례는 어떻게 한 기업이 '가치주' 매수 기회에서 비싼 '성장주'가 되었다가, 몇 년 후 다시 싼 가치주가 될 수 있는지를 보여준다. 투자자들은 미스터 마켓Mr. Market의 변덕을 이용할 수 있다. 더불어 베스타스에 대한 우리의 경험은—물론 (고점에서 많은 양을 팔지 못한) 우리의 매도규율에 문제를 제기할 수 있기는 하지만—시의적절한 역발상 매수의 이점을 잘 보여주고 있다.

1.9 성장 패러독스 2014년 9월

장기 GDP 성장률과 주식시장 수익률은 아무런 상관관계가 없다. 단적인 예가 중국시장이다. 1993년 이후 중국 경제는 훌륭한 GDP 성장률을 기록했지만, 주식시장의 실질 수익률은 연 3%씩 하락하면서 마이너스를 기록했다.

전체 경제의 성장과 함께 기업 이익도 증가할 것이라고 생각하는 투자자들은 역사적인 데이터를 봐야 한다. 1960년 이후 미국 기업들의 이익은 실질 기준으로 연평균 2% 증가한 반면, 미국 경제는 3.1% 성장했다. 평균 배당성향이 45%인 기업들은 사실상 대부분의 이익을 사업에 재투자했지만, 이들의 이익증가율은 전체 경제의 성장률에 미치지 못했다.

더욱 당혹스러운 것은, GDP에서 차지하는 기업 이익의 비중이 1960년 6%에서 2013년 10% 이상으로 이 기간 동안 상당히 증가했다는 것이다. 무엇이 잘못된 것일까?[16]

먼저, 시간이 가면서 신주 발행량이 자사주 매입량을 초과했고, 이는 주주들의 지분을 희석했다는 것이다. 예를 들어 2003년 논문에서 번스타인 William Bernstein과 아노트 Robert Arnott는 미국 시장의 경

---

16) 이 사례는 미국 시장의 것이며, 이 문제는 세계적으로 보면 훨씬 더 확실하다. 세계적으로 배당금의 실질 증가율은 1990~2013년 사이 (연간) 0.6%에 불과했다(『크레디트스위스 글로벌 투자수익 자료집(Credit Suisse Global Investment Returns Sourcebook)』, 2014).

우 신주 발행에서 자사주 매입을 차감한 '순'신주발행이 연 2% 정도였다고 추산했다.[17]

이런 현상을 설명하는 한 가지 이유는 경영진의 경기순응적 행동이다. 요컨대 이들은 확신이 강하고 밸류에이션이 높을 때는 자사주를 매입했다가, 상황이 그다지 좋지 않고 주가가 낮을 때는 주식을 발행하는 경향이 있었다. 최근 은행업종의 사례는 경영진이 비싸게 사고(자사주 매입) 싸게 파는(주식발행) 경향을 보여주는 매우 적나라한 사례라 할 수 있다.

인수합병의 경우도, 일반적으로 강세장 후반기에 M&A 활동이 최고조에 달하면서 역시 동일한 경기순응성을 보여주었다. 높은 밸류에이션에서 체결된 거래는 주주가치 파괴로 이어진다.

마지막으로, 직원들에 대한 경영진의 스톡옵션 발행도 주주 수익을 저해했다. 지금은 1%의 '현금소진율burn rate'이 드문 일이 아니며, 손익계산에서 스톡옵션을 의무적으로 비용 처리하기 이전에는 이보다 훨씬 높았다.[18]

상장기업들의 놀랄 정도로 낮은 이익증가율을 설명해주는 또 다른 이유는, 새로운 이익의 상당 부분이 비상장기업에서 창출되고 있다는 것이다.[19] 이는 부분적으로 '대리인 문제'와 '단기 이익 기대에

---

17) 윌리엄 번스타인, 로버트 아노트, 「이익 증가: 2%의 희석(Earnings Growth: The Two Percent Dilution)」, 〈파이낸셜 애널리스트 저널(Financial Analysts Journal)〉, 2003.
18) 2006년 이전 미국 재무회계기준위원회(Financial Accounting Standards Board (FASB))의 회계규칙은 스톡옵션에 대한 비용 처리를 요구하지 않았다.
19) 존 애스커(John Asker) 외, 「상장기업과 비상장기업의 투자 행동 비교(Comparing

그림 1-9 | 글로벌 M&A, 기업공개, S&P 500 기업들의 자사주 매입

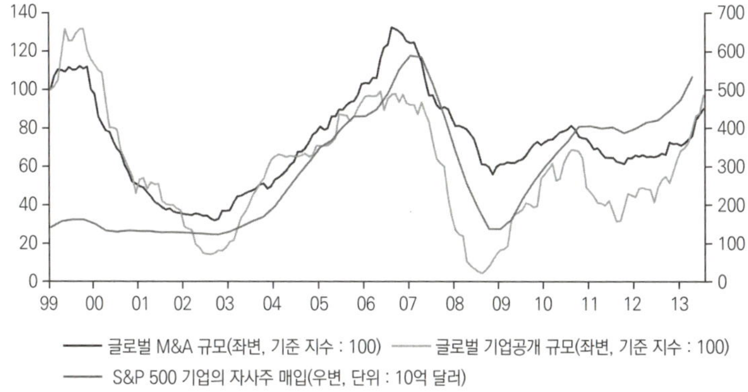

[그래프: 1999-2013년 글로벌 M&A 규모(좌변, 기준 지수: 100), 글로벌 기업공개 규모(좌변, 기준 지수: 100), S&P 500 기업의 자사주 매입(우변, 단위: 10억 달러)]

자료: 씨티그룹(Citi), 딜로직(Dealogic)

부응해야 할 압력'에 덜 시달리는 비상장기업들이 상장기업들보다 더 많은 투자를 하는 경향이 있기 때문이다.

또한 새로운 사업모델과 기술은 비상장기업들에 의해 개발되는 경우가 많은데, 이들은 고성장 단계를 지나 상대적으로 성숙하게 되었을 때에야 시장에 상장된다.

상장주식에 투자한 사람들에게 이는 두 가지 문제를 야기한다. 첫째는 새로운 사업과 기술은 공개시장 상장기업들의 수익에 파괴적인 영향을 미친다는 것이고, 둘째는 자사주 매입 및 M&A 활동과 마찬가지로 기업공개 활동 수준도 매우 경기순응적이라는 것이다(〈그

---

the investment behavior of public and private firms)」, 전미경제연구소(NBER), 2011.

림 1-9〉 참고).

이는 상장 당시에는 일반적으로 밸류에이션이 높아서 전체적으로는 사실상 주당순이익을 희석시킨다는 것을 의미한다.

더욱이 주식시장 상장 이후 진행되는 자본 유입(유상증자 등)은 결과적으로 주주 수익에 직접적인 타격을 입히는 경우가 많다. 동일 산업에 종사하는 여러 기업이 상장할 때는 특히 그렇다(1990년대 말 광섬유망에 투자할 자본을 조달하기 위해 통신회사들이 대거 기업공개에 나선 것이 그 대표적인 사례다).[20]

자본사이클 개념은 기업 수익성이 GDP에 뒤지는 이유를 포괄적으로 설명해준다. 건전한 기업 수익성의 가장 기본적인 동인은 높은 수요 증가율이 아니라 유리한 공급 측면에 있다. 따라서 투자자들에게 거의 또는 전혀 이익을 안겨주지 않고 있는 산업이 급성장할 수도 있다. 사실, 강력한 수요 증가는 해당 산업에 자본을 유입시킴으로써 결국에는 수익을 잠식하기 때문에 가치 파괴의 직접적인 원인이 되는 경우가 종종 있다.

해당 사례를 떠올리는 것은 어려운 일이 아니다.

디지털 반도체의 기술적 발전은 기술과 경제 생산성에 혁명을 가져왔다. 그러나 반도체산업에 투자한 투자자들의 경험은 우울했다. 반도체산업의 높은 자본집약도와 낮은 제품 차별화에 더해, 파편화된 공급 측면은 경제적 가치의 장기적인 파괴로 이어졌다. 통합(구조

---

20) 기업공개(IPO) 이후 처음 3년 동안 IPO 기업들의 주가 실적이 평균적으로 시장을 하회한다는 것을 보여주는 포괄적인 통계연구는 제이 리터(Jay Ritter), 「기업공개: 업데이트 통계(Initial Public Offerings: Updated Statistics)」 2013 참고.

조정)을 통해 공급 측면이 개선되면서 반도체산업 전망이 개선된 것은 매우 최근의 일이다.

항공사들은 지난 60년 동안 여러 경제적 이익과 함께 여행에 혁명을 일으켰지만, 이 경우도 공급 측면이 열악해지면서 투자자들은 매우 험난한 길을 가게 되었다.[21]

가장 낙관적인 기술 담당 애널리스트라고 해도 핸드폰이 얼마나 널리 보급될지 예상하지 못했겠지만, 설혹 이를 예상했다 해도 오랫동안 고통에 시달린 노키아Nokia, 모토롤라Motorola, 혹은 림RIM(블랙베리 제조사) 주주들에게는 도움이 되지 않았을 것이다.

자본사이클의 파괴력과 함께 경기순응적인 경영진의 행동이 미국 주식시장(상장기업들)의 실질 이익증가율이 전체 경제성장률을 따라가지 못하는 이유를 잘 설명해 준다.

여러 증거에 따르면, (실질 이익증가율이 전체 경제성장률을 따라가지 못하는) 이런 문제는 장기 GDP 성장률과 주식시장 수익률 사이

---

[21] 미국 항공산업의 자본사이클은—항공산업 전체가 손실을 내고 있고 파산이 속출하는 시기에도 공급이 줄지 않은 탓에—매우 열악해서 1960년에서 2000년 사이 미국 항공사들이 올린 총이익으로 살 수 있는 항공기는 747 점보제트기 2대에 불과했다. 그러나 지난 10년 동안 [US항공(US Airways)과 아메리칸항공(American Airlines)의 합병, 델타항공(Delta Air Lines)과 노스웨스트항공(Northwest Airlines)의 합병, 유나이티드항공(United Airlines)과 컨티넨털항공(Continental Airlines)의 합병, 사우스웨스트항공(Southwest Airlines)과 에어트랜항공(AirTran Airways)의 합병 이후] 항공산업이 구조조정되면서 자본사이클이 긍정적으로 바뀌었다. 이런 한 차례의 합병 열풍이 분 이후, 미국 항공주들은 강한 실적을 내기 시작했다. 그러나 항공산업이 다시 한 번 자본규율을 잃어가고 있다는 신호들이 나오고 있다. 현재 사우스웨스트항공과 다른 여러 미국 항공사들은 '이용 가능한 좌석 마일(available seat miles, 항공사의 좌석 공급 능력)'을 미국의 경제성장률보다 약 4배 높은 연간 10% 수준으로 올리겠다고 공언하고 있는 중이다.

에 아무런 상관관계가 없는 가운데 GDP 성장률이 높아질수록 더욱 심화되고 있다. 이에 대한 가장 분명한 예는 중국 주식시장일 것이다. 1993년 이후 중국 경제는 훌륭한 GDP 성장률을 기록했지만, 중국 주식시장의 실질 수익률은 연 3%씩 하락하면서 마이너스를 기록했다.

투자자들은 전체 경제의 성장과 기업 이익의 증가가 함께 진행될 것으로 기대해서는 안 된다. 그보다는 자본을 현명하게 사용하는 흔치 않은 경영진을 찾아야 한다.

기업 분석의 출발점은 최종 수요에 대한 전망이 아니라 공급 측면에 대한 분석이다. 우리의 목표는 자본사이클에서 긍정적인 변곡점에 있는 침체된 산업과 공급 측면에서 양호하고 안정적인 펀더멘털을 가진 업종에서 투자자산을 찾는 것이다.

2장

성장 속의 가치

CAPITAL RETURNS

마라톤에서 처음 개발한 '자본사이클 분석'은 자본이 유출되고 있는 산업의 기업에 투자하고, 자산이 빠르게 증가하는 산업의 기업은 피하는 것이다. 자본이 한 산업에서 유출된 후에는 수익과 밸류에이션이 모두 상승하고, 자본이 크게 유입된 후에는 수익과 밸류에이션이 모두 하락한다는 통찰에 따른 것이다. 요컨대 자본사이클 분석의 핵심은 평균회귀의 동인driver of mean reversion에 관한 것이다.

그리고 이런 분석 방법을 사용해 몇 가지 이유로 경쟁에서 승리할 수 있는 기업을 찾을 수도 있다.

강력한 경쟁우위, 워런 버핏이 말한 이른바 넓은 '해자'를 가진 기업들은 시장이 기대하는 것보다 오래 수익을 유지하는 경우가 많다. 평균회귀가 지연되는 것이다. 자본사이클 시각에서 보면, 경쟁이 적기 때문에 수익성에 반응해 공급 측면이 변하는 일이 없는 경우라고 할 수 있다. 평균회귀를 거부하는 기업에 투자한 것은 지난 10년 동안 마라톤에 특히 좋은 실적을 안겨준 투자 전략이었다.

그런데 다소 혼란스럽게도, 이런 스타일의 투자는 펀드운용업계의 표현으로 말하자면 '가치투자'와는 다른 '성장주 투자'로 보통 알려져 있다. 닷컴버블 전과 닷컴버블기 동안 업계 컨설턴트들로부터 '가치투자자'로 명명된 마라톤은 보다 밸류에이션이 높고 보다 성장 전망이 좋은 주식에 점점 더 많은 투자를 했기 때문에, 기존 투자 스타일과 목표에서 벗어난 스타일 드리프트^{style drift}라고 비판받는 것을 경계했다.

그러나 2장의 여러 글에서 지적하고 있는 것처럼, '가치-성장의 이분법'은 잘못된 것이다. 적어도 회계지표(PER, PBR 등) 측면에서 싼 주식은 사고 비싼 주식은 피하는 것이 아니라, '자신이 추산한 내재가치에 비해 싼 주식'을 찾으려는 진정한 가치투자자가 보기에는 그렇다.

2.1 잘못된 꼬리표 2002년 9월

펀드매니저에게 '가치투자자' 혹은 '성장주 투자자'라는 딱지를 붙이는 것은 투자 과정을 왜곡할 위험이 있다.

마라톤은 가치투자자로 분류되는 경우가 많은데, 이 말은 우리의 투자법을 너무 단순화하고 왜곡한 것이기 때문에 우리는 이 표현을 거부한다.

전통적인 정의에 따른 가치투자자는 PBR(주가순자산배수), PER(주가수익배수), PSR(주가매출액비율), 혹은 PCR(주가현금흐름비율)

로 측정한 밸류에이션이 낮은 기업에만 투자하는 사람을 칭하는 말이다. 가치투자는 벤저민 그레이엄과 관련된 것인데, 그는 일반적인 기대보다 더 많은 것을 줄 수 있는 낮은 주가 배수의 인기 없는 주식을 찾았다. 이런 주식은 가치가 없다고 무시되지만, 그럼에도 마지막 한 모금은 맛볼 수 있다는 의미에서 이런 주식에 투자하는 것을 '담배꽁초cigar-butt 투자법'이라고도 한다. 반면, 성장주 투자자는 스펙트럼의 정반대 쪽에서 주가 배수가 높은 기업에 투자하는 사람을 말한다.

마라톤 포트폴리오의 기업들은 주가 배수가 평균 이하인 경향이 있지만, 이는 우리가 의도적으로 그런 '담배꽁초'를 찾았기 때문은 아니다.

사실 우리의 유럽 포트폴리오 편입 기업들은 상대적으로 강한 이익증가율을 보이고 있다. 우리의 포트폴리오 기업들이 낮은 주가 배수와 강한 이익증가율이란 매우 모순적인 특징을 갖게 된 부분적인 이유는 소형주의 경우 성장 전망이 평균 이상이어도 저렴한 경우가 종종 있기 때문이다.

최근 소형주들의 밸류에이션이 낮은 경향을 보인 반면, 대형주들은 부당할 정도로 높은 밸류에이션을 받았다. 그 이유는 주로 초대형 펀드운용사들의 성장 때문이다.

MSCI 유럽지수MSCI Europe Index는 540개 종목으로 구성되어 있는데, 그중 시가총액이 100억 달러 이상인 종목은 88개에 불과하다. 유동성 이유(즉, 한 주식을 매수해서 매도하는 데 걸리는 시간) 때문에 막대한 운용자산을 가진 펀드운용사들은 시가총액 100억 달러 이하의 주식에 투자하기 어렵다. 그런데 문제는 대형주들이 일부 업종에 집중되어 있고, 그 외 다른 업종들에는 많지 않다는 것이다. 산업재 주식industrial stocks의 경우, 3/4이 시가총액 100억 달러 미만이기 때문에 기본적으로 대형 펀드운용사들의 스크린 과정을 통과하지 못한다. 반면, 헬스케어-제약 주식은 85%가 시가총액 100억 달러 이상이고, 따라서 이들 주식은 기관투자자들의 과도한 관심을 받고 있다.

그러나 투자 스타일에 어떤 딱지를 붙이는 이른바 스타일 레이블링style labeling에는 다소 심각한 문제가 있다. 신경제 이해하기, 추적오차tracking error, 지수화indexation에 대한 최근의 집착과 유사하게, 스타일 레이블링은 투자 과정을 크게 왜곡할 위험이 있고, 펀드매니저가 부적절한 도구와 측정 시스템을 사용해 포트폴리오를 구축하게 만든다.

많은 훌륭한 투자자들은 자신의 통찰에 따라 '가치'를 해석할 것이다. 유명한 가치투자자인 레그 메이슨Legg Mason의 빌 밀러Bill Miller는 아마존닷컴과 AOL을 옹호했고, '벤저민 그레이엄의 수제자' 워런 버핏은 코카콜라와 디즈니 같은 강력한 경쟁우위를 가진 당시로서는 성장주, 즉 성장 프랜차이즈growth franchise를 좋아했다. 물론 워런 버핏은 이런 양질의 기업들이 싸다고—'미래 예상이익의 현재가치'에 비해 주가가 싸다고, 요컨대 가치가 있다고—믿고(최소한 과거에는 그렇게 믿었다), 자신이 가치주를 매수하고 있다고 생각했다.

사실, 어떤 사람에게는 성장주가 다른 사람에게는 가치주가 될 수 있다. 최근 투자데이터회사 리퍼Lipper는 씨티그룹, AIG, IBM이 대형 '성장주' 범주나 대형 '가치주' 범주로 분류되어 15대 뮤추얼펀드의 보유종목에 포함되어 있다고 보고했다. 이는 마라톤이 순전한 가치투자자로 명명되어서는 절대 안 되는 이유를 아마 가장 잘 설명해주는 다음 논지로 이어진다.

우리의 자본사이클 분석은 장기적인 자본주의의 창조적이고 파괴적인 힘의 효과를 분석하는 것이다. 일반적으로 현재의 높은 수익에 유인된 과잉 자본이 수익을 하락시키면 성장주는 가치주가 된다. 이런 일이 극단적으로 진행되면 닷컴버블 때처럼 거품이 붕괴하면서 성장주가 거의 하룻밤 사이에 가치주로 변할 수 있다.

통신업종은 이를 잘 보여주는 사례다. 영국의 대안 통신사업자 에너지스Energis는 1990년대 말 '신경제New Economy' 호황기에 광대역과 데이터 네트워크의 성장 잠재력이 인정되면서 주가가 투하자본invested capital 대비 10배까지 상승했다. 그러나 통신업종에 과잉 자금이 투자되면서 에너지스 주가는 투하자본 대비 상당히 낮은 수준으로 하락했다. 그리고 계속 약세를 보이고 있다.

최근 여기서 얻은 교훈은 가치주와 성장주를 나누는 경계선이 매우 희미할 뿐 아니라, '가치함정value trap'의 위험도 있다는 것이다. 에너지스는 (월드컴WorldCom처럼) 주가가 아무리 떨어져도 절대 싼 주식이 되지 못했기 때문이다.[1]

현재 유럽과 그 외 지역에서 마라톤의 포트폴리오 전략은 지난 5년 동안 유지했던 심층가치deep value 중심 전략에서 좀 더 상대적인

---

1) 에너지스는 2002년 7월 법정관리에 들어갔다. 그 후 기업회생을 거쳐 2005년 케이블앤와이어리스(Cable & Wireless)에 매각되었다.

가치평가 중심 전략으로 전환 중에 있다. 그것은 이전에 성장잠재력이 과대평가되었던 주식들이 급락했기 때문이다. 동시에 기초소재, 제지, 화학, 그리고 일부 자본재 같은 과거의 심층가치산업들이 내재가치 관점에서 볼 때 이제는 그렇게 좋은 매수 대상으로 보이지 않기 때문이다.

이런 우리의 생각은 최근에 있었던 2건의 매매에서 가장 잘 확인된다.

아사 아블로이Assa Abloy는 예일Yale, 빙카드VingCard, 바셰트Vachette 같은 유명 브랜드를 보유한 세계적인 자물쇠 및 도어록 제조사다. 지난 10년 동안 부분적으로 기업인수에 힘입어 아사 아블로이의 매출은 연평균 25% 증가했고, 같은 기간 이익은 연평균 38% 증가했다. 그런데 성장주들이 하향 평가되면서, 아사 아블로이 주가는 56% 하락했다. 매출액 대비 4배 수준이던 아사 아블로이의 주가는 현재 매출액 대비 1.5배 미만으로 우리의 내재가치 추산치에서 할인된 가격에 거래되고 있다. 따라서 지금 우리는 아사 아블로이를 매수 중이다.

반면, 지금 우리는 오래 보유했지만 기업 전략에 문제가 있다고 판단되는 핀란드 제지사 스토라 엔소Stora Enso는 매도 중에 있다. 사실 더 이상 심층가치주로 볼 수 없음에도 불구하고 스토라 엔소는, 중요하지만 정량적인 기준만으로는 파악될 수 없는 한 가지, 요컨대 내재가치를 제외하고는, 모든 밸류에이션 지표상 여전히 아사 아블로이보다 싸다.[2]

투자 스타일에 이름을 붙이는 것은 컨설턴트들이 좋아하는 또 하나의 체크박스 방식이자 양적 절차다. 한 가지 특정 스타일을 고수하는 투자자는 조만간 곤란에 직면할 가능성이 크다.

우리는 '성장' 혹은 '가치'로 굳이 구분해 주식을 봐서는 안 되고, 시장이 그 기업의 미래 이익 전망을 효율적으로 평가하고 있는지 아닌지 하는 시각에서 봐야 한다고 믿고 있다.

2.2 장기게임 2003년 3월

'장기투자'가 효과적인 것은, 정말 가치 있는 정보를 얻기 위한 경쟁이 상대적으로 적기 때문이다.

투자법을 설명하는 많은 방법이 있고, 사실 컨설팅산업은 바로 그런 일을 주 업무로 탄생했다.

그러나 우리가 볼 때 좋은 투자자와 그 외 대부분의 다른 투자자를 구분하는 한 가지 특징이 있는데, 그것은 포트폴리오 회전율이다. 마라톤의 포트폴리오는 평균 보유기간이 약 5년이다. 그런데 닷컴버블 이후 포트폴리오 기업들의 (정상 자본수익률과 성장잠재력으로 측정한) 질이 좋아졌기 때문에 아마도 앞으로 몇 년 동안 이 보유기

---

2) 이 글을 쓴 2002년 9월부터 2014년 말까지, 아사 아블로이(Assa Abloy) 주가는 미 달러화 기준으로 452% 상승했는데, 이는 같은 기간 0.7% 상승한 스토라 엔소(Stora Enso)를 훨씬 상회한 실적이다.

간은 더 길어질 것이다.[3] 따라서 우리가 낮은 회전율 투자 전략을 강하게 지지할 것으로 아마 예상할 수 있을 것이다.

'장기투자'를 지지하는 주장은 마찰비용 같은 비용의 절감, '적은 결정'으로 인한 (희망컨대) '적은 실수' 같은 단순한 수학적 이점에 주목하는 경향이 있지만, 우리가 볼 때 장기투자의 진정한 이점은 보다 가치 있는 질문을 하는 데서 나온다.

단기투자자들은 단기 실적에 대한 힌트를 얻을 목적으로 질문을 한다. 예를 들면, 대개의 경우 영업이익률, 다음 분기의 주당순이익과 매출액 추세 등을 묻는다. 이런 정보는 아주 단기간에만 유효하며, 정확해야 하고, 꾸준히 쌓여야 하며, 다른 정보들을 압도할 정도로 중요한 경우에만 가치가 있다. 그 정보가 정확할 때조차도 그 가치는 예컨대 실적에 불과 몇 %p 영향만 미칠 정도로 그리 크지 않을 가능성이 많다.

따라서 단기투자자가 실현 가능하고 경제적으로 중요한 실적을 쌓기 위해서는 투자하는 동안 (단기 정보를 이용해 약간의 실적을 올리는) 이런 방법을 수천 번 실행하거나, 그나마 미미한 기회를 이용하기 위해 대규모 금융 레버리지를 사용해야 할 것이다.

그리고 현실을 말하자면, 그런 작은 투자 정보를 놓고 벌이는 경쟁은 치열하다. 이런 경쟁을 키우는 것은 투자은행들이다. 월스트리트가 돈을 벌기 위해 크게 의존하는 방법은 고객의 근시안적인 시각을 자극하는 것이다. 살로몬 스미스 바니가 "이번 달 우리는 3개월

---

3) 이 이후 주요 선진국(EAFE) 상품에 대한 마라톤의 보유기간은 7.5년으로 늘었다.

매출 모멘텀모델three month sales momentum model에 초점을 맞추고 있습니다"라는 말로 시작하는 보고서를 펴내고, 도이치은행이 〈주간 자동차산업 리뷰Weekly Autos〉를 발간하는 것은 바로 이런 이유 때문이다.

그런데 이런 제한된 기간의 산업동향에 대해 정말 가치 있는 많은 것을 말할 수 있을까? 물론 아니다. 그럼에도 우리는 그런 연구를 말리고 싶지는 않다. (단기적인 보고서를 보고) 단기지향적인 사람들이 팔고 있는 자산이 때로는 우리에게 훌륭한 장기 투자자산이 될 수도 있기 때문이다.

여기서 실제로 적용되는 단어는 '빠른quick'이다. 그러나 주식을 오래 보유할수록 그 기업의 경제성이 투자 성과에 더 중요한 영향을 미치게 된다. 장기투자자들은 유통기한이 있는 답을 추구한다. 요컨대 투자자가 그 주식을 계속 보유하려면, 오늘 유의미한 것(정보)이 10년 후에도 유의미해야 할 것이다. 유통기한이 긴 정보는 다음 분기 이익에 대한 사전지식보다 훨씬 가치 있다.

우리는 우리의 보유기간에 맞는 통찰(정보)을 찾는다. 이런 통찰은 주로 자본배분과 관련된 것으로 그 기업의 광고, 마케팅, 연구개발비 지출, 부채 수준, 자사주 매입 및 주식발행, M&A 등을 분석해서 얻을 수 있다.

장기적인 가치 창출에 필수적이지만 종종 무시되는 마케팅의 경우를 예로 들어보자. 소비재회사에 투자한 투자자들의 경우는 제품라인의 확대와 광고전략의 경제성을 이해하는 것이 도움이 될 것이다.

콜게이트-팜올리브Colgate Palmolive는 1980년대 초 회사 최초로 제품라인을 확대했다. 그리고 상당한 광고비를 투입해 신제품인 블루민트젤 치약을 홍보했다. 이 치약은 콜게이트가 한 세대 만에 처음 내놓는 신제품이었고, 다른 가정용품 분야에서는 성공적으로 이용했던 제품라인 확대가 치약시장에서는 새로운 일이었다. 콜게이트는 대대적인 광고를 통해 소비자들이 슈퍼마켓의 치약 코너에 갈 때는 무의식적으로 콜게이트를 떠올리고, 치약 코너에 도착해서는 새롭고, 우수하며, 광고 때문에 믿을 수 있는 콜게이트의 블루민트 치약을 찾도록 소비자의 구매 습관을 바꾸려 했다.

1980년대 초 우리는 콜게이트와의 미팅에는 참석한 적이 없었다. 그러나 당시 콜게이트 미팅이 지금의 콜게이트 미팅과 비슷했다면, "광고비 지출 증가가 다음 분기 이익률에 어떤 영향을 미칠 것인가?(거의 가치 없는 정보다)", 혹은 "블루민트젤 신제품 라인의 감가상각비 증가는 이익에 어떤 영향을 미칠 것인가?(따분한 질문이다)" 등과 비슷한 질문들이 있었을 것이다. 이런 미팅 후에 나오는 증권사 보고서들은 "틀을 벗어난 혁신적인 생각이지만, 단기 전망은 여전히 어둡다"라는 제목에 '비중 축소'를 추천한 오늘 아침 우리 책상에 배달된 보고서와 비슷한 것이 될 수도 있다.

오늘날에도 콜게이트 발표자료에는 시장점유율이 90%에 이르는 멕시코를 제외한 모든 국가에서 광고비 지출이 시장점유율을 초과하고 있다는 것은 언급되지 않고 있다. 콜게이트가 제품라인 확대와 광고 지원이 강력한 경쟁 무기라는 것을 20년에 걸쳐 증명했음에도 불구하고 그렇다. 콜게이트의 IR 담당자는 "대부분의 사람들은 그것이 중요하다고 생각하지 않는다"고 언급한 바 있다. 우리가 콜게이트 주식을 보유하고 있지는 않지만, 마라톤은 콜게이트의 광고 및 마케팅 담당자에게 미팅을 신청하고 그들을 만났던 유일한 펀드운용사다.[4]

처음 제품라인을 확대한 이후 20년 동안 콜게이트 주가는 25배 상승하면서 시장을 크게 상회했다. 이는 기업의 마케팅 전략을 이해하는 것이 장기투자자에게 얼마나 중요한지 잘 보여준다.

그러나 콜게이트 주식의 회전율이 100%였다는 것을 감안하면, 콜게이트의 성공에 따른 혜택을 온전히 누린 주주는 거의 없었다. 그리고 처음 제품라인을 확대한 후 만 10년 동안은 콜게이트의 주가 실적이 S&P 500을 의미 있게 상회하지는 못했기 때문에 단기 시간 지평을 가진 투자자들은 그런 문제들(제품라인 확대와 마케팅 전략의 효과 등)에 신경 쓰지 않았을 것이다.

그렇다면 투자를 계속 유지한 콜게이트 투자자는 왜 그렇게 적었을까?

장기투자자는 일련의 여러 심리적 압박을 견뎌야 한다. 특히 동료, 다른 펀드매니저, 고객들로부터 단기 실적을 높이라는 강한 사회적 압력이 있다. 승리하는 주식을 찾아내는 분석능력을 발전시켰다 해도, 장기간 주식을 보유하는 데 필요한 심리적 성향은 쉽게 얻어지는 것이 아니다.

언젠가 갤브레이스 J.K. Galbraith는 "정치에서는 단기 기억만큼 좋은

---

4) 당시 마라톤은 콜게이트가 아주 많은 양을 자사주 매입하기에는 주가가 너무 비싸다고 보았다. 2003년 3월 이후, 콜게이트는 S&P 500을 소폭 상회하는 실적을 냈다.

것은 없다"고 비꼰 바 있는데, '단기 기억' 같은 조잡한 사고가 정치에만 있는 것은 아니다.

우리가 장기투자가 효과적이라고 생각하는 것은, 그것이 더 어렵기 때문이 아니라 정말 가치 있는 정보에 대한 경쟁이 더 적기 때문이다.

 2.3 이중스파이 : 대리인 사업모델 2004년 6월

대리인이 개입되면 고객은 더 비싼 가격을 지불하는 경우가 많다. 이런 사업모델은 투자자에게 유리하게 작용하기도 한다.

최근 캘리포니아대학의 한 강연에서 찰리 멍거Charles T. Munger는 그가 미국의 많은 경영대학원에서 했던 한 가지 테스트를 했다.[5]

이 테스트에서 버크셔 해서웨이 부회장 찰리 멍거는 MBA 과정의 학생들에게 다음과 같은 질문을 했다. "여러분은 수요공급곡선에 대해 배웠습니다. 그래서 가격을 올리면 일반적으로는 판매량이 감소하고, 가격을 내리면 판매량은 증가한다고 배웠을 것입니다. 맞나요, 그렇게 배웠나요?"

경영대학원 학생들이 맞다고 모두 고개를 끄덕이자, 멍거는 이어서 다음과 같이 물었다. "그렇다면 판매량을 늘리려면 가격을 높이

---

[5] www.tilsonfunds.com/MungerUCSBspeech.pdf 참고.

는 것이 정답인 경우를 몇 가지 말해주겠습니까?" 일부 학생들이 가격이 높을수록 품질이 우수하다는 것을 의미하고, 따라서 가격 인상이 판매량 증가로 이어지는 '명품의 역설'을 제시했다.

하지만 고객이 구매 결정에 직접 관여하지 않을 경우, 높은 가격은 구매 대리인에게 뇌물로 이용될 수 있고 이익률과 매출액 증가로 이어질 수 있다는, 멍거의 '정답'을 알아챈 학생은 매우 드물었다.

경제학자의 관점에서 볼 때, 고객은 대리인 문제agent problem를 겪는다. 대리인은 대리인과 공급자 모두에게 매우 높은 이익을 창출해 낼 수 있다. 이런 과정을 이해하는 투자자도 이익을 볼 수 있다. 지금까지 주로 투자운용업의 역기능과 관련해 논의되었던 대리인 문제가 현재 우리가 보유하고 있거나, 미래 어떤 단계에서(요컨대 가격이 허용할 때) 매수할 수 있는 많은 기업과 어떤 관련이 있는지 살펴볼 필요가 있다.

소비자가 독립적인 중개인에 대한 이해가 부족하고 중개인에 의존할 경우, 공급자, 중개인, 소비자 간의 정상적인 관계는 왜곡된다. 많은 경우 제품 공급자와 중개인의 관계는 이들이 소비자의 무지를 이용하기 위해 암묵적인 동맹을 형성하는 단계로까지 발전한다.

우리는 스위스의 변기 및 욕실 위생시스템 제조사 게베릿Geberit에서 우연히 이런 현상을 접하게 되었다. 게베릿은 도매상을 통해 회사 제품을 배관업자들에게 판매한다. 그러면 배관업자들은 제품 가격의 일정 비율을 수수료(설치비)로 받고 최종 고객의 집이나 상업용 건물에 제품을 설치해 준다. 게베릿은 회사 판매부서는 도매업자들에게 제품을 '넘기고push', 배관업자들에게는 도매 채널을 통해 제품을 '반출하라pull'고 안내하는 푸시-풀 마케팅 전략push-pull marketing strategy을 사용한다. 우리가 게베릿의 경영진에게 가격 인하 압력은 없냐고 묻자, 그들은 "배관업자들은 제품 가격의 일정 비율을 수수료(설치비)로 받고 제품을 설치해주기 때문에 오히려 가격 인상을 환영한다"고 했다.

이런 모델은 혁신을 불러일으켰는데(게베릿의 경우, 새로운 벽 매립형 설치시스템이 혁신이 될 수 있다), 그것은 배관업자(대리인)가 가격이 더 비싸도 혁신적인 신제품을 쓰라고 고객을 설득하는 것이 더 쉬워졌기 때문이다. 이로 인해 게베릿에서는 신제품 개발 열풍이 불었고, 지난 3년 동안 출시된 신제품에서 회사 매출의 1/3이 발생하고 있다. 게베릿과 배관업자들 간의 다소 사악한 이런 동맹은 깊은 이익 저수지를 창출했고, 그중 게베릿이 상당한 몫을 차지하고 있다(게베릿의 영업이익률은 15%를 넘고 있다). 게베릿의—7개의 핵심 유럽시장들에서 약 50%에 달하는—높은 시장점유율과 파편화된 배관산업은 게베릿의 수익성을 유지하는 데 도움이 되고 있다.

게베릿은 이익이 혁신적인 신제품의 개발비용으로 재투자되기 때문에 이런 사업체계가 궁극적으로 고객들에게 이득이 된다고 주장할 것이다. 물론 그럴 수도 있다. 다만 여기서 분명한 것은 게베릿이 지난 20년 동안 연평균 8%의 매출증가율을 기록할 정도로 매우 효과적인 사업모델을 갖고 있다는 점이다.

고객의 무지를 이용하는 생산자와 판매업자 간의 사악한 동맹은 헬스케어산업에도 만연해 있다. 제약산업의 의심쩍은 마케팅 윤리에 대해 따질 것도 없이, 우리는 유럽의 치과 임플란트와 보청기 제

작업체들에서 게베릿과 유사한 대리인 모델을 발견했다.

노벨바이오케어Nobel Biocare와 스트라우만Straumann은 임플란트 기술 부문에서 대표적인 스위스 회사들이다. 지속적인 혁신과 고객 교육(이 경우 고객은 치과의사들이다)으로 이 두 회사는 강한 성장과 높은 이익률을 기록했다. 노벨바이오케어의 매출액은 1995년 이후 연평균 17% 증가했고, 가장 최근의 영업이익률은 24%에 달했다. 전통적인 크라운과 브릿지 기법을 대체한 노벨바이오케어의 임플란트 기술을 채택한 치과의사들은 더 많은 수입을 올리고 있으며, 고객들은 더 나은 치아를 가지게 되었고, 주주들은 행복해 하고 있다.

지멘스Siemens, 윌리엄 디만트William Demant, GN 스토어노드GN Store Nord, 포낙Phonak 같은 유럽 기업들이 지배하는 고급 보청기시장에서도 이와 비슷하게 지속적인 혁신이 강조되고 있다. 치과의사들처럼 보청기 피팅업자들도 더 많은 돈을 벌게 해주는 고급 제품을 팔고 싶어 한다.

연구개발에 매출액의 약 7%를 지출하면서 10% 이상의 이익률을 올리고 있는 윌리엄 디만트는 우리의 포트폴리오 보유종목이기도 하다. 우리가 윌리엄 디만트를 통해 알게 된 사실은 고급 제품의 핵심 특징 중 하나는 모든 사람의 귀 상태가 각기 다르기 때문에 '고객 맞춤형 피팅'을 제공해 준다는 것이었다. 윌리엄 디만트의 보청기는 약 1,000달러이며, 보청기 피팅업자들은 여기에 고객맞춤 서비스 비용으로 2,000달러를 추가로 청구한다.

게베릿 배관업자들의 경우처럼, 보청기 기술의 혁신은 제품 가격을 올리는 데 매우 유용한 수단이었다. 여기서도 고객(즉, 보청기 피팅업자; 대리인)은 제품 가격에 민감하지 않다. 보청기와 치과 임플란트 생산자들은 그들이 제품을 팔고 있는 시장이 매우 파편화되어 있다는 점에서 도움을 받고 있다.

대리인 모델의 또 다른 사례는 가격을 지불하는 고객이 사실상 서비스를 선택하지 않는 경우다.

랩테스트Labtest는 런던증권거래소에 상장된 인터테크Intertek의 홍콩 자회사다. 랩테스트는 중국 소비재 제조사와 미국 판매업체 사이에서 제품의 검사, 인증 업무를 포함한 일종의 구매 대리인 역할을 한다. 미국 판매회사들은 랩테스트를 선정해 중국의 신제품들이 사양에 맞는지 그 샘플을 검사하는 업무를 맡기고 있다. 그러면 인터테크는 제품 가격의 상대적으로 적은 부분(제조사 비용의 1% 미만)을 차지하고 있는 검사 수수료 비용을 미국 판매회사가 아니라 중국 제조사들에게 청구한다.

이와 같은 서비스 선정자(미국 판매회사)와 비용 지불자(중국 제조사)의 분리라는 눈에 잘 띄지 않는 요인은 보다 확실한 네트워크 및 규모의 효과와 더불어 이익률 33%라는 랩테스트의 뛰어난 수익성의 근간이 되고 있다.

찰리 멍거가 맞았다. 대리인이 개입되면 고객은 더 비싼 가격을 지불하는 경우가 많다. 배관이든, 치과든, 보청기든, 제품 테스트든 우리가 여기서 살펴본 각각의 사업모델에는 실제 비용 지불자로부터 대리인에게 전달되는 가치가 있고, 생산자는 그 파이의 커다란 부분을 차지하고 있다. 이런 사업모델들은 시간이 가면서 발전했고, 인터넷 시대에 소비자들이 더 많은 정보를 얻을 수 있게 되었음에도 불구하고 상당히 견고해보인다.

펀드운용산업에서 대리인 문제가 사라지지 않고 놀라울 정도로 계속 지속되고 있는 것처럼, 우리는 대리인을 이용하는 기업의 우수한 수익성도 꽤 오래 지속될 것으로 예상하고 있다.[6]

 2.4 디지털 해자 2007년 8월

'경쟁력'에 투자하는 인터넷 기업들의 경우 단기 수익성은 무시할 수 있다. 이 기업들은 지금 지속 가능한 경쟁우위를 구축하고 있는 중이기 때문이다.

8년 전(1999년) 인터넷 기업에 미래가 있는 것처럼 보였을 때는 회사 이름에 닷컴(.com)이 붙은 기업에 투자하면 몇 달 만에 2배로 돈을 버는 것이 가능했다.

그러나 당시 우리는 이들 기업 중 밸류에이션을 정당화할 수 있는 기업, 향후 몇 년 후에도 여전히 강할 것이라고 말할 수 있는 기업은 전혀 찾아볼 수 없었다. 따라서 닷컴버블 당시 마라톤의 글로벌 포트폴리오들은 인터넷 기업에 대한 투자 exposure는 피했다.

그런데 최근 우리의 글로벌 포트폴리오에서 가장 좋은 실적을 낸 기업들 중에는 온라인으로만 사업을 하는 인터넷 기업들이 포함되

---

[6] 2007년 8월에서 2014년 말까지 미 달러화 기준 인터테크의 주가는 83%, 게베릿의 주가는 152% 각각 상승했으며, 윌리엄 디만트의 주가는 13% 하락했다. 같은 기간 MSCI 유럽지수는 21% 하락했다.

어 있다. 그중 두 기업은 심지어 닷컴버블 당시 고공행진을 했던 아마존닷컴Amazon.com과 프라이스라인닷컴Priceline.com이다.

현재 이들이 수익이라고 할 만한 것은 거의 없음에도 불구하고, 우리가 이 기업들을 보유하는 이유는 무엇일까?

먼저, 이 기업들은 지속 가능한 경쟁우위를 구축하고 있는 중이다. 이들의 전략은 비용이 낮고 확장 가능성이 큰 인터넷 기술을 이용해 고객들에게 비용절감 효과를 제공하는 것이다. 이들은 단기적으로는 낮은 이익률로 사업을 해서 각자의 시장에서 지배적인 지위를 획득하고, 이를 통해 장기적으로 이익 잠재력을 극대화하는 것이 중요하다는 것을 인식하고 있다.

아마존닷컴은 온라인서점으로 출발했지만, 이를 훨씬 뛰어넘는 다양한 분야로 사업 영역을 확장한 가장 유명한 기업이다. 그런데 요즘 아마존닷컴에 대한 회의적인 시각이 많다. 부분적으로는 닷컴버블 당시의 높은 인지도 때문이고, 또 부분적으로 회사 이익률의 변동성 때문이다.

아마존의 이익률에 변동성이 생긴 것은 크게 두 가지 이유 때문이다. 첫째, 아마존은 할인정책을 지속적으로 확대했다. 둘째, 고객들에게 컴퓨팅 서비스를 제공하는 '아마존 웹 서비스Amazon Web Service, AWS', 다른 유통업자들이 아마존의 전문성을 사용할 수 있게 한 '풀필먼트 바이 아마존Fulfilment by Amazon, FBA' 같은 여러 신규 서비스에 대규모 선투자를 했는데, 이런 신규 서비스가 수익성 있는 사업으로 발전하는 데는 시간이 걸린다. 그 대부분이 회계상 비용으로 상각되고 있는 이 같은 투자로 인해 최근 몇 년 사이 아마존의 이익률 변동

표 2-1 | 아마존의 순이익률

연도	순이익률(%)
2003	0.7
2004	8.5
2005	4.2
2006	1.8

자료 : 블룸버그

성이 다소 심해졌다(〈표 2-1〉 참고).

    월스트리트가 이런 투자의 장기적인 혜택은 고려하지 않고 이익률 급락에 조바심을 내는 동안, 아마존의 주가는 60달러에서 40달러로 하락했다. 지금은 아마존의 이익률이 회복되는 조짐을 보이고 있고, 매출액은 전년 대비 35% 증가했다. 그 결과 2007년 들어 아마존의 주가는 지금까지 거의 2배 상승했다.

    유감스럽게도 아마존은 신규 사업들의 잠재적인 수익성에 대한 장기 전망은 거의 제공하고 있지 않지만, 이런 사업들이 성숙단계에 도달하면 한 자릿수 후반대의 이익률은 달성할 수 있을 것으로 기대하고 있는 것 같다. 우리는 그간의 실적으로 볼 때, 아마존이 이런 기대를 달성할 것으로 보고 있다. 현재 밸류에이션은 매출액의 2.3배로 주식이 결코 과대평가된 것도 아니다.[7]

---

[7] 결과적으로 우리는 이 글을 쓴 후 231% 상승한 아마존닷컴과 1,055% 상승한 프라이스라인닷컴에 대한 포지션을 2013년 2월과 9월 각각 매도했다. 아마존닷컴은 우리가 매도한 이후 2014년 말까지 18% 상승하면서 계속 강한 실적을 냈지만, 이익이라고 할 만한 것은 아직 전혀 보여주지 않고 있다(2014년 아마존의 순이익률은 -0.3%였다).

닷컴버블 이후 프라이스라인닷컴 주식은 974달러의 고점에서 7달러의 저점까지 가장 크게 폭락한 주식 중 하나였다.

프라이스라인닷컴은 차별성이 없는 "당신이 원하는 가격을 말하세요$_{\text{name-your-own-price, NYOP}}$"라는 역경매 사업모델[8]을 운영하다가, 2005년 부킹닷컴$_{\text{Booking.com}}$을 인수하면서 유럽의 에이전시 호텔사업 개발 쪽으로 기업전략을 전환했다.

지금까지 이 사업에 참여하기로 계약한 호텔은 약 3만 2,000개이다. 참여 호텔 10만 개 이상을 목표로 하고 있는 부킹닷컴은 유럽인의 인터넷 사용 증가로 유럽의 호텔 예약시장에서 훨씬 큰 점유율을 차지할 수 있을 것으로 보인다. 이 사업에 필요한 플랫폼 운영비용은 미미한 수준이다. 회사는 이미 충분한 현금흐름을 창출하고 있고, 이 현금은 현재 자사주 매입에 사용되고 있다.

프라이스라인닷컴 경영진은 이 유럽 사업의 기회를 우연히 발견했지만, 매우 현명하게도 이 사업이 3~5년 내에 당시(2005년) 회사의 밸류에이션을 매우 보수적으로 보이게 만들 정도로 충분한 현금을 창출할 수 있는 사업이라는 것을 알아챘다.

장기적인 절대 수익을 극대화하기 위해 기본적으로 낮은 이익률을 추구하는 사업모델은 오래전부터 많이 선택된 사업모델이며, 월마트가 가장 대표적이다. 일부 현명한 기업이 이 오래된 사업모델을 인터넷이라는 새로운 수단에 접목하는 것은 놀라운 일이 아니다. 이

---

[8] 고객이 원하는 항공료나 호텔 숙박비를 제시하면, 판매자가 그 가격을 보고 이를 수용하거나 가장 근접한 가격을 다시 제안해 합의할 때 거래가 이루어지도록 중개하는 사업모델—옮긴이.

전략은 (경쟁 감소를 통해) 사업 리스크를 크게 줄여줌과 동시에, (유망한 성장성을 통해) 장기적인 보상 수준을 높여준다. 인터넷 기술은 이런 기업들이 경쟁우위를 확보하는 데 도움을 줄 것이고, 투자자들은 결국 그 혜택을 누리게 될 것이다.

2.5 퀄리티에 주목할 때 2011년 8월

우리 포트폴리오는 우수한 진입장벽을 가진 고퀄리티의 기업들로 바뀌었다. 따라서 전체 기업 이익이 경기적 또는 구조적 이유로 압박을 받는 상황이 오더라도 우리는 그 영향이 적을 것이다.

소수의견을 가진 시장 평론가들은 미국과 유럽에서 지금처럼 높은 수준의 기업 이익이 지속 가능할지에 대해 의문을 제기하고 있다.

그러나 개별기업의 펀더멘털 분석에 초점을 맞춘 우리 같은 바텀업bottom-up 투자자는 기업 전체의 수익성보다는 자본사이클에 더 관심을 갖는데, 그 이유는 자본사이클이 개별 기업에 영향을 미치기 때문이다.

우리는 ROE를 개선시킬 수 있는 요인들, 특히 (1) 지금까지 낮은 수익성과 과도한 경쟁을 특징으로 하던 산업에서 과점의 등장, (2) 이미 높지만 점점 더 높아지는 진입장벽을 가진 사업모델의 발전, (3) 이런 추세를 촉진하는 경영진의 행동 같은 요인들을 찾고 있다.

전체적으로 유럽 기업의 이익이 하락한다 해도 우리 포트폴리오

기업들은 그런 추세에 저항할 수 있어야 한다. 이 때문에 마라톤의 유럽 포트폴리오는 시간이 감에 따라 점차 우수한 진입장벽을 가진 보다 고퀄리티의 기업들로 바뀌었다.

앞에서 의료기기(임플란트, 보청기)와 건물장비(자물쇠, 전기 및 배관 설치)를 포함한 이른바 '대리인 사업모델'에 대한 우리의 투자에 대해 자세히 소개한 바 있다.

기본적으로 이런 기업들은 그들의 제품을 판매하는 중개인(의사, 배관업자, 자물쇠공 등)에 의존하며, 소비자들은 고마진 제품을 판매하려는 생산자와 대리인의 공동 이익을 알지 못하고 정보가 없어서 중개인의 조언을 따른다. 현재 이런 사업모델을 가진 기업들이 마라톤의 유럽 포트폴리오의 약 10%를 차지하고 있고, 이들의 2011년 추정 ROE는 평균 27%로 유럽의 비금융기업 ROE 평균보다 약 11%p 높다.

또한 맥주회사, 유니레버Unilever, 스웨디시 매치Swedish Match(스웨덴 담배회사)를 추가 매수하는 등 최근 몇 년 동안 브랜드 소비재에 대한 투자도 증가했다. 이들 기업은 현재 마라톤의 유럽 포트폴리오의 약 9%를 차지하고 있으며, 이들의 평균 ROE는 48%이다.

최근 몇 년 우리 포트폴리오에서 비중이 증가한 또 다른 종류의 기업은 마치 연금 같은 지속적인 수입흐름을 보유한 구독 기반 서비스 기업들이다. 역시 높은 수준의 구독 기반 수입을 올리고 있는 통신회사를 제외한 구독 기반 서비스기업들은 현재 마라톤의 유럽 포트폴리오의 약 12%를 차지하고 있으며, 이들의 추정 ROE는 42%이다.

이들의 공통점은 고객들이 보다 장기적으로 구독을 약속하고, 관성적으로 구독을 갱신한다는 것이다. 이런 요인들은 구독 서비스를 제공할 때 자주 발생하는 규모의 경제와 결합해 상당한 진입장벽과 높고 지속적인 수익을 창출해준다.

이는 영국의 부동산 매매 플랫폼 라이트무브Rightmove, 영국의 세계적인 업무 아웃소싱업체 캐피타Capita, 그리고 몇몇 정보제공업체를 포함한 우리의 여러 포트폴리오 기업처럼 서비스 비용이 고객의 지출에서 차지하는 비중이 매우 작은 경우엔 특히 그렇다.

라이트무브는 부동산 검색자들에게 가장 인기 있는 웹사이트가 되면서 승자독식의 네트워크 효과를 누리고 있다. 라이트무브는 부동산 중개인들에게 효과가 떨어지는 인쇄광고 비용보다 훨씬 저렴한 중개사무소당 구독료를 청구한다. 2011년 3월 우리가 이 회사를 처음 접했을 때, 연간 구독료의 65%가 이미 납부된 상태였고, 5월에는 추가로 20%가 납부되었다. 올해(2011년) 구독료는 약 16% 인상되었다.

투석치료 부문에서 투석 서비스 및 관련 제품을 공급하는 독일의 프레제니우스 메디칼케어Fresenius Medical Care, FMC는 미국 시장점유율이 34%에 달하며, 투석치료 보험금 지급이 총지출의 2%에 불과한 민간 보험회사들로부터 상당한 이익을 내고 있다. 민간 보험회사들과의 협상은 주州 단위로 이루어지기 때문에 고객들의 구매협상력은 제한적이고, 보험회사들은 단계적인 가격 인상 조항이 포함된 다년 계약으로 점점 이동하고 있다.

영국의 업무 아웃소싱업체 캐피타는 지역 및 중앙 정부와 다년 계약 관계를 구축했으며, 생명보험 및 연기금 관리시장에서도 점점 더 많은 계약을 획득하고 있다. 캐피타는 고객들에게 상당한 비용절감 효과를 제공하고, 경우에 따라 비용을 여러 고객들에게 나눠 분담시키는 역량센터competence centers들을 구축함으로써 시간이 감에 따라 이익률을 개선할 수 있었다.

정보제공 분야의 경우, 엑스페리언Experian9), 리드 엘스비어Reed Elsevier10), 볼터스 클루버Wolters Kluwer11), 인포마Informa12) 같은 우리의 포트폴리오 기업들은 고객에게 가치 있는 정보를 제공하는 사업을 하고 있다. 따라서 고객들은 불황기에도 이들 기업이 제공하는 정보의 구독을 취소하기가 어렵다. 데이터 수집사업이 전체 신용시장의 성장과 연결된 엑스페리언은 세계금융위기 당시에도 어느 정도 성장을 유지할 수 있었다.

이런 범주의 주식들이 마라톤 유럽 포트폴리오의 약 31%를 차지하고 있다. 여기에 (그 지속가능성에 대해서는 의심이 가기는 하지만) 수익성이 높은 제약사와 통신사를 추가하면, 우리의 전체 포트폴리오에서 차지하는 비중은 약 40%(금융회사를 제외한 비금융 부문으로만 보면 약 50%)까지 높아진다. 이들 주식의 평균 ROE는 39%로 전체 시장의 비금융 부문 주식 평균 ROE의 2.4배에 달한다.

이들 기업의 경기민감성이 각기 다르고, 일부 사업모델은 다른 사

---

9) 아일랜드 소재 글로벌 신용정보기관—옮긴이.
10) 현재의 렐엑스(RELX), 영국 소재 빅데이터 및 지식재산권 정보 제공회사—옮긴이.
11) 네덜란드의 정보서비스업체—옮긴이.
12) 영국의 출판, 비즈니스 인텔리전스, 전시회 주최 기업—옮긴이.

업모델보다 분명 더 지속 가능하겠지만, 이런 높은 ROE를 가진 사업모델들은 임의재 성격이 더 큰 부문, 특히 유럽의 약한 국내 소비에 노출된 부문보다 좋은 실적을 낼 가능성이 높다. 경기에 더 민감한 다른 포트폴리오 종목들은 글로벌 성장, 특히 이미 성숙한 서구 경제보다 성장 전망이 좋아 보이는 신흥국시장의 성장을 염두에 두면서 편입했다.

이와 같이 퀄리티 중심으로 포트폴리오를 바꿈으로써 마라톤의 유럽 포트폴리오는 전체 기업 이익이 경기적인 이유나 구조적인 이유로 압박을 받더라도 그 영향이 적을 것이다.[13]

 ## 2.6 반도체산업의 틈새시장 2013년 2월

반도체산업의 역사는 자본사이클의 대표적인 사례다. 하지만 '틈새시장'의 일부 기업들은 예외다. 이런 기업들은 파괴적인 자본사이클에서 비켜나 장기적으로 주주들에게 훌륭한 수익을 제공하고 있다.

무어의 법칙에 따라 반도체산업은 지난 30년 동안 꾸준하고 지속적이며 극적인 실적을 기록하면서 생산성과 전체 경제 발전에 큰 기

---

13) 이 글을 쓴 2011년 8월부터 2014년 말 사이, 우리가 2장에서 언급한 11개 기업(아사 아블로이, 르그랑, 게베릿, 유니레버, 스웨디시 매치, 라이트무브, 캐피타, 프레제니우스 메디칼케어, 엑스페리언, 리드 엘스비어, 볼터스 클루버) 중 스웨디시 매치를 제외한 10개 기업이 MSCI 유럽지수를 상회하는 실적을 냈다.

여를 했다. 그러나 불행히도 투자자들은 그에 걸맞은 좋은 성과를 내지 못했다. 1994년 도입된 이후 필라델피아 반도체지수Philadelphia Semiconductor Index는 나스닥보다 약 200%p 낮은 실적을 기록하면서도 변동성은 더 컸다.

이런 열악한 실적을 낸 이유는 전혀 비밀이 아니다. 기술세계에서 반도체산업보다 경기 호황과 불황에 더 취약한 산업도 없다. 호황기에는 반도체 가격이 상승했고, 따라서 반도체기업은 생산능력을 확충했다. 또 대개의 경우 아시아의 여러 지역(1970년대 일본, 1980년대 한국, 1990년대 중반 대만, 그리고 최근에는 중국)에서 신규 진입자가 등장했다. 그러나 경기 정점에 이르러 과도한 자본이 유입되면서 전체 반도체산업의 수익은 상대적으로 열악해졌다.

반도체산업의 역사는 자본사이클의 대표적인 사례다. 하지만 반

그림 2-1 | 반도체산업의 자본사이클

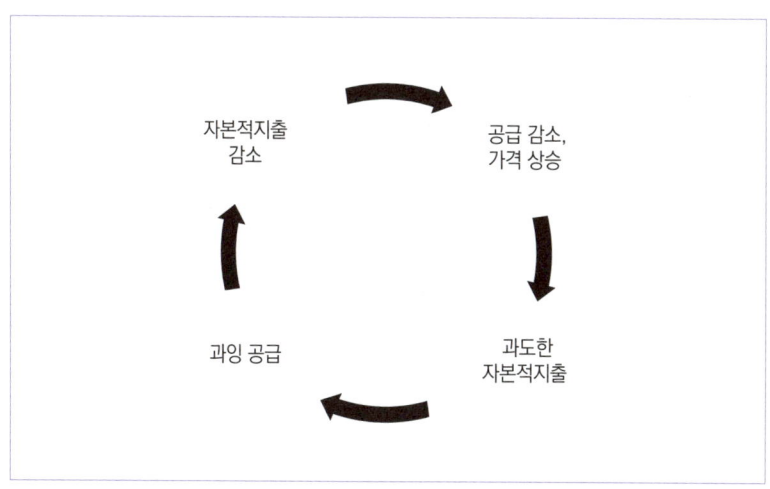

자료 : 마라톤

도체산업의 틈새시장에서 장기적으로 주주들에게 훌륭한 수익을 제공한 기업들도 있다. 마라톤은 그중 두 기업, 미국 매사추세츠주 노어우드Norwood에 있는 아날로그 디바이시스Analog Devices와 캘리포니아주 밀피타스Milpitas에 있는 리니어 테크놀로지Linear Technology를 최근 미국 포트폴리오에 편입했다.

반도체는 전자 시스템 및 장비에 사용되는 핵심 전자부품이다. 반도체 중 아날로그 반도체가 전체 반도체시장의 약 15%를 차지하고 있고, 나머지는 디지털 반도체가 차지하고 있다.

아날로그 반도체는 실제 세계의 온도, 소리, 압력 같은 현상을 모니터하고, 증폭·변환하여 이를 전자기기로 전달함으로써 실제 세계와 전자 세계를 연결해 주는 기능을 한다. 아날로그 반도체의 최종 시장으로는 핸드폰시장(음성의 디지털화), 자동차시장(에어백의 충돌센서), 산업재시장(공정 자동화설비의 온도센서) 등이 있다. 이에 반해 디지털 반도체는 이진코드binary code의 순수한 디지털 세계에서만 주로 사용된다.

아날로그 반도체의 일부 하위 부문은 반도체산업의 낮고 변동성이 심한 투자수익의 확실한 예외 사례였다. 예컨대 아날로그 디바이시스는 스트레스 환경에서도 견고한 이익을 내면서 오랫동안 꾸준히 높은 이익률을 창출했다.

2000년에서 2012년 사이 아날로그 디바이시스의 매출총이익률은 평균 60%, 영업이익률은 평균 25%였다. 이런 우수한 수익을 달성하는 데 투입한 자본집약도는 상대적으로 낮았다. 아날로그 디바이시스의 매출액 대비 자본적지출은 2000년 이후 평균 6%였고, 최근 5년 동안은 평균 4%로 낮아졌다. 자본집약도가 이렇게 낮았기 때문에 잉여현금흐름전환율은 평균 100% 이상으로 계속 높은 수준을 유지할 수 있었다.

리니어 테크놀로지는 훨씬 강한 경제성을 보여주었다. 2000년 이후, 리니어 테크놀로지는 평균 76%의 매출총이익률과 평균 50%의 영업이익률을 올렸다. 매출액 대비 자본적지출은 약 5%를 맴돌면서 잉여현금흐름전환율도 100% 훨씬 이상이었다.

이 두 회사는 이익률이 견고했을 뿐 아니라 기술의 일상생활 적용이 확대되면서 강한 매출 증가세를 보였다. 1990년 이후 아날로그 디바이시스의 매출액은 연평균 8%, 리니어 테크놀로지의 매출액은 연평균 14% 증가했다.

이 두 기업은 어떻게 이런 높은 수익을 창출했으며, 이런 수익은 얼마나 지속 가능할까? 이에 대한 답은 반도체산업의 공급 측면, 요컨대 생산과정, 시장구조, 경쟁역학과 가격결정력의 구체적인 내용을 이해하는 데 있다. 또 이런 요인들에 대한 종합적인 이해가 자본 사이클 분석의 핵심을 이룬다.

먼저 아날로그 반도체사업의 역학을 생각해보자. 현실 세계가 디지털 세계보다 훨씬 복잡하고 이질적이기 때문에 이를 포착하기 위한 제품 설계도 더 복잡하고 이질적이어야 한다. 이것은 아날로그 반도체의 제품 차별화 수준이 더 높고, (물리적 자산이든 인적 자원이든) 개별 기업의 지식재산권이 더 중요하다는 것을 의미한다.

설계 능력은 경험이 쌓이면서 더 심화되기 때문에 인적 자본은 특히 복제하기 어렵다. 설계 과정은 다른 기술 분야보다 시행착오는 훨씬 많고, 컴퓨터 모델링과 시뮬레이션에 대한 의존은 더 적은 과정이다. 아날로그 반도체 설계 전문가가 되기 위해서는 많은 시간이 필요한데, 아날로그 디바이시스에서 일하는 설계자들의 평균 재직기간은 20년에 달한다. 이는 중요한 진입장벽이 된다. 더욱이 아날로그 반도체기업들의 공정기술은 서로 매우 다르다(이에 반해 디지털 반도체는 비교적 범용적인 공정을 사용한다).

따라서 한 반도체 설계자를 그의 생산성을 그대로 유지하면서 다른 아날로그 반도체 기업이 가로채기란 쉬운 일이 아니다. 오히려 그 과정에서 그의 생산성은 상당히 훼손될 수 있다. 또한 아날로그 반도체 부문에서는 신규 설계자의 공급이 제한되는 경향이 있다. 이공계 졸업생들이 디지털 부문으로 갈 가능성이 훨씬 높기 때문이다. 이는 디지털 부문의 학습곡선learning curve이 덜 가파르고, 업무 경험의 중요성이 상대적으로 적기 때문이다. 따라서 아날로그 반도체 분야의 연구 역량은 제한적이었고, 앞으로도 계속 그럴 가능성이 높다.

이런 요인들(차별화된 제품과 개별 기업에 고착된 지적 자본)은 시장의 경쟁 수준을 낮춘다. 이런 전략적 이점은 대상 제품이 수천 개에 이를 정도로 제품 범위가 훨씬 광범위한데다 제품별 평균 매출 규모는 더 적은 아날로그 반도체가 디지털 반도체보다 다양한 최종시장을 갖고 있다는 사실로 인해 더욱 증폭된다.

이러한 시장 특성 때문에 아날로그 반도체시장에서는 신규 진입자가 효과적으로 경쟁하기 어렵다. 따라서 장기적으로 아날로그 반도체기업의 가격결정력은 견고하며, 시장지위는 상대적으로 안정적인 경향이 있다.

전체 반도체시장은 상대적으로 파편화되어 있지만—5대 기업 집중도가 약 50%이다—다양한 하위시장 부문은 보다 통합적이다. 예컨대 아날로그 디바이시스는 데이터 변환기시장에서 40% 이상의 시장점유율을 보유하고 있다.

일반적으로 아날로그 반도체가 한 제품(예컨대 에어백 충돌센서)에서 매우 중요한 역할을 하지만, 그 제품의 재료 비용에서 차지하는 비중은 매우 적다는 것은 가격결정력에 더욱 도움이 된다. 리니어테크놀로지 제품의 평균 판매가는 2달러 미만이다. 따라서 가격보다는 제품의 질을 두고 경쟁이 벌어진다.

그리고 일단 반도체칩이 제품에 맞게 설계되어 적용되면—이는 해당 제품 제조사와 아날로그 반도체기업이 협업하는 과정이다—제조사가 그 반도체 칩을 다른 제품으로 바꾸기 위해서는 전체 생산 공정을 바꿔야 하기 때문에 상당한 비용이 든다. 이렇게 전환비용이 크기 때문에, (종종 10년 이상인) 제품 생애주기 동안 아날로그 반도체 기업은 가격결정력과 매출 안정성을 확보할 수 있다.

마지막으로 매우 중요한 것은, 아날로그 반도체 생산과정은 대부분의 기술 부품보다 덜 표준화되어 있고, 따라서 무어의 법칙(의 끝없는 진행)에 따른 노후화에 훨씬 덜 취약하다. 이는 한마디로 자본집약도(매출액 대비 자본적지출)를 상당히 줄여준다는 것이다. 아날로그 디바이시스의 경우 매출액의 1/3 이상이 10년이 넘은 제품들에서 발생하고 있다. 이는 디지털 반도체산업을 강타한 자본사이클의 파괴력으로부터 아날로그 부문을 보호해 주고 있다.

따라서 이 두 기업이 그동안 달성했던 높은 수익을 미래에도 지속할 수 있을 것으로 충분히 생각할 수 있다.

또한 우리는 경영진이 미래의 잉여현금흐름을 투자자들에게 이익이 되는 방향으로 잘 배분할 것으로 보고 있다. 그동안 이 두 기업의 성장은 대부분 유기적인 성장이었고, 잉여현금을 주주들에게 환원해주었다. 이는 주주들에게 피해를 줄 수 있는 전략적 거래(인수합병)에 대한 유혹이 강한 기술업종의 회사로서는 대단한 성과다. 우리는 이 두 기업을 오래 이끌어온 경영진이 앞으로도 계속 자본을 현명하게 배분할 것으로 보고 있다.

현재 아날로그 디바이시스와 리니어 테크놀로지는 모두 5%의 잉여현금흐름수익률을 제공하고 있다. 잉여현금흐름의 장기 증가율은 과거 수준과 비슷할 것이기 때문에 우리의 연간 총수익률은 두 자릿수 초반대가 될 것으로 보인다.[14]

2.7 성장 속의 가치 2013년 2월

투자는 궁극적으로 내재가치에서 할인된 가격에 거래되는 주식을 매수하는 것이다. 굳이 전통적인 투자 스타일에 얽매일 필요는 없다.

가장 기본적으로 투자는 언제나 그리고 어디서나 가격과 가치에

---

14) 1994년 초에서 2014년 말까지 필라델피아 주식거래소의 반도체지수는 474% 상승하면서 나스닥지수를 약 19% 하회했다. 같은 기간 리니어 테크놀로지는 729% 상승했고, 아날로그 디바이시스는 1,059% 상승했다.

관한 것임을 잊어서는 안 된다. '오마하의 현인' 워런 버핏은 "가격은 여러분이 지불하는 것이고, 가치는 여러분이 얻는 것이다"라고 말했다. 이 정의에 따르면, 모든 진지한 투자자는 가치투자자가 되어야 한다. 그렇다고 해서 투자자가 밸류에이션 배수가 낮은 기업만 매수해야 한다는 것은 아니다. 투자는 궁극적으로 내재가치에서 할인된 가격에 거래되는 주식을 매수하는 것이다.

그러면 가치는 어떻게 계산해야 할까?

이론적으로 가치는 미래의 현금흐름을 적절한 할인율을 적용해 현재가치로 환산한 것이다. 문제는 우리가 예상, 특히 미래를 예측하는데 다소 서투르다는 것이다. 그럼에도 우리는 예측하는 일을 포기하지 않는다. 우리는 나심 탈레브Nassim Taleb가 말한 이른바 '인식론적 오만epistemic arrogance'에 빠져 있다. 쉽게 말해, 우리는 실제보다 예측을 더 잘한다고 생각한다.[15]

그 결과 우리는 우리가 한 예측에 대해 잘못된 확신을 가진다. 투자자들은 모형화modeling를 좋아하는데, 그것이 과학적으로 보이기 때문이다(예컨대 계산에 사용하는 스프레드시트 탭이 많을수록 효과는 더 좋다는 것이다).

그러나 투자 모델은 어떤 기준에 얽매여 사고하게 만드는 이른바

---

15) 나심 탈레브, 『블랙 스완(Black Swan: the Impact of the Highly Improbable)』. 이 책의 용어 설명에서는 '인식론적 오만'을 실제 알고 있는 것과 알고 있다고 생각하는 것의 차이를 측정한 것으로 정의하고 있다. 탈레브는 "(측정 결과) 알고 있다고 생각하는 것이 실제 알고 있는 것보다 많으면 오만이고, 적으면 겸손이다. 인식인(epistemocrat)은 자신의 지식을 최대한 의심하는 인식론적으로 겸손한 사람을 말한다"고 했다.

닻내림 효과anchoring를 조장한다. 그 결과 대부분의 모델은 기업의 현행 가치가 현행 가격(일종의 기준)의 적절한 범위 내에서 산출되도록 조정된다.

또 다른 문제는 할인율이다. 역사적 변동성(베타)이 리스크를 나타내는 좋은 지표라는 것을 받아들이지 않으면(우리는 받아들이지 않는다), 적절한 할인율을 계산하는 방법이 명확하지 않다. 우리는 상세한 예측에는 가치가 별로 없다고 보고 있다.

예측의 어려움에 대한 한 가지 일반적인 대응은 PBR, PER, 잉여현금흐름수익률 같은 간단한 가치 대용지표들을 보는 것이다. 많은 '가치투자자'들은 이런 지표들로 봤을 때 싼 일련의 주식들을 매수하라고 한다.

이런 방법에 본질적으로 문제가 될 것은 전혀 없다. 그러나 이 각각의 지표들은 잠재적인 가치를 보여주는 매우 유용한 지표이기는 하지만, 과도한 단순화라는 위험이 있다. 이런 전통적인 가치평가 지표들은 한 투자자산의 미래 현금흐름을 결정해 주는 구체적인 맥락—예를 들어, 그 기업의 사업모델, 소속 산업의 구조, 경영진의 자본배분 능력 등—에 대해서는 아무것도 말해주는 것이 없다.

또한 양적 가치평가 지표들은 투자 스타일의 범주를 협소화하는 경향이 있다. S&P 미국 스타일지수S&P US Style Indices를 예로 들어보자. 이 지수에서 가치주는 PBR, PER, PSR을 기준으로 선정된다. 반면 성장주는 3년 주당순이익, 3년 주당매출액증가율, 그리고 12개월 주가 모멘텀을 기준으로 선정된다. 그중 일부 요인은 강력하기는 하지만, 가치평가를 위한 유일한 분석틀이 되기에는 너무 조악하다.

우리 포트폴리오를 보면, 마라톤은 어떤 투자 스타일로 분류해야 할지 혼란스러울 때가 많다. 전통적인 투자 스타일 분류—'성장'이나 '가치'—는 우리의 자본사이클 투자법에 맞지 않는 경향이 있다.

최근 우리 포트폴리오에 추가된 중국의 지배적인 인터넷 검색엔진 바이두Baidu의 경우를 예로 들어보자. 매수 당시, 바이두의 주가는 PBR 7.2배, PER 18배로, 두 지표 어느 것도 가치 관점에서 특별히 매력적으로 보이지 않았다.

그러나 바이두가 시장 주도자에게 비대칭적으로 이익이 몰리면서 경쟁자들은 성공하기 어려운 산업에서 70%의 시장점유율을 장악하고 있다는 것을 생각해 보자. 또한 바이두는 자본 투자가 별로 필요 없는 사업모델을 운영하고 있으며, 잉여현금흐름전환율은 100%가 넘는다. 자산이 적은 재무상태표는 급성장 모델이 가진 두 가지 가장 큰 위험, 요컨대 과잉투자와 운전자본의 점증을 통제하는 데 도움이 된다.

현재 바이두의 검색당 수익화 수준은 선진국 동종업체의 1/10 미만에 불과해 앞으로 상당히 높아질 여지가 있다. 또한 바이두의 창업자이며 회장 겸 CEO 로빈 리Robin Li의 지분은 20.7%로 그의 이해와 외부 투자자들의 이해가 일치한다.

물론 이 투자에 많은 리스크(특히, 공급 측면의 혼란)가 있지만, 우리는 '비싼' 바이두 주식이 장기투자자들에게 매력적인 가치 기회를 제공해준다고 믿는다.

2.8 경쟁에서 승리할 수 있는 기업 2014년 5월

자본사이클 분석은 높은 수익이 지속 가능한 투자자산을 찾는 데 도움을 준다.

자본사이클 투자법은 가치주 범주에 속하는 주식인 경우가 많다. 이런 종목은 당장은 이익률이 낮거나 하락하면서 시장의 관심을 받지 못하지만, 결국에는 수익성을 회복하며 밸류에이션을 인정받기 위한 기반을 마련하게 된다.

그런데 자본사이클 투자법이 지속 가능한 높은 수익을 올리는 기업에도 적용될 수 있다는 것은 잘 알려진 것 같지 않다. 지난 10년 동안 마라톤이 최고 실적을 낸 주식 중에는 이런 기업이 일부 포함되어 있다. 예를 들면, 덴마크의 특수의료기기 제조사 콜로플라스트Coloplast, 인터테크, 게베릿, 일본의 가오Kao Corp(화학, 화장품, 가정용품, 개인용품 회사), 프라이스라인이 그런 기업들이다.

이런 기업은 어떻게 자본사이클 투자법에 부합하는 것일까?

가격결정력이 이런 기업들의 높은 수익을 가능하게 만든 가장 지속적인 결정요인이라 할 수 있다. 가격결정력은 2가지 원천에서 나온다. 첫째는 집중된 시장구조인데, 이는 가격을 적절하게 책정할 수 있게 해주는 수요 주기에 따른 '효과적인 생산능력 관리'와 밀접한 관련이 있다. 둘째는 제품이나 서비스 자체에 본래 존재하는 내재적intrinsic 가격결정력이다.

내재적 가격결정력은 고객의 구매 결정에서 가격이 가장 중요한 요인이 아닐 때 형성된다. 가장 많은 경우, 내재적 가격결정력은 무형자산의 존재로 창출된다. 무형자산에는 여러 종류가 있는데, 그중 몇 가지 사례를 마라톤의 보유종목에서 찾아볼 수 있다.

한 가지 분명한 사례는 브랜드 파워다. 앞에서 살펴본 콜게이트-팜올리브의 블루민트젤 치약의 경우가 대표적이다. 치약 부문에서 유통업체 자체 브랜드 상품(PL상품, PB상품)의 시장침투율은 2%에 불과한데, 이는 콜게이트 브랜드의 뛰어난 경제성을 잘 보여준다.[16]

무형자산은 고객이 중개인(전기설비사, 건축가, 배관업자)에 의존하는 대리인 사업모델(르그랑, 아사 아블로이, 게베릿)에서 볼 수 있는 장기적인 고객관계에서도 나올 수 있다. 여기서 대리인의 관심은 안정성, 품질, 신뢰성, 그리고 아마도 자신들의 수수료 수입 등이다. 이런 상황에서 제품 가격은 최종 소비자 입장에서 볼 때 전체 비용의 작은 부분에 불과하기 때문에 특별한 관심사항이 되지 않는다.[17]

때로는 한 제품이나 서비스가 고객의 업무과정workflow에 아주 깊이 내재되어 있어서 그 제품을 바꿀 때 발생할 수 있는 리스크가 제품 교체로 기대할 수 있는 비용절감 효과보다 클 수도 있다. 컴퓨터 시스템(오라클Oracle)이나 급여 처리(ADP와 페이첵스Paychex) 같은 구독 기반 서비스가 여기에 해당한다.

그리고 보안시스템(세콤Secom), 산업용 가스(프랙스에어Praxair, 에어리퀴드Air Liquide), 자동차 경매(USS), 테스트센터(인터테크)의 경우처

---

16) 2.2 '장기게임' 참고.
17) 2.3 '이중스파이 : 대리인 사업모델' 참고.

럼 기업 규모에서 고객이 수혜를 입는 네트워크 사업모델은 또 다른 예다.

기술 주도력(인텔, 리니어 테크놀로지)도—물론 다른 요인들과 결합되지 않으면, 가격결정력의 지속성이 상대적으로 낮긴 하지만—또 다른 중요한 무형자산이 될 수 있다.

최고의 경제성은 해당 제품이나 서비스의 비용이 그 중요성에 비해 상대적으로 저렴한 상황에서 위의 요인들 중 일부가 결합될 때 나온다. 예를 들어, 자동차 에어백 작동에 필수적이지만 가격은 2달러 미만인 아날로그 반도체 칩이 그런 제품에 속한다.

무형자산의 존재는 강력한 진입장벽 역할도 한다. 무형자산은 본질적으로 지속적이며, 복제하기 어렵고, 규모의 경제에 도움이 된다. 중요한 것은 높은 자본수익률이 풍부한 잉여현금흐름을 창출하고, 잉여현금흐름은 다시 사업에 재투자되기 때문에 시간이 가면서 이런 진입장벽이 더 강화되는 경우가 많다는 것이다. 예를 들어 지난 5년 동안 P&G는 광고에 400억 달러 이상을 지출했지만, 인텔은 거의 비슷한 금액을 연구개발에 투자했다. 이를 통해 인텔은 신규 진입자들을 물리치고, 자본사이클의 파괴적인 국면을 빠르게 돌파할 수 있었다.

따라서 무형자산의 존재는 선순환을 이루면서, 내재가치를 장기적으로 평균 이상의 비율로 증가시킨다. '무형자산'과 '잉여현금흐름의 현명한 사용'이 결합되면 장기 주주들을 위한 매우 강력한 환상의 조합이 된다(이 과정에서 가장 중요한 것은 경영진의 역할이다. 높은 수익성도 경영진의 열악한 투자 결정이나 부적절한 시기의 자사주 매입으로 빠르게 희석될 수 있다).

중요한 것은, 높은 수익을 올리는 기업은 부정적인 충격에 대한 회복탄력성이 더 큰 경향이 있기 때문에 리스크 수준이 낮을수록 내재가치 증가율은 더 높아진다는 것이다. 이는 어느 정도 수학적이다. 1%의 이익률 하락은 이익률 20%의 기업보다 이익률 5%의 기업에 더 큰 충격을 미친다.

마찬가지로, 지속적으로 높은 수익을 창출해주는 요인들—무형자산, 강력한 시장지위, 합리적인 경영진—은 거시경제나 개별 산업 차원에서 사업 환경이 부정적으로 변해도 그 기업을 더 강하게 만들어준다.

단기적인 시간지평을 가진 투자자들에게는 상대적으로 높은 비율의 복리의 힘이 중요하지 않을 수도 있다. 단기적으로 주가는 거시경제적인 뉴스나 개별 종목 뉴스 흐름에 따라 움직이는 경향이 있다.

또한 퀄리티가 높은 기업에 투자하는 것이 단기적으로는 지루하고 별 보상도 없는 것처럼 보일 수 있다. 퀄리티 기업에 투자했을 때의 낮은 리스크는 장기적으로 볼 때만 제대로 확인이 된다.

투자자들이 단기에 집중하는 경우가 많다는 사실은 부분적으로는 심리적인 이유 때문이다. 인간의 뇌는 수년간의 장기적인 계획에는 맞지 않고, 단기적인 위협과 자극에 훨씬 더 잘 반응한다. 이는 여러 행동적 편향에서 찾아볼 수 있는데, 대표적인 것이 미래가치 과잉 폄하hyperbolic discounting[18]와 최신 편향recency bias이다.

---

18) "더 먼 미래의 현금흐름일수록 투자자들의 할인율이 높아진다는 증거가 있다. 이런 현

단기주의는 제도적 환경에서 더 강화될 수 있다. 예컨대 대부분의 투자회사에서 실행하고 있는 펀드매니저에 대한 성과 연계 보수체계는 주로 연간 실적을 기준으로 하고 있는데, 이는 펀드매니저들의 장기적인 사고를 방해한다.

마지막으로, 수익률이 높은 기업의 가치가 항상 충분히 인정되지 않는 또 다른 기술적인 이유가 있는데, 그것은 투자자들이 손익계산서에 초점을 맞추는 성향이 있다는 것이다. 이런 성향은 잉여현금흐름 대비 주가(P/FCF)가 아니라 PER에 집착하게 만든다. 그 결과, 같은 이익증가율이라 해도 자본수익률이 높고 더 많은 현금흐름을 창출할 때 실질적으로 더 많은 가치를 창출하고 있는 것임에도 불구하고 모든 이익 증가를 동일하게 보게 된다.

동일한 이익증가율을 가진 2개의 기업 중에서 하나를 선택해야 할 경우, 우리는 ROE가 더 높고 현금흐름 창출 능력이 더 좋은 기업에 더 많은 가격을 지불할 준비가 되어 있다.

결론적으로, 지속 가능한 높은 수익을 올리는 기업에 투자해야 할 이유는 많다. 지금은 그러기에 특히 좋은 시기로 보인다. 그 이유는 간단하다. 거의 모든 산업에 걸쳐, 이익률이 고점 수준에 근접해 있기 때문이다.

따라서 평균으로 회귀한 이익률의 역사적 경향을 감안해 현재의 수익성이 지속 가능한 것인지 생각해 봐야 할 것이다. 또한 숨어 있

상을 '미래가치 과잉 폄하'라고 한다." 앤드류 홀데인(Andrew Haldane)의 2011년 5월 영국 중앙은행(잉글랜드은행) 연설, 『미래를 매도하다(The Short Long)』 참고.

는 꼬리리스크들tail risks—예컨대 민간과 공공 부문의 높은 부채 수준, 전례 없는 수준으로 행해진 통화부양정책의 불확실한 결과 등—이 미래 어떤 시점에 퀄리티가 낮은 기업들의 수익성에 영향을 미칠 수 있다는 점도 유의해야 한다.

한편 현재의 높은 밸류에이션 때문에 투자자들은 이런 우수한 지속가능성에 프리미엄을 지불하는 것을 꺼리고 있으며, 따라서 우리의 글로벌 포트폴리오에는 (비싸 보이지만) 수익성이 높은 기업들이 더 많아졌다.

이 글을 작성한 2014년 5월 마라톤 글로벌 포트폴리오의 10대 포지션 기업들의 전체 평균 PER은 18배로 MSCI 선진국지수와 비슷하지만, 이들의 평균 영업이익률과 ROE는 25%에 달한다. 게다가 이 10대 포지션 기업의 평균 잉여현금흐름전환율은 92%로 MSCI 선진국지수 평균 65%보다 우수하다. 이는 이 10대 포지션 기업이 잉여현금흐름 대비 주가(P/FCF) 측면에서 할인된 가격에 거래되고 있다는 것을 의미한다.

2.9 숨은 보석들 2015년 2월

외견상 그리 매력적이지 않지만 고객들에게 필수적인 제품이나 서비스를 제공하는 기업들이 있다. 사실 너무 필수적이어서 고객들은 청구되는 비용에 거의 신경을 쓰지 않는다.

전형적인 성장주는 높은 수익, 증가하는 매출, 멋진 전망으로 시작하지만 나중에는 결국 휘청거리게 된다. 문제는 수익성이 좋고 성장하는 기업은, 특히 기술 같은 역동적인 분야에서 사업을 할 경우 많은 경쟁을 유인하는 경향이 있다는 것이다. 높은 밸류에이션에서 매수를 개시하는 투자자들은 대개는 결국 실망하게 된다.

그러나 우리가 보기에 프리미엄을 지불할 충분한 가치가 있는 일군의 기업들이 있다. 우리가 선호하는 성장주는 고객들에게는 필수적이지만—사실 너무 필수적이어서 고객들이 청구되는 비용에 거의 신경을 쓰지 않는—외견상 그리 매력적이지 않은 평범한 사업을 하고 있다.

우리가 그런 기업을 발견했을 때, 우리 펀드매니저들이 공통적으로 하는 말은 그 기업의 제품이나 서비스가 고객의 전체 비용에서 차지하는 비중은 매우 적지만 고객들에게 극히 중요하다는 것이다. 특정 부품이나 요소가 산업 과정이나 기업의 업무 흐름상 '업무에 필수적인mission critical 것'이 될 수 있다. 예를 들어 정말 중요한 특정 부품이 없어서 생산라인을 멈춰야 할 경우, 고객에게 매우 큰 비용이 발생할 수 있다. 따라서 이 경우 고객 입장에서는 가격보다는 신뢰성이 매우 중요하다. 또한 그 제품이 품질, 안전성 혹은 성능 때문에 필수적일 수도 있다.

그리고 고객이 인식하는 이런 높은 가치에—경쟁을 제한하면서 지속 가능한 높은 수익을 보장해 주는—다른 장점들이 결합되는 경우가 종종 있다. 그런 장점으로는 규제장벽, 전환비용, 제조업과 유통업에서 규모의 경제 등이 있을 수 있다.

기업들은 '가치에 기초한', 혹은 '기술적인' 판매라는 말을 하는데, 이는 고객사와의 즉각적이고 심도 있는 의사소통을 위해 매우 뛰어난 영업직원을 고객사의 연구개발 부서에 '파견해 놓았다'는 것을 의미하는 경우가 많다. 또 이는 자동차산업과 항공우주산업에서 흔히 볼 수 있는 것처럼 판매한 부품이 해당 제품의 생애주기 동안 의무적으로 사용되어야 한다는 것을 의미하기도 한다.

우리는 다양한 산업 분야에서 이와 같은 '숨은under-the-radar 기업'들을 주시해왔다. 기술 분야에서는 사용자본이익률return on capital employed, ROCE이 무려 141%에 달하는 리니어 테크놀로지와 사용자본이익률이 25%인 아날로그 디바이시스 같은 아날로그 반도체기업들이 현실 세계의 현상(열, 음성, 빛)을 디지털 세계로 이어주는 중요한 기능을 수행하고 있다.[19] 그러나 앞에서 말한 것처럼 이런 기능을 하는 반도체칩의 비용은 해당 장비의 전체 비용 중 극히 일부분에 불과하다.

비슷한 특징을 보여주는 소프트웨어 기업들도 있다. 페이첵스Paychex(사용자본이익률 35%)와 ADP(사용자본이익률 25%) 같은 급여처리 기업들도 매우 중요한—그러나 ADP의 경우, 그 비용이 급여 대상자 1인당 약 3달러에 불과한—서비스를 제공하고 있다. 소규모 기업들은 경험이 부족한 관리자의 경우 실수할 가능성이 많은 이런 세밀하고 소모적인 업무에 시달리고 싶지 않았고, 따라서 페이첵스에 아웃소싱을 주는 편이 더 낫다고 보았다. 그래서 페이첵스는 고

---

19) 2.6 '반도체산업의 틈새시장' 참고

객을 잃지 않으면서도 연간 3% 이상 주기적으로 가격을 인상할 수 있었다.

유럽에서는 아비바Aveva와 다쏘시스템Dassult Systems 같은 케드-캠 CAD-CAM 소프트웨어회사들이 설계 엔지니어들에게 업무에 필수적인 서비스를 제공하고 있다. 공급체인에서 필수적인 연결고리 역할을 하면, 그 기업은 효과적인 진입장벽을 가진 셈이다.

소비재 부문에서는 식재료-향료회사들이 소비자의 궁극적인 구매 결정에 중요한 핵심 재료들을 판매하고 있다. 그러나 이들 제품이 완제품 가격에서 차지하는 비중은 극히 일부분에 불과하다.

덴마크의 노보자임스Novozymes가 시장을 지배하고 있는 효소의 경우, 현재 많은 공정에서 효율성과 제품 차별성을 동시에 제공하는 소량의 효소가 사용되고 있다. 세제에 사용되는 효소 비용은 일반적으로 세제 전체 비용의 5% 미만에 불과하다. 세계 효소시장의 50% 이상을 점유하고 있는 노보자임스는 막대한 규모의 경제 효과도 누리고 있다.

이와 비슷하게 특수화학제품 전문기업들도 특정 제품에서 매우 높은 이익률을 올릴 수 있다. 영국 상장기업 크로다Croda(사용자본이익률 23%)의 임원들은 한 노화방지 화장품에 사용되는 특정 유효성분(매트릭실Matrixyl)으로 어떻게 90%의 이익률을 올렸는지 우리에게 설명한 적이 있다. 매트릭실의 이런 성공을 보면서, 지금 크로다 임원들은 화장품 제조사와 따로 로열티 수수료를 협상하지 않은 것을 후회하고 있을지도 모른다. 화장품 제조사에 청구하는 매트릭실 비용이 완제품 가격의 1%도 안 되기 때문이다.

영국의 또 다른 틈새 화학회사 빅트렉스Victrex는 폴리에테르에테르케톤polyetheretherketone(여러 공학 애플리케이션에 사용되는 고분자 화합물 폴리머polymer의 일종)의 세계적인 생산자로 그들의 전문 영업팀이 신제품 설계 단계에서 애플 같은 OEM들과 어떻게 협력했는지 우리에게 설명한 적이 있다. 빅트렉스는 35% 이상의 우수한 영업이익률과 25% 수준의 자본수익률을 창출하고 있다.

실험실 기자재는 수익성이 매우 좋은 시장이다. 여기서 핵심은 고객(과학자와 실험실 기술자)이 가격에는 그렇게 신경 쓰지 않고, 제품의 질, 이용가능성, 서비스에 더 신경을 쓰며, 주문은 주기적(일간)이지만 그 양은 상대적으로 적다는 것이다. 따라서 가격은 고객의 관심사항이 거의 아니다.

이 분야의 기업으로는 실험실 장비와 소모품들을 판매하는 워터스Waters(액체 크로마토그래피), 폴Pall Corporation(여과기), 메틀러 톨레도Mettler-Toledo(정밀 계량기기) 등이 있다.

과학자들은 실험실 기자재 교체를 극히 꺼린다. 그래서 워터스는 —신제품을 생산, 공급하기 위해—회사의 오래된 기술을 바꾸고 싶어도 그럴 수 없는 상태라고 했다.

또한 규제가 진입장벽이 되고 있다. 실험실 제품들은 의약품 제조과정의 일부로 FDA 승인이 필요한 경우가 많은데, 이는 잠재적 전환비용을 높인다. 하나의 작은 공급업체만 바꾸려 해도 제약사는 FDA로부터 전체 생산공정을 다시 인증받아야 할 수도 있다.

엔지니어링회사들도 밸브와 액츄에이터actuator(시스템 작동 및 제어 장치) 같은 평범해 보이는 제품들을 통해 매우 높은 수익을 창출해

낼 수 있다.

로토크^{Rotork}(사용자본이익률 24%)가 만드는 액츄에이터는 대형 석유 및 가스 정제소의 공정과 피드백 데이터를 제어하는 데 사용된다. 액츄에이터는 석유가스 정제설비의 기능과 안전에 매우 중요하다. 이 때문에 로열 더치 쉘$^{Royal\ Dutch\ Shell}$ 같은 설비 소유자는 하청업체들이 로토크 액츄에이터를 사용하도록 계약에 명시할 수도 있다. 지난 10년 동안 로토크의 매출액은 연평균 12% 증가했다.

사용자본이익률이 약 17%인 스파이렉스 사코$^{Spirax-Sarco}$는 산업 공정의 증기 관련 장비에 사용되는 엔지니어링 키트를 판매한다. 스파이렉스 사코의 엔지니어들은 고객 공장들을 방문해 그들 제품이 에너지 효율성과 환경 영향을 얼마나 개선하는지 시연해 준다. 스파이렉스 사코의 이익률은 20%에 달한다.

마지막으로, IMI(사용자본이익률 20%)는 핵심 장비 내부를 이동하는 유체와 가스를 제어하는 제품들을 중심으로 사업을 재조정했다.

우리가 소개한 기업들의 높은 수익성은 그들 고객의 레이더에는 잡히지 않았을지 몰라도 투자자들의 눈은 피하지 못했다. 과거에 우리는 이런 훌륭한 기업들을 만나게 되면, 높은 밸류에이션을 보고 시장에서 가격이 이미 적절히, 심지어는 너무 과도하게 책정되었다고 생각하는 경향이 있었다. 그러나 몇 년 후 우리가 다시 그 기업을 만났을 때, 주가가 크게 상승한 경우가 많았다.

예컨대 2005년 우리가 처음 발견했을 당시 스파이렉스 사코의 PER은 17.5배, 주가는 8파운드였다. 당시 우리는 당연히 밸류에이션에 이의를 제기했다. 그러나 5년 후, 스파이렉스 사코의 주가는

18파운드가 넘었다. 그런데 이때도 우리는 스파이렉스 사코의 주가가 가치를 충분히 반영한 것이라고 생각했다. 하지만 그 후 스파이렉스 사코의 주가는 다시 거의 2배나 상승했다.[20]

여기서 교훈은 높은 퀄리티를 가진 숨은 보석 같은 기업이라면 높은 가격도 정당화되는 경우가 자주 있다는 것이다.

---

20) 최근(2015년 중반) 스파이렉스 사코의 주가는 35파운드 수준이다.

3장

경영진이 중요하다

CAPITAL RETURNS

다른 많은 투자자들처럼 우리도 워런 버핏을 즐겨 인용한다. 이 오마하의 현인이 전해준 한 가지 특별한 말은 마라톤의 일종의 모토가 되었다. 그것은 "근무한 지 10년이 지나면, 이익잉여금이 순자산의 10%인 기업의 CEO는 사업에 사용하는 전체 자본의 60% 이상을 배분할 책임을 지게 된다"라는 것이다.

이것이 의미하는 것은 투자자는 경영진의 자본배분 능력에 특별한 관심을 가져야 한다는 것이다.

전체 펀드운용업계와 달리 마라톤이 투자한 종목의 보유기간이 더 길어지면서 경영진의 자본배분 능력이 투자 결과에 결정적이라는 생각은 더욱 강해졌다. 그 결과, 대면 미팅과 일반적인 관찰을 통한 경영진에 대한 분석은 마라톤의 핵심적인 일상업무 중 하나가 되었다.

이번 장에서 소개할 핀란드 삼포그룹Sampo 회장 비요른 왈루스Bjorn Wahlroos의 사례는, 이상적인 기업 경영진은 해당 산업의 자본사이클을 잘 이해하고 있으며, 자신들의 이해를 외부 투자자의 이해와 일치시키는 경영자라는 것을 잘 보여주고 있다.

3.1 몇 가지 구조적인 문제점 2003년 9월

소수의 기업에 집중하는 매우 전문화된 '스페셜리스트 애널리스트'들이 담당 기업의 파산을 제대로 예측하지 못하는 것은 전혀 놀라운 일이 아니다.

사람은 성공보다 실패에서 더 많은 것을 배울 수 있다는 말이 있다. 오랫동안 유럽 포트폴리오에서 꽤 많은 실패를 경험했던 우리는 이 격언이 투자에도 적용된다는 것을 확인해줄 수 있다. 타인의 실패에서도 교훈을 얻을 수 있다.

네덜란드 국적의 글로벌 식료품유통회사 아홀드Ahold의 사례는 최근 몇 년간 유럽에서 발생했던 가장 심각한 주주가치 파괴 사례 중 하나다.[1] 다행히 우리의 소규모 제너럴리스트 투자전문가generalist investment professionals 팀은 세계에서 3번째로 큰 이 슈퍼마켓그룹에서 벌어진 잘못된 자본배분과 미심쩍은 회계에서 비롯된 위험들을 사전에 발견했다.

그런데 여기서, 매우 전문화된 (그리고 고액 연봉을 받는) 스페셜리스트 애널리스트들specialist analysts은 왜 이런 문제를 발견하지 못했는

---

1) 2003년 2월 24일 네덜란드 슈퍼마켓그룹 로얄 아홀드(Royal Ahold)가 거의 5억 달러나 이익을 부풀렸다고 발표한 후, 뉴욕증권거래소에서 로얄 아홀드의 주가는 63% 하락했다. 이런 회계 문제는 로얄 아홀드의 미국 식품서비스사업과 관련된 것이었다.

가 하는 의문이 생겼다. 그래서 우리는 일부 대표적인 증권사가 발간했던 아홀드에 대한 보고서를 분석해보았다.

우리가 보기에 이 보고서는 애널리스트들과 그들이 담당하는 기업과의 관계에서 주로 파생되는 '스페셜리스트 애널리스트 모델specialist analyst model'의 다음과 같은 구조적인 문제들을 보여주고 있다.

1. 경영진과의 관계

애널리스트들이 경영진에게 '포획될captured 위험'은 항상 존재한다. 이런 위험은 대부분의 분석시간을 자신이 담당하는 소수의 기업에 집중하는 스페셜리스트 애널리스트들에서 증가한다. 이에 반해, 제너럴리스트는 몇백 개 기업을 담당할 수도 있다.

애널리스트가 경영진에 포획되면 경영진의 대변인이 될 위험이 있다. 아홀드의 경우, 이런 포획은 실제로 존재했던 위험이었다.

예를 들어, 한 증권사 애널리스트의 분석보고서 제목을 보자. 그는 '(아홀드의 본사가 있는) 잔담에서 보내는 실황 보고서Live From Zaandam', '(아홀드의 미국 북동부지역 슈퍼마켓체인) 스탑앤샵을 찾아 나눈 대화Visit with Stop & Shop', '최고 실적을 낸 스탑앤샵 코네티컷팀과 보낸 하루와 CFO와의 밤A day with top performing CT Stop & Shop team and a night with the CFO' 같은 제목을 사용하고 있다. 우리가 보기에 이런 제목을 선택한 것은 그가 아홀드 경영진과 썩 건전하지 못한 친분 관계에 있다는 것을 보여준다.

아홀드는 공시와 관련해서도 불투명한 것으로 악명이 높았다. 아홀드는 이따금 특정 애널리스트들에게만 배타적인 우대정보를 제공했다. 따라서 그런 정보를 받는 애널리스트들은 자신이 경영진에게 신세를 졌다고 의식적이든 무의식적이든 느낄 수 있다(이를 나에게 도움을 준 대상에게 보상을 제공하려는 '상호성 경향reciprocation tendency' 이라고 한다).

그리고 마침내 일이 잘못 돌아가기 시작하자, 인질이 납치범의 대변인이 되는 '스톡홀름증후군'이라는 이상하고 놀라운 일이 벌어지기도 했다.[2]

2. 과잉정보

더 많은 정보를 갖고 있다고 해서 꼭 더 좋은 의사결정을 하는 것은 아니다.

경마에 관한 여러 연구에 따르면, 경마도박꾼들은 말과 기수에 대해 더 많은 정보를 받을수록—그렇다고 우승마를 고를 가능성이 더 높아지는 것은 전혀 아님에도 불구하고—그에 비례해 자신의 예상을 더 확신하게 된다.

애널리스트가 너무 많은 데이터를 갖게 되면 나무만 보고 숲은 보지 못할 위험이 있다.

애널리스트들이 아홀드의 매장 제곱피트당 전년 동기 대비 분기 매출액과 여타 다양한 지표들에 집착한 것은 추후 벌어질 일에 대한 좋은 통찰을 제공하지는 못했다. 반면 아홀드의 5년 현금흐름을 분

---

[2] 아홀드가 5억 달러의 이익을 부풀렸다고 발표한 후, 2003년 2월 27일자 〈이코노미스트〉에 따르면, 한 증권사 애널리스트는 아홀드 경영진이 "(그런 발표를 한 것은) 우리를 겁주려는 것"이라고 불평하고 있었다.

석해 보면, 아홀드 경영진이 주요 사업에서 현금을 창출하지 못하고 있다는 핵심적인 문제를 빠르게 파악할 수 있었다.

그리고 이전에 형성된 확신과 충돌하는 정보는 차단되는 '인지부조화cognitive dissonance'의 위험도 있다.

아홀드가 식품서비스사업으로 사업을 다각화한 후 밸류에이션 측면에서 지나치게 저평가되었다는 결론을 내린 후에는 아홀드에 대한 부정적인 정보는 보지 못한 것 같다는 애널리스트가 실제로 있었다. 그는 한마디로 인지부조화에 시달린 것으로 보인다. 그 후 아홀드의 식품서비스사업 수익성이 거짓으로 허위 발표되었다는 사실이 드러났다.

우리의 경마도박꾼들은 베팅을 한 후 자신의 의견에 더 확신을 갖게 되는 것 같다. 애널리스트가 한 가지 생각에만 입각해 결론을 내린 후 무슨 일이 있어도 이 견해를 고집하는 것은 아주 위험한 일이다.

3. 그들만의 좁은 세상

스페셜리스트 애널리스트들은 기업 경영진과 동료 애널리스트는 너무 과도하게 접하고, 나머지 세상에서 벌어지는 일은 너무 적게 접하는 일종의 고치cocoon 안에서 활동하고 있다.

무리본능herding instincts으로 인해 애널리스트들 간에 비슷한 의견이 더 강화되는 경향이 있을 수 있다. 애널리스트들의 생각은 대니얼 카너먼Daniel Kahneman이 말한 이른바 '내부 관점insider view'을 반영하기 시작한다.

아홀드의 경우, 유통업 전문 스페셜리스트 애널리스트들은 일련의 지표를 가지고 아홀드의 실적을 앨버트슨 컴퍼니Albertson's, 크로거Kroger 같은 미국의 다른 경쟁업체들과 비교하는 데 많은 시간을 썼다.

그러나 글로벌 투자자로서 우리는 어떤 산업에 속한 기업의 수익성을 다른 산업이나 다른 국가에 속한 기업의 수익성과 비교하는 것이 더 유용하다고 보고 있다. 예컨대 스페셜리스트 애널리스트는 아홀드가 북유럽의 제지회사나 태국의 시멘트 회사와 비교해 좋은 투자자산인지 아닌지 살펴보지 않았다.

4. 인센티브

경영진은 기업의 자본배분에 막대한 영향을 미친다. 고위 임원들이 내리는 결정은 그들의 인센티브에 영향을 받을 가능성이 높다. 그러나 스페셜리스트 애널리스트들의 분석은 인센티브라는 핵심 문제는 거의 다루지 않는다.

아홀드에 대한 증권사 보고서들에는 인센티브에 대한 언급이 전혀 없었다. 이처럼 매도 측(증권사) 애널리스트들이 기업 경영진의 인센티브를 다루지 않는 것은 애널리스트 자신의 인센티브와 관련이 있어 보인다. 또 경영진의 인센티브 문제를 다룰 경우 경영진과의 관계가 불편해질 수 있다는 것도 관련된 것 같다.

아홀드가 경제적 부가가치Economic Value Added, EVA에 기초한 보상체계에 대해 그럴듯한 말을 많이 하긴 했지만, 우리는 아홀드 CEO가 기본적으로—인수와 레버리지의 활용으로 증가할 수 있는—주당순이익 증가를 기준으로 보상을 받았다고 들었다. 이에 대해 우리는 그다지 좋은 인상을 받지 못했다. 이는 네덜란드의 일반회계기준이 엄격하지 않았고, 아홀드가 롤업인수roll-up(같은 시장에 있는 소규모 기업들을 인수합병하는 것)를 통해 성장하고 있었기 때문이다. 사실 이 두 요인을 결합하면 주당순이익을 쉽게 늘릴 수 있다.

그리고 아홀드 CEO가 보유한 회사 주식이 1,700주(고점에서 그 가치가 7만 달러)도 안 된다는 것을 알게 되자 상황은 훨씬 더 좋지 않아 보였다.

5. 실적 측정 지표

당연히 이런 인센티브로 인해 아홀드는 주당순이익을 늘리는 데 매우 뛰어났고, 그 결과 23개 분기 연속 두 자릿수 비율의 주당순이익 증가라는 놀라운 성과를 달성했다. 그러나 이런 실적은 사실이라고 하기에는 너무 좋았다. 아홀드의 2000년과 2001년 실적 그리고 2002년의 3개 분기 실적은 모두 거짓이었다.

여기서 한 가지 의문은 스페셜리스트 애널리스트들은 왜 주당순이익에 그렇게 많은 관심을 보이느냐 하는 것이다.

한 가지 이유는 단기적인 실적 측정 기간과 관련이 있다. 앞에서 말한 것처럼, '분기' 현금흐름표는 상대적으로 그 의미가 크지 않다. 발생주의 회계원칙principles of accrual accounting을 사용하는 경영진에게는 보고하는 수치에 어느 정도 재량권이 있다. 불행하게도 여기에 부정을 저지를 수 있는 여지가 많다.

분기 주당순이익 수치도 주식시장 게임에서 상당한 역할을 한다.

애널리스트들이 다음 분기 주당순이익에 대한 시장의 예상치를 설정하고, 경영진이 그 예상을 상회하는 실적을 발표하면, 주가 상승은 누구나 예상할 수 있다.

이전에 우리는—일단 한 지표data point가 측정 기준으로 널리 사용되면, 그것은 더 이상 신뢰할 수 없다는—'굿하트의 법칙Goodhart's Law'에 취약한 이런 관행은 무익하다는 것을 설명한 적이 있다.[3]

이런 구조적인 문제점이 있지만, 그렇다고 해서 스페셜리스트 애널리스트들이 아무런 장점이 없는 것은 아니다. 그들은 우리가 각 산업에서 사용하는 전문용어들을 이해하고 중요한 산업 추세들을 파악하는 데 도움을 줄 수 있다. 그러나 앞에서 살펴본 위험들 때문에 우리는 스페셜리스트 애널리스트 방식을 우리 회사에 도입할 생각은 없다.

우리가 어려움을 겪는 일은 '전문성(즉 많은 지식)'이 꼭 우수한 투자 결과로 이어지는 것은 아니라는 것을 다른 사람들에게 설득하는 일이다. 그 이유는 미묘하고 복잡하다. 아홀드의 경우는 무엇이 문제가 될 수 있는지 어느 정도 잘 보여주는 사례라 할 수 있다.[4]

---

[3] 『자본계정』, pp. 209-212 참고. '굿하트의 법칙'은 경제학자인 찰스 굿하트가 1975년 처음 소개했다.

[4] 그 후 2014년 중반, 아홀드가 사업을 축소하고 주당순이익에서 사용자본이익률로 임원 보상 기준을 바꾼 후 마라톤은 아홀드 주식을 매수했다.

3.2 경기순응적 기업 행동 2010년 8월

> 큰 미스터리 중 하나는 대부분의 기업 경영진이 비쌀 때 사고, 쌀 때 파는 경향이 있다는 것이다.

자본시장이 어느 정도 안정된 지금, 리먼브라더스발發 세계금융위기 이전과 이후 기업 경영진이 어떻게 행동했는지 살펴보는 것도 좋을 것 같다.

일반적으로 대부분의 경영진, 사실 전체 산업은 경기순응적인 행동을 한다. 그래서 기업들이 고점에서 자사주를 매입하고 저점에서는 신규 자본을 조달하기 위해 주식을 발행하는 일을 반복한다. 그리고 이것을 지켜보는 것은 괴로운 일이다. 이 과정에서 주주들은 언제나 손해를 보기 때문이다. 이번 금융위기 때도 전혀 다르지 않았다.

이처럼 기업들이 자사주까지 비싸게 사서 싸게 파는 경향을 보이는 것은 기업 행동의 가장 큰 미스터리 중 하나다.

이런 일은 격동적이었던 지난 몇 년 동안에도 매우 흔했다. 〈그림 3-1〉에서 알 수 있듯이, 시장이 2007년 고점을 향해 달려갈 때 기업들은 현금 기반 M&A 거래와 자사주 매입을 통해 과대평가된 주식을 매수하는 데 기록적인 금액의 돈을 지출했다. 주식발행도 고점 수준이었지만, 주식발행으로 조달한 자금 대부분은 과대평가된 다른 기업의 주식을 매수하는 데 사용된 것으로 보인다.

포티스그룹Fortis[5]이 190억 유로의 주주배정 주식발행으로 ABN

그림 3-1 | 유럽 기업의 자본배분

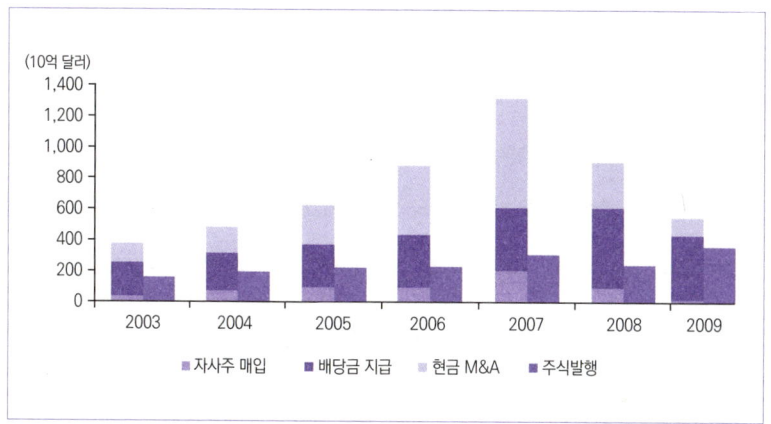

자료 : 노무라, 딜로직

암로ABN Amro의 자산 일부를 매수한 것, 베올리아Veolia가 시장 고점에서 30억 유로의 주식발행으로—그 후 베올리아 주가가 66% 하락한 것으로 판단컨대—과대평가된 것이 분명한 자산들을 매수한 것은 확실히 이런 경우에 속한다.

기업과 그 경영진의 일종의 '무리행동'은 항상 우리를 놀라게 만든다. 아주 많은 경우, 한 기업이 자사주 매입을 결정하면 경쟁자들도 그 게임에 뛰어든다. 마찬가지로 자본 조달(주식발행)도 같은 산업의 여러 기업들 사이에서 동시에 행해지는 경우가 많다.

이들이 이렇게 함께 행동하는 한 가지 이유는 어떤 기업도 경쟁자들이 먼저 자본 조달의 이점을 취하는 것을 원하지 않기 때문이다. 예를 들어, 홀심Holcim, 라파지Lafarge, 생고뱅Saint-Gobain 등 유럽의 건

---

5) 베네룩스 3국 기반의 종합금융그룹—옮긴이.

자재회사들은 2008년 거의 수익을 내지 못한 자사주 매입을 하고서는, 2009년 초 시장 저점 근처에서 주식발행으로 합계 약 100억 유로의 자금을 조달했다. 이들은 2005년과 2008년 사이 무려 460억 유로를 지출하는 등 경기 고점에서 막대한 투자를 하기도 했다.

프랑스 시멘트회사 라파지는 이런 가치 파괴의 전형적 사례이다. 라파지는 2007년 말 현금과 주식 102억 유로를 지불하고 이집트 시멘트회사 오라스콤Orascom을 매수했지만, 시장 저점인 2009년 주주 배정 주식발행을 할 수밖에 없었다. 오라스콤 인수 후 라파지 주가는 약 64% 하락했다.

경기순응적인 행동은 건자재산업에만 해당되는 것은 아니었다. 유럽의 주택건설회사들도 2003년부터 2008년 사이 19억 5,000만 유로의 자사주를 매입했지만, 2009년과 2010년 신주 발행을 통해 그보다 많은 자본을 조달했다. 현재 유럽 주택건설산업의 시가총액은 2007년 고점의 3분의 1 수준이다.

유럽 자동차산업도 같은 행보를 보였다. 유럽 자동차회사들은 2000년부터 2008년 사이 무려 70억 유로의 거금을 들여 자사주를 매입한 후(그중 약 3분의 1이 2008년 고점에서 행해졌다), 2009~2010년에는 금융위기로 타격을 받은 산업에 자금을 수혈하기 위해 무려 121억 유로의 증권을 발행했다.

이와 달리 일부 기업은 금융위기를 이용해 결과적으로 매우 할인된 가격에 기업인수 등 여러 거래를 진행하기도 했다. 이런 일은 대부분 은행업종에서 있었다. BNP는 포티스Fortis를 챙겼고, 바클레이Barclays는 리먼브라더스의 미국 사업 부문을 매수했다. 삼포Sampo는 이미 10억 달러의 이익을 내고 있던 노르디아Nordea(스웨덴의 종합금융회사)의 지분 상당 부분을 인수했고, 산탄데르Santander(스페인의 금융회사)는 얼라이언스앤레스터Alliance & Leicester(영국 은행)와 소버린뱅코프Sovereign Bancorp(미국 은행), 그리고 BNP의 일부 사업부를 낚아챘다.

자동차업종에서는 피아트Fiat가 크라이슬러Chrysler를 무상으로 인수했으며, 이 과정에서 정부 보증도 일부 받았다. 피아트의 크라이슬러 인수는 워런 버핏이 시장 저점 근처에서 그간 쌓아둔 막대한 현금으로 GE, 할리 데이비슨Harley Davidson, 스위스재보험Swiss Re, 골드만삭스Goldman Sachs에 투자한 것에 비견될 수 있다.

주주들을 위해 일해야 할 기업 이사회가 부적절한 시점에 자사주 매입과 주식발행을 하면서도, 자신들의 개인계정 매매는 더 잘한 것으로 밝혀졌다. 앞에서 언급한 베올리아 CEO의 경우, 고점 근처에서 400만 유로에 달하는 자신의 지분 대부분을 매도했다.

금융위기 당시 기업 이사들이 했던 매매를 분석한 한 연구에 따르면, 기업 내부자들은 시장이 금융위기를 향해 달려갈 때는 주식의 순매도자였지만 그 후 다소 빠르게 순매수자로 전환했다. 2009년 1분기 말까지 시장이 하락하는 내내 순매수자로 있다가, 시장이 회복되기 시작하자 다시 상당한 순매도자로 전환했다. 이는 이들이 시장 혼란기에는 매도를 연기할 수밖에 없었고, 시장에 널리 퍼져 있던 더블딥double dip에 대한 우려에 반응하고 있었기 때문으로 보인다.

최근 몇 년을 돌아보면서 우리가 압도적으로 받은 인상은 대부분의 기업이 경기 진행 시기를 잘못 판단하고 위기를 오판했다는 것이다. 그 결과, 해당 기간 열악한 자본배분이 이루어졌다.

유혹적인 싼값의 부채와 밝아 보이는 성장 전망으로 인해 많은 경영진은 자신들의 회사 주식뿐 아니라—특히 당시 매우 저렴했던 자본비용을 고려할 때—다른 회사의 주식도 좋은 가치를 제공한다고 생각하게 되었다. 이와 같은 일종의 무리행동은 금융위기 직전에 있었던 사모펀드버블private equity bubble로 더 악화되었다.

시장주기 고점에서 기업들이 방종한 모습을 보이는 것은 상장주식 투자자들이 수익을 올리는 데 상당한 방해가 된다.

3.3 '뛰어난 자본배분가' 비요른 왈루스 2010년 9월

최고의 경영자는 소속 산업의 자본사이클을 이해하고, 그 사이클을 역으로 이용해 투자한다.

투자자가 어떤 기업에 장기투자를 할 때, 그 투자의 성공은 일반적으로 해당 기업 경영진의 자본배분 능력에 달려 있다.

중기적으로 자본수익률은 일반적으로 자본적지출, M&A 활동, 사업자금에 사용되는 타인자본(부채)과 자기자본의 수준에 대한 CEO의 결정에 달려 있다.

더욱이 주식발행이나 자사주 매입의 결정, 그리고 그 결정 시점의 주가는 주주 수익에 큰 영향을 미칠 수 있다. 포트폴리오 매니저가 주식을 매수할 때는 사실상 그 기업의 현 경영진에게 투자 책임을 넘기고 있는 것이다.

CEO의 '자금 운용fund management' 능력은 그의 일상적인 회사업무 관리 능력만큼이나 중요할 수 있다. 그런데 불행히도 우리가 이미 언급한 것처럼, 유럽의 경영진은 자본배분을 할 때 일종의 무리 행동을 하고 있고, 경기에 순응하는 경향을 보이고 있다.

여기서 문제는 적절한 자본배분 능력이 부족한 경우가 적지 않다는 것이다. 워런 버핏이 지적한 것처럼, "많은 기업의 대표들이 자본배분에 능숙하지 않다". 그리고 이들의 자본배분이 부적절하다는 것은 그리 놀라운 일이 아니다. 대부분의 회사 대표들은 마케팅, 생산, 엔지니어링—혹은 가끔은 사내 정치—같은 분야에서 뛰어난 능력을 보여 그 자리에 오른 사람들이다.

CEO들이 경영하기 가장 까다로운 기업은 아마도 금융회사일 것이다. 그것은 금융회사가 대형 식품판매회사나 소비재회사에 비해 훨씬 많은 자본배분 결정을 해야 하기 때문이다.

최근 금융회사 CEO가 잘못된 자본배분 결정으로 회사를 망가뜨린 사례가 매우 많은데, 그중 가장 악명 높은 것은 세계금융위기 직전 ABN 암로의 자산을 인수해 RBS(로열뱅크오브스코틀랜드Royal Bank of Scotland, 스코틀랜드왕립은행)의 재무 상태를 완전히 망가뜨린 프레드 굿윈Fred Goodwin(2001~2009년 RBS의 CEO)의 결정일 것이다.

그러나 가끔 일반법칙에서 예외적인 경영자가 나타나기도 한다. 그 대표적인 예가 핀란드 금융회사 삼포그룹Sampo Group의 비요른 왈루스Bjorn Wahlroos 회장이다. 삼포는 마라톤의 장기 보유 종목이면서, 마라톤의 유럽 포트폴리오에서 가장 큰 포지션을 차지하고 있다.

비요른 왈루스는 자신의 부티크 투자은행(맨다툼Mandatum)을 최고의 시점에 4억 유로를 받고 삼포그룹에 매각한 후 2001년 삼포에 합류했다. 그 4억 유로는 왈루스의 맨다툼 지분 30%를 삼포그룹 지분 2%와 교환하는 방식으로 삼포 주식으로 지급되었다. 그런데 왈루스가 인수계약의 일환으로 삼포그룹의 CEO가 되었기 때문에 이 거래는 사실상 왈루스가 삼포를 역인수reverse takeover한 것으로 볼 수 있다.

당시 삼포그룹은 국내 중심의 사업을 하고 있던 은행, 손해보험, 생명보험의 3개 사업 부문으로 이루어져 있었다. 그리고 그룹 순자산가치의 22%에 해당하는 당시 가치 15억 유로의 노키아 유통주식 약 1%를 보유하고 있었다.

삼포그룹 CEO로 취임한 이후 왈루스가 처음 한 조치 중 하나는 2001년 11월까지 주당 평균 35유로에 노키아 주식을 매도해 그 보유주식을 3,500만 주에서 670만 주로 줄인 것이었다. 현재(2010년 9월) 노키아의 주가는 7.2유로이다.

그의 다음 조치는 삼포의 국내 중심 손해보험사업에 대한 것이었다. 삼포 손해보험사업의 국내시장 점유율은 34%에 달했지만, 시장은 기본적으로 성숙단계에 있었다. 왈루스는 이 손해보험사업을 전체 북유럽시장을 대상으로 사업을 하고 있던 범 북유럽 손해보험사 이프If에 넘겼고, 그 대가로 이프의 지분 38%(그리고 50%의 의결권)와 추가로 1억 7,000만 유로의 현금을 받았다.

이렇게 서로 결합된 두 회사는 노르웨이 손해보험시장의 37%, 스웨덴 손해보험시장의 23%, 덴마크 손해보험시장의 5%를 장악했다.

그리고 과점가격 책정oligopolistic pricing에 관한 새로운 규율이 도입되면서, 결합된 이 두 회사의 합산비율combined ratio6)은 2002년 105%에서 2005년 90%로 빠르게 낮아졌다.

2003년 새로운 전략에 따른 모든 이점이 실현되기 전, 삼포는 파트너의 재정적 어려움을 이용해 전체 사업의 내재가치implied value(역추정 가치) 24억 유로에 손해보험사업 지분 100%를 인수했다. 현재 삼포그룹에 대한 증권사들의 '사업부별 가치합산 가치평가sum-of-the-parts valuations'에서 평가된 이프의 가치 중 가장 낮은 것은 40억 유로이고, 왈루스는 이프의 잠재적 구매자들에게 80~90억 유로를 공개적으로 제안한 상태다.

그다음 주요 전략적 행보는 세계금융위기가 터지기 직전에 나왔는데, 그것은 삼포가 회사의 핀란드 소매은행사업을 덴마크의 단스케은행Danske Bank에 매각한다고 발표한 것이다. 이 거래에서 삼포는 현금 41억 유로의 최고 시장가로 매각을 했다. 그리고 이 현금은 질적으로 더 우수한 소매은행 프랜차이즈에 점진적으로 재투자되었으며, 이를 통해 삼포는 북유럽 최대 은행그룹 노르디아의 지분 20% 이상을 확보했다. 삼포는 주당 평균 매수가격 6.39달러에 총 53억 유로를 노르디아에 투자했는데, 현재 노르디아의 주가는 7.70달러 수준이다.

---

6) 보험과 재보험에서 사용되는 합산비율(보험사의 수익성과 재무 상태를 보여주는 지표 중 하나)은 '발생한 손실과 비용의 합'을 '보험료 수입'으로 나눈 것이다. 합산비율이 100%보다 크면 인수한 보험계약으로 손실을 내고 있다는 것을, 100%보다 낮으면 인수한 보험계약으로 이익을 내고 있다는 것을 의미한다.

삼포는 핀란드 소매은행사업은 PBR 3.6배에 매각한 반면, 노르디아 포지션 중 거의 절반을 PBR 0.6배에 획득했다. 이는 삼포가 매우 인상적인 차익거래를 했다는 것을 의미한다.

리먼브라더스 사태 발발 전에 있었던 이런 절묘한 자본배분은 삼포의 투자 포트폴리오에서 유동성 고정수입 자산은 대규모로 유지하면서 주식 비중은 8%로 줄이려는 왈루스의 결정에 따른 것이었다.

결과적으로 삼포는 2008년 가을 기업 보유 채권, 상업어음 등 상업신용commercial credit에 80~90억 유로를 투자했는데, 재정 압박에 시달리던 매도자들로부터 이를 헐값에 매수할 수 있었다.

특히 삼포는 당시 수익률이 8% 이상이던 핀란드의 최대 제지회사 UPM-키멘UPM-Kymmene의 채권을 적극적으로 매수했다. 당시 UPM-키멘의 회장도 사실 비요른 왈루스였기 때문에 삼포의 UPM-키멘 채권에 대한 투자 결정은 상대적으로 쉽게 이루어졌을 것이다. 삼포그룹에 따르면 기업 채권에 대한 삼포의 투자는 지금까지 이미 15억 유로의 수익을 기록했다.

이런 기민한 자본배분의 결과, 삼포의 주가 실적은 다른 금융 경쟁사들을 훨씬 상회했고, 2001년 1월 이후 전체 유럽 주식시장을 거의 2.5배 상회했다.

삼포의 사례는 우리가 경영진에서 찾는 여러 핵심 요인들이 잘 결합된 경우다. 요컨대 삼포에는 산업의 자본사이클을 이해하고 이를 주도하면서(북유럽 손해보험사업 통합), 자본사이클을 역으로 이용해 자본을 배분하고(세계금융위기 이전 주식 매도), 적절한 인센티브가 있을 뿐 아니라(대규모 회사지분 보유), 높은 값을 지불할 준비가 된 매수자가 있을 때는 냉철하게 자산을 매각하는(핀란드 은행사업 매각) 뛰어난 경영진이 있었다.

유럽의 다른 곳에서는 삼포와 같은 경영진이 매우 드물다는 점이 아쉬울 뿐이다.[7)]

 3.4 북쪽의 별들 2011년 3월

북유럽 주식들의 뛰어난 장기 실적은 경영진의 우수한 질이 그대로 반영된 결과다.

앵글로색슨 자본주의의 자유방임원칙에 익숙한 관찰자에게 북유럽 기업들의 성공은 일종의 수수께끼다.

높은 세율과 보편적 복지시스템을 가진 북유럽 사회민주주의 사회가 어떻게 자본주의 기업의 매우 성공적인 안식처가 된 것일까? 오랫동안 북유럽 주식에 높은 비중의 포지션을 유지하고 있는 우리는 그에 대한 답을 해야 할 것 같다고 생각했다.

주식시장 수익률에서 20세기 한 세기 동안 스웨덴은 연간 7.6%의 실질수익률을 기록하면서 6.7%의 미국을 따돌리고 세계 최고의 실적을 달성했다. 100년 간 복리수익으로 볼 때, 스웨덴 주식 투자

---

7) 이 글을 쓴 2010년 9월부터 2014년 말까지 삼포의 주가는 계속 강한 실적을 내면서 미 달러화 기준 75% 상승했다.

자는 미국 주식 투자자보다 2배 이상 높은 수익을 낸 셈이다.

또한 스칸디나비아는 여러 다양한 산업에 걸쳐 세계 최고의 기업들을 다수 배출했다. H&M과 이케아IKEA(소매), 머스크Maersk(해운), 그리고 아트라스콥코Atlas Copco(압축기)와 샌드빅Sandvik(초경 공구) 같은 성공한 자본재 기업들을 비롯해 볼보Volvo(자동차), 스카니아Scania(트럭, 버스) 등이 스칸디나비아가 배출한 세계 최고의 기업들이다. 기술 분야에서는 최근 노키아Nokia의 어려움에도 불구하고, 에릭슨Ericsson과 노키아가 여전히 시장 주도적인 지위를 유지하고 있다.

풍부한 천연자원의 혜택과 더불어 북유럽 국가들은 법적, 정치적으로 안정된 구조를 가지고 있다. 스웨덴의 경우 이런 안정된 구조는 무력분쟁에서 중립정책을 추구함으로써 더욱 강화되었다. 프로테스탄트 윤리, 대체로 협조적인 노사관계, 그리고 세계 다른 지역과의 적극적인 교류도 이런 성공에 기여했다.

북유럽의 근면함이 지리적 개방성과도 결합되었다. 스웨덴, 노르웨이, 핀란드, 덴마크에 아이슬란드를 명예회원으로 포함시켜도 스칸디나비아 국가들의 총인구는 2,500만 명이 안 된다(인구가 가장 많은 스웨덴이 900만 명이다). 이는 중국 충칭시 인구(3,000만 명)보다도 적은 숫자다.

스칸디나비아의 적은 인구와 제한된 국내시장으로 인해 스칸디나비아 기업들은 생존을 위해 해외로 눈을 돌릴 수밖에 없었다. 그래서 많은 스칸디나비아 기업들이 세계화 시대에 번성했다. 중국은 아트라스콥코의 최대 지역시장이 되었다. 북유럽 정부도 서구의 외교정책 의제에 구애받지 않고 교역 촉진 및 여타 수단을 통해 적극적으로 기업의 이익을 장려했다.

아트라스콥코는 1920년대부터, ABB(스웨덴의 ASEA와 스위스의 BBC의 합병으로 탄생한 기업, 여기서는 합병 전 ASEA를 말함)는 1907년부터 중국에서 사업을 했고, 에릭슨의 중국 사업은 1894년까지 거슬러 올라갈 수 있다. 스칸디나비아 기업들은 미국이나 서유럽 기업들이 진출할 수 없는 나라에서도 사업을 할 수 있었다.

지금까지 마라톤의 북유럽 주식시장 투자 비중이 높았던 주된 이유는 북유럽 경영진이 질적으로 우수하다고 판단했기 때문이었다. 일반적으로 북유럽 경영자들은 자신들의 상황을 명확하게 설명하고, 유럽의 다른 지역에서는 찾아볼 수 없는 높은 수준의 집중력을 보였다. 또한 이들에게서는 뛰어난 적응력도 발견할 수 있었다.

스칸디나비아 기업들은 해외 진출에만 개방적인 것이 아니다. 최근 우리는 성공한 많은 스칸디나비아 대기업들이 외국인에 의해 경영되는 것을 보고는 깊은 인상을 받았다. 아트라스콥코의 CEO는 벨기에인이고, SKF(스웨덴의 베어링 제조사)의 CEO는 스코틀랜드인이었으며, 노키아와 일렉트로룩스Electroulux(스웨덴의 가전제품 제조사)는 최근 미국인 CEO를 임명했다.

외부인에 대한 이런 개방성은 이탈리아와 프랑스가 보호주의적인 목적으로 전략산업을 재구축하기 위해 출혈경쟁을 하고 있는 최근 남부 유럽 상황과는 대조적이다.

그럼에도 스칸디나비아에도 일종의 보호주의가 있는 것은 사실이다. 많은 대기업이 지배구조를 통해 주식시장의 변덕에서 보호받고 있다. 주요 주주집단의 영향력은 북유럽 기업계에서 무시할 수 없는 특징이다.

최근 (1968년 이후 발렌베리 가문Wallenberg family이 소유한) 스톡홀름 그랜드호텔Grand Hotel에서 열린 한 콘퍼런스에 참석했을 때, 마라톤에 개별 미팅을 제공한 3개의 스웨덴 대기업 중 2개 기업, 즉 일렉트로룩스(1956년 이후 소유)와 아트라스콥코(1873년 회사 설립 당시부터 소유)도 발렌베리 가문이 지배하고 있었다. 우리가 만난 세 번째 회사 알파 라발Alfa Laval(스웨덴의 산업장비 제조사)도 발렌베리 가문이 50년 동안 소유한 후 1991년 테트라 팩Tetra Pak(스웨덴의 음료용 종이 용기 제조사) 소유주로 유명한 라우징 가문Rausing family에 넘긴 회사였다.

발렌베리 가문 후손들의 투자 능력에 대해 왈가왈부할 수는 있겠지만, 발렌베리 가문이 지배하고 있는 기업의 임원들은 (A와 B 주식 구조를 통해) 지배적인 의결권을 가진 장기 주주의 존재가 조직에 안정성과 집중력을 제공한다고 많이 주장한다.

이런 북유럽 기업들이 어떻게 경쟁에서 앞서 나갔는지 그 사례를 간략히 살펴보는 것도 좋을 것이다.

아트라스콥코는 공기압축기 부문의 세계적인 기업으로 원래는 더 강했던 영국 및 미국 경쟁자들을 따돌리는 실적을 내고 있다. 현재 아트라스콥코의 CEO는 회사가 성공할 수 있었던 요인을 일관된 장기 전략, 세계적인 진출, 혁신의 전통, 그리고 자사 제품 애프터마켓을 초기에 개발한 것 등으로 보고 있다.

알파 라발도 유체 처리와 열교환기 시장에서 비슷한 성공을 이뤘다. 전 세계적으로 성장하고 있는 제한된 범위의 산업용 장비에 꾸준히 집중하는 라발의 전략은 경쟁 측면에서 성공적이었다.

글로벌 지향성과 높은 수준의 집중력을 결합해 성공한 사례는 잠금장치 부문의 세계적인 기업이며 마라톤의 보유종목인 아사 아블로이에서 더욱 잘 확인할 수 있다.

아사 아블로이의 전 CEO 칼 헨릭 스반버그Carl Henric Svanberg는 자물쇠 이야기만 즐겨 하던 이사회를 보유한 것이 회사에 큰 도움이 되었다고 우리에게 말한 적이 있다. 그렇게 자기 일에 진심인 한 무리의 스웨덴 사람들을 쉽게 떠올릴 수 있을 것이다.

최근 몇 년 동안 아사 아블로이는 제조 부문을 저비용 국가들로 이전하고 있는 중이다. 이 과정에서 아사 아블로이는 구조조정에 비타협적인 프랑스 및 벨기에 노조들과 달리 유연하고 현명한 태도를 보인 북유럽 노조들의 도움을 받았다. 아사 아블로이의 현 CFO에 따르면, 스칸디나비아 노조들은 회사의 미래가 안정적일 때에만 건전한 고용 전망이 가능하고, 이를 위해서는 회사가 계속 수익을 내야 하며, 현재든 미래든 경쟁 위협을 극복하는 것이 필요하다는 것을 인식하고 있다고 한다.

마라톤의 정상적인 분석틀 안에서, 경영진의 인센티브는 가장 중요한 요소로 간주된다. 우리는 경영진의 경제적 이해와 주주들의 운명이 불가분의 관계로 연결되어 있기를 원한다.

그러나 이런 견해는 스칸디나비아의 사회민주주의와는 잘 맞지 않는다. 많은 경우, 북유럽 기업들은 경영진에 대한 스톡옵션 제공은 계속 삼가고 있으며, 그런 보상에 대한 세제도 불리한 경우가 많다. 경영진에 대한 보수에 그리 후하지 않고, (국제기준에서 볼 때) 상대적으로 사소한 기업 스캔들에도 엄청난 논란이 벌어지는 것은 스칸디나비아의 사회민주주의적 규범을 반영한 것이다.

그렇다고 해서 개인이 성공해도 큰 부를 이룰 수 없는 것은 아니다. 테트라 팩의 라우징 형제, H&M의 스테판 페르손Stefan Persson, 이케아의 잉그바르 캄프라드Ingvar Kamprad는 모두 세계 최고 부호 명단의 상위에 올라 있다. 심지어 일부 공기업 CEO들도—앵글로색슨 이 사회의 경우보다 일반적으로 더 큰 리스크를 감수해야 하기는 하지만—상당한 부를 축적했다.

가장 대표적인 예는 처음에 300만 달러를 차입해 주식을 매수한 후 아사 아블로이 CEO 재직 중 3,600만 달러 이상을 번 칼-헨릭 스반버그Carl-Henric Svanberg일 것이다. 또한 스반버그는 2003년 에릭슨이 저점에 있을 때 에릭슨 회장으로 취임하면서 1,200만 달러를 에릭슨에 투자했고, 그 후 2.5배 이상의 수익을 올렸다.

자신의 돈으로 리스크를 감수하면서 상당한 회사 지분을 구축한 또 다른 CEO들로는 삼포그룹의 비요른 왈루스, 아사 아블로이의 현 CEO 요한 몰린Johan Molin, 헥사곤Hexagon의 올라 롤렌Ola Rollen 등이 있다. 마라톤의 보유종목은 이런 기업들에 집중된 경향이 있다.

평등주의적인 스칸디나비아에서는 개인세율도 높고 과시적 소비에 대한 경멸감도 높지만, 국제기준에서 볼 때 법인세율은 상대적으로 낮다. 덴마크의 경우 정규직원의 거의 절반이 최고 한계세율인 63%의 세금을 납부하지만, 법인세율은 25%에 불과하다. 다른 스칸디나비아 국가들의 법인세율도 26%에서 28% 사이다. 이는 자본주의의 보루인 뉴욕에 등록된 기업들의 실효법인세율이 43%인 것과 비교된다.

따라서 스칸디나비아에서 기업이 부를 창출할 수 있는 환경은 지역의 사회민주주의적 평등주의에도 불구하고 매우 우호적이다. 안정적인 기업 소유권과 일관된 전략적 집중을 바탕으로 많은 스칸디나비아 기업들은 장기적인 경쟁우위를 창출했다. 성장을 위해 해외시장에 진출해야만 했던 것도, 성장이 거의 전적으로 신흥국시장에서 발생한다고 할 수 있는 요즘 세상에서 결국 도움이 된 것으로 최근 확인됐다.

한편, 신흥국시장의 지속적인 성장은 이런 많은 성공한 기업들이 현재 누리고 있는 주식시장의 높은 밸류에이션에 대한 주요 위협요인이 될 것이다.

3.5 경영진에 대한 보상 문제 2012년 2월

> 내부자의 장기적인 지분 보유는 '주인-대리인 문제'에 대한 모든 불완전한 해결책 중 최선의 해결책이다.

영국 상장기업들의 임원 보수체계 설계자들은 그런 보수체계가 왜 정당한지 설명하라는 압력을 갈수록 더 많이 받고 있다.

임원들의 보수체계는 부분적으로 주기적이다. 주식시장의 거품이 꺼질 때마다, 특히 '실패에 대한 보상 rewards for failure'과 관련해 보너스 체계에 대한 엄격한 검토가 증가하고 있다. 물론 세계화로 인해

소득불평등이 심화되었다는 장기적인 요인도 있다.

게다가 정치인들은 대중의 불만을 이용하려 한다. 영국의 메니페스트Manifest[8])에 따르면, 1998년 이후 FTSE 100 기업 CEO들의 평균 보수는 4배 상승한 반면, 직원들의 평균 수입은 50% 증가에 그쳤다. 같은 기간 FTSE 100지수의 주가 수준은 변동이 없었다.

우리는 기업의 보수 컨설턴트들의 입장을 어느 정도 이해한다. 경영진과 장기 주주들의 이해를 일치시키는 보수체계를 설계하는 것은 결코 쉬운 일이 아니기 때문이다.

연례 주주총회에서 주주들이 회사의 임원 보수계획에 반대표를 던지는 경우가 증가하고 있다. 임원 보수에 대한 주주들의 반대를 사전에 막을 목적으로 기업의 회장과 보수위원회 대표들이 종종 보수 컨설턴트들을 동반해서 마라톤을 방문하는 횟수가 갈수록 늘어나고 있다.

이들이 투자자들과 이렇게 직접 접촉하는 것은 부분적으로 ISS 거버넌스 서비스ISS Governance Services와 펜션 인베스트먼트 리서치 컨설턴트Pirc 같은 독립적인 의결권자문기구에 대항하기 위해서다.

이런 의결권자문기구들은 동종업체 분석을 통해 대부분 보수 인상안만 제시하는 보수 컨설턴트들에 대한 건전한 균형추 역할을 한다. 그동안 우리가 접한 기업들 중에서 동종업체 중앙값 이상이라는 이유로 고위 임원들의 보수 삭감을 먼저 제안한 기업은 없었다.

의결권자문기구들의 영향력 증가는 환영할 만한 일이지만, 이들

---

8) 현재 영국의 고임금센터(High Pay Center)—옮긴이.

의 접근법이 모든 경우에 맞는 것은 아니다. 특히 임원 보수와 관련해서는 더 그렇다. 그렇다면 최적의 보수체계는 어떤 것일까? 그 답은 상황에 따라 다르다는 것이다.

주당순이익과 총주주수익률total shareholder return, TSR에 기초한 보상구조가 갈수록 일반화되고 있다. 그러나 이런 실적지표는 문제가 있다. 올바른 실적 측정 지표를 찾는 것은 "현자의 돌philosopher's stone9)을 찾는 것만큼이나 비생산적일 뿐 아니라, 해를 끼치고 악용될 것이 분명하다"라고 했던 경영 구루 피터 드러커Peter Drucker가 이미 오래전에 파악한 문제를 안고 있다. 이는 보수를 주당순이익에 연계할 때 특히 더 그렇다. 주당순이익을 기준으로 보수를 책정하는 것은 오랫동안 마라톤이 매우 싫어했던 일이다.

주당순이익 지표는 부도덕한 임원들에 의해 쉽게 조작될 수 있다. 이 과정에서 리스크는 고려하지 않고, 특히 금리가 낮을 때 가치파괴적인 인수와 자사주 매입을 추진하게 된다. 그리고 매도 측이 좋아하는 분기 주당순이익 추정 게임이 촉진된다. 때로는 주당순이익 목표치에 부합하는 것이 기업의 주요 전략적 목적이 되기도 한다. 턴어라운드를 위해 예컨대 3년의 투자가 필요한 경우에도, 경영진은 자신에 대한 보상이 그 중간의 주당순이익 실적과 연계되면 최적의 사업계획을 추구하지 않을 수도 있다.

이런 중장기 목표와 단기 실적 간의 시간차 문제는 실적 보상을 몇 년에 걸쳐 단계적으로 제공하는 방법을 통해 부분적으로 해결할

---

9) 일반 금속을 금으로 바꿔준다고 연금술사들이 믿었던 물질―옮긴이.

수 있지만, 투자자의 근시안과 경영진 자신의 이해는 장기 가치 창출과는 아무런 관련이 없는—실적 평가의 기준 기간인—연간 주당순이익에만 집중하게 만드는 경향이 있다.

보상과 연계할 지표로는 가장 일반적인 주가 기반 실적지표인 총주주수익률이 주당순이익보다 낫다. 이 지표를 사용할 경우, 경영진은 중기적으로 무엇이 주가를 올릴지 생각하지 않을 수 없기 때문이다.

그런데 총주주수익률에 기초한 보상체계는 매입 투기나 주식시장의 전체적인 과대평가로 주주수익률 측정 시작일이나 종료일에 주가가 부풀려질 경우 '점대점 측정point-to-point measurement' 결과가 왜곡될 수 있다는 문제가 있다.

또한 이 경우 수익률 측정기간은 어떻게 설정해야 하는지, 벤치마크(평가 기준)는 절대적으로 해야 할지 아니면 상대적으로 해야 할지—둘 모두 장점이 있지만, 완벽하지는 않다—하는 문제가 있다. 그리고 상대적인 벤치마크로 할 경우, 벤치마크를 동종업체들, 즉 업종지수로 해야 할지 아니면 전체 시장지수로 해야 할지 하는 문제가 있다.

예컨대 영국의 거대 광고 및 마케팅 서비스그룹 WPP의 설립자 마틴 소렐Sir Martin Sorrell은 소속 업종(광고 및 마케팅 서비스업종)에서는 다른 경쟁자들을 상회하는 실적을 낼 수 있었고, 그로 인해 큰 부자가 되었다. 그러나 안타깝게도 이렇게 창출한 그의 부는, 이 업종이 수년간 전체 시장을 하회하는 실적을 낸 까닭에 회사 주주들과는 공유되지 않았다.

이런 이유로 일반적으로 우리는 (우리가 받는 성과수수료와 연계된) 전체 주식시장 지수를 벤치마크로 하는 기업 보상체계를 선호한다. 물론 기업 경영자들은 광업이나 제약처럼 FTSE 편입 비중이 큰 일부 업종의 움직임에 좌우될 수 있는 전체 시장지수 대비 회사 실적은 통제할 수 없다는 것에 불만을 가질 수 있다. 그래서 일부 기업은 상대적인 총주주수익률 기준 보상체계를 절대적인 체계로 전환하기 위해—대개는 상대 실적에서 벤치마크를 상회했던 기업의 경영진이 앞으로는 그러기 어렵다고 판단할 때—우리에게 접근한다.

실적 측정 기간과 관련해서는 투자자의 근시안이라는 문제에 직면하게 된다. 현재 유럽 주식의 평균 보유기간은 12개월 수준이기 때문에(〈그림 3-2〉 참고), '평균적인 투자자'는 한 기업의 5년 실적에는 거의 관심을 갖지 않는다.

그림 3-2 | 지역별 주식 평균 보유기간(2012년 2월)

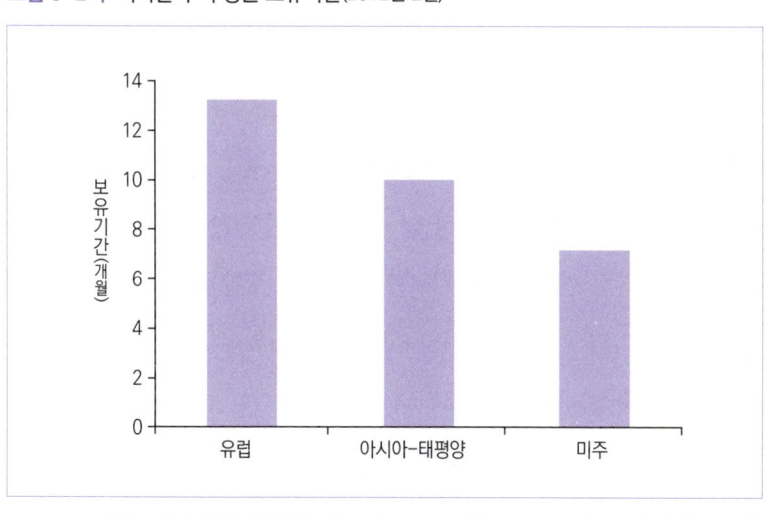

자료 : 세계거래소연맹(World Federation of Exchanges Limited), HSBC 추산

우리는 실적 측정 기간이 더 긴 것을 선호하는데, 그것은 보상을 여러 해에 걸쳐 단계적으로 제공하면 장기적인 전략적 사고를 할 것이기 때문이다. 경영진은 분기 주당순이익에 집착하면서 높은 빈도로 매매하는 매매자와 투자자의 의견에 대해서는 매우 낮은 비중을 두어야 한다. 또한 실적 측정 기간은 산업별로 달라야 한다. 자본재 산업과 채굴산업의 경우 프로젝트 기간이 5년을 훨씬 넘을 수도 있다(항공엔진의 경우에는 제품 수명주기가 수십 년이 되기도 한다).

각 지표에 장단점이 있다는 것을 고려하면, 보수 컨설턴트들이 보수체계에 여러 지표들을 혼합해서 타협을 추구하는 것은 그리 놀랄 일도 아니다. 그러나 주당순이익 목표를 자본수익률과 총주주수익률을 덧씌워 혼합하는 식의 이른바 '균형 잡힌balanced 보상체계'는 경영진과 투자자 모두를 혼란스럽게 할 수 있고, 더 큰 문제는 복잡한 게임 전략을 장려할 수 있다는 것이다.

우리는 기업 소유권과 경영권의 분리로 발생하는 주인-대리인 문제를 해소할 수 있는 가장 직접적인 방법은 '내부자 지분'이라고 보고 있다. 우리 포트폴리오는 성공한 기업가들이 직접 경영하면서 상당한 주식을 보유하고 있는 기업들의 비중이 높은 경향이 있었다.

다행히도 많은 기업이 회사 임원은 회사 주식을 상당량 보유할 것을 요구한 레킷 벤키저Reckitt Benckiser(영국의 생활용품 제조사)의 선례를 따랐다. 이와 비슷하게, HSBC도 최근 보수체계를 개혁해 5년 후에 권리가 확정되는 후한 조건의 권리이연주식을 보상으로 지급하되, 은퇴할 때까지 이 주식을 의무적으로 보유하도록 했다.

장기적인 주식 보유는 경영진이 가치 창출의 진정한 동인에 집중하게 만드는 최선의 방법이다. 장기적으로 상당량의 회사 주식을 보유하는 경영진은—물론 리먼브라더스의 딕 펄드Dick Fuld 같은 불행한 반증 사례도 있지만[10]—자신의 부를 지키려는 본능 때문에 과도한 리스크는 경계하게 된다.

 3.6 행복한 가족 2012년 3월

가족지배기업은 외부 투자자들에게는 문제가 될 수 있지만, '대리인 문제'에 대해서는 명쾌한 해결책이 될 수 있다.

경영과 소유가 분리된 주식합명회사joint-stock companies[11]에서 발생하는 폐해는 최근의 일이 아니다. 미국 독립혁명이 일어난 해에 애덤 스미스Adam Smith는 지금 우리가 '주인-대리인 문제'라고 부르는 현상에 대해 다음과 같이 말했다.

> 그런 기업의 이사들은… 자신의 돈보다는 다른 사람의 돈을 관리

---

10) 리먼브라더스 CEO 딕(리처드) 펄드는 약 1,100만 주의 리먼브라더스 주식을 보유하고 있었다. 리먼브라더스의 밸류에이션 고점에서 2009년 9월 파산 때까지, 펄드는 최대 9억 3,100만 달러의 평가손실을 입은 것으로 추산된다[루시안 베브처크(Lucian Bebchuk) 외, 「실패의 임금: 2000~2008년 베어스턴스와 리먼의 임원 보수(The Wages of Failure: Executive Compensation at Bear Stearns and Lehman 2000-2008)」, 〈예일 저널 온 레귤레이션(Yale Journal on Regulation)〉, 2010] 참고.
11) 주주들이 무한책임을 지는 주식회사—옮긴이.

하는 사람이 되어야 하지만, 그들이 자신의 돈을 살피는 것처럼 그렇게 각별히 다른 사람의 돈을 살필 것으로 기대하긴 어렵다… 따라서 그런 기업의 업무를 관리하는 데는 항상 태만과 낭비가 다소 만연할 것이다. (『국부론Wealth of Nations』, 1776)

이 문제에 대한 한 가지 가능한 해결책은 가족이 지배하는 기업에 투자하는 것이다. 그러나 안타깝게도 여기에도 문제가 없는 것은 아니다. 가족의 이익이 외부 투자자들의 이익보다 우선시될 때가 종종 있다. 이 외에도, 가족지배기업은 정실주의와 회사를 마비시키는 가족 간 불화에 시달리는 경향이 종종 있다.

'부자는 3대를 못 간다'라는 말을 다 들어봤을 것이다. 따라서 많은 투자자들은 가족지배기업에 거리를 두는 것을 선호하는데, 이는 상당히 어려운 일이다. 왜냐하면 S&P 500 기업의 약 1/3이 가족이 지배하는 기업이기 때문이다.

또한 이런 식의 기업 지배는 외부 주주들에게 상당한 혜택을 줄 수도 있다. 적어도 미국에서는 대규모 가족 지분이 있는 기업들이 다른 기업들보다 우수한 실적을 냈다는 증거도 일부 있다(〈그림 3-3〉 참고). 서로 단합해 후세에 부를 물려주기 위해 노력하는 가족은 좋은 자본 관리자stewards가 되기도 한다.

아주 긍정적으로 보자면, 가족 지배는 대리인 문제에 대한 훌륭한 해결책이 될 수 있다. 가족은 단기적인 이익 변동에 더 잘 견딜 수 있고, 그들 자신과 외부 주주들의 장기적인 이익을 위해 더 잘 투자할 수 있다. 설립자 제프 베조스Jeff Bezos가 20% 지분을 소유한 인터

그림 3-3 | 크레디트스위스의 가족지배기업지수

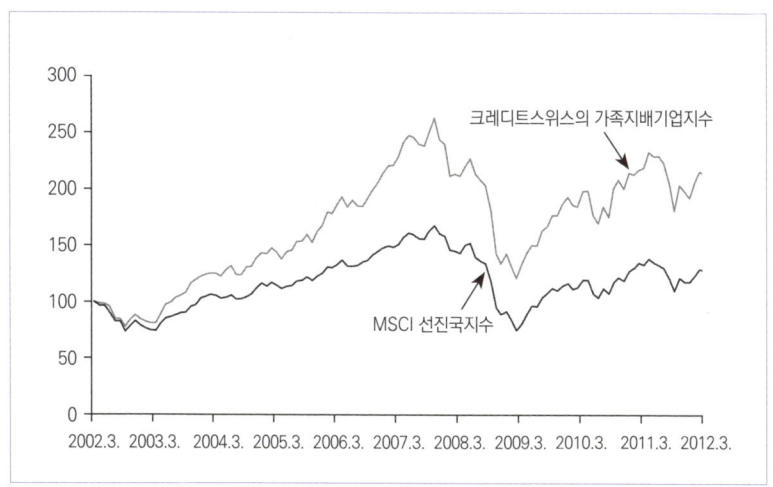

자료 : 블룸버그

넷기업 아마존닷컴Amazon.com은—또 다른 가족지배기업 월마트Wal-Mart가 오프라인 유통업에서 했던 것처럼—기술에 투자하고 가격경쟁에서 경쟁자를 압도하기 위해 4%의 영업이익률을 기꺼이 감당하고 있는 것 같다.

또한 지배가족이 안정적으로 지지해 주면 경영진은 수익성 있는 신규 사업에도 진출할 수 있다. 음료수-금융회사가 선박회사를 인수하고(칠레의 퀴넨코Quinenco), 슈퍼마켓-호텔그룹이 인도네시아 자동차회사를 매수하고(싱가포르의 자딘 매티슨Jardine Matheson), 식품회사가 성공적인 의류판매사업을 구축한 것(영국의 AB푸드AB Foods)이 바로 그런 경우다.[12]

투자자에게 문제는 '좋은 가족 관리자'와 '나쁜 가족 관리자'를 구분하는 것이다. 과학에 관심 있는 독자라면 여러 요인 중 단 하나라도 부족하면 노력이 실패로 돌아간다는 '안나 카레니나 법칙Anna Karenina principle'을 알고 있을 것이다.[13]

그다음은 회사의 성공을 저해할 수 있는 다음과 같은 일반적인 가족 결함 요인들은 없는지 살펴보는 것이다.

1. 가족 간 단합 부족

가족 간 분열과 내부 다툼은 해당 가족과 다른 주주들 모두의 이익에 영구적인 피해를 줄 수 있다.

이탈리아의 구찌 가문Gucci family은 내분에 정신이 팔려서 경쟁에 대처하거나 경영을 전문화하지 못했다. 구찌는 프랑스의 명품그룹 피노 프렝땅 르두트Pinault-Printemps-Redoute, PPR에 인수되고 난 후에야 패션사업이 다시 살아났다.[14] 캘리포니아의 거대 와인왕국 몬다비 가문Mondavi family은 2세대에 걸친 형제의 난에 시달리다 결국 2004년 거대 음료회사 컨스텔레이션 브랜즈Constellation Brands에 인수되고 말았다. 인도 암바니 가문Ambani 형제들의 분쟁은 결국 2005년 섬유

---

12) 사업 다각화[혹은 피터 린치(Peter Lynch)가 말한 '다악화(diworsification)']가 항상 혜택만 제공하는 것은 아니다. 우리 마라톤도 케즈윅 가문(Keswick family)의 자딘 매티슨 지배와 관련해 오랜 문제를 안고 있었다.
13) 통계학에서 생태학에 이르기까지 다방면에 걸쳐 널리 적용되는 이 원칙은 톨스토이의 소설 『안나 카레니나』에서 유래된 것이다. 이 소설에서 톨스토이는 행복한 결혼을 위해서는 중요한 여러 부분에서 성공해야 하며, 그중 하나라도 실패하면 결혼은 불행해질 수 있다는 관념을 제시했다.
14) 구찌는 가족 간 다툼이 통제불능 상태로 치닫던 1980년대에 곤경에 빠졌다. 마지막으로 구찌를 이끌었던 구찌 후손은 1995년 살해되었다. 그 후 그의 부인이 청부살인업자를 고용한 혐의로 유죄판결을 받았다. PPR은 2003년 구찌에 대한 지배권을 획득했다.

에서 통신까지 다양한 기업을 거느리고 있던 릴라이언스그룹Reliance Group의 분해로 이어졌다.

그러나 이따금 한 자산의 통제권을 둘러싸고 벌어지는 가족 내 혹은 가족 간 다툼이 지분 확보를 위한 대규모 자사주 매입을 유발하면서 소액주주들에게 유리한 방향으로 진행될 수도 있다.

모든 가족기업이 불행한 것은 아니다. 우리가 종종 마지막 말채찍회사buggy whip company15)라고 부르는 파리의 명품그룹 에르메스Hermes는 큰 성공을 거뒀다. 에르메스 설립자의 성인 자손이 70명이 넘는데도 불구하고 이 가문은 회사 주주집단 내에서 단합을 잘 유지하고 있다.

또 이따금 지배적인 한 가족 구성원이 가족의 지배력과 회사의 장기적인 성공을 유지하기 위해 나머지 가족들에게 자신의 의지를 관철시키는 경우도 있었다. 폭스바겐Volkswagen의 페르디난트 피에히Ferdinand Piech, 핸콕 리소시스Hancock Resources의 지나 라인하트Gina Rinehart, 스웨덴의 인베스트먼트 AB 키네빅Investment AB Kinnevik의 얀 스텐벡Jan Stenbeck이 그 대표적인 사례다.

2. 사업감각의 상실

토마스 만Thomas Mann의 소설 『부덴브로크가의 사람들Die Buddenbrook』에서 이름을 따온 '부덴브로크 효과Buddenbrooks' effect'는 후세대가 부

---

15) 낡은 제품이나 사업모델을 고수하는 회사, 혹은 그 때문에 시대에 뒤쳐져 도태될 수 있는 회사—옮긴이.

의 창출보다 부의 과시에 더 관심을 갖게 되면서 점점 가족기업이 망가지는 것을 말한다.

미국의 화장품회사 에스티 로더Estee Lauder의 쇠퇴는 지배가족이 사업에 관심이 없고 무능력할 때 어떤 일이 벌어질 수 있는지 잘 보여주는 사례다. 무어스 가문Moores family이 소유했던 영국의 카탈로그형 판매기업 리틀우즈Littlewoods는 인터넷 경쟁에 대비하지 못했고, 결국 매각되었다.

이런 경우에는 외부 전문가를 영입하는 것이 회사 회생의 열쇠가 된다.

3. 내부거래

기업지배구조 원칙을 무시하는 가족이 지배하는 기업은 동종업체들보다 PER이 낮은 경향이 있다. 실제 '도둑질'은 드물지만, 해당 가족에 유리해 보이는 가족과 상장기업 간 거래는 드문 일이 아니다.

예를 들어 브라질 철강회사 CSN의 경우 지배가족이 소유한 철제 깡통 제조사 메탈릭Metalic을 매수했을 때 의문이 제기되었다. 인도네시아 식품기업 마요라 인다Mayora Indah의 지배가족은 상장회사인 마요라 인다 외부에 유통회사를 소유하고 있다. 또 다른 브라질 철강회사 게르다우Gerdau는 지배가족이 소유한 종마농장에 대출을 제공하고, 가문 이름을 회사 이름으로 사용한다는 명목으로 지배가족 주주에게 로열티를 지급하기도 했다.

기업지배구조가 좋은 기업은 밸류에이션 배수가 높은 경향이 있기 때문에 가족지배기업이 내부거래를 단념하기도 한다. 예를 들어

브라질의 듀라텍스Duratex와 엠브라에르Embraer는 주가를 억누르고 있던 대리점 할인agency discount을 줄이기 위해 기업지배구조를 개선했다.

4. 열악한 승계 계획

가족지배기업은 다음 세대에 지배권을 넘겨줄 준비를 해야 한다.

가족기업의 성공이 가족 자체가 아니라 창업자의 사회정치적 연줄에 의한 것일 경우, 소액주주들은 이따금 발생할 수 있는 외적인 충격에 대비해야 한다.

정치적 연줄에 따른 독점과 특혜로 부를 쌓은 후 창업자가 고령에 이른 경우 특히 더 그렇다. 이는 열악한 승계 계획 탓에 주가가 약세를 보이는 아시아의 가족지배기업들에서 종종 나타나는 특징이다.

5. 독점적 관행에 따른 정치적 역풍

지대 수입rents(불로소득, 지대)에 의존하는 기업들이 좋을 수는 있지만, 창업자가 떠난 후에도 그런 지대 수입이 계속 유지될 것으로 보는 것은 매우 순진한 생각이다.

한 가문(그리고 가문 외 주주들)에 좋은 것이 국가에는 그렇게 좋은 것이 아닐 수 있다. 카를로스 슬림Carlos Slim의 텔멕스텔레콤Telmex은 정치인, 규제당국과의 밀접한 관계를 통해 접속률이 OECD 평균보다 상당히 높았던 멕시코의 유선전화산업에서 거의 독점을 행사할 수 있었던 것으로 보인다.

필리핀, 홍콩, 멕시코, 이스라엘, 튀르키예에서 소수 유명 가문의 지배는 그 가족과 소액주주들에게는 보상을 제공했지만, 경쟁과 기업가정신을 억눌러버렸다.

그런 환경에서는 정치적 역풍의 위험이 있다. 카를로스 슬림의 아메리카모빌America Movil은 '독점적 관행'으로 약 10억 달러의 벌금을 부과받았다.16) 그리고 이스라엘도 마침내 델렉그룹Delek Group과 IDB 홀딩스IDB Holdings 같은 강력한 가족지배 대기업들과 대결하기 시작한 것 같다. 무바라크 정권과 가까웠던 팜홀딩스Palm Holdings와 EFG 헤르메스EFG Hermes 같은 이집트 기업들의 운명이 급변한 것만 봐도 상황이 얼마나 빨리 반전될지 알 수 있다.

반면 코치홀딩Koc Holding(튀르키예의 산업기업), 인베스터Investor(스웨덴의 투자 지주회사), 퀴넨코Quinenco(칠레의 산업-금융 지주회사) 같은 성공한 가족기업들은 정치에 연루되지 않고 거리를 두는 데 뛰어난 것 같다.

일반적으로 경쟁력 있고 너무 노골적이지 않게 지대를 추구하는 가족기업들이 정치 및 금융 지배력으로 성공한 가족기업들보다 더 나은 장기 투자자산이 된다.

가족지배가 가져올 수 있는 여러 문제들에도 불구하고, 우리는 고객의 자산 일부를 발렌베리 가문(인베스터), 베조스 가문(아마존닷컴), 코치 가문(코치홀딩), 루크식 가문Lukšić(퀴넨코), 아얄라 가문(아얄라 코

---

16) 그러나 이 글을 쓰고 몇 달 후, 멕시코 연방경쟁위원회(Federal Competition Commission)는 카를로스 슬림에 부과했던 9억 2,500만 달러의 벌금을 취소했다.

퍼레이션Ayala Corporation)에 투자해 놓은 덕에 좀 더 편한 밤을 보내고 있다.

 ## 3.7 요한 루퍼트의 지혜와 유머 2013년 6월

리치몬트그룹의 요한 루퍼트 회장은 '타인의 자금관리자'라는 자리에 가장 잘 어울리는 인물이다.

마라톤은 자본을 효과적으로 배분할 줄 아는 기업 경영자들에게 투자하려고 한다. 자본을 효과적으로 배분하기 위해서는 투자 유행 (그리고 투자은행가)을 의심할 수 있는 개인적인 '기질'과 물살을 거슬러 헤엄칠 수 있는 굳건한 '의지'가 필요하다.

그간 우리가 했던 투자 결정 중에서 보다 성공적이었던 것은 (그의 가족이 지배지분을 보유하고 있는) 스위스 명품브랜드그룹 리치몬트Richemont에서 최근까지 회장 겸 CEO로 일했던 요한 루퍼트Johann Rupert에 투자한 것이었다.

루퍼트가 리치몬트를 떠날 준비를 하고 있는 지금, 이 뛰어난 경영자의 어떤 자질에 우리가 끌렸는지 확인해보기 위해 그가 했던 말들을 다시 살펴보기로 했다.[17]

먼저, 리치몬트는 2002년 3월 이후 마라톤의 유럽 포트폴리오 편입종목 중 하나였고, 그 전신이었던 방돔Vendome도 적어도—마라톤이 보유종목을 컴퓨터로 기록하기 시작한—1994년부터 1998년 리치몬트에 완전히 인수될 때까지 우리가 보유했던 기업이다.

1988년 요한 루퍼트를 CEO로 해서 처음 설립되었을 당시 리치몬트의 주요 사업체는 그의 부친이 남아프리카공화국에서 설립했던 렘브란트그룹Rembrandt Group의 해외 자산들이었다. 이 해외 자산들은 렘브란트가 보유하고 있던 로스만스Rothmans(영국 담배회사) 지분, 그리고 까르띠에Cartier, 알프레드 던힐Alfred Dunhill, 끌로에Chloe, 몽블랑Mont Blanc 같은 일련의 명품브랜드들로 구성되어 있었다.

시간이 가면서 담배사업은 확대되었고, 최종적으로는 주주들에게 분할매각되었다. TMT버블 당시 운 좋게도 유럽의 유료TV 사업에서 빠져나온 리치몬트는 그 후 명품, 특히 고급 스위스 시계와 보석에 사업의 초점을 맞추기 시작했다. 이때 리치몬트는 바쉐론 콘스탄틴Vacheron Constantin, 파네라이Panerai, 반클리프 아펠Van Cleef & Arpels, 예거 르쿨트르Jaeger LeCoultre, IWC, 랑에 운트 죄네A. Lange & Sohne 같은 브랜드를 인수했다.

1988년 설립 후 25년 만에 리치몬트에 대한 우리의 최초 주당 투자원금 5스위스프랑은 배당금과 기업 분할매각 대금을 포함해 120스위스프랑으로 불어났다. 연평균 수익률로는 13.5%이다.

루퍼트는 투자자들과 한담을 나누는 데 많은 시간을 쓰는 그런 부류의 사람이 아니었다. 마라톤도 그와 단독미팅을 한 적이 단 한 번도 없었다. 그러나 리치몬트그룹과는 수년 동안 많은 그룹미팅을 가

---

17) 결과적으로 볼 때, 요한 루퍼트가 리치몬트를 떠난 것은 일시적인 일이었다. 그는 2014년 9월 리치몬트 회장으로 다시 복귀했다.

졌고, 여러 콘퍼런스콜을 통해 그를 만날 수 있었다.

이런 자리에서 독특한 남아프리카공화국 억양을 구사하면서 그가 했던 발언들을 주제별로 정리해 보았다. 이를 통해 그가 타인의 자금관리자 steward of other people's money로 크게 성공했던 이유가 무엇인지 잘 알 수 있을 것이다.

경영에 대하여 :

"경영자가 자신이 하는 사업을 이해하지 못하면 그것은 언제나 위험신호입니다."

[지배적인 공급자와의 관계에 대하여] "여러분이 쥐라면, 고양이와 (쫓고 쫓기는) 게임을 하지 마십시오."

"여러분이 성공하기를 원한다면, 매일 여러분의 아침을 빼앗아 먹으려는 사람이 있고, 주의하지 않으면 그들이 결국 그렇게 할 것이라는 정도의 아주 건강한 편집증은 있어야 할 것입니다."

"오늘 할 수 있는 일을 내일로 미루지 마십시오."

"제가 오래전에 한 가지 깨달은 것은, 태어난 날부터 영구차를 탈 때까지, 어떤 일이든 더 나빠질 수 없을 만큼 그렇게 나쁜 것은 결코 아니라는 것입니다."

"중요한 질문은 기업이 잉여현금흐름을 효율적으로 재투자하느냐, 아니면 낭비하느냐 하는 것입니다."

단기주의에 대하여 :

"알 던랩 Alfred Dunlap[18]이 자기 전기톱에 걸려 쓰러졌을 때, 나는 샴페인 잔을 들었습니다."

"혹시라도 내년은 어떨지 물어보려고 한다면, 그 질문은 하지 말아 주십시오. 그에 대해서는 어떤 대답도 하지 않을 것입니다. 그 이유는 우리가 수줍어서도, 숨기고 싶은 것이 있어서도 아닙니다. 그냥 모르기 때문입니다."

"나는 우리의 3분기 이러저러한 것들(매출, 이익 등등)이 어떻게 될지에 대해서는 말하지 않을 것입니다."

M&A와 자사주 매입에 대하여 :

"결국 어떤 자산이든 가격이 잘못 책정되면 악용되게 됩니다."

"과도한 배수를 지불하면 그 거래는 결코 성공적인 거래가 되지 못합니다."

"아니, 아닙니다. 저는 그 사업을 팔려고 했을 때 큰돈을 잃은 게 아니라, 그 끔찍한 것을 샀을 때 돈을 잃었습니다. 돈을 잃는 시점은 돈을 투자할 때지, 더 큰 바보를 찾아서 팔려고 할 때가 아닙니다."

[유료TV 사업에서 성공적으로 빠져나온 것에 대하여] "운과 천재성을 결코 혼동해서는 안 됩니다."

"여기서 우리가 하는 일은 영업권^{goodwill}을 창출하는 것이지, 영업권을 얻기 위해 타인에게 돈을 지불하는 것이 아닙니다."

"인수에는 세 단계가 있습니다. 첫 단계는 행복감이고, 다음 단계

---

18) 정리해고를 통한 기업회생 전문가로 '전기톱'이란 별명을 얻었지만, 회계 부정으로 몰락했다—옮긴이.

는 환멸입니다. 그리고 마지막 단계는 그 인수에 책임을 물을 누군가를 찾는 것입니다."

"울타리 너머의 잔디는 항상 더 푸르러 보입니다. 그러나 울타리를 넘어가보면 소똥들이 모두 잔디에 숨겨져 있었기 때문에 그곳 잔디가 더 푸르러 보였다는 것을 알게 됩니다. 그리고 그 소똥들을 밟기 시작하는 순간, 내가 대체 왜 울타리를 넘어왔을까 하고 후회하게 됩니다."

"우리는 인수에 주식을 사용한 적이 없습니다. 주식은 항상 가장 비싼 지불 수단입니다."

[TMT버블 당시 주식으로 대금을 치렀던 인수들에 대하여] "100만 달러에 자기 개를 팔았는데, 그 값으로 잘린 고양이 발 두 개를 받은 아이와 같습니다."

"여러분이 여러분 주식이 좋다고 했는데, 주가가 하락하면 사람들은 여러분을 찾아오게 됩니다."

"우리는 나 역시 매수에 관여했던 쓰레기더미에 대해서는 말하지 않습니다."

"기업들의 자사주 매입 시기와 그 가격을 보면, 대부분 시장 고점 근처에서 자사주 매입을 했다는 것을 알 수 있습니다. 그들의 주머니에 현금이 가장 많을 때가 바로 그때이기 때문입니다. 그런데 여러분, 2년 후에 지옥이 펼쳐지면 그들은 자신들이 한 일을 후회합니다."

투자은행가들에 대하여 :

"경기침체가 발생하는 것은 투자은행가들이 너무 낮은 비용으로 자본을 공급하기 때문입니다. 이렇게 공급된 저비용의 자본은 결국 과잉 생산능력과 가격 급락으로 이어집니다."

"정말 자금이 필요할 때는 은행도 없고 돈도 어디로 가고 없습니다."

기업지배구조에 대하여 :

"기업지배구조에서 만점을 받고 싶다면 여러분이 모르는 사람, 결코 만난 적이 없는 사람, 여러분 사업에 관여한 바가 전혀 없어서 여러분 사업에 대해 아무것도 모르는 사람, 그런 사람을 채용하십시오. 그리고 이사 자리를 차지하고 앉아 있는 그에게 후한 보너스를 주십시오. 그러면 의결권자문기구 proxy voting service 는 기업지배구조에 관한 모든 항목에 만점을 줄 것입니다. 그런 후 과연 무슨 일이 벌어질까요? 아마도 5년 후 대혼란이 벌어질 겁니다. 최고의 기업지배구조 점수와 기업의 중기 실적은 아주 직접적인 역逆상관관계 inverse correlation 에 있습니다."

명품사업에 대하여 :

"지속 가능한 경쟁우위를 유지하는 방법으로 우리가 알고 있는 유일한 방법은 브랜드 자산을 키우는 것입니다. 왜냐하면 그 브랜드 자산이 수요를 창출하고 결국에는 가격결정력을 주기 때문입니다."

"저는 명품사업이 주주가치를 창출하는 데 아주 좋은 사업이라고 생각하는 평범한 사업가에 불과합니다."

[코코 샤넬 Coco Chanel을 인용하면서] "유행은 사라지고, 스타일만 남습니다."

"오래전 코코 샤넬은 '돈은 그냥 돈이다money is money'라고 말한 적이 있습니다. 바뀌는 것은 그 돈이 들어가는 주머니뿐입니다. 우리는 돈이 들어가는 그런 주머니를 찾아야 합니다."

"(명품을 팔 수 있는) 기념일, 생일, 여자친구는 항상 있을 것입니다."

"여러분의 사업모델이나 지식재산권이 0과 1(디지털)로 되어 있다면 문제가 생길 겁니다. 다행히 우리의 지식재산권은 원자들(사람의 뇌) 속에 있고 파괴하기가 매우 어렵습니다."

"까르띠에는 금고에서 잡니다."

[브랜드 품격brand integrity에 대하여] "피아트 공장에서 페라리를 만들 수는 없습니다."

중국에 대하여 :

"중국의 신흥부자들이 돈을 쓰려고 할 때는 중국 제품을 사려는 것이 아닙니다."

"동양에서는 제품의 진품 여부, 그리고 그 역사가 중요합니다."

"마치 화산의 정상에서 정장을 입고 만찬을 하는 기분입니다. 그 화산이 바로 중국이지요. 개인적으로는 중국에서 아무런 문제도 없을 것이라고 생각합니다. 그게 제 의견입니다. 그런데 사실 아무것도 모르겠습니다. 정말 모르겠습니다."

3.8 경영진을 직접 만나야 할 이유 2014년 6월

> 훌륭한 경영자를 찾기 위한 노력은 매우 가치 있는 일이다. 그리고 투자자는 시기, 장소, 형태 등이 적절하다면 경영진과의 미팅에서 아주 많은 것을 얻을 수 있다.

지난 20년 동안 마라톤은 기업 경영진과 거의 2,000번의 미팅을 가졌다. 이런 미팅은 준비 과정부터 결과 정리에 이르기까지 많은 시간과 열정을 요한다. 그리고 이것이 마라톤 투자팀의 업무시간 대부분을 차지하는 활동이다.

그러나 많은 평론가들은 이런 활동을 시간 낭비로 보고 있다. 이들의 요점은 간단하다. 홍보실 임원의 자문에 따라 경영자들은 이런 미팅을 일종의 홍보 기회로 활용한다는 것이다.

그럼에도 투자자들은 이런 미팅에 참석하는데, 많은 경우 이는 해당 기업의 단기 전망에 대해 정보상 어떤 이점이라도 얻을 목적에서이다. 그러나 우리가 보기에 이런 식의 노력은 헛수고다.

장기투자를 추구하는 우리에게 가장 중요한 것은 자본배분이다. 따라서 우리가 기업 경영진과 만나는 가장 일차적인 목적은 주주를 대신해 돈을 투자하는 그들의 능력, 요컨대 자본배분 능력을 평가하는 것이다.

경영진을 만나는 것이 과학적인 과정은 아니다. 그보다는 사람에 대해 판단하는 일인데, 이는 오류를 범하기 쉽다. 이혼율을 보면 사람을 판단하는 것이 쉬운 일이 아니라는 것을 알 수 있다. 우리는 경영진과의 미팅에서 다음과 같은 질문에 대한 답을 찾으려 한다.

(1) CEO는 회사에 대해 장기적인 전략적 마인드로 생각하고 있는가?
(2) 해당 산업에서 자본사이클이 어떻게 진행되고 있는지 이해하고 있는가?
(3) 자신들의 기업과 사업에 대해 잘 알고 있으며, 적극적이며 열정적인가?
(4) 회사 동료 및 타인과 협조적으로 상호작용을 잘하고 있는가?
(5) 믿을 만하고 정직해 보이는가?
(6) 아주 세세한 부분까지 주주친화적으로 행동하고 있는가?

이런 질문들을 제대로 평가하기 위해서는 미팅의 형태가 중요하다. 일반적으로, 미팅 참석자 수가 적을수록 좋다. 양쪽 테이블에 앉는 사람 수가 적을수록 보다 열린, 보다 친밀한 대화가 가능하다(대규모 미팅에는 회사 경영진, IR담당자, 재무담당자, 증권사, 그리고 주요 행사장에는 꼭 나타나 어슬렁거리는 사람들이 모두 나오는 경우가 많다).

또 소규모 행사일수록 참석자들이 서로 관심을 끌려고 나서는 위험도 적어진다. 참석자들이 서로 나서려다 보면 대화가 쓸데없거나 지엽적인 것에만 맴돌 수 있다. 가령 새롭지만 끔찍한 형태의 미팅이 있는데, 그것은 최근 많은 매도 측 콘퍼런스에서 이용하고 있는—스페셜리스트 애널리스트가 한 명의 CEO에게 질문하는 방식으로 진행되는—이른바 '노변한담 fireside-chat'이다.

이런 식의 미팅은 (장기 투자자들은 별 관심을 갖지 않는) 단기 실적에 영향을 미치는 요인들에 깊이 빠져드는 경향이 있다. 이런 미팅은 우스꽝스러운 것이 되기도 하는데, 우리가 참석했던 최근의 한 콘퍼런스에서 '노변한담 연사'로 참석했던 한 제조사 대표는 작년과 동일한 계절성 패턴을 예상할 수 있느냐는 (하나 마나 한 의미 없는) 질문을 받기도 했다.

한 기업에서 많은 임직원이 참석하면, 이는 CEO가 자신감이 부족하다는—그래서 '많을수록 안전' 원칙에 의존하고 있다는—신호가 될 수 있다. 이런 경우는 일본, 스페인, 이탈리아의 여러 기업뿐 아니라, 곤경에 빠진 기업들과의 미팅에서 자주 벌어지는 일이다.

그리고 이는 성공한 스위스 배관장비 제조사 게베릿과는 매우 대비되는 모습이다. 게베릿의 CEO는 우리 사무실에 늘 혼자 오면서, 일정도 스스로 짜고 배관업자, 건축업자, 그 외 다른 고객들과의 여러 미팅들을 소화하고 있었다.

회사 전략에 대해 토론할 때 경영자가 주제를 자주 혼동하면 이는 우려스러운 일이다. CEO가 '전략'을 '단기 목표'—예컨대 주당순이익 목표나 자본수익률 목표—와 혼동하는 경우가 매우 많다. 이들은 "우리 전략은 15% 자본수익률을 달성하는 것입니다"라는 식으로 말한다. 군사적이든 사업적이든, 진정한 전략은 자신들의 현재 위치(현황), 직면한 위협, 그 위협을 극복할 계획, 그리고 적(경쟁자)의 예상 대응방식에 대한 평가가 포함되어야 한다.

제너럴 일렉트릭GE의 회장 겸 CEO였던 잭 웰치Jack Welch는 재임 중 각 사업 부문 경영진에게 각 부문의 사업환경을 정리한 몇 장의 간단한 자료를 준비하라고 주문하곤 했다. 웰치가 이 자료에 포함시키라고 한 것은 (1) 각 사업부별 글로벌 경쟁환경 (2) 최근 3년 경쟁 판도를 바꾸기 위해 경쟁자가 한 행동 (3) 같은 기간 그에 대응해 해당 사업부가 취한 조치 (4) 경쟁자의 향후 예상 공세 방식 (5) 그 공세를 극복하기 위한 해당 사업부의 계획이었다.

CEO들이 경쟁자에 대해 솔직하게 털어놓게 만드는 것은 어려운 일일 수 있다. CEO들은 너무 솔직하다 보면 기밀이 누설될 수도 있고(전문 투자자들은 정말 믿을 수 없는 집단이다), 자신들이 실질적으로 시장을 지배하고 있다는 것을 밝히면 반독점 이슈가 제기될 수 있다는 것을 우려한다. 게다가 많은 경영자들은 성장에 너무 집착하는 바람에 경쟁자들의 가능한 반응을 예상하지 못한다(이는 '내부 관점'의 또 다른 예다).

그럼에도 가끔 도움이 되는 내용이 무심코 새어 나온다. 경영진이 어떤 경쟁자를 칭찬하면 이는 투자자들에게 매우 귀중한 정보가 될 수 있다. 우리가 부동산 매매사이트 라이트무브에 투자하기로 결정한 것은 영국의 미디어회사 DMGT^{Daily Mail and General Trust}가 라이트무브와의 경쟁을 매우 힘들어한다는 것을 알고 나서였다.[19]

기업이 투자은행가를 어떤 식으로 활용하고 있고, 인수는 어떤 식으로 하는지(예를 들어, 경쟁입찰보다 우호적인 협상을 선호하는지 여부) 토론하면 중요한 정보를 얻을 수 있다. 예상치 못한 관련 없는 분야로의 사업다각화는 핵심 사업에 뭔가 문제가 있다는 것을 의미할 수

---

[19] 라이트무브는 영국 주택매물 등록시장을 장악했고, 미 달러화 기준 주가는 2006년 상장 후 2014년 말까지 400% 이상 상승했다.

있다.

자사주 매입에 대한 견해도 매우 중요한 정보를 제공해 줄 수 있다. 자사주 매입을 자본적지출이나 M&A와 동등하게 합당한 투자로 보는 CEO는 매우 드물다. 어떤 측면에서건 회사가 축소되는 것을 혐오하기 때문으로 보인다. 많은 CEO들은 자사주 매입을 회사의 투자 아이디어가 고갈되었다는 것을 인정하는 것으로 보고 있다. 자사주 매입과 관련해 우리가 경영자로부터 듣고 싶은 말은 그들의 내부 가치평가모델에 근거해 자사주 매입을 합리화하는 것이다. 이는 자연스럽게 그 회사의 밸류에이션에 대한 흥미진진한 논의로 이어질 수 있기 때문이다.

CEO의 성격, 지성, 열정, 신뢰성에 대한 인상은 다양한 질문기법을 통해 얻을 수 있다. 무엇을 중요하다고 생각하는지 꼽아달라고 하면, CEO의 지적정직성을 테스트할 수 있다. 홍보 지향적인 CEO를 흔들어보기 위해, 우리는 현재 효과를 내지 못하고 있는 것은 무엇인지 물어보고 그 대답을 기다린다. 그리고 그가 해당 문제에 대해 많은 생각을 했는지를 살펴본다. 이따금 다른 임원들에게 회사의 문제에 대해 말해달라고 하면서 자신의 책임은 회피하려는 CEO도 있다. 자신의 책임을 떠넘기는 CEO는 문제를 해당 사업부 대표 탓으로 돌리고, 지금 책임자가 바뀌고 있는 중이라고 덧붙이는 경우가 종종 있다.

CEO가 CFO나 IR담당자 같은 동료들과 어떻게 상호작용하는지도 그의 리더십 자질을 보여주는 경우가 많다. CEO와의 미팅에서 우리는 그가 개인적으로 호기심이 많은 사람이라는 것을 확인하고 싶은데, 이는 예를 들면 그들이 우리 사업에 관심을 보일 때 확인된다. CEO가 겸손한 사람이라는 신호—예컨대 과거의 실수를 인정하는 태도—는 그가 현실을 잘 파악하고 있다는 확신을 우리에게 준다.

겉모습도 정보를 제공해 줄 수 있다. 제조업체 CEO가 비싼 구두를 신고 멋진 정장을 입고 있다면, 공장이나 고객을 방문하는 데 시간을 쓰기보다 투자은행가들과 사치스러운 교류를 즐기고 있을 가능성이 더 많다. 일반적으로 허영심이 있다는 신호에는 호감이 안 간다. 우리는 미팅 전에 화장실에서 공들여 부풀린 머리 스타일을 세심하게 다듬던 한 CEO를 본 적이 있는데, 몇 개월 후 그는 무모한 대규모 인수에 착수했다.

경영진과의 미팅을 통해 비용에 대한 그들의 자세도 엿볼 수 있다. 이는 대개 임직원 보상에 대한 논의과정에서 알 수 있다. 기업의 출장정책 같은 일상적인 것을 통해서도 많은 것을 알 수 있다.

브라질의 암베브AmBev는 벨기에 맥주회사 인터브루Interbrew를 인수한 후, 비즈니스석을 이용하는 출장은 6시간 이상의 비행으로 제한하는 새로운 규정을 도입했다고 우리에게 말한 적이 있다. 암베브의 기업 차원의 이런 검소함은 암베브와 합병 전 8대의 임원 전용 팔콘제트기를 자랑했던 안호이저부시를 인수한 후 추진한 비용절감 정책으로 이어졌고, 이는 안호이저부시의 영업이익률을 (2005년에서 2011년 사이) 무려 10%p나 높였다.

우리는 또 다른 한 기업의 고위 임원들이 런던 근처로 출장을 갈 때는 기사가 딸린 리무진보다 지하철을 선호한다는 사실에 역시 깊은 인상을 받은 적이 있다. 미팅에 참석하는 IR담당자의 수도 그 기업이 회삿돈을 얼마나 세심하게 관리하는지 알려주는 좋은 지표가 된다.

물론 우리가 경영진을 평가할 때 실수하는 경우도 없지 않았다. 그러나 훌륭한 경영자를 찾기 위한 노력은 지금도 여전히 매우 가치 있는 일이라고 생각한다.

3.9 기업문화가 중요한 이유 2015년 2월

우리는 '경영진'에 초점을 맞추고 있는 까닭에 기업문화에 대해서도 관심을 가질 수밖에 없었다. 기업문화는 경영진의 가치를 고스란히 반영하고 있기 때문이다.

기업문화는 직원들의 행동지침이 되며, 특정 목적을 향해 직원들이 집단적으로 나아가게 하는 일련의 공유된 가정과 가치로 형성된다. 기업문화는 경영진의 가치를 반영한다. 따라서 기업문화는 경영진의 일차적인 책임이기도 하다. 강한 기업문화는 그 문화를 정착시킨 사람들이 기업을 떠난 후에도 오래 지속될 수 있다.

그럼에도 회의론자들은 기업문화가 너무 추상적이어서 표현하기 어렵다고 지적한다. 또 매우 무형적인 것에 왜 투자자들이 신경을 써야 하냐고 의문을 제기할 수도 있다. 그러나 기업문화가 기업실적에 영향을 미친다는 여러 증거가 있다.

기업문화에 대한 가장 유명한 연구는 존 코터John Kotter와 제임스

헤스켓James Heskett의 『기업문화와 실적Corporate Culture and Performance』일 것이다. 이 책은 1980년대 200개 이상의 기업을 대상으로 기업문화와 기업실적의 관계를 조사한 것이다.

저자들은 각 기업의 직원들에게 '고객과 주주에 대한 경쟁사들의 태도'에 대한 의견을 물었다. 그 결과 연구기간 동안, (고객과 주주에 대해) 강한 긍정문화strong and positive cultures를 보인 기업들의 주가가 경쟁자들보다 800% 이상 높은 실적을 냈다. '직원들이 그들의 직장을 어떻게 보는지'에 따라 기업문화를 측정한 다른 연구에서도 직원들의 소속감과 주가 수익률 사이에 비슷한 긍정적인 상관관계가 있다는 것을 발견했다.

코터와 헤스켓의 연구는 강한 기업문화strong cultures가 매우 우수하거나 아니면 매우 나쁜 실적으로 이어지는 경향이 있다는 사실을 밝혀냈다.

강한 긍정문화는 다른 형태를 띨 수도 있다. 성공한 기업의 가장 일반적인 특징은 비용통제를 강조하는 것이다. 거의 모든 기업이 주기적으로 한바탕 비용감축을 시도하지만, 우수한 기업은 불필요한 비용에 대해 일종의 '영구혁명'을 한다.

영국 보험사 어드미럴Admiral의 경우, 초창기에 프린터를 사용하려는 직원들은 CEO 앞에서 팔굽혀펴기를 해야 했다. '구두쇠기업'의 또 다른 예는 '미국에서 가장 싼 CEO'를 자랑했던 저가 산업자재 판매사 패스널Fastenal이다. 패스널은 콘퍼런스에 참석하는 임원들에게 같은 방을 쓰라고 했다는 일화가 있다. 회사 사무실도 중고가구를 사용했다는 말도 있었다.

검소한 기업문화가 직원들에게는 그다지 매력적인 것이 아닐 수 있지만, 이런 문화가 분산형 이익공유제decentralized profit-sharing schemes와 결합되면 경이로운 결과를 만들어낼 수도 있다. 1987년에서 2012년 사이 구두쇠기업 패스널은 배당금을 제외하고 38,000% 이상의 수익을 제공했다. 지수에 포함된 그 어느 기업보다 실적이 뛰어났다. 빌 게이츠의 마이크로소프트도 고개를 숙일 수밖에 없는 대단한 실적이었다.

비용절감이라는 기업문화만이 유일한 성공 모델은 아니다. 사실 일부 기업은 지출을 줄이는 것이 아니라 오히려 늘려서 기업문화를 강화했다. 북미지역 할인유통매장 코스트코Costco가 가장 대표적인 사례다.

기존의 소매업 모델에 반기를 들면서, 코스트코는 직원들에게 법적 최저임금보다 높은 것은 물론이고 경쟁업체보다도 훨씬 높은 임금을 지급하고 있다. 미국 유통업체의 평균임금이 시간당 12달러 미만인 데 비해 코스트코 직원들은 시간당 평균 20달러가 넘는 임금을 받고 있다. 또한 코스트코는 약 90%의 직원들에게 의료서비스를 지원하고 있다.

월스트리트는 코스트코에 지속적인 임금 삭감 압력을 가하고 있으며, 이를 둘러싼 불협화음은 2009년 금융위기 당시 정점에 달했다. 그러나 코스트코는 압력에 굴하지 않고 오히려 그다음 3년 동안 임금을 인상했다. 직원들에 대한 이런 후한 처우는 코스트코 직원들의 상대적으로 긴 근속연수와 그에 따른 교육훈련비 절감으로 돌아왔다. 코스트코에서 1년 이상 근무한 직원들의 이직률은 5%에 불과하다. 충성도 높은 직원일수록 우수할 가능성이 더 높다. 코스트코는 꾸준히 고객서비스 우수기업으로 평가받고 있다.

여기서 요점은 강한 기업문화는 고급 브랜드나 고객관계 네트워크처럼 가치 있는 무형자산이 될 수 있다는 것이다. 이는 버크셔 해서웨이 계열사들에 대한 워런 버핏의 다음과 같은 말에서도 확인할 수 있다.

> 우리가 고객을 기쁘게 하고, 불필요한 비용을 없애고, 우리 제품과 서비스를 더욱 개선하고 있다면, 우리는 힘을 얻고 있는 것입니다…… 하루로 보면 그 효과가 눈에 보이지 않지만, 누적되면 그 결과는 어마어마해집니다. 이런 거의 보이지 않는 행동의 결과로 우리의 장기적인 경쟁력이 개선될 때 우리는 이를 '해자를 넓히고 있다'고 합니다.

반면, 열악한 기업문화는 기업 실패의 원인이 될 수 있다. 멀리 갈 것도 없이 최근 세계금융위기를 촉발한 주요 재앙 중 하나였던 AIG의 사례만 봐도 알 수 있다.

제왕적인 CEO 행크 그린버그Hank Greenberg가 아주 오랫동안 지배했던 이 글로벌 보험사는, 한 평론가의 표현을 빌리자면 '공모의 문화culture of complicity'를 발전시켰다. 아무 생각 없는 무조건적인 복종, '외부 관점'의 결여, 그리고 '비용을 따지지 않는 성장'에 대한 집착은 회사를 점점 더 위험한 지경으로 몰고갔다. 종말이 가까워지고 있을 때조차, AIG 임원들은 회사가 직면한 위험을 제대로 인식하지 못한 것으로 밝혀졌다. 2007년 8월, AIG의 금융상품부문 대표는 자신이 맡고 있던 사업부의 파생상품시장 상황에 대해 "경솔하지만 않으면, 이런 거래에서 1달러라도 잃을 시나리오는, 아무리 이성적으로 생각해 봐도 상정하기 어렵다"고 말하기도 했다. 그로부터 1년이 조금 지난 후 AIG는 110억 달러의 분기 손실을 발표했으며, 그 손실 대부분은 파생상품부문에서 발생했다.

긍정적인 기업문화가 서로 다른 여러 형태를 띠는 것과 똑같이 부정적인 기업문화도 여러 형태가 있을 수 있다. 이익 증가에 대한 집착은 종종 노골적인 부정행위로 이어지기도 한다. 1990년대 알 던랩이 CEO로 있을 당시 가전제조회사 선빔Sunbeam은 공격적인 이익 목표를 맞추기 위해 회계를 조작했다.

극단적인 경우 열악한 기업문화는 비극적인 결과도 초래할 수 있다. 2010년 메시에너지Massey Energy의 한 석탄광산에서 발생한 폭발 사고로 29명의 광부가 사망했다. 미국 노동부 조사보고서는 이 사고에 대해 "안전보다 생산을 우선하고, 공포와 위협을 조장한 기업문화 때문에 발생했다"고 지적했다.

유익한 기업문화가 가치 있는 무형자산이고 유해한 기업문화가 실존하는 위협이라면, 중요한 문제는 외부 투자자가 어떻게 그 차이를 구분할 수 있느냐 하는 것이다.

이는 투자와 아주 비슷하게, 상당한 시간에 걸쳐 미팅과 조사를 통해 수집한 불완전하고 모호한 각각의 증거들을 하나로 종합하는 과정이다.

일부 지표들도 도움이 될 수 있다. 직원의 충성도와 내부자 주식 지분은 직원들이 자신이 하고 있는 일에 신념을 가진 기업에서 높은 경향이 있다. 기업의 인센티브제도 역시 그 기업의 문화에 대해 많은 것을 말해준다.

경영진이 탐욕적인가? 어떤 성과 측정지표들을 중시하고 있는가? 성장 그 자체를 위한 성장을 중시하는가? 아니면 고객 만족을 중시하는가? 직원들은 자기 회사에 대해 어떤 생각을 하고 있는가? (기업에 관한 일종의 트립어드바이저TripAdvisor라고 할 수 있는) 글래스도어닷컴glassdoor.com 같은 웹사이트에서 자기 회사에 대한 직원들의 의견을 찾아볼 수 있다.

우리는 경영진의 낭비와 허영을 보여주는 신호들을 끊임없이 찾고 있다. 고비용의 임원 출장(기업이 소유한 전용 비행기는 향후 그 기업에 고통이 될 가능성이 높다), 연차보고서에 너무 많이 등장하는 CEO 사진, 멋진 복장 등이 이런 위험신호에 포함된다.

우리의 포트폴리오 기업들 중에는 성공한 기업문화에 관한 사례가 많다. 예컨대 스웨덴의 스벤스카 한델스방켄Svenska Handelsbanken(스웨덴상업은행)은 지점장의 권한 위임으로 직원들의 업무 책임감을 높이고 있다. 또 다른 보유종목인 레킷 벤키저Reckitt Benckiser는 고위 간부직원들의 기업가정신을 육성하고 있다.

그러나 강한 기업문화가 회사에 스며들어 있어도 그 효과가 완전히 나올 때까지는 수년이 걸릴 수도 있다. 월스트리트의 제한적인 투자 시간지평보다 더 긴 기간이 걸릴 수 있다. 그럼에도 현명한 장기투자자라면 기업문화에 관심을 가져야 한다.

CAPITAL

2부

RETURNS

거품, 붕괴, 그리고 다시 거품

4장

언제나 대기 중인 사고들

세계금융위기가 터진 후 런던정경대London School of Economics를 방문한 엘리자베스 여왕은 왜 문제를 사전에 발견하지 못했느냐는 유명한 질문을 했다. 엘리자베스 여왕이 듣지 못했을 이 질문에 대한 정확한 답변은 '경제학자들이 경제 작동방식에 대해 심각한 문제가 있는 패러다임을 발전시켰다'는 것이다. 경제학자들은 돈과 금융이 본질적으로 비활성적인inert 균형과 합리성의 세계를 상정했지만, 이런 학문적 모델은 현실과 매우 동떨어진 것으로 밝혀졌다.

그러나 금융계의 누구도 위기가 닥쳐오고 있는 것을 보지 못했다고 할 수는 없다. 오히려 2008년 이전 몇 년 동안 많은 진지한 투자자들과 독립전략가들은 과도한 신용 증가, 모호한 금융혁신, 그리고 전 세계적인 다양한 주택 거품의 출현으로 야기된 위험을 경계했다.

금융시장을 좀 더 자세히 볼 수 있는 위치에 있던 마라톤은 2002년 초부터 증권화securitization와 과도한 신용 증가에 따른 위험을 우려하게 되었다. 그리고 이런 우려는 암초를 향해 고속으로 배를 몰고가는 것처럼 보였던 여러 은행 경영진과의 수년에 걸친 미팅을 통해 더욱 커져갔다. 이런 미팅 중에서 아일랜드의 국가신용을 거의 붕괴 직전까지 몰고 갔던 앵글로아이리시은행Anglo Irish Bank의 사례를 이번 장에서 자세히 소개한다.

갑자기 발생하는 금융위기도 자본사이클 관점에서 이해할 수 있다. 호황기에 은행들이 자산(대출)을 급격히 늘렸고, 경쟁은 격화되었다. 이는 그림자금융 시스템shadow banking system의 출현과 은행 대출스프레드bank lending spreads의 하락(대출금리 하락에 따른 예대마진 축소)에서 알 수 있다. 금융산업 공급 측면의 이런 외형 확대는 결국 금융산업 전체의 수익성에 영향을 미쳤다. 이렇게 볼 때, 은행업종도 딱히 다를 바는 없다.

자본사이클 분석은 금융위기 이전 세계 주택시장에도 잘 적용된다. 일부 국가에서 주택가격의 상승은 특히 스페인과 아일랜드에서 대규모 공급 반응을 유발했다. 신용잔고와 주택재고 증가 측면에서 가장 극단적인 자본사이클을 겪은 이들 국가는 그 후 가장 심각한 후유증에 시달렸다.

4.1 언제나 대기 중인 사고들
: 앵글로아이리시은행 관련 기록 2002~2006년

세계금융위기 이전 몇 년 동안 우리는 한 은행 경영진과 만나면서 매우 불길한 조짐을 느꼈다.

투자업계의 많은 사람들은 경영진과의 미팅이 갖는 가치에 대해 회의적이다. 책상에만 붙어 있는 애널리스트들은 경영진과의 미팅이 투자자를 진실에 더 근접하게 만드는 것이 아니라, 진실로부터 멀어지게 만들 가능성이 높은 경영진의 홍보활동이 된다는 시각을 갖고 있다.

『행동주의 투자Behavioural Investing』에서 제임스 몬티어James Montier는 한 장章 전체를 "왜 기업 경영진의 말을 듣는 데 시간을 낭비하는가"라는 주제에 할애했다. 이 책에서 몬티어는 기업 경영진과의 미

그림 4-1 | 마라톤의 관찰기록 : 앵글로아이리시은행

자료 : 마라톤

팅은 펀드매니저에게 너무 과도한 정보를 줄 수 있고, 펀드매니저의 선입견, 특히 과도하게 낙관적인 선입견을 강화시킬 수 있다고 주장했다.

물론 펀드매니저들은 기업 경영진이 내놓는 '권위 있는 수치'에 깊은 인상을 받을 수도 있다. 솔직히, 순진한 사람은 속아서 끔찍한 실수를 한다. 하지만 경영진과의 미팅을 통해 정말 끔찍한 경영자를 골라낼 수 있다면, 투자자들이 암초를 피하는 데 큰 도움이 될 수도 있다.

신용 거품에 따른 최악의 금융재앙 중 하나였던 세계금융위기를 피했던 마라톤의 경험은, 경영진과의 미팅이 실제 상당한 가치가 있다는 것을 보여준다.

다음에 소개할 내용은 언제든 터질 준비가 되어 있던 한 금융사고에 대한 마라톤의 관찰기록을 정리한 것이다.

마라톤의 관찰기록 : 앵글로아이리시은행 경영진과의 미팅

• 미팅 일자 : 2002년 5월(당시 시가총액 19억 달러)

사업 평가 : 앵글로아이리시은행은 아일랜드, 영국, 그리고 보스턴 지역 서비스업종의 부동산사업자들(즉, 부동산 소유관리자들)에게 주로 대출을 제공하고 있다. 이런 대출에 대한 담보의 90%는 부동산이다.

이 은행 경영진은 고객이 일상적인 은행업무를 보는 일반 은행보다 자신들의 은행에서 차입하는 비용(대출이자)이 더 높다고 당당하게 말했다. 그렇다면 이들은 위험한, 최후 수단의 대출서비스를 제공하고 있는 게 아닌가? 정말 궁금해서 물어봤다. 대출이자가 더 높다는 것을 알면서도 내가 이 은행에서 돈을 빌려야 하는 이유는 무엇인가? (사실, 그것은 로이즈은행Loyds Bank 같은 제1금융권 은행이 나에게 대출을 해주지 않기 때문이다.)

그런데 이들은 차입자들의 대출 규모가 큰 경향이 있고(영국의 경우 평균 450만 유로), 로이즈은행이 대출 여부를 결정하는 데 몇 주가 걸리는 반면, 자신들은 비교적 즉시 결정해주기 때문이라고 대답했다.

이들에게 가장 전형적인 대출은 고객이 2,000만 유로의 부동산 구입자금을 조달해야 하는데 현금은 500만 유로밖에 없는 경우이다. 이때 앵글로아이리시은행은 해당 부동산 임차인과의 임대차계약을 살펴보고 신용도를 파악한다. 앵글로아이리시은행의 경영진은 부동산시장이 하락해도 개의치 않는다고 했다. 임차인이 장기계약으로 임대료를 내기로 했고, 임차인의 임대료 지불 여력이 있는 한, 차입자(즉 임대인)는 대출이자를 낼 것으로 확신할 수 있기 때문이란 것이다.

여기서 원금 상환은 어떻게 되는지 궁금했지만, 이는 아주 먼 미래의 일이어서 아무도 전혀 걱정하지 않고 있었다! 부동산 가격이 반토막이 나면, 대출이자는 받을 수 있겠지만 원금의 많은 부분은 잃는 것 아닐까?

앵글로아이리시은행의 인프라와 관련해서는, 기본적으로 거의 없다고 해야 할 것이다. 고객 기반을 보면 대규모 지점망은 필요하지 않다. 지난 7년 동안 사업의 2/3가 기존 고객 기반에서 이루어졌으며, 신규 고객은 입소문을 통해 찾아온다. 그 결과 영업이익경비율 cost income ratio(판관비÷영업이익)은 30% 정도로 매우 낮았다.

2002년 1분기 대출자산은 180억 유로로 12% 증가했으며, 영국과 미국에서 각각 21%와 26% 증가했다. 5년 전 총대출의 80%를 차지했던 아일랜드는 현재 대출의 50%를 차지하고 있다.

전체적으로 우리는 앵글로아이리시은행의 사업모델이 아일랜드의 부동산 호황에 기초해 구축된데다, 지금은 이와 유사한 영국의 부동산 호황에 기대고 있는 매우 위험한 사업모델이라고 판단하게 되었다.

경영진 평가 : 무엇을 팔 때 태도가 확실하지 않으면 팔기가 어렵다. 이 은행의 CEO 션 피츠패트릭 Sean FitzPatrick은 아주 적극적인 사람이었다. 그는 "이 자리에서 아주 자신 있게 여러분에게 우리 은행 주식을 팔겠습니다"라며 청중들을 휘어잡았다(사실 이 은행 주식은 우리가 본 것 중에서 팔기 가장 힘든 주식 중 하나였다). 이 은행의 주가는 지난 9월 이후 2배 이상 상승했고, 1997년 이후 7배나 오른 상태였다.

밸류에이션 평가 : 이 은행 주식은 언젠가 최고의 공매도 주식이 될 것이다. 문제는 사람들이 주가가 여기서 또 2배로 뛰지는 못할 것이라고 감히 말할 수 없을 정도로, 션 피츠패트릭이 청중들을 또 휘어

잡을 것이란 점이다.

- 미팅 일자 : 2003년 5월(시가총액 : 26억 4,800만 달러)

경영진 평가 : 경영진은 매우 홍보 지향적이며, 겉보기에는 모든 것이 근사해 보인다.

CFO(윌리엄 맥아티어William McAteer)는 사람 이름을 금방 외우고, 미팅 내내 이를 잘 활용하는 사람이었다. 또 그는 투자설명회에 참석한 많은 청중들을 알고 있는 것처럼 보였는데, 이는 항상 걱정되는 일이다. 청중들을 많이 알고 있다는 것은 그가 투자자들을 잘 파악해서 누가 자기 은행 주식을 살지 잘 알고 있다는 것을 의미하기 때문이다. 그의 부하 직원 역시 매우 홍보 지향적인 사람이었다.

밸류에이션 평가 : 25%의 ROE를 감안할 때 주가는 그렇게 비싸 보이지 않는다. 그러나 이 은행의 대출 전략과 높은 대출증가율에는 리스크가 내재되어 있다. 또 그들의 태도에 불편함을 느낄 수밖에 없다. 어쩌면 사고가 날 수도 있다.

- 미팅 일자 : 2004년 3월(시가총액 : 50억 달러)

사업 평가 : 이전의 설명처럼 사업모델은 지점망 없이 아일랜드와 영국(그리고 보스턴에서도 조금)의 사업체, 주로 부동산 관련 사업체에 대출을 제공하는 것이다.

경쟁우위는 대출 승인 속도(주간 대출심사위원회에 상정되는 대출의 95%가 승인된다), 대출의 유연성, 그리고 대출 집행 속도에 있다. 그런데 빠르게 대출을 승인해줄 수 있다는 것이 은행사업에서 정말 경쟁우위가 될 수 있는 것일까?

이들의 '사명mission'은 부자를 더 부자로 만들어주는 것이다. 이들의 성장은 기존 고객들과 입소문에 의존하고 있으며, 대출중개인은 이용하지 않고 있다. 작년(2003년) 순대출은 43억 유로, 33% 증가했다.

이 모든 것에 강한 '폰지'의 냄새가 난다. 왜냐하면 원금상환이 이자만큼 안전하지 않기 때문이다. 예를 들어, 내가 부동산 구매자금으로 10년 만기로 1,000만 파운드를 빌렸고 맥도날드가 임차인이라면, 대출이자를 지불하는 데는 아무런 문제도 없을 것이다. 그러나 10년 후 만기가 되어 원금을 상환해야 할 때는 부동산시장이 활황이어야 원금을 상환할 수 있다.

이런 대출은 롱테일 부채long-tail liabilities(최종 결제나 상환까지 걸리는 기간이 긴 부채)이기 때문에, 특히 최근 보유주식 매도 후 스페인 마르베야 별장에 가 있는 션 피츠패트릭에게는 영향을 끼치지 못할 것이다.[1]

---

1) 피츠패트릭이 남부 스페인에서 풍족한 은퇴생활을 즐길 것이라는 마라톤의 예상은 틀린 것으로 드러났다. 본문에서 언급한 주식 매도에도 불구하고, 피츠패트릭은 고점 가치 기준 8,500만 유로에 상당하는 앵글로아이리시은행 주식 약 500만 주를 여전히 보유하고 있었다. 이 주식은 앵글로아이리시은행 파산 후 휴지조각이 되었다. 또한 피츠패트릭이 앵글로아이리시은행에서 상당한 대출을 받은 사실도 드러났다. 2010년 그는 파산을 선언했다. 그리고 3년 후 피츠패트릭은—앵글로아이리시은행이 그에게 제공했던 대출을,

앵글로아이리시은행의 충당금은 무수익여신(부실채권)의 207%로, 유럽 평균 80%에 비해 높은 수준이다. 하지만 개별 대출 규모가 큰 것을 반영해 충당금비율을 더 높일 필요도 있다.

경영진 평가: 프리젠테이션에서 피츠패트릭은 이사들이 시장을 잘못 읽는 바람에 2월에 대량 내부자 매도가 있었다고 했다. 아마도 그들의 매도 타이밍과 정반대되는 시장 반응을 언급한 것 같다(당시 주가는 13유로였다). 이사들이 그렇게 열심히 주식을 매도한 이유가 무엇이냐고 묻자 그는 상당히 화를 냈다. 그는 자신이 2,000만 유로의 주식을 매도한 것은 은퇴를 앞둔 자신의 자산을 다각화하기 위해서라고 했다. 그가 보유한 회사 주식의 총가치는 6,000만 유로였다.

그러나 같은 시기 영국 사업부 대표 존 로완John Rowan은 300만 유로의 주식을 매도했고, 피츠패트릭은 이것이 로완의 CEO 승계 가능성에 악영향을 미쳤다고 시사하는 듯했다.

그런데 이것은 로완이 피츠패트릭만큼 똑똑하다는, 요컨대 훌륭한 승계자라는 것을 보여주는 대목이 아닐까?

밸류에이션 평가: 자기자본이 10억 유로이기 때문에 1,000만 유

회계 공시 요건을 피할 수 있도록 잠시 자신들의 대출로 돌려놓았던—아일랜드 주택금융조합(Irish Nationwide Building Society)이 그와 관련 단체들의 대출 내용을 감사인들에게 알리지 않은 혐의로 재판을 받았다. 2015년 현재 아일랜드 정부는 사기 혐의를 받고 있는 피츠패트릭의 후임 CEO 데이비드 드럼(David Drumm)도 미국으로부터 송환받기 위해 애쓰는 중이다.

로짜리 대출을 몇 개만 해도 자기자본의 반이 소요된다(사실 1,000만 유로짜리 대출 50개만 하면 그렇게 된다. 그런데 이 은행은 매주 20~25개의 대출을 승인하고 있다). 정말 우려스러운 점은 내부자 매도와 롱테일 부채라는 시한폭탄이다. 그리고 장부가의 4배인 주가도 비싸 보인다.

- 미팅 일자 : 2004년 5월(시가총액 : 50억 달러)

사업 평가 : 틈새대출업체 CEO의 공격적인 프리젠테이션이 있었다. 그는 "우리는 풀서비스를 제공하지 않습니다. 우리는 그저 고객들이 우리 바구니에 계란 몇 개를 넣어줄 것을 요청할 뿐입니다".

이들은 영국과 보스턴 사업을 '아일랜드 사업의 연장'으로 보고 있다. 영국 사업은 아일랜드보다 빠르게 성장하고 있고, 현재 총대출자산의 약 40%인 87억 유로의 대출을 제공했으며, 평균 대출금액은 500~700만 유로이다. 이런 대출 중 '보다 큰 부분'을 차지하고 있는 것은 (차입자가 대출을 받아 주로 상가건물이나 창고 같은 부동산을 구매해서 이를 임차인에게 장기 임차계약으로 임대하는) 투자용 부동산이다.

'입소문 확장 전략'과 관련해 우리가 떠올린 생각은 앵글로아이리시은행이 상당히 편중된 고객 기반을 갖고 있다는 것이다. 고객이 모두 아일랜드계와 그 지인들이 아닐까?

또한 앵글로아이리시는 충당금 전략도 바꾸고 있는 중이다. 현재 앵글로아이리시의 충당금은 약 2억 9,000만 유로로 전체 대출자산

210억 유로의 1.34%이다. 실제 부실채권 수준은 0.66%이기 때문에 부실채권 대비 충당금 비율은 약 207%로 유럽 은행 평균 80%보다 높다. 따라서 이 은행이 제2금융권 대출업체라는 것을 감안할 때 충당금 비율이 적절하다고 생각할 수도 있다.

그러나 피츠패트릭은 대출자산이 550억 유로가 될 때까지는 충당금을 추가로 적립하지 않기로 결정했다고 했다. 그렇다면 충당금 비율은 현재의 절반 이하로 하락하게 된다.

이것이 의미하는 것은 무엇일까? 자신들의 사업모델을 옹호하는 것일까? 아니면 그저 오만함을 의미하는 것일까?

경영진 평가 : 연단에 선 피츠패트릭은 감히 그의 사업모델에 이의 있는 사람이 있느냐는 듯 청중들을 노려보았다. 당연히 아일랜드 콘퍼런스이기 때문에 그에게 이의를 제기하는 사람은 아무도 없었다.

분명히 규모는 중요하다. 그래서 그는 "지금 우리는 1998년의 아일랜드은행Bank of Ireland보다 큽니다"라는 자랑으로 시작했다. 그는 현재 14%인 아일랜드 시장점유율을 10년 내에 2배로 늘릴 수 있다고 생각했다.

그러나 앵글로아이리시가 제공하는 형태의 맞춤형 서비스에 어울릴 만한 고객이 시장의 28%까지 늘어나기란 쉽지 않은 일이다. 만약 이 은행이 그 수준까지 성장하려면 지금의 틈새사업모델은 희석될 수밖에 없다. 게다가 그는 2004년과 2005년 이익이 모두 확실하다고 강조했다.

밸류에이션 평가 : 이런 식의 성장과 수익성은 지속 가능하지 않다

는 결론을 내릴 수밖에 없다. 그러나 물론, 음악이 언제 멈출지는 알 수 없다.

• 미팅 일자 : 2004년 10월(시가총액 : 62억 7,000만 달러)

경영진 평가 : 신임 CEO로 지명된 데이비드 드럼^{David Drumm}은 37세로 더블린과 미국 은행 부문 대표였다. 그는 특히 퇴임하는 전임 CEO에 비해 꽤 조용한 사람처럼 보였고, 전임 CEO처럼 투자자들을 갖고 놀 수 있는 사람도 아닌 것 같았다.

존 로완은 올해 초 피츠패트릭을 따라 아주 적극적으로 주식을 매도하는 바람에 피츠패트릭의 후임자가 될 기회를 날려버렸다. 청중석에 있던 누군가가 혼란스러운 승계 문제에 대해 묻자 로완은 꽤 불편한 표정을 지어보였다.

밸류에이션 평가 : 앵글로아이리시은행의 주가는 장부가 대비 4배 수준이고 ROE는 30%이다. 그러나 각각의 대출 규모가 크기 때문에 이 은행은 신용환경 악화와 부동산 침체에 취약하다. 주가 상승은 (연 25% 이상의) 급속한 장부가의 성장에 달려 있다.

• 미팅 일자 : 2004년 11월(시가총액 : 75억 8,000만 달러)

사업 평가 : 이익의 80%가 사업체에 대한 부동산담보대출에서 발생한다. 대출의 50%는 아일랜드, 41%는 영국, 나머지는 보스턴 지

역에서 발생했다. 지난 5년 동안 영국의 대출이 아일랜드보다 빠르게 증가했으며, 조만간 영국이 아일랜드를 제치고 앵글로아이리시의 최대 시장이 될 것으로 보인다.

영국이 미성숙하거나 비경쟁적인 시장도 전혀 아니고, 아일랜드 경제가 영국보다 훨씬 빠른 속도로 성장하고 있다는 점을 고려할 때 이는 다소 기이한 현상이다.

신규 대출의 경우, 부동산담보비율loan to value ratio[2]은 일반적으로 70%이며, 임차기간이 만료될 때 담보 비율은 보통 35% 수준으로 내려간다. 따라서 앵글로아이리시는 부동산 가격이 65% 하락한다면 자신들이 곤경에 빠지게 된다고 추산하고 있다.

우리는 이 시장이 임대수익률, 대출금리, 그리고 부동산 가격 전망 간의 관계에 크게 달려 있다고 생각한다. 경영진은 지금 '임대수익률이 크게 하락했지만 부동산 가격은 계속 오르고 있는(폰지 스타일이다)' 아일랜드의 주거용 부동산에 대한 광적인 투기열풍에 대해 말했다. 그런데 사람들은 '주거용 시장'과 '상업용 시장(예: 치과의원)'은 여러 면에서 서로 관련이 있다고 생각한다.

경영진 평가 : 신임 CEO는 션 피츠패트릭의 홍보 열정을 그대로 물려받았다. 그는 각 질문에 대해 다른 여러 내용을 곁들여 장황하게 설명했고, 이 때문에 청중들의 모든 질문에 일일이 답변하지는 못했다.

---

[2] 담보로 받는 부동산 가치 대비 대출금의 비율. LTV 혹은 LVR이라고 한다—옮긴이.

신규 투자와 그 이유 : 작년 대출자산은 63억 유로(35%) 증가했는데, 30억 유로의 대출이 상환되었기 때문에 사실은 총 90억 유로 증가한 것이다. 앵글로아이리시는 그들이 성장(즉, 매년 전년 대비 대출을 증가시킨다는 목표)을 위해 애쓰지는 않는다고 거듭 주장했지만, 이는 오히려 성장을 극구 과시하려 한다는 느낌을 주었다.

- 미팅 일자 : 2005년 5월(시가총액 : 86억 달러)

사업 평가 : 앵글로아이리시가 회사 주식에 대한 관심 증가 때문에 런던에서 실적 미팅을 개최한 것은 이번이 처음이었다. 늘 그렇듯, 실적은 매우 강한 성장을 보여주었다. 상반기에 총자산은 40억 유로의 순신규대출에 힘입어 400억 유로로 17% 증가했다.

이들은 영국과 아일랜드의 임대수익률이 하락한 것은 인정했지만 (영국의 경우 현재 약 4%), 고객들이 시세차익에 의존하지는 않으며, 앵글로아이리시의 부채상환보장계산repayment cover calculations[3]은 확실하다고 주장했다.

그러나 이들은 자신의 고객들이 부동산 불황기에도 새로 발생하는 기회를 활용해 이익을 낼 수 있는 현명한 부동산사업자들이라고 (즉, 이들은 호황기에는 당연히 돈을 벌었다고) 주장하기도 했다. 그런데 이런 주장은 부동산 경기 정점에서 대출이 15% 증가한 것과는 그다지 일치하지 않는 것 같다.

---

[3] 대출금 회수 가능성에 대한 계산—옮긴이.

그럼에도 주식시장은 앵글로아이리시의 주당순이익 증가 스토리(상반기에 30% 증가)를 계속 믿었고, 주당순이익 증가 발표 당일 주가는 약 6% 상승했다.

경영진 평가 : 경영진 모두 술에 취한 표정이었고(더블린식 선탠이다!), 사실 별 내용도 없는 말을 장황하게 늘어놓았다.

밸류에이션 평가 : 앵글로아이리시의 주식자본equity base은 현재 15억 유로(장부가의 4.4배)로 지난 2년 6개월 동안 2배가 되었고, ROE는 33%이다.

앵글로아이리시 사업모델의 견고성에 대해서는, 특히 영국 같은 오버뱅킹시장overbanked market(은행과잉시장)이 향후 5년 동안 상업용 부동산대출 부문에서 정말 훌륭한 성장 기회를 제공할 수 있을지에 대해서는 여전히 회의적이고, 그 이유는 많다.

- 미팅 일자 : 2005년 11월(시가총액 : 93억 5,000만 달러)

사업 평가 : 앵글로아이리시의 대출은 총대출의 56%를 차지하는 아일랜드의 대출자산이 46% 증가한 데 힘입어 계속 강한 증가세를 보이고 있다(2005년 9월 30일 종료되는 회계연도에 40% 증가). 총대출의 40%를 차지한 영국의 대출도 27% 증가했다.

전에는 영국이 성장의 주동력이라고 했던 앵글로아이리시도 아일랜드 사업이 계속 활황인 것에 약간 놀란 것 같았다. 아일랜드 사업이 강한 것은 아일랜드 경제의 역동성 때문이다. 그럼에도 46%의 대출 증가는 대출증가율이 26~27% 수준인 전체 시장보다 상당히 높은 수준이다. 2005회계연도 1년 동안 총대출은 100억 유로(연초 대비 80%) 증가했다.

전과 마찬가지로, 경영진은 앵글로아이리시의 모든 대출이 부동산담보대출이며, 대출의 70%가 기존 고객 대출이라고 주장했다. 또 효과적인 대출심사위원회와 결정권 위임으로 대출 결정을 신속하게 내릴 수 있다는 것에 자부심을 갖고 있다고 했다.

영국에서 대출은 연초 99억 유로에서 출발해, 순신규대출은 26억 유로, 총대출은 50억 유로 증가했다.

영국 사업부 대표였던 존 로완은 CEO가 될 기회를 잃고, 표면적으로는 상당한 금액의 스톡옵션(행사가격 6.3유로에 100만 주, 따라서 현재 주가 기준 약 800만 유로)을 몰수당하고 최근 회사를 떠났다.

그런데 정말 몰수당했는지는 다소 의심스럽다. 이 스톡옵션의 첫 행사일이 2006년 12월이고, 스톡옵션을 제공했던 주된 목적(경영진을 붙들어 두고 인센티브를 제공하기 위한 목적)이 유효하다고는 결코 말할 수 없는 상황임에도 불구하고, CFO 맥아티어는 로완이 이 옵션 중 일부를 지킬 수 있을지 여부는 회사 보수위원회remuneration committee의 재량에 달려 있다고 했다.

신주 발행과 그 이유 : 2005년 아일랜드 규제당국이 앵글로아이리시의 티어1비율Tire One ratio(핵심 자기자본비율)이 빠듯하다고 판단하자, 앵글로아이리시는 우선주 발행을 통해 3억 유로의 자본을 조달했다.

밸류에이션 평가 : 이익이 빠르게 증가함과 동시에 최근 PER이 기존 10~11배에서 현재 14배로 재평가되었다.

대부분의 증권사는 앵글로아이리시에 매수 의견을 내고 있다. 특히 아일랜드 증권사인 굿바디Goodbody는 일련의 동유럽 은행주들과 비교해 앵글로아이리시가 얼마나 싼지 보여주기도 했다. 앵글로아이리시 주가는 여전히 아일랜드의 부동산 강세를 반영하고 있는 것 같다. 동유럽 부동산에 대한 대출은 기초자산의 4%인 10억 유로까지 강한 성장세를 보였다. 이는 2004년 대비 66% 증가한 것이다.

이것은 언젠가는 폭발하고 말 것이다. 분명하지 않은가?

- 미팅 일자 : 2006년 3월(시가총액 : 115억 달러)

사업 평가 : 사업 기조는 여전히 강세다. 지역별 대출자산은 아일랜드가 41%이지만, 국적별로는 아일랜드인 고객에 대한 대출이 56%를 차지하고 있다. 이는 앵글로아이리시가 해외에 있는 아일랜드 투자자들에게 얼마나 자금을 제공해주고 있는지 잘 보여준다. 아일랜드에 대한 총대출은 2005년 46% 증가했다. 앵글로아이리시는 프라하에 지점을 설치하는 등 아일랜드 부동산사업자들에게 서비스를 제공하고 있다. 앵글로아이리시는 고객들의 능력을 대단히 신뢰하고 있다(부동산사업과 관련해 아일랜드인들의 뇌가 더 크기라도 한 것일까?).

우리의 지난 미팅 이후, 앵글로아이리시는 유통주식의 5%에 해당하는 주식을 신규 발행했다. 청약률은 4 대 1이었다.

물론 앵글로아이리시는 이 주식발행이 강화된 자본비율 규제와는 아무런 관련이 없다고 했다(그런데 앵글로아이리시의 자기자본은 17억 유로인데 비해 위험가중자산은 400억 유로에 달하고, 티어1비율은 4%에 불과하다). 주당순이익 희석은 없었고, 임박한 M&A 계획도 없었다. "시장은 그대로였습니다." 아일랜드에서 그들은 단스케은행Danske Bank과 RBS 같은 신규 진입자들의 영향은 받지 않았다고 주장했다.

영국에서는 현재 런던 이외의 지역(맨체스터, 버밍엄, 글래스고, 벨파스트)에서 성장하는 데 중점을 두고 있다. 영국 상업용 부동산시장에서 가장 큰 경쟁자는 RBS이고, 아일랜드에서는 얼라이드아이리시Allied Irish이다. 전체적으로 앵글로아이리시는 저금리, 유동성 증가, 그리고 매우 좋은 신용환경에 따른 상업용 부동산시장의 경기주기적 성장으로 수혜를 입었다.

하지만 이는 금리 상승 환경에서는 앵글로아이리시를 취약하게 만들 것이다.

경영진 평가 : CFO인 윌리엄 맥아티어는 평소보다 더 수상쩍어 보였다. 보수위원회는 존 로완이 회사를 떠날 때는 주지 않았지만, 그가 보유했던 스톡옵션의 1/3을 선물로 주기로 했다.

밸류에이션 평가 : 아일랜드 부동산사업자들의 마법 같은 능력은 아직도 믿기가 어렵다. 앵글로아이리시의 사업모델은 다른 신용환

경에는 쉽게 적용될 것 같지 않다. 기업지배구조도 깔끔하지 않다.[4]

 4.2 부동산사업자들만의 은행 2004년 5월

성장에 대한 과도한 집착은 불행한 결말로 이어질 때가 많다. 앵글로아이리시은행의 경우가 그렇다.

"시간은 훌륭한 이야기꾼이다."

— 아일랜드 속담

유럽이 경화증을 앓고 있는 경제적으로 성숙한 지역이고, 앞으로 계속 낮은 성장률을 보일 수밖에 없다고 생각하는 사람이라면 최근 더블린에서 개최된 아일랜드 주식콘퍼런스에 가봤어야 했다. 이 콘퍼런스의 프로그램, 특히 아일랜드 주요 금융기관들의 발표에서 가장 두드러진 주제는 단연 '성장'이었다.

그리고 이 성장의 주요 동인은 작년 아일랜드에서 26% 증가한 모기지대출(부동산담보대출)이었다. 흥미롭게도 아일랜드의 모든 주요 은행들은 자신들의 모기지대출 증가율이 아일랜드 전체 모기지대출

---

4) 앵글로아이리시의 CEO였던 션 피츠패트릭은 앵글로아이리시에서 몰래 대출을 받았다는 사실이 밝혀지면서 2008년 12월 회장직에서 사임했다. 이 스캔들은 앵글로아이리시의 주가 폭락과 2009년 1월 국유화로 이어졌다. 아일랜드 정부가 앵글로아이리시의 부채를 떠안으면서 입은 총손실은 300억 유로가 넘는 것으로 추산된다.

증가율을 상회했다고 보고했다.

낮은 명목금리가(아일랜드의 경우 유로존의 통화우산 덕분에 실질금리가 마이너스다) 부동산 가격 상승으로 이어지면서 지금 아일랜드에는 주택 붐이 일어나고 있다.

이런 거시적인 추세의 지속가능성에 대한 찬반 양론, 그리고 그것이 은행에 미치는 영향 등은 이미 잘 소개되어 있다.[5] 더 많은 교훈을 얻을 수 있는 것은 크게 성공한 한 아일랜드 은행, 요컨대 앵글로아이리시은행의 사례를 살펴보면서 어떤 일이 벌어질지 상상해보는 것이다.

1964년 더블린에서 설립된 앵글로아이리시는 1986년 시가총액 800만 유로, 자산 기반 1억 3,800만 유로의 소형 금융회사에서 현재 시가총액 43억 유로, 자산 255억 유로의 대형은행으로 성장한 금융회사다.

앵글로아이리시은행은 호황인 아일랜드 경제에서 부동산담보대출을 통해 성장을 이루고, 영국과 보스턴 시장으로 사업을 확장했다. 현재 90%의 대출자산이 부동산담보대출이다. 자신의 부동산 자산을 확장하거나, 전에는 임대되었던 부동산을 인수하거나, 자금을 융통하기 위해 부동산을 담보로 대출하려는 사업체들에 주로 대출

---

[5] **자본사이클 시각의 주석** : 영국과 달리 아일랜드의 높은 부동산 가격은 신규 공급 붐을 유발했다. 2003년 인구 400만 명의 아일랜드에서 6만 9,000채의 집이 지어졌다. 이는 6,000만 명의 인구를 가진 영국에서 18만 채의 주택이 지어진 것과 비교된다. 1인당 기준으로 아일랜드에서 거의 6배 많은 주택 공급이 있었다. 영국 주택시장과 주택건설업자들이 아일랜드 쪽보다 세계금융위기를 훨씬 잘 헤쳐나갈 수 있었던 것은 주택 공급에서 이런 큰 차이가 있었기 때문이다.

을 제공하고 있다.

평균 대출 규모는 아일랜드에서 450~550만 유로, 영국에서는 700~800만 유로이며, 이는 앵글로아이리시가 개인담보대출은 많이 하지 않는다는 것을 의미한다. 현재 170억 유로의 총대출자산 중 70억 유로를 차지하고 있는 영국에서 보다 큰 비중을 차지하고 있는 대출은 차입자가 대출을 받아 부동산(주로 상가건물이나 창고)을 구매하고 이를 임차인에게 장기 계약으로 임대하는 투자용 부동산이다.

앵글로아이리시는 지점망 없이 성공을 이뤘다. 지점망이 없기 때문에 요구불예금을 수취하지는 못하지만, 때문에 간접비도 적다. 앵

그림 4-2 | 앵글로아이리시은행의 주당순이익 증가와 고객 대출금

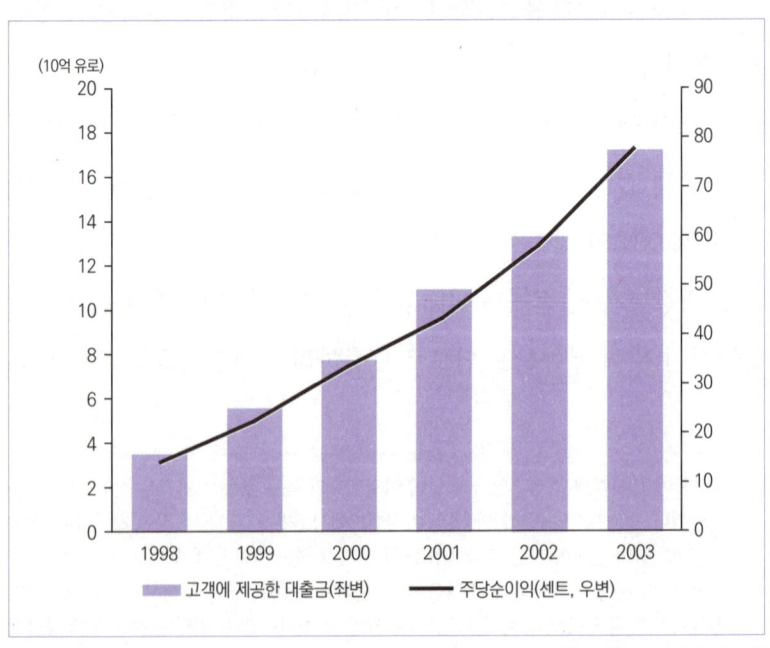

자료 : 앵글로아이리시은행

글로아이리시는 30%에 불과한 영업이익경비율을 자랑한다.

부실채권 대비 충당금 비율은 207%로 유럽 평균 80%에 비하면 높다. 밸류에이션의 경우, 앵글로아이리시의 ROE는 32%이고, 주가는 장부가의 4.2배 수준이며, 배당수익률은 1.6%이다. 주당순이익은 작년(2003년) 34% 증가했으며, 1998년 이후 연평균 41% 증가했다.

앵글로아이리시 사업모델의 핵심 특징은 이 은행과 부동산 소유 고객들 간의 관계인 것 같다. 1986년 이후 앵글로아이리시를 경영해온 CEO 션 피츠패트릭은 자신들의 경쟁우위는 관료주의에 시달리는 경쟁업체들보다 빠른 대출 승인 속도에 있다고 주장한다. 주간 대출심사위원회에서는 최대 25개의 대출이 승인되고 있으며, 승인률은 95%이다. 앵글로아이리시가 공개적으로 천명한 회사의 사명은 '우리 고객을 더 부자로 만드는 것'이다.

경영진은 앵글로아이리시의 신용리스크를 현재 기준으로 이자 상환의 관점에서 설명하고 있지만, 이는 잠재적인 상환 리스크 repayment risk[6]를 간과한 것이다. 하락하는 부동산 시장에서도 임차인의 임대료 지불 여력이 있는 한 대출이자는 받을 수 있다. 하지만 이런 상황에서는 부동산사업자(차입자)의 원금 상환능력에 큰 의문이 생길 수밖에 없다.

미국의 독창적인 경제학자 하이먼 민스키Hyman Minsky의 용어를 빌려 말하자면, 앵글로아이리시는 차입자가 현재의 현금흐름으로 이자와 원금 상환을 포함한 모든 부채 의무를 이행할 수 있는 신중

---

[6] 장기적으로 남은 원리금 전체를 상환받지 못할 리스크—옮긴이.

한 '헤지금융hedge finance'이 아니라, 차입자가 자신의 수익으로 이자만 지불할 수 있는 '투기금융speculative finance'에 종사하는 것 같다. 물론 차입자가 현재의 현금흐름으로 이자조차 지불할 수 없는, 민스키의 이른바 '폰지금융Ponzi finance'의 단계는 아직 아니다.

앵글로아이리시의 사업모델은 금리 하락기에 특히 효과적이다. 비용 측면에서 볼 때, 금리 하락기에는 도매 대출시장에서 앵글로아이리시의 자금조달 비용이 유리보Euro Interbank Offered Rate, EURIBOR 금리와 함께 하락한다. 매출 측면에서도 낮은 금리는 모기지대출 문턱을 낮추고, 이는 부동산 가치 상승과 강한 신용(대출) 증가로 이어진다. 지금까지 아일랜드의 임대료는 부동산 가치와 함께 상승했기 때문에 부채를 활용한 부동산사업자들은 더 많은 수입을 올리면서 낮은 이자를 지불해 왔다.

그러나 금리가 상승하면 이런 선순환은 악순환으로 변한다. 예금 기반이 없는 앵글로아이리시의 자금조달 비용은 빠르게 상승하게 된다. 매출 측면에서도, 하락하는 부동산 가치는 기존 대출의 상환에 문제를 유발하면서 디폴트 리스크(채무불이행 리스크)를 높인다.

요컨대 앵글로아이리시는 금리 하락기에는 훌륭한 '돈벌이 기계'가 되지만, 다른 환경에서는 투자하기 좋은 주식이 결코 아니다. 1,000만 유로짜리 대출 몇 개에만 문제가 발생해도 10억 유로에 불과한 앵글로아이리시의 자기자본 기반이 심각하게 훼손될 수 있다.

앵글로아이리시 경영진이 이런 리스크를 예상하고 보다 장기적인 대책을 준비했다고 주장할 수는 있다. 그런데 문제는 고위 임원들에게 지급되는 주식 기반 인센티브는 단기 성장에 치중하게 만드는 반면, 부실채권 문제는 롱테일 리스크가 될 수 있다는 것이다.

앵글로아이리시는 (총자본금total share capital의 2%에 해당하는) 620만 주 이상의 스톡옵션을 발행했다. 이 스톡옵션의 행사가격은 1.09유로에서 6.70유로 사이이며, 현재 앵글로아이리시의 주가는 13유로이다. 주가 급등에 대한 경영진의 반응은 대량 매도였다. 55세의 아직 젊은 나이에 은퇴하는 션 피츠패트릭은 최근 자신이 보유하고 있던 회사 주식 50%를 매도했고, 46세의 영국 사업부 대표 존 로완은 보유량의 40%를 처분했다.

찰리 멍거Charles T. Munger는 "은행가들보다 은행이 더 많다"고 즐겨 말하곤 했다. 전통적인 은행가들은 앵글로아이리시 같은 식의 '즉시 대출'을 기반으로 한 경쟁우위는 매우 싫어할 것이다.

우리가 특별히 관심을 갖는 것은 아일랜드 은행가들이 투자자들에게 그들의 주식을 얼마나 적극적으로 파느냐 하는 것이다. 최근 우리가 참석했던 한 콘퍼런스에서 그들 중 한 사람은 "저는 이 자리에서 아주 자신있게 여러분에게 우리 은행(주식)을 팔겠습니다"라고 선언하기도 했다. 이는 장기적인 하방 리스크에 신경 쓰는 신중한 은행가를 선호하는 우리의 입장과는 다소 어긋나는 모습이다.

우리가 다른 여러 기업에서 이미 본 바와 같이, 과도한 홍보와 성장에 대한 집착이 결합되면 불행한 결말에 이를 가능성이 높다. 이런 일이 언제 벌어질지에 대해서는, 아일랜드 속담에 나오는 '훌륭한 이야기꾼(시간)'이 말해줄 것이다.

4.3 '자산 증권화'라는 이름의 연금술 2002년 11월

자산 증권화는 '금융 근시안 시대'의 경이로운 발명품이다. 위험한 활동에 비정상적으로 낮은 비용의 자본을 점점 더 많이 공급하고 있다.

마라톤의 투자 방법론은 해당 기업이나 산업의 자본수익률이 시간이 감에 따라 정상 수준으로 회귀하는 추세를 보이는 경향에 기초한 것이다. 이런 과정이 시장 기대보다 빨리 진행되면 투자 기회가 발생할 수 있다.

그러나 이런 과정이 효과적으로 진행되려면, 열악한 기업이나 실패한 기업이 저렴한 자본을 조달받지 못해야 한다. 그러나 현재 진행되고 있는 증권화 과정은 본질적으로 위험한 활동에 비정상적으로 낮은 비용의 자본을 공급하면서 이익의 정상화를 지연시키고 미래의 손실을 누적시키고 있다.

이 역시 자본사이클 과정으로 볼 수 있다. 증권화를 통해 이지머니easy money(조달 비용이 싼 자금)를 조달받은 산업의 주주수익은 낮은 자본조달 한계비용을 중심으로 변동을 보일 수 있다.

이런 관행에 익숙하지 않은 사람들을 위해 전형적인 자산 증권화 메커니즘을 짧게 소개하는 것이 도움이 될 것이다.

예를 들어 항공산업에서, 이 과정은 정가에서 크게 할인된 가격의 항공기 구매 주문으로 시작된다. 항공기가 배달되면, 항공사는 이 자산을 자산 증권화를 위해 새로 설립한 특수목적회사에 정가에 가까운 가격에 판매한 후, 다시 이를 그 항공기의 수명 연한 동안 리스한다.

이 특수목적회사는 투자자들에게 설비신탁증서의 한 형태인 EETC^{Enhanced Equipment Trust Certificates}를 발행한다. 그리고 항공사로부터 받은 항공기 리스료는 투자자들에게 차등 분할지급된다. 가장 큰 디폴트 리스크를 부담한 투자자(후순위 채권보유자^{junior note holders}, 후순위 트랜치^{junior tranche})는 더 많은 리스료를 받고, 가장 적은 리스크를 부담한 투자자(선순위 채권보유자^{senior note holders}, 선순위 트랜치^{senior tranches})는 더 적은 리스료를 받는다.

전통적인 채권에 비해 이런 증권화가 매력적인 것은 항공사가 후순위 트랜치를 보유하는 경우가 많다는 것이다. 이는 항공사 재무상태표에서 자산이 된다. 신용등급이 낮은 이런 자산(후순위 트랜치)은 그 가치가 할인되지만, 해당 항공기를 구매할 때 받은 할인이 이를 충분히 상쇄하고도 남는다. 따라서 항공기를 인도할 때 그 즉시 이익과 현금 유입이 창출된다. 이런 것이 경이로운 현대 금융의 연금술이다.

좋은 사업 환경이나 일반적인 사업 환경에서 항공사는 특수목적회사에 리스료를 지불한다. 그러나 경기침체나 파산신청으로 리스료 지불이 중단되면, 선순위 트랜치 보유자는 담보(항공기)를 압류할 수 있다. 그러나 후순위 트랜치 보유자는 아무런 권리가 없다. 그리고 그런 압류된 자산은 항공사의 재무상태표에서 그 가치가 0으로 상각되어야 한다. 항공사가 후순위 트랜치라면 손실은 더욱 증가하게 되는 것이다.

이런 영리한 금융공학을 통해 항공사는—최근 6%에 불과한—매우 낮은 자금조달 비용으로 멋진 신형 항공기를 확보하지만, 그 과정에서 주주들은 거의 모든 사업 리스크를 부담하게 된다. 평범한 수준의 자본수익률도 거의 올리지 못하는 산업이 그렇게 싼 자본에 접근할 수 있다는 것은 정말 놀라운 일이다.

증권화로 촉진되는 이와 유사한 금융공학적 기교는 미국 모기지 대출시장의 한 후미진 곳에서도 찾아볼 수 있다. 그린포인트 파이낸셜GreenPoint Financial은 페니메이Fannie Mae와 프레디맥Freddie Mac이 제시한 모기지 기준을 충족하지 못한 중개인 네트워크 모기지대출broker network mortgages로 사업을 시작했다. 알트-A 모기지Alt-A mortgages[7]로 알려진 이런 위험한 대출은 일반적인 적격 모기지대출보다 평균 약 1%p 높은 수익률을 창출한다.

일반적으로 보면, 상대적으로 높은 이런 수익률은 상대적으로 높은 신용리스크를 부담한 데 따른 보상이라고 생각할 수 있다. 그래서 우리는 그린포인트가—신용리스크는 전혀 부담하지 않고, 일회성 매각 수익으로 페니메이나 프레디맥 같은 정부 보증기관의 수익률agency rate보다 0.95%p 높은 수익률 프리미엄을 유지하면서—이런 대출을 전부 다 팔 수 있다는 것을 알고는 놀랐다.

그린포인트에 따르면, 횡재에 가까운 이런 수익률이 가능한 것은—보통 투자은행이나 모기지 관리 전문회사들specialists in mortgage servicing 같은—매수자들이 알트-A 모기지대출을 인수한 후 이를 증

---

[7] 프라임 모기지(prime mortgage)보다는 위험하지만, 서브프라임 모기지(subprime mortgage)보다는 덜 위험한 모기지—옮긴이.

권화하여 자금(그린포인트는 이런 자금을 '모기지의 기본 경제성에 대해서는 전혀 신경을 쓰지 않는 돈'이라고 표현했다)을 끌어들이기 때문이다.

선순위 트랜치 매수자들은 믿을 수 없을 정도로 양호한 최근의 디폴트 수치(연간 손실률 0.05% 미만)를 보고 리스크-보상 관계가 그들에게 유리하다고 생각하면서 적격 대출로 가능한 수익률을 약간 초과하는 정도의 수익률을 받아들이고 있다. 보다 위험한 후순위 트랜치를 매수하는 사람들은 레버리지가 높은 이런 금융상품의 (아마도 불가피한) 상각write down은 나중으로 넘기면서 상당한 수익률 프리미엄을 올리는 것에 만족해 하고 있다.

그린포인트는 지난 몇 년 동안 신규 모기지대출과 전체 대출 규모를 2배로 늘리면서 시장의 이런 광기를 충분히 이용했다.

항공기와 알트-A 유동화 증권 매수자들이 가능한 손실은 뒤로 미루면서 눈앞의 확실한 수입(리스료와 이자)을 취하는 데 열심인 것은 '금융 근시안 시대'에 그리 놀라운 일은 아니다.

증권화는 이런 활동의 실제 경제성을 모호하게 하면서 점점 더 많은 자본의 유입을 촉진하는 효과적인 방법이었다.[8]

항공사의 경우, 경영진의 성장 야망이 재무 상태에 대한 더 큰 관심으로 제한될 때에만 항공산업의 자본수익률이 보다 무난한 수준

---

8) 골드만삭스는 세계금융위기 이후 알트-A 모기지의 손실을 총대출잔액 1.3조 달러에 6,000억 달러로 추산했다(〈이코노미스트〉, 2009년 2월). 2004년 2월 그린포인트 파이낸셜은 63억 달러에 노스포크은행(North Fork Bancorporation)에 인수되었다. 2006년 12월 캐피털원(Capital One)이 다시 노스포크를 인수했고, 그로부터 1년 후 캐피털원은 모기지 대출에서 손실을 입은 후 그린포인트 사업을 접었다.

으로 회복될 것이다.[9]

 4.4 사모펀드 붐 2004년 12월

우리는 현재의 사모펀드 붐에 대해 우려하고 있다. 다음에서 소개할 10가지 문제 때문이다.

알리안츠Allianz의 투자이사 폴 아흘라이트너Paul Achleitner는 최근 "상장 종목을 매수-보유하는 전통적인 전략은 수십 년 동안 꽤 효과적이었지만, 현대의 규제 환경에서는 더 이상 효과적이지 않다. (반면) 사모펀드는 상장기업들처럼 그 가치가 크게 변하지 않는다"고 했다.

사모펀드에 열광한 것은 아흘라이트너뿐만이 아니다. 여러 업계 추산에 따르면, 현재 유럽은 거래 기준 세계 최대의 사모펀드시장으로 전 세계 사모펀드 M&A 활동의 약 60%를 차지하고 있다. 보도에 따르면, 영국의 경우 민간 부문 노동력의 1/5이 사모펀드회사에 고용되어 있다.

지난 11월에는 스페인 3위 이동통신사업자 아우나Auna에 대한 사

---

9) 이 글을 쓴 후 북아메리카 지역 항공사들이 잇달아 파산했다. 유나이티드항공(United Airlines, 2002년 12월), 에어캐나다(Air Canada, 2003년 4월), US항공(US Airways, 2004년 9월), 노스웨스트항공(Northwest, 2005년 9월), 델타항공(Delta, 2005년 9월), 아메리칸항공(American Airlines, 2011년 11월) 등이 파산했다.

모펀드 컨소시엄의 140억 달러 입찰을 포함해 총거래금액 200억 달러에 달하는 4개의 주요 유럽 사모펀드 입찰이 발표되었다. 아우나에 대한 입찰이 성공한다면, 이는 유럽 역사상 최대의 사모펀드 거래가 될 것이다.

사모펀드회사들은 더 많은 부채를 조달해 점점 더 많은 거래를 하고 있으며(차입매수leveraged buyout, LBO), 활동 범위에 있어서는 LTV, 리턴Litton, ITT 같은 1960년대의 기업집단들과 점점 닮아가고 있다.

그렇다면 현재의 사모펀드들도 과거의 이런 기업집단들과 똑같은 운명에 시달리게 될까? 아니면 상장 주식시장(공개시장)이 수행할 수 없는 중요한 역할을 하면서 계속 그 입지를 공고히 할까?

사모펀드에 유리하게 작동하는 일련의 요인들이 있다. 분기 실적에 집착하는 시대에 기본적으로 비상장자산들을 소유한 사모펀드회사들은 주식시장 투자자들이 수용할 수 있는 것보다 더 장기적인 결정을 할 수 있다. 구조조정의 경우도 사모펀드가 소유한 기업의 구조조정이 더 쉬울 것이다. 상장기업 지멘스Siemens가 900개의 연결자회사에서 인력을 줄이는 것이 얼마나 어려운 일인지 생각해 보면 이를 잘 알 수 있다.

상장기업의 경우 샤베인스-옥슬리법Sarbanes-Oxley legislation(회계투명성 및 투자자보호 강화법)에 따라 관료주의적 경향이 증가하는 데 반해, 사모펀드회사 경영자들은 이런 문제에서 상대적으로 자유롭다. 또한 사모펀드회사 경영진에 대한 보상은 상장기업 임원 보수에 대한 대중의 높은 관심에서 벗어나 있다.

그리고 이론적으로 사모펀드회사에서는 소유자에 의한 높은 수준의 통제로 그만큼 주인-대리인 문제가 줄어든다(그러나 실제로는 인수거래가 진행되면서 그와 함께 수수료를 노리는 일군의 새로운 대리인들이 등장한다).

그러나 우리는 현재의 사모펀드 붐에 대해 다음과 같은 점을 우려하고 있다.

1. 현재의 사모펀드 붐은 은행과 여타 금융기관들이 사모펀드회사들에 보다 느슨한 조건으로 기꺼이 거래자금을 제공해주고 있는 데서 촉진된 것으로 보인다(차입매수를 지원하는 후한 대출). 채권은행이 기업 인수에 얼마나 많은 자금을 기꺼이 대출해줄 수 있는지를 나타내는 현금흐름 지표인 EBITDA 대비 순부채 비율이 계속 상승하고 있다.

    EBITDA의 6~7배에 달하는 규모의 인수거래가 지금은 드문 일이 아니다. 한 시장관찰자가 신용 거품의 망령을 일깨우면서 말한 것처럼, "7배가 새로운 5배다".

    자본이 넘쳐나는 은행들은 금리가 낮다는 것, 그리고 사모펀드 대출로 발생한 디폴트가 역사적으로 매우 적었다는 점을 근거로(이는 제한된 양의 과거 데이터에 기초해 미래를 전망하는 '백미러를 통한 운전driving-via-the-rear-view-mirror'식 주장이다) 사모펀드 거래에 대한 그들의 열광을 정당화하고 있다.

    또한 우리가 보기에 채권자들이 요구하는 담보와 대출계약 기준이 느슨해지고 있는 것 같다. 이런 느슨한 대출 조건 때문에 사모펀드는 더 많은 레버리지를 이용하고 있다.

차입매수에 제공된 대출은 사모펀드 후원자들private equity sponsors (사모펀드회사를 말함)에게 상환 청구되지 않는다는 것을 감안하면, 리스크는 사모펀드회사에는 적고, 대출 제공자—즉 은행, 혹은 누구든 그 은행으로부터 해당 대출을 인수하는 자—에게는 더 크다. 이런 상황에서 대출 역량 확대로 인해 사모펀드 거래가격이 과대책정될 가능성은 더 높아졌다.

2. 차입매수 대상기업이 증가한 레버리지를 감당할 수 있는 매우 예측 가능한 현금흐름을 창출하고 있다면 대출 수준이 높아져도 정당화될 수 있다.

그러나 최근 여러 사례를 보면 거액의 대출이 경기에 매우 민감한 기업들에게 제공되고 있다. (레이 투자컨소시엄Ray investment consortium이 인수) 프랑스의 전자부품판매사 렉셀Rexel의 경우, EBITDA 대비 약 7배인 37억 유로의 차입매수 자금이 대출되었고, (사모펀드 블랙스톤Blackstone이 인수한) 대형 화학회사 셀라니즈Celanese의 경우는 EBITDA 대비 약 5.5~6배인 12억 유로의 차입매수 자금이 대출되었다.10)

3. 사모펀드회사 자체도 현금이 넘쳐난다. 현재 10억 달러 이상의 자금을 가진 피인수기업이 100개가 넘는다고 한다. 영국 벤처캐피

---

10) 셀라니즈는 2005년 1월 기업공개를 했다. 보도에 따르면, 셀라니즈를 인수했던 사모펀드 블랙스톤은 셀라니즈를 통해 투자원금의 5배를 벌었다.

털 3i그룹3i Group에 따르면, 사모펀드기업이 지난 5년 동안 조달한 자금이 전체 조달자금의 3/4에 달한다.

상대적으로 단기간에 투자할 수 있는 자금이 이렇게 많아지면서(대부분의 자금은 조달 후 3년 내에 전액 투자된다), 사모펀드회사들 간의 경쟁이 과도해질 수 있다. 투자은행가들은 입찰에서 이런 경쟁을 부추기는 데 능숙하다.

4. 장기 강세장 시기에 기록한 역대 수익률을 사모펀드산업이 재현할 능력이 있는지에 회의적인 몇 가지 이유가 있다.

예일대학 기금운용 최고책임자 데이비드 스웬슨David Swensen은 『포트폴리오 성공 운용Pioneering Portfolio Management』에서 1987~1998년 사이 S&P 500의 연평균 수익률이 17%인데 비해 같은 기간 사모펀드의 연평균 수익률은 48%였다고 했다.

이는 대단한 실적으로 보인다. 그러나 스웬슨이 지적한 것처럼, 사모펀드와 동일한 레버리지를 이용해 S&P 500에 투자했다면, 이때 연평균 수익률은 86%가 된다.

5. 사모펀드회사는 동종업계의 사업목적 매수자들trade buyers보다 높은 가격을 제시하는 매수자. 이는 기업들과의 미팅에서 우리가 매우 자주 듣고 있는 이야기다.

최근 어소시에이티드 브리티시 푸드Associated British Foods, ABF와의 미팅에서 ABF의 CFO는 사모펀드와 인수 경쟁을 하기가 어렵다고 불평했다. 예를 들어 사모펀드 힉스뮤즈Hicks Muse는 유서깊은 위타빅스Weetabix의 아침 시리얼 사업을 영업이익의 16배에 인수했다. (이는 좀 특별한 경우였는데, 힉스뮤즈가 이런 높은 가격을 지불하고 시리얼 사업을 인수한 것은 다른 식품사업과의 시너지 때문으로 보인다.)

사모펀드가 어떻게 해서 사업목적 매수자들보다 더 높은 금액을 지불할 수 있느냐고 묻자, 3i그룹의 한 고위 임원은 "사모펀드가 사업목적 매수자들보다 더 똑똑하고, 해당 거래를 위해 더 많은 일을 한다"고 했다. 설득력 있는 대답처럼 들리지는 않는다.

6. 종종 상당한 혜택으로 언급되는 사모펀드업계의 투명성 부족은 양날의 칼이다.

우리가 쉽게 잊어버리고 있는데, 결국 공개시장에서 투명성 제고를 요구하게 된 것은 여러 기업부정 사례에 대응한 결과이다. 사모펀드 영역에서 그런 부정 행동이 은폐된다 해도 문제는 사라지지 않는다.

우리가 보기에 연기금을 횡령하거나, 자산가치를 부풀리거나, 그 외 다른 여러 의심스러운 행동은 규제라는 조명이 훨씬 밝게 비추고 있는 공개시장보다 사모펀드업계에서 발생할 가능성이 훨씬 높다.

7. 헤지펀드들의 사모펀드 영역 진출, EBITDA 기준 밸류에이션 지표에 대한 집착(닷컴버블 당시 '추정pro forma 실적'에 대한 집착과 비슷한 것 같다), 그리고 특수목적회사special purpose vehicles를 이용하는 것

을 포함한 복잡한 금융구조의 확산 등 사모펀드 거품을 시사하는 일련의 일화적인 징후들이 있다.

사모펀드는 MBA 졸업생들이 가장 선호하는 직장 중 하나가 되었는데, 이는 오히려 사모펀드 거품을 시사하는 믿을 만한 역발상 신호다.

8. 기업공개시장이 부진한 것을 감안해 사모펀드회사들은 다른 배타적인 출구를 찾고 있는 중이다. 그 결과 2차 인수secondary buyouts —한 사모펀드회사가 자신이 투자했던 회사를 다른 인수자에게 매도하는 것—가 이어지고 있다.

비슷한 생각을 했을 것으로 보이는 이전 소유자(사모펀드)가 모든 가치 창출 기회를 이용했다면, 새 소유자(2차 인수자)가 큰 이익을 창출할 수 있다고 보기는 어렵다.

대안적인 출구는 부채를 재원으로 한 특별배당으로 자본을 환원받는 레버리지 활용 자본 재구성leveraged re-capitalization(레버리지 리캡)이다.

이 경우 상황이 나빠지면 리스크는 사모펀드회사보다는 은행이 지게 될 가능성이 더 높다.

9. 사모펀드회사는 투자은행과 대출은행, 변호사, 회계사, 그리고 금융계의 다른 여러 잡다한 관련자들에게 수십억 달러의 수수료를 창출해 준다. '통합된 기업금융업계'에는 이해충돌의 가능성이 있을 수 있다. 한 가지 분명한 잠재적인 이해충돌은 거래수수료(자문수수

료, 대출처리수수료origination fee 등)를 창출하려는 은행의 욕구와 대출원금의 안전한 담보를 확보하려는 은행의 필요에서 발생한다.

우리가 보기에는, 거래를 추구하는 투자은행가들이 전통적으로 좀 더 신중한 대출담당자들보다 우세한 것 같다.

한 가지 의심스러운 새로운 관행은 매도 측이 매수 측에 인수금융을 제공해주는 이른바 '매도자 인수금융(스테이플 대출staple lending)'이다.

매도자 인수금융이란 자산 매도에 대해 매도자에게 자문해 주는 은행이 매도-매수계약에 미리 포함된 대출조건에 따라 매수자에게 대출을 제공하는 경우를 말한다. 이런 일은 골드만삭스와 CSFB(스위스크레디트 퍼스트보스턴Credit Suisse First Boston)가 매도자에게 자문을 하면서 동시에 인수자에게 금융을 제공한, VNU(네덜란드연합출판Verenigde Nederlandse Uitgeverijen)의 디렉토리사업 매각에서 실제로 있었다.

자문가로서 은행은 (많은 수수료를 받을 수 있기 때문에) 가장 높은 가격을 추구하겠지만, 대출가로서 은행은 (대출원금의 안전성을 확보하는 차원에서) 가장 낮은 가격을 원하는 것이 타당하지 않을까?

10. 마지막으로 사모펀드에 대한 알리안츠의 고집불통식의 낙관적인 태도는 최고의 낙관주의자마저 경악할 정도다.

자본배분과 관련해 알리안츠는 '특별꼴찌상'을 받을 자격이 충분하다. 이 독일 보험사가 2001년 드레스너은행Dresdner Bank 지분 80%를 250억 유로에 인수한 것이나, 2002년 말 시장 바닥 근처에서 120억 유로의 주식을 매각한 것을 보면 그럴 만도 하다. 알리안츠의 투자 담당 이사가 가격과 가치의 차이를 구별하지 못한다는 것은 그와 그의 회사에 대한 신뢰에는 거의 도움이 되지 않는다(힌트: 가치는 그날그날의 시장 분위기에 따라 변하는 것이 아니다).

요컨대 헤지펀드처럼 사모펀드에서도 자본사이클이 곧 위험하게 변할 가능성이 높다.[11]

4.5 점점 부풀어오른 '거품' 2006년 5월

기초금속 가격의 급등, 사모펀드 열풍, 급증한 기업공개, M&A 광풍 등 투기적 활동을 나타내는 최근의 여러 신호들은 시장이 고점에 도달했음을 알려준다.

"나는 영원히 비눗방울을 날리네
허공에 날아오르는 예쁜 거품들
아주 높이 날아올라 거의 하늘에 닿고
그리곤 나의 꿈처럼 사라져 없어지네
행운은 항상 숨어 있고
나는 모든 곳을 찾아봤지

---

11) 돌이켜보면, 마라톤은 사모펀드회사들이 세계금융위기 이후 비전통적인 통화정책으로 얼마나 많은 도움을 받을지 예상하지 못했다. 이들은 초저금리와 양적완화의 최대의 수혜자이면서 가장 자격 없는 수혜자에 속한다.

나는 영원히 비눗방울을 날리네

허공에 날아오르는 예쁜 거품들"

― 웨스트햄 유나이티드FC 응원가 가사 중에서

최근의 시장 급락은 지난 몇 달 간 시장 참여자들이 보여준 과도하게 확신에 찬 행동에 어느 정도 그 전조가 있었다.

자본사이클에 초점을 맞춘 마라톤은 항상 거품을 찾기 위해 노력한다. 원자재, 신흥국시장, 헤지펀드, 기업공개, 그리고 사모펀드에서 발견되는 최근의 투기적 행동들은 모두 시장이 고점에 도달했다는 것을 보여준다.

현재 시장에 거품이 끼었다는 것을 보여주는 증거는 다음과 같다.

1. 원자재 가격의 급등

최근 금 가격이 25년 고점을 쳤다. 또 구리, 아연, 기타 여러 기초금속 가격이 지난 몇 달 동안 모두 수직 상승했다.

최근의 (대부분 중국에서 나오는) 강한 사용자 수요에 금융시장 참여자들의 투기적 수요가 겹치면서 원자재 가격은 과열 상태로 들어간 듯하다. 구리는 동전 액면가보다 비싸다. 1992년 이전 주조된 영국 페니화 동전과 미국의 1센트 및 5센트짜리 동전은 녹여서 파는 게 더 이익이다.

최근 몇 주 원자재 가격의 가파른 상승은 닷컴버블 마지막 몇 주 동안 보였던 인터넷 주식들의 급등을 연상시킨다. 5월 10일 핑크페이퍼[12]가 'FT 구리FT Copper'라는 제목의 새 증보판을 내고 이틀 후 구리 가격이 역대 최고가를 기록했다가 다시 14% 급락한 것은 다소 불길하다.

2. 사모펀드 열풍 (I)

지난 몇 달 동안 일부 유명한 대형 사모펀드그룹—즉 KKR과 아폴로Apollo—은 풍부한 시장 유동성과 그들의 매력적인 역대 실적을 이용해 그들 자체 펀드들(기초펀드들underlying funds)에 투자하는 펀드들을 상장했다. 당연히 이 상장펀드들은 기초펀드들이 이미 부과한 수수료 외에 따로 운용수수료를 부과한다.

처음에 KKR은 15억 달러 조달을 목표로 했지만 관심이 너무 폭주하는 바람에 조달액을 50억 달러로 늘렸다.

씨티그룹과 다른 은행들이 (순자산가치의 약 5%인) 2억 7,000만 달러를 모집수수료로 가져간 후, 현재 KKR의 펀드는 발행가격에서 할인된 가격에 거래되고 있다. 이런 수수료가 여러분의 돈이 된다면 멋진 돈이다!

아폴로 역시 골드만삭스와 그 친구들에게 6%의 수수료를 지불하기로 했다.

3. 사모펀드 열풍 (II)

몇 주 전 세계 최대의 사모펀드그룹 중 하나인 블랙스톤은 27억 유로를 투자해 독일의 통신사업자 도이치텔레콤Deutsche Telekom의 지

---

12) 핑크색 종이를 사용하는 〈파이낸셜타임스〉를 말한다—옮긴이.

분 4.5%를 취득했다.

도이치텔레콤은 인덱스펀드index funds(수수료 없음)와 많은 롱-온리 운용사들long-only managers(매수-보유 전략에 집중하는 운용사, 적은 수수료)이 자유롭게 투자할 수 있는 상장기업이다. 그러나 블랙스톤은 2.6%의 프리미엄을 지급하고 그 지분을 취득했으며, 2년 동안 지분을 매도하지 않는 데 동의했다. 그에 대한 위로의 대가는 20명으로 구성된 독일인 이사회에 이사 자리를 하나 얻을 수 있다는 것이었다.

현재 도이치텔레콤 주식은 블랙스톤이 매수한 가격에서 11% 하락한 가격에 거래되고 있다.

이는 상장주식에 대한 사모펀드의 투자 중 단연 최대 규모의 투자였다. 사모펀드 고객들이 이런 식의 투자에 왜 과도한 수수료를 지불해야 하는지는 이해하기가 어렵다.

우리가 볼 때 도이치텔레콤 거래는 인수그룹(사모펀드)이 아이디어보다는 돈을 더 많이 가지고 있다는 것을 말해주는 것 같다.

4. 급증한 기업공개

기업공개 일정이 갑자기 폭발적으로 증가했다. TMT버블 당시 아주 효과적이었던 마라톤의 독창적인 기업공개 지표—즉, 우리 책상에 쌓이는 기업공개 투자설명서들의 양—는 강한 경고신호를 내고 있다.

흥미롭게도 기업공개에 나서는 산업의 구성은 지난 거품 당시와는 크게 달라져서 현재 기업공개로 자본을 조달하고 있는 주요 산업은 에너지, 원자재, 유틸리티, 전문 금융업 등이다.

전문 금융업의 경우, 전문 펀드운용사들과 모태펀드운용사들fund of fund managers이 기회주의적으로 자본을 조달하거나 자산을 매각하고 있다.

우리의 관심을 끈 지난 3월의 한 기업공개는 사모펀드와 헤지펀드에 투자하는 펀드들을 운용하는 스위스 파트너스그룹Partners Group의 기업공개였다. 2005년 말 기준 파트너스그룹의 운용자산UAM은 110억 스위스프랑이었고, 2005년 총수입은 1억 2,500만 스위스프랑이었다. 상장 첫날 주가가 25% 상승하면서 파트너스그룹의 시가총액은 21억 스위스프랑이 되었는데, 이는 운용자산의 무려 19%이자 총수입의 17배에 해당된다.

같은 날, 샤를마뉴캐피털Charlemagne Capital이 런던증권거래소에 상장되었다. 이 펀드운용사는 리젠트 퍼시픽그룹Regent Pacific group과 지금은 사라진 리젠트 이스턴 유럽 레버리지 대출펀드Regent Eastern European leveraged debt fund의 배후에 있던 사람들에 의해 설립되었다.

샤를마뉴는 인기 있는 동유럽 신흥국시장에 대한 투자를 전문으로 하고 있으며, 운용자산은 2000년 2억 5,000만 달러에서 현재 50억 달러로 증가했다. 샤를마뉴의 현재 시가총액은 운용자산의 약 10% 수준이다. 작년(2005년) 이익의 2/3가 성과수수료에서 나왔다.

샤를마뉴의 기업공개는 회사 내부자와 이사들이 보유하고 있던 회사 지분의 25~33%를 매도할 수 있는 기회를 제공했다. 지난 며칠 동안 신흥국시장에 격동이 있은 후, 샤를마뉴의 주가는 상장 이후 7주 만에 32% 하락했다.

5. M&A 광풍 (I)

시장 거품을 보여주는 또 다른 징후는 M&A 세계에 '야성적 충동'이 돌아온 것이다. M&A 활동은 1999~2000년 닷컴버블 당시 경험했던 수준으로 돌아왔다.

톰슨파이낸셜Thomson Financial에 따르면 2006년 1분기 발표된 유럽의 M&A 거래액은 4,370억 달러에 달했는데, 이는 전년 동기 대비 240% 증가한 것이다.

장기적으로는 M&A가 가치를 파괴한다는 것이 일반적인 통념이다. 이 때문에 M&A 거래가 발표된 후 대개는 인수기업의 주가가 하락한다. 그러나 최근 우리는 입찰 발표 후, 피인수기업에 상당한 프리미엄을 지불하고 있음에도 불구하고 인수기업의 주가가 상승한 사례를 여럿 볼 수 있었다.

예컨대 스페인의 인프라그룹 페로비알Ferrovial이 자신보다 조금 더 큰 영국공항공사British Airport Authority, BAA를 '인수발표 이전 주가'에 28% 프리미엄을 더한 가격에 매수하고 있다고 발표했을 때 페로비알의 주가는 6% 가까이 상승했다. 마찬가지로 미탈스틸Mittal Steel이 경쟁 철강사 아르셀로Arcelor 인수를 발표했을 때, 미탈스틸의 주가는 48시간 동안 14% 상승했다.

6. M&A 광풍 (II)

전략적인 논리나 비용절감의 가능성이 없는 M&A 거래가 최근 크게 유행하고 있다.

우리는 호주의 한 인프라펀드가 아일랜드의 국영통신사업체를 매수하고, 싱가포르의 인프라펀드가 한 투자은행의 사모펀드 부문과 합동으로 영국의 항만업체를 매수하는 것을 목격했다.

이 두 경우 모두 시너지가 없음에도 불구하고 거액의 인수 프리미엄이 지급되었다. 이 회사들을 비상장사로 전환한 후 이 회사들을 이용해 세금을 절감할 수 있다 해도 막대한 인수 프리미엄을 정당화하기란 매우 어렵다.

7. 돌아온 개인투자자

개인투자자들의 위험한 행동에 대해 말하지 않고는 주식시장 과열에 대한 어떤 논의도 완결될 수 없을 것이다. 2000년대 초 단기 주식매매에서 큰 실패를 겪은 후, 개인투자자들은 역대 최고 수준의 미국 주택가격과 18개월 동안 꾸준히 상승한 주식시장에 고무되어 마침내 다시 주식에 대한 관심을 회복했다.

지난 2월 미국에서는 찰스 슈왑Charles Schwab이 3년 전에 비해 3배나 많은 주식매매수수료 수입을 기록했다. 현재 거래대금이 급증하고 있는 뉴욕증권거래소 옵션매매 중 약 60%를 개인투자자들이 차지하고 있다.

신흥국시장이 지난 몇 년 간 강세를 보였다는 것을 감안하면 신흥국시장이 개인투자자들의 주목을 받게 된 것은 놀라운 일이 아니다(S&P 500이 2003년 저점에서 지금까지 63%밖에 상승하지 못하는 동안 MSCI 신흥국지수는 2003년 저점에서 최근 고점까지 240%나 상승했다).

올해(2006년) 처음 10주 동안 신흥국시장 펀드들에 유입된 미국 투자자들의 자금은 작년 한 해 동안 유입되었던 전체 자금(당시로서는 그 자체로 역대 최고였다)보다 많았다.

8. 내부자 매도의 가파른 증가

최근 기업 내부 이사들의 거래도 강력한 신호를 보내고 있다.

지난 몇 달 동안 내부자 매도가 꾸준히 증가했다. 영국의 가장 최근 통계에 따르면 지난 4월 기업 이사들이 매도한 주식은 그들이 매수한 주식보다 16배나 많았다. 이는 매도가 매수의 4배 이하였던 1년 전과 비교된다.

이사들이 스톡옵션과 인센티브제도를 통해 무료나 저가로 많은 주식을 보유하게 되는 경향이 있기 때문에 내부자의 매매는 거의 항상 매도 우위이기는 하다. 그럼에도 현재의 내부자 매도는 현저히 높은 수준이다.

이 모든 것은 기업과 매도 측 실무자들과의 미팅에서 확인한 일반적인 일화적 신호와 함께 2006년 5월이 일종의 시장 정점이라는 것을 말해준다.[13]

시장의 변화를 예측하는 것은 늘 어려운 일이지만, 과도하고 오만한 행동 신호들은 경고 역할을 해준다.

이런 투기적 행동의 상당 부분을 부추겼던 이지머니 시대가 종말을 고할 수 있다. 그러나 혹시라도 이지머니가 계속된다면, 그것은

---

13) 주식시장의 정점을 예상하는 것은 위험한 일이다. 결과적으로 S&P 500은 이 글을 쓴 2006년 5월 이후 2007년 10월까지 계속 상승했고, 이 기간 상승률은 약 22%에 달했다.

아마도 다른 나쁜 이유 때문일 것이다.

4.6 소포전달게임 2007년 2월

사모펀드 열풍의 책임은, 한마디로 증권화된 대출시장에 있다.

최근 사모펀드의 인수 입찰에 관한 소문 없이 지나가는 날이 거의 없다. 인수 대상기업의 규모는 계속 커져서 국영기업으로 여겨지는 기업들(영국의 영국공항공사BAA와 대중 드럭스토어 부츠Boots)까지 먹잇감에 포함되었다.

이는 사모펀드 '메뚜기'들에 의한 자산 탈취와 탈세에 대한 대중의 불만으로 이어졌다. 현재 영국에서는 영국의 주요 기업을 탐욕의 희생양으로 삼고 있는 부유한 외국인 사모펀드회사 대표들에게 분노가 향하고 있다.

그러나 우리는 이 문제에 진짜 악당이 있다면 대출시장이 바로 그 범인이라고 생각한다.

대출은 인수에 필요한 대부분의 자금을 제공하고 있다. 낮아진 대출 가산금리와 보다 느슨해진 대출 조건은 매우 높아진 거래가격에도 불구하고 사모펀드 거래에서 높은 예상수익을 실현시켜주는 '마법'으로 작용하고 있다. 요컨대 신용시장의 상황이 사모펀드사업을 이해하는 열쇠가 된다.

먼저, 일반적으로 국고채와 회사채 간의 금리 차이를 나타내는 신용스프레드credit spreads가 축소되고 있다(신용스프레드 축소는 자금조달 비용 하락, 신용스프레드 확대는 자금조달 비용 상승을 의미한다). 이는 유럽뿐 아니라 전 세계적인 현상이다.

최근의 한 콘퍼런스에서 무디스Moody's의 애널리스트는 그 원인을 아시아와 중동 지역에서 발생하고 있는 저축 과잉savings glut 때문이라고 했다. 너무 많은 돈이 너무 적은 양질의quality 자산으로 몰리고 있다.

유럽 신용시장에서도 상업은행들이 제공하는 인수금융의 비중이 감소했다. 상업은행들의 레버리지론leveraged loans[14] 점유율은 2000년 90% 이상에서 현재 60% 미만으로 감소했다.

그리고 은행을 대신해 헤지펀드들과 증권화된 신용수단들—즉, 부채담보부증권collateralized debt obligations, CDOs과 대출채권담보부증권collateralized loan obligations, CLOs—이 유럽의 인수자금 대출시장의 더 많은 부분을 차지하게 되었다.

신용시장에서 진행되는 이런 현상은 미국에서는 아주 여러 해 전 이미 벌어진 일이었다. 유럽에서 최근 이런 현상은 지난 18개월 동안 전통적인 은행 대출기관들이 대체로 발을 뺀 위험한 인수금융 부분에서 더욱 과도해졌다.

그리고 유럽 은행들이 순이자수입net interest income과 관련 기업들과의 관계를 중시해서 대출에 매달렸던 시절 또한 이미 지나갔다.

---

14) 차입매수용 인수자금 대출 : 한 기업이나 자산을 인수할 목적으로 그 기업이나 자산을 담보로 받는 대출—옮긴이.

이런 상황은 많은 의미를 내포하고 있다.

우선, 도덕적 해이의 측면이 있다. 은행들은 그들이 제공한 대출이 적어지자 장기적인 신용의 질에는 덜 관심을 갖게 되었다.

영국 금융감독청Financial Services Authority, FSA이 최근 실시한 조사에 따르면, 평균적으로 은행들은 최대 규모의 인수거래들에 제공한 대출의 81%를 그 거래가 완료된 후 120일 내에 다른 곳에 판매했다. 이와 관련된 일화적 증거는 '대출 제공 후 판매모델originate-then-distribute model'이 대출의 질을 하락시키고 있다는 것을 보여주고 있다.

예를 들어, 1990년대 초 은행 위기를 무사히 넘긴 유일한 스웨덴 은행인 스벤스카 한델스방켄Svenska Handelsbanken(스웨덴상업은행)은 현재 스웨덴 기업대출시장에서 시장점유율을 잃어가고 있다. 경쟁 은행들과 달리 한델스방켄은 대출을 계속 보유할 준비가 되어 있지 않으면 대출 계약을 하지 않는다는 내부방침을 가지고 있다. '소포 전달게임(요컨대 대출을 발생시킨 후 다른 곳에 떠넘기는)' 사업모델을 택한 경쟁 은행들과 그로 인해 낮아진 신용 기준 때문에 한델스방켄이 최근 시장점유율을 잃고 있다고 결론 내리는 것은 나름 설득력이 있다.

다른 글에서 우리는 수수료를 추구하는 투자은행들이 만들어내는 사모펀드 거래에 자금을 제공하는 '계약에 고정시킨 대출패키지(즉, 스테이플 대출, 스테이플 금융)'의 등장에 대해 지적한 바 있다. 스테이플 금융은 잠재적인 입찰자들로부터 가능한 가장 높은 가격을 끌어내기 위해 사용되고 있는 게 분명하다.[15] 또한 그런 대출을 제공한 투자은행들이 그 대출을 오래 보유하지 않는다는 것도 거의 분명하다.

〈파이낸셜타임스〉는 최근 한 기사에서 신용 기준이 하락하고 있다는 것을 보여주는 더 많은 증거들을 제공했다. 이 기사에 따르면, 시티City(런던의 금융중심지)의 한 변호사는 요즘엔 기업의 잠재적인 채무불이행에 대한 채권자 간 금융약정intercreditor arrangements에 대해 아무도 협의하지 않는 것 같다고 한탄했다. 이 변호사는 약 50개 펀드에 대출계약서 초안을 보냈는데, 채무불이행이 발생할 경우 약정 조건에 대해 어떤 의견도 받지 못했다고 했다. 과거였으면 계약서 초안의 모든 조항에 대해 심한 실랑이가 있었을 것이다.

신용평가기관 스탠더드앤푸어스Standard & Poor's가 최근 실시한 조사에 따르면 전액 상환 중에 있는 선순위 회사채의 비율은 2002년 41%에서 2006년 25%로 하락했다.

스탠더드앤푸어스가 발견한 또 다른 사실은 차입매수 기업들LBO firms의 부채 상환에 쓰이는 잉여현금흐름비율이 감소했고, 그만큼 차입매수 후원자들buyout sponsors(사모펀드회사를 말한다)의 배당금으로 사용될 수 있는 자금이 많아졌다는 것이다.

이런 소포전달게임(대출 제공 후 판매모델)에 참여하는 은행들에는 신용시장 상황이 변할 때 발목을 잡힐 리스크가 항상 존재한다. 또한 은행들은 잠재적으로 치명적인 신용리스크를 제거하는 일에 그들의 주장만큼 그렇게 영리하지 못할 수도 있다. 한 은행이 대출을

---

15) 스테이플 금융을 통해 인수자금을 제공받을 수 있는 잠재적 입찰자들의 입찰 참여율, 요컨대 입찰 경쟁률이 높아지고, 그 결과 입찰가격이 상승한다—옮긴이.

증권화하여 이를 유통시키게 되면, 이 증권화된 대출이 그 은행의 자기매매proprietary trading 창구로 되돌아올 수도 있다.

은행들에 대한 영국 금융감독청의 최근 조사에 따르면 응답 은행의 50%만이 대출이 어디로 유통되고 있는지 알고 있다고(그렇게 믿는다고) 대답했다.

HBOS의 CEO 앤디 혼비Andy Hornby는 레버리지론 리스크가 어떻게 귀결되느냐 하는 것이 현재 영국 은행들이 직면한 가장 큰 문제 중 하나라고 말하기도 했다.[16]

사모펀드들의 경우 채무불이행이 증가하면 그들도 어느 정도 피해는 불가피하겠지만, 그래도 물이 들어올 때 노를 젓는 태도가 전적으로 적절해보인다.

그러나 상장주식 투자자의 입장에서는 유럽 금융 부문에 조심스러운 태도를 취하는 것이 현명해 보인다. '대출 후 판매'라는 금융 관행이 널리 채택되고 있음에도 불구하고 은행 자산은 계속 최고치를 경신하고 있다. 그러나 리스크를 전가하는 것이 책임을 전가하는 것보다는 쉬울 것이다.

---

16) 혼비는 정작 자기 은행이 직면한 리스크를 찾는 데 더 노력했어야 했다. 영국 의회보고서에 따르면 HBOS는 '기업금융 부문의 무분별한 대출정책' 때문에 결국 파산했다.

4.7 끝이 보이는 '부동산 축제' 2007년 2월

스페인은 지난 몇 년 동안 부동산 열풍에 휩싸였다. 스페인 인구는 서유럽의 15% 미만이지만, 연간 시멘트 소비량은 유럽 대륙의 50%를 차지한다.

"휘어서 자라는 나무의 몸통은 절대 곧게 펴지지 않는다."

- 스페인 속담

최근 우리는 2006년 초 비교적 조용히 기업공개를 한 스페인의 부동산개발회사 아스트록 메디테라네오Astroc Mediterraneo에 관심을 갖게 되었다.

현재 스페인 주식시장이 강세라는 것을 감안해도, 아스트록의 주가 실적은 정말 대단했다. 주가가 상장 후 10배 이상 상승하면서 시가총액이 유럽 부동산회사 중 5번째로 큰 80~90억 유로에 달하게 되었다. 아스트록 지분 51%를 보유하고 있던 회장 겸 설립자 엔리크 바누엘로스Enrique Banuelos는 하루아침에 스페인 최고 부자 중 한 사람이 되었다. 아스트록 경영진은 주식시장의 이런 상황을 이용해 20억 유로의 주식을 추가 발행했다.

다른 스페인 부동산회사들도 이와 비슷한 인기를 누리고 있다. 유럽 최대의 사무실임대회사 메트로바세사Metrovacesa 주식은 현재 순자산가치에 100% 프리미엄이 붙은 가격에 거래되고 있다. 이는 부분적으로 2명의 최대주주가 회사 경영권을 놓고 다툼을 벌인 때문이기도 하지만, 그럼에도 다른 유럽 부동산회사들에 비해 상당히 높은 프리미엄인 것은 분명하다.

부동산업종 전반의 주가 상승은 신규 자본을 끌어들였다. 작년(2006년) 한 해만 4개의 스페인 부동산회사가 기업공개를 했는데, 이는 그 이전 4년 동안 있었던 부동산업종 전체의 기업공개 수와 같다.

이런 추세는 최근 스페인을 방문한 사람이라면 분명히 확인할 수 있다. 예컨대 지난 몇 년 동안 스페인은 부동산 열풍에 빠진 것 같다. 곳곳에 건설 크레인이 넘쳐나고, 모든 도시 중심부는 거대한 건물지대로 바뀌고 있다. 어떤 추산치를 믿느냐에 따라 다르긴 하지만, 건설 부문이 스페인의 경제생산에서 차지하는 비율은 15~20%로 10% 훨씬 미만인 유럽 평균에 비해 상당히 높은 수준이다. 또한 스페인 인구는 서유럽의 15% 미만이지만, 연간 시멘트 소비량은 유럽 대륙의 50%를 차지하고 있다.

스페인에 이런 열풍이 불게 된 한 가지 이유는 스페인이 유럽연합에서 제공한 결속기금Cohesion Fund[17]의 약 2/3를 받은 주요 수혜국이기 때문이었다. 결속기금은 그리스, 포르투갈, 아일랜드 같은 곳에도 제공되었는데, 이 자금은 도로, 교량, 공항 건설, 그 외 대규모 인프라프로젝트에 사용되었다.

최근 유럽연합이 기금이 더욱 절실한 국가들에 더 많은 기금을 제공하는 쪽으로 정책을 전환하면서 스페인이 받던 자금이 줄어들기 시작하자, 이를 보충하기 위해 스페인 정부는 자체 인프라 예산을

---

17) 유럽연합이 연합의 경제, 사회, 지리적 결속을 강화하기 위해 1인당 국민총소득(Gross National Income)이 연합 평균의 90%에 미달하는 회원국에 제공하는 자금—옮긴이.

늘릴 계획이다.

더불어 주택건설시장도 호황이다. 스페인의 주택건축 규모는 정말 놀랄 만한 수준이다. 연간 약 80만 채의 주택이 착공되고 있는데, 이는 매년 유럽 전역에서 건축되는 신규 주택의 약 1/3을 차지한다. 스페인의 주택 수는 1997년 이후 2배로 늘었다.

이는 부분적으로는 외부 수요, 특히 영국인, 독일인, 북유럽인들이 구매하는 세컨드 하우스와 이민 증가에 따른 것이다. 스페인의 경제 호황으로 EU 밖에서 많은 노동자들이 유입되었고, 이로 인해 스페인 인구에서 이민자가 차지하는 비율은 2000년 2%에서 현재 9% 이상으로 상승했다.[18]

경제에 대한 확신이 강하고 이민자들이 국경을 넘어 계속 쇄도해 들어오는 상황에서, 이런 호황이 지속되지 못할 것이라고 믿는다면 그 이유는 무엇일까?

우선, 주택 가격 인플레이션이 둔화되고 있는 것으로 보인다. 가계부채는 가처분소득의 130%에 도달했다. 이는 2001년 이후 약 50%p 증가한 것으로 유럽에서 최고 수준에 속한다. 스페인은 유로화 사용 국가이고, 따라서 금리는 이렇게 강하게 성장하는 경제에 적합한 수준보다 훨씬 낮은 상태다. 부채 상환 비용은 상대적으로 아직 감당할 수 있는 수준이기는 하지만, 가계가 더 이상 부채를 원하지 않을 때가 오기 마련이다.

---

18) 밝혀진 바에 따르면, 이런 이민의 상당 부분이 스페인 주택시장의 호황과 관련이 있었다. 거품이 꺼진 후 이런 이민 추세는 역전되었고, 2013년 50만 명 이상의 외국인이 스페인을 떠났다.

또 다른 우려는 스페인 부동산이 휴가용 별장을 매수하려는 외국인들에게 이제 더 이상 그렇게 좋은 가치를 제공하고 있지 않다는 것이다. 많은 외국인이 그리스, 튀르키예, 크로아티아 등에서 찾을 수 있는 지중해의 더욱 저렴한 다른 대안을 선호할 수도 있다.

주택 건축 속도의 둔화는, 허가가 절실한 개발업자들에게 건축허가를 판매해 상당한 수입을(이 수입이 얼마나 되는지 아는 사람은 아무도 없는 것 같다) 올리고 있는 많은 스페인 지자체에 나쁜 소식이 될 것이다.

지자체의 건축허가 판매는 대부분 공정하지만, 일부 수상한 거래도 있는 큰 사업이다. 몇 년 전 스페인 남부 도시 마르베야Marbella에서 불법 개발 스캔들이 터졌을 때, 당국은 이를 조사한 후 마르베야 시장을 구속했다. 50유로나 100유로짜리 지폐로 결제해달라고 하기가 어려워 보이는 나라에서 500유로 지폐 전체 발행분의 약 1/4을 갖고 있다고 하는데, 이런 현금 대부분이 이런저런 식으로 건설산업 주변을 흘러다니고 있을 게 분명하다.[19]

---

19) 스페인의 부동산버블이 붕괴되자 점점 커지던 대중의 분노 속에 마침내 벌집이 터졌다. 2014년 10월 여러 부패 스캔들이 세상에 알려졌다. 이때 스페인 은행구제기금은 2개의 지역 저축은행[스페인어로 '카하(caja)']에서 있었던 15억 유로 상당의 매우 변칙적인 부동산 및 부채 업무 부정과 관련해 당국에 수사를 의뢰했다. 거의 같은 시기에 지방의회 의원, 공무원, 건축업자, 그 외 다양한 인물들이 연루된 지방정부 부패 스캔들에 대한 조사가 있은 후, 스페인 전역에서 수십 명이 체포되었다. 이미 혼란스러웠던 이 10월에 방키아(Bankia, 여러 파산한 저축은행들을 모아 2010년 설립된 금융기관)의 전 회장과 방키아에 통합된 한 저축은행의 전 CEO가 법정에 소환되어, 이른바 '블랙 신용카드'를 이용해 방키아 자금 수백만 유로를 불법 사용한 혐의로 수사를 받고 있던 수십 명의 방키아 임원들(모두 지역 정당과 노동조합에서 정치적으로 임명한 사람들이었다)이 연루된 부패 스캔들에 대해 조사를 받았다. 스페인에서 부패에 대한 대중들의 혐오는 급

스페인 경제는 노동력의 약 22%를 고용하고 있는 건설산업에 의존하게 되었다. 지난 몇 년 동안 매우 강한 성장을 기록한 또 다른 유럽 국가인 아일랜드와 달리, 스페인은 생산성 향상 같은 것은 전혀 없었다. 이민 유입으로 임금 인상이 어느 정도 억제되고는 있지만, 단위 노동비용은 여전히 유로존의 평균 2배에 달하는 상승률을 보이고 있다.

특히 스페인의 생산성 증가가 부족한 상태에서 이런 임금 상승은 스페인의 경쟁력을 점점 떨어뜨리고 있다. 이를 보여주는 한 가지 지표는 외국 기업들이 상대적으로 경쟁력 있는 투자지역으로 옮겨가면서 스페인에 대한 외국인직접투자foreign direct investment, FDI가 2000년 GDP의 4%에서 2005년 2% 이하로 50% 이상 감소했다는 것이다.

스페인이 변동환율제에 입각한 자체 통화를 보유하고 있다면 상대적으로 높은 인플레이션과 낮은 생산성 향상은 환율 하락으로 상쇄될 수 있을 것이다. 그러나 스페인은 유로화 사용 국가이고, 따라서 상실한 경쟁력을 회복하기 위해 통화를 평가절하할 수는 없다.

스페인 경제가 유럽 평균보다 훨씬 높은 성장률을 보이면서 계속 성장하고 있지만, 성장을 위한 자금은 점점 더 기업과 가계의 차입으로 조달되고 있다. 그 결과 스페인의 경상수지 적자가 2006년 말 GDP의 무려 8.8%에 달할 정도로 급증했다. 이는 비율 면에서 미국보다 훨씬 높은 수준이며(현재 미국의 경상수지 적자는 GDP의 6.8%이

진 좌파정당 포데모스(Podemos)의 부상에 기여했다.

다), 절대금액 면에서도 미국에 이어 세계 2위다.

유럽의 금리가 상승 추세에 있기 때문에 스페인의 부채 상환이 더욱 고통스러워지고 있다. 현재의 부채 수준이 지속되기는 어렵다. 연착륙 시나리오가 가능하지만, 그러기 위해서는 소비자와 기업의 신뢰consumer and business confidence를 과도하게 훼손하지 않으면서 평균 이하의 인플레이션과 임금 상승률이 오래 지속되어야 한다.

그러나 이런 요인들이 결합되는 경우는 상상하기가 어렵다. 아무래도 스페인 경제에, 그리고 엔리크 바누엘로스 회장에게도 훨씬 힘든 시기가 닥칠 것 같다.[20]

4.8 '도관'이 깨질 때 2007년 8월

독일 은행 시스템은 파편화된 특성 때문에 사고에 특히 취약하다. 이번에 문제가 된 것은, 은행이 투자수단으로 적극 활용한 '투자도관업체' 때문이다.

다소 필연적이기는 하지만, 현재 신용시장에서 벌어지고 있는 혼란의 유럽 지역 주요 희생자는, 지금까지는 모두 독일 은행, 그중에서도 중형은행들이었다.

중견기업 전문 대출기관이면서 상장기업인 독일산업은행IKB

---

20) 이 글이 발간된 직후, 바누엘로스 회장이 아스트록으로부터 연매출 65%에 해당하는 금액의 부동산을 매수했다는 것을 밝힌 감사보고서가 나왔고, 그후 1주일 동안 아스트록 주가는 70% 하락했다[〈로이터(Reuters)〉, 2007년 7월 26일].

Deutsche Industriebank과 사고에 취약한 독일 주립은행Landesbanken 중 하나인 작센주립은행Sachsen LB이 대형 독일 은행들과 국가기관의 협력으로 구제금융을 받아야 했다.

독일 은행산업은 독일 은행가들이 금융꾼들에게 잘 속는 경향이 있고, 파편화fragmented되었다는 데 그 약점이 있는 것 같다.

2000년대 초, 여러 독일 은행들이 부동산대출로 상당한 손실을 입게 되었다. 불과 몇년 전에는 독일 최대 주립은행 중 하나인 서독일주립은행WestLB이 사모펀드에 했던 투자를 상각할 수밖에 없었다.

그런데 이번에 문제가 된 것은 은행의 재무상태표에는 대부분 빠져 있던 투자도관업체conduits라는 투자수단과 관련된 것이다.

이런 투자도관업체가 문제가 된 경위부터 살펴보자.

여기서 투자도관업체란 은행이 보유한 자산을 기초자산으로 기업어음 등 자산유동화증권을 발행하여 자금을 조달한 후, 그 자금으로 다른 자산에 투자할 목적으로 설립한 특수목적회사의 일종이다. 물이 흐르는 도관처럼 자금흐름의 도구로 사용한다고 해서 '도관업체'라고 불렀다.

독일산업은행과 작센주립은행은 자산유동화 기업어음시장에서 자사의 투자도관업체에 자금을 조달했다. 조달한 자금은 일반적으로 금리가 저렴했고 만기는 보통 90~180일 정도로 단기였다. 투자도관업체들은 이렇게 조달한 자금을 부채담보부증권CDO이나 자산유동화증권처럼 수익률이 더 높고 만기가 더 긴 자산들에 투자했고, 후원은행sponsoring bank(모은행)은 문제가 발생할 경우 기업어음 보유자들에게 상환할 용도의 소액 담보만 장부에 기장하면 되었다. 따라서 기업어음이 그보다 만기가 긴 투자자산에서 창출되는 수입보다 낮은 조달비용으로 상환이 연장될 수만 있다면, 이런 투자도관업체들은 은행에 상당한 수익을 창출해 주었다.

지난 4~5년 동안 많은 유럽 은행들은 이런 시장에 매우 적극적이었고, 유럽 투자도관업체들은 약 5,100억 달러의 자산유동화 기업어음을 떠안게 되었다. 이는 5년 전 불과 2,000억 달러에서 2.5배 이상 급증한 금액이었고, 1.2조 달러 규모의 자산유동화 기업어음시장의 거의 50%를 차지했다. 작센주립은행과 독일산업은행은 매우 적극적으로 투자도관 사업모델을 채택했다.

독일산업은행의 투자도관업체 라인란트펀딩Rhineland Funding은 2002년 설립 후 급성장하면서, 올해(2007년) 중반에는 자산이 140억 유로에 달했다. 이 당시 독일산업은행이 라인란트펀딩에 투입한 자금은 80억 유로였는데, 이는 40억 유로에 불과한 티어1 및 티어2 합계 자본금보다 2배나 많았다. 그리고 독일산업은행 주가가 고점을 찍었을 때 30억 유로가 채 안 되었던 시가총액보다도 훨씬 큰 금액이었다.

작센주립은행의 경우도 비슷했다. 작센의 투자도관업체 오몬드키Ormond Quay는 2004년 설립된 후, 작센주립은행 총자산 680억 유로의 1/4에 해당하는 자산 170억 유로(오몬드키 자기자본의 11배)의 회사로 성장했다.

일이 잘 돌아가고 있을 때는 이런 수준의 익스포저(리스크 노출)는 문제가 없어 보였다. 그러나 정신없이 돌아가던 신용의 회전목마가 몇 주 전 갑자기 회전을 멈췄다. 투자도관업체들이 보유한 투자등급

investment grade 증권의 상당량이 미국 서브프라임 모기지에 노출되면서, 그 증권들이 등급만큼 그렇게 안전하지 않을 수 있다는 우려가 수면 위에 떠오르면서부터였다.

갑자기 기업어음시장에서 어음의 만기 연장이 불가능해졌고, 상환 여력보다 몇 배나 많은 부채를 안고 있던 독일산업은행과 작센주립은행은 급히 마련된 구제금융이 없었다면 바로 파산하고 말았을 것이다.

이 두 은행의 경우는 가장 극단적인 사례이기는 하지만, 독일에서 유일한 사례는 결코 아니다.

사실 독일 주립은행들은 투자도관 사업모델에 각별한 관심을 가졌던 것으로 보인다. 독일의 8대 주립은행 중 유럽 30대 은행에 들어가는 은행은 하나도 없었지만, 투자도관 이용에 있어서는 모두 유럽 30위 안에 들어갔다. 작센주립은행의 오몬드키는 유럽의 최대 투자도관업체 중 하나였다. 작센주립은행이 유럽 기준으로는 물론이고, 독일 기준으로도 소형은행이라는 것을 생각하면 이는 매우 놀라운 일이다.

그렇다면 이런 위험에 취약한 독일 시장구조는 과연 어떤 것일까?

부분적으로 문제는 독일 은행시스템의 파편화된 성격에 있다. 수익성 좋은 전국 단위의 은행들이 발전한 대부분의 다른 유럽 시장들과는 달리, 독일에서는 가장 큰 민간은행들조차 국내 시장점유율이 한 자릿수에 불과하다.

그동안 지역 주립은행들은 정부 보증으로 도매 금융시장에서 비교적 저렴하게 자본을 차입해 민간은행보다 저렴하게 기업 대출을 제공할 수 있었지만, 정부 보증이 사라지자 기업 대출시장에서 지역 주립은행들의 경쟁력이 약화되기 시작했다. 유럽연합은 2005년 정부 보증을 중단시켰고, 이는 주립은행들의 이익률을 압박했다.

과거 동독 지역에 속한 유일한 주립은행인 작센주립은행은 여전히 침체된 지역에서 대출사업을 성장시키려는 매우 힘든 과제를 안고 있었다. 그래서 독일의 다른 지역에서 대출을 늘리고, 투자도관 같은 투자상품으로 적극적으로 사업을 확장하는 것이 합리적인 해결책처럼 보였을 수 있다.

이와 비슷하게 독일산업은행도 지분 38%를 보유한 대주주 국영은행 KfW가 전통적인 성장에만 추가 자금을 지원하려고 함에 따라 성장이 제한되었다. 이에 독일산업은행은 국내 규제당국의 감시를 받지 않고, 소규모 백스톱 대출약정back-stop loan facility(1차 자금원이 부족할 경우 2차 자금원을 마련하는, 즉 안전장치를 둔 대출약정. 그 자체가 여러 곳에 판매, 유통될 수 있다)을 제외하고는 자본이 거의 필요하지 않은 투자도관 같은 장부외 수단을 통한 성장으로 전환했다.

또한 독일 은행들은 타인의 비용으로 리스크를 부담하는 도덕적 해이에도 노출되었다. 이들이 그런 큰 실수를 연발한 것은 바로 이 때문일 것이다.

독일산업은행과 주립은행 같은 공공 부문 은행들은 중소기업의 신용 이용가능성에 관심을 갖고 있는 독일 정부가 은행이 파산하도록 내버려두는 일은 결코 없을 것이라는 것을 알고는 상당한 리스크를 감수하고 싶은 유혹을 강하게 느꼈을 것이 분명하다.

더욱이 은행 경영진은 자신들의 은행에 지분이 거의 없거나 아예 없었다. 독일산업은행 경영진의 인센티브는 연간 ROE 목표치를 기준으로 했는데, 이는 소액의 은행 자본을 사용해 수익을 창출할 수 있던 투자도관업체의 매력을 높여주었을 뿐이다.

가장 최근 회계연도에 독일산업은행이 보고한 이익의 40% 이상이 투자도관과 매우 유사한 방식으로 설계된 구조화투자전문회사 structured investment vehicles, SIVs의 자산과 투자도관 활동이 포함된 구조화금융사업부 Structured Finance Division에서 나왔다. 구조화금융사업부의 수익성은 다른 사업부들의 2배 이상이었다.

또한 독일 은행가들이 그저 무지했을 가능성도 간과해서는 안 된다. 실제로 그들은 그들이 짊어지고 있던 복잡한 리스크를 이해하지 못했다. 1990년대 말 이후 중소기업에 대한 자신들의 대출자산을 증권화해 판매하고 있던 독일산업은행의 경우, 투자도관사업은 익숙해 보였을 것이다.

실제로 독일산업은행은 리스크관리에 자부심을 갖고 있었다. 독일산업은행은 가장 최근 발간한 보고서에서 25페이지에 걸쳐 다양한 리스크위원회들이 은행 업무를 감독하면서 리스크를 최소화하고 있으며, 증권화금융 분야에 이미 많은 전문성을 쌓았다고 설명하고 있다.

그리고 라인란트, 오몬드키, 기타 다른 도관업체들에 제공하는 상품을 만들어 상당한 수수료 수입을 올리고 있던 투자은행들도 리스크가 엄격하게 통제되고 있다는 인식을 부추겼다.

이에 대해 우리가 의심을 갖게 된 것은 일부 독일 도관업체들의 이상한 이름 때문이었다.

예를 들어 한 도관업체에는 '포세이돈Poseidon'이라는 다소 의심쩍은 별명이 붙었다. 누군가 이 회사가 결국은 물에 빠질 것(파산할 것)이라고 생각이라도 한 걸까? 베를린주립은행의 또 다른 도관업체는 '체크포인트 찰리Check Point Charlie(냉전 당시 동서 베를린에 사이에 있던 검문소)'라는 우스꽝스러운 별명을 갖고 있었다. 우리가 보기에, 이런 의심쩍은 이름들은 함부르크나 베를린에서 붙인 것이 아니라 카나리 워프Canary Wharf(영국의 신흥 금융중심지)에서 유머로 붙인 별명인 것 같다.

독일 은행들이 최근 몇 년 사이 개선되었다고 주장하는 사람도 있겠지만(독일의 대형 상장은행들 중에서 이번 사태로 심각한 혼란에 빠진 은행은 아직 없는 것으로 보인다), 업계 구조가 계속 파편화된 상태로 남아 있는 한, 독일 은행가들은 세계금융이라는 전문 도박사들의 게임에서 호구 역할을 할 수밖에 없을 것이다.

4.9 140년 만에 보는 뱅크런 2007년 9월

변동성이 심한 자금 원천으로 인해 노던록은 신용경색에 취약해졌다. 그리고 마침내 영국 은행으로는 140년 만에 처음으로 대규모 예금 인출 사태를 겪었다.

대형 서유럽 은행에 대한 뱅크런은 흔한 일이 아니다. 영국에서 마지막으로 뱅크런이 있었던 것은 1866년이었다. 따라서 이번 뱅크런은 노던록은행Northern Rock 자신들의 관점에서는 물론이고(무엇 때문에 사람들은 뱅크런을 한 것일까?), 마라톤이 유럽 금융주의 비중을 오랫동안 축소했던 맥락에서 모두 검토할 가치가 있는 주제인 것 같다.[21] 현재 우리 포트폴리오에서 은행주가 차지하는 비중은 14%로, 28%인 벤치마크 지수 은행업종 비중의 절반에 불과하다.

수년에 걸친 노던록과의 미팅은 사업모델의 지속가능성에 대해 우리를 특별히 우려하게 만들었다기보다는 오히려 당황하게 만들었다. 우리는 노던록에는 어떤 투자도 한 적이 없었다.

노던록이 단기로 차입하고 장기로 대출해주면서 가장 최근의 금융혁신(이른바, 뜨거운 감자 떠넘기기pass-the-hot-potato)을 이용하고 있다는 사실은 현재의 은행 규범의 맥락에서 볼 때 특별히 비정상적인 것은 아니었다. 자본시장의 혁신, 그리고 리스크 평가능력이 가장 부족한 사람들에게 '리스크를 떠넘기는 수수료 지향적 사업'을 추구하는 경향은 영국 북부의 모기지대출은행(노던록)에만 한정된 것이 아니라 이미 널리 퍼진 현상이다.

12년 전에는 비이자수입이 이익의 49%였던 도이치은행Deutsche Bank의 경우 지금은 이익의 거의 80%를 비이자수입으로 창출하고 있다. 2006년 10월 도이치은행의 연례 투자자의 날 행사에서 우리가 작성한 회의록에는 다음과 같은 의견이 기록되어 있었다.

---

[21] 2007년 9월 노던록은 뱅크런에 시달린 후 영국 중앙은행인 잉글랜드은행에 유동성 지원을 요청할 수밖에 없었다. 그다음 해 2월 노던록은 결국 국유화되었다.

"(도이치은행이 스스로 경쟁력이 있다고 주장하는) CDO, 증권화, 부채 유통판매 같은 분야에서 조금이라도 타격을 받으면 도이치은행은 신용 및 지속적인 수수료 창출의 견지에서 매우 큰 피해를 입을 수 있다. 도이치은행은 현대 부채시장에서 벌어지고 있는 매우 위험한 호스피털패스게임pass-the-hospital-pass game[22])에서 패스를 제일 많이 하는 스크럼 하프scrum half 포지션을 맡고 있는 것으로 보이기 때문이다."

노던록과의 미팅에서 우리를 놀라게 했던 것은 머리를 민 젊은 CEO(애덤 애플가스Adam Applegarth)가 전통적인 은행가 이미지와는 너무 달랐다는 점이다. 단독미팅 후 우리의 회의록 작성자는 "가장 두려운 것은 그가 너무 영리하다는 것"이라고 했다.

노던록의 3,500만 유로 규모의 신사옥 프로젝트를 알았다면 역시 경고음이 울렸을 것이다. 투자를 하기 전에 영국 체스헌트 교외에 있는 낡고 추레한 테스코Tesco 본사 건물을 일종의 상한선 기준으로 삼아 노던록 본사 사진과 비교해보는 것도 좋을 것 같다. 또한 요즘 고상하게 '기업지배구조 문제'로 표현되는 문제—예컨대 노던록 회장이 매우 유명한 대중과학서적 작가라는 사실—도 지적할 수 있을 것이다.

결과적으로 보면, 변화가 심한 자금 조달원에 대한 높은 의존도와 사업의 다양성 부족이 노던록을 2007년 8월 발생한 새로운 시나리

---

22) 호스피털 패스 : 럭비경기에서 상대방의 태클로 큰 부상을 입고 병원에 갈 수도 있는 매우 위험한 장거리 패스—옮긴이.

오에 취약하게 만들었다.

신용과잉 기간에는 한발 물러서 있다가, 이제 현재(2007년 9월)의 새로운 시장환경에서 수혜를 입을 수 있는 많은 금융기관들이 있다. 그동안 기업대출시장에서 점유율이 하락했던 스웨덴 한델스방켄 Svenska Handelsbanken같은 유럽의 지역 소매은행들이 특히 그렇다.

현재의 시장환경에서 또 다른 승자후보는 어떤 점에서 사업모델이 노던록과 비슷해 노던록이 연상되는 바람에 부적절하게 평가절하되고 있는 금융기관들이다. 우리가 볼 때 이에 해당하는 한 예는 영국의 가계대출시장을 지배하고 있는 프로비던트 파이낸셜Provident Financial이다. 프로비던트 파이낸셜은 서브프라임이라는 이름과 만기가 상대적으로 단기인 자금조달 특성 때문에 오명을 뒤집어쓰고 있는 상황이다. 그런데 프로비던트의 경우, 노던록의 경우와는 정반대로 회사가 제공한 대출의 만기가 회사가 차입한 자금의 만기보다 매우 짧기 때문에 사실은 만기 구조가 회사에 유리한 역캐리트레이드reverse carry trade 구조이다.[23]

이 외에도 관심을 가질 만한 개별 사례들이 일부 있기는 하지만, 우리의 전반적인 생각은 이 시점에 유지해야 할 정확한 포지션은 금융업종에 대한 비중 축소라는 것이다.

많은 평론가들은 '유동성 위기(도매 조달자금wholesale funding의 부족)'와 '기초담보물의 지불능력 혹은 신용의 질(모기지의 상환 가능성)'

---

23) 2007년 9월부터 2014년 12월까지 프로비던트 파이낸셜의 주가는 미 달러화 기준 109% 상승했다. 같은 기간 MSCI 유럽은행지수는 64% 하락했다.

을 분리해 보고 있다. 이런 주장에 따르면 현재의 위기는 유동성 위기로 한정된 것이기 때문에 은행 재무상태표의 자산 상태에 대해서는 우려할 게 없다는 것이다.

그러나 지난 10년간 그 어느 때보다 풍부해진 유동성과 자산가격 상승 간의 상관관계를 보면 대출자들의 관대한 지원이 없으면 자산가격은 취약하다는 것을 알 수 있다. 이런 시각에서 볼 때 지금 금융업종에 대한 익스포저를 늘리기보다는 부실채권과 자산상각의 증가를 먼저 기다리는 것이 나아 보인다.

 4.10 은행의 7대 죄악 2009년 11월

스웨덴 한델스방켄은 이른바 '은행의 7대 죄악'을 범하지 않아서 성공할 수 있었다.

스웨덴 4인조 그룹 아바^{Abba}의 노래 〈머니, 머니, 머니$^{Money, Money, Money}$〉 중에 "돈, 돈, 돈, 재미있을 거야, 부자들의 세상에서는"이라는 가사가 있다. 이 유명한 그룹 외에도, 스웨덴은 '다이너마이트'와 '안전성냥'이라는 치명적인 조합을 세상에 선물하기도 했다. 또 스웨덴은 1990대 초에는 자국 은행시스템을 폭파시키기도 했다. 그러나 세계금융위기 동안에도 폭파되지 않은 한 대형 유럽 금융기관이 있었으니, 그것은 바로 스웨덴 최대 은행이자 마라톤의 장기 보유종목인 스웨덴 한델스방켄$^{Svenska\ Handelsbanken}$(스웨덴상업은행)이다.

수년 동안 보유하는 과정에서 우리는 이 은행에 대해 꽤 잘 알게 되었다. 한델스방켄 경영진과의 미팅은 다른 유럽 경쟁은행들의 어리석음에 대한 시의적절한 통찰을 제공해주는 경우가 많았다.

최근에 출간된 닐스 크로너Niels Kroner의 『은행업무 개선을 위한 청사진A Blueprint for Better Banking』은 한델스방켄의 역사와 문화를 소개하고 있다. 책 제목에서 암시하듯, 이 책은 다른 은행들도 한델스방켄식으로 운영되었다면 최근 금융시스템에서 발생하고 있는 많은 문제를 피할 수 있었을 것이라고 주장하고 있다.

한델스방켄은 매우 보수적으로 경영되는 지점 기반의 소매은행으로, 1990년대 초 북유럽 은행 위기 당시 파산하지 않은 스웨덴의 유일한 대형은행이었다.

이번에도 한델스방켄은 신규 자본을 조달하거나 정부 지원을 받지 않고 세계금융위기를 잘 헤쳐나왔다. 이로써 한델스방켄은 세계금융위기를 잘 피한 불과 3개의 유럽 주요 은행 중 하나가 되었다.

경쟁은행들이 중앙집중적 신용평가 체계를 이용하고 있는 데 반해, 분권형 사업모델을 채택한 한델스방켄은 지점장들이 고객에 대한 현지 대면지식에 입각해 대출을 제공하도록 장려했다. 한델스방켄은 지속적으로 업계 최고의 고객서비스 등급과—다른 은행 대비 낮은 영업이익경비율cost to income ratio에서 확인할 수 있는—가장 낮은 비용을 유지하고 있다.

몇 년 전, 우리는 한델스방켄 경영진에게 우리가 들은 바로는 많은 지점의 카펫에 구멍이 나 있다고 하는데 그 이유가 뭐냐고 물은 적이 있다. 이들의 대답은 "카펫은 돈을 벌어주지 않습니다"였다.

경쟁자들이 겪은 재앙을 피한 한델스방켄의 주가는 2007년 초 이후 다른 유럽 주요 은행들의 주가를 상회했다. 닐스 크로너에 따르면, 한델스방켄은 그가 말한 이른바 '은행의 7대 죄악Seven Deadly Sins of Banking'을 범하지 않아서 성공할 수 있었다. 그가 말한 은행의 7대 죄악은 다음과 같다.

제1죄악 : 신중하지 못하게 자산과 부채를 불일치시킨 죄

단기로 차입해 장기로 빌려주는 것이 은행에 문제가 될 수 있다는 것은 전 세계적으로 분명한 많은 사례가 있다. 유럽에서 최근의 사례로는 영국의 노던록은행과 아일랜드 은행들이 있다.

호황기에 아일랜드 은행들은 만기 1년의 기업어음으로 조달한 자금(부채)을 계약만기 20년 이상의 가계모기지 대출(자산)로 제공했다.

반면, 한델스방켄은 자산-부채 불일치로 발생하는 리스크를 아주 깊이 인식하고 있다. 한델스방켄은 본점의 중앙 재무기능central treasury function을 이용해 각각의 만기에 따라 예금과 대출을 일치시키고 그 가격을 책정한다. 이로 인해 지점들은 만기변환maturity transformation(단기로 자금을 차입해 좀 더 장기로 대출을 제공하는 금융기관의 관행)으로는 이익을 보고할 수 없다.

제2죄악 : 고객의 자산-부채 불일치를 조성한 죄

대표적인 사례는 중유럽국가들의 가계에 대한 외환 대출이다.

얼마 전 유럽 은행들은 헝가리와 라트비아 소비자들에게 저금리의 유로화 및 스위스프랑화 모기지대출을 제공하고 있었다. 그런데

이 고객들은 그들이 떠안고 있는 외환리스크를 잘 이해하고 있는 것 같지는 않았다.

하지만 한델스방켄은 지점장들의 가장 우선적인 관심사가 채무불이행 리스크를 제거하는 것이기 때문에 이런 대출은 하지 않는다. 지점장이 할 수 있는 '최악의 일'은 바로 부실 대출을 늘리는 것이다. 한델스방켄은 내부적으로 이런 지표에 따라 지점들의 순위를 매김으로써 순위가 낮은 지점과 지점장들을 적극 독려한다.

제3죄악 : '갚을 수도 없고, 갚지도 않을 차입자'에게 대출한 죄

여기서 우리가 바로 떠올릴 수 있는 것은 비우량subprime 차입자와 사모펀드회사들에 대한 은행 대출이다.

이에 반해 한델스방켄의 접근법은 오히려 "돈이 있는 사람에게 돈을 빌려주라"는 것이다. 따라서 한델스방켄의 접근법은 '대중시장 접근법'이라기보다는 '틈새대출시장 접근법'인 셈이다.

여러 해에 걸친 기업탐방에서 한델스방켄 경영진은 우리에게 "지금 은행산업은 신용리스크, 즉 차입자들이 원금을 결코 상환하지 못할 리스크는 보지 못하고, 매 분기 불과 몇 베이시스포인트의 스프레드를 더 버는 데만 집착하게 되었다"고 말하기도 했다.

제4죄악 : 잘 모르는 영역에서 성장을 추구한 죄

어리석게도 많은 유럽 은행들은 신용상 전혀 리스크가 없는 AAA 등급이라고 소개한 '전문가'들의 말만 믿고 미국 서브프라임 CDO(부채담보부증권)에 투자했다가 거금을 잃었다(이런 식으로 UBS

는 400억 달러를 날렸다). 요컨대 유럽 은행들은 금융상품에 대한 인수(투자)결정을 전문가라고 하는 외부인에게 아웃소싱했던 것이다.

스칸디나비아의 많은 은행들은 발트 3국에서 성장을 추구했지만, 이 지역의 GDP는 올해 15~20% 하락하면서 어려움을 겪고 있다(현재 라트비아의 주택가격은 고점에서 70% 하락한 상태다).

이와 대조적으로 해외 진출에 대한 한델스방켄의 접근법은 그들 표현을 빌리자면 항상 신중한 '유기적 점증주의organic incrementalism' 였다. 전반적으로 한델스방켄은 발트 3국은 너무 위험하다고 보고 피했고, 그 대신 영국, 독일, 노르웨이 등 성숙한 서유럽시장에서 지점망을 확대했다.

서유럽시장에서는 기존 은행들의 중앙집중화 경향에 환멸을 느낀 은행 직원들 가운데 좋은 지점장을 찾아 채용하기가 쉬웠다. 영국에서 한델스방켄은 현지인 지점장들을 고용했는데, 이들은 최고의 고객과 가장 뛰어난 동료 직원들을 데려왔다.

제5죄악 : 부외대출을 제공한 죄

부외대출off-balance sheet lending이라는 은행의 대죄를 목격할 수 있는 최근 사례는 유럽 은행들이 투자도관conduits과 구조화투자전문회사structured investment vehicles, SIVs를 이용한 것이다.

이에 반해 한델스방켄의 접근법은 만기까지 재무상태표에 계상해 놓을 준비가 된 리스크만 받아들이고, 돈을 빌려주는 일을 하고 있는 차입자에게는 돈을 빌려주지 않는다는 것이다.

그런데 공교롭게도 이런 원칙 덕분에 한델스방켄은 유럽 은행시스템 전반의 신용평가 기준에 큰 악영향을 끼친 '소포전달게임'식 증권화금융에는 발을 담그지 않았다.

제6죄악 : 선순환 및 악순환의 역학에 빨려든 죄

이 죄악은 '폰지경제' 혹은 '폰지금융'이라고 할 수 있는 것에 유혹된 것이다.

스칸디나비아 은행들이 발트 3국에서 대출을 제공하는 것은 오랫동안 좋은 아이디어처럼 보였는데, 그것은 부분적으로 발트 3국의 GDP가 빠른 속도로 성장하고 있었기 때문이다. 그러나 사실 발트 3국의 강한 경제성장은 스칸디나비아 은행들이 스스로 공급한 신용의 급증에 따른 것이었다.

모든 은행이 같은 시장에서 대출을 제공하고 있다는 사실이 안도감을 주었고, 한동안 선순환이 지속되었다. 전 세계 부동산시장도 자산의 질은 신용 상황과 관계없다는 비슷한 관념이 있었다.

이에 반해 한델스방켄은 자신들의 반주류적 성향에 자부심을 갖고 있다. 지점망에 의존하는 구조를 가진 한델스방켄은―일반적으로 행복한 집단사고에 빠지게 만드는―고위 경영진의 '전략적 행보'가 상대적으로 덜한 경향이 있다.

한델스방켄의 지점들은 모든 시장주기에 걸쳐 상당히 일관된 리스크 선호도를 갖고 있다. 따라서 거품기(예컨대 2006~2008년 기간)에는 시장점유율을 잃는 반면, 다른 은행들이 대출 제공을 꺼리거나 대출을 할 수 없을 때는 시장점유율을 늘리는 경향이 있다.

제7죄악 : '백미러'에 의존한 죄

'백미러를 통한 운전(빈약한 과거 경험만으로 미래를 전망하는 것)'에 의존하는 일반적인 금융 죄악의 최근 유형 중에는 위험노출가치 value-at-risk 모형, 즉 VaR 모형의 광범위한 사용이 있다. 이런 모형은 세계금융위기 이전 몇 년 동안은 비교적 양호했던 제한된 양의 과거 데이터에만 기초하는 경향이 있다. 그리고 이 모형에서는 진정한 리스크가 과소평가되었다.

메릴린치 Merrill Lynch는 2007년 연차보고서에서—'95% 신뢰구간과 1일의 보유기간'에 기초해—총리스크노출 total risk exposure이 1억 5,700만 달러라고 보고했다. 그런데 1년 후, 이 '뛰어난 소떼 Thundering Herd'[24]는 무려 300억 달러의 손실을 기록했다!

또 미국의 경우처럼, 주택가격이 10년 동안 85% 상승한 후에, 하락한다 해도 최대 13.4% 하락에 그칠 것(프레디맥 Freddie Mac의 최악의 시나리오다)이라고 예측하는 것이 과연 현실적일까?

한델스방켄은 스웨덴 은행 위기의 재발 같은 상대적으로 더 비관적인 위기 시나리오들에 기초해 적정 자기자본비율 capital requirements을 결정했다.

이 외에도 한델스방켄이 경쟁자들과 다른 부분은 많다. 투자자들과의 대화에서 한델스방켄 경영진은 올해의 이익 수치를 추정해달라는 요청을 거절했다. 1972년 사업부별 예산이 폐지되었기 때문에 그럴 수밖에 없었다. 경영진이 (얼마의 비용을 쓰고 얼마의 이익을 올리

---

24) 메릴린치 금융전문가들을 홍보하는 회사 이미지—옮긴이.

느냐 하는) 예산 목표를 갖고 있고, 거기에 신경을 쓰면, 가격이 불리하게 책정될 때 시장에서 벗어나기가 더 어려워진다.

한델스방켄 경영진의 인센티브도 다른 은행들과 차이가 있다. 한델스방켄은 옥토고넨재단Oktogonen Foundation이라는 임직원 이익공유 프로그램에 자금을 내고 있다. 이 재단은 한델스방켄의 ROE가 일군의 북유럽 및 영국 은행들의 ROE 가중평균치를 상회하면 이익을 배분받는다. 이 기준이 충족되면, 통상 시장주기가 고점인 경우를 제외하고는, 초과수익의 1/3이—주주 배당금의 15%를 상한액으로—옥토고넨재단에 배분될 수 있다. 만약 한델스방켄이 주주들에게 지급하는 배당금을 줄이면, 이 재단에 대한 이익배분은 없다.

옥토고넨재단은 자산의 상당 부분을 한델스방켄 주식에 투자하고 있으며, 현재 한델스방켄 지분의 11%를 보유하고 있다. 모든 임직원은 재단에 배분된 이익에서 직위에 관계없이 동일한 금액을 나눠 받는다.

이 이익공유제도는 북유럽국가에 근무하고 있는 모든 임직원은 물론 2004년 이후에는 영국에 근무하고 있는 모든 임직원까지 그 대상으로 하고 있다. 실제 지급은 그 직원이 60세가 되었을 때 한 번만 이루어진다. 1973년 이후 지금까지 한델스방켄에서 일하고 있는 직원들은 CEO로 일했든 경비원으로 일했든 관계없이 은퇴할 때 약 60만 달러—노벨상 상금의 약 절반이다—를 받게 된다.

이 제도가 한델스방켄의 '끈끈한 부족문화tribal culture'에 기여하고 있을 뿐 아니라, 임직원의 이해와 주주의 이해를 일치시키고 있는 것은 분명하다.

결론적으로, 한델스방켄은 장기적인 시각에 입각해 현명하게 자본을 배분하고 있는 경영진과 굳건한 기업문화, 올바른 인센티브제도 등을 보유한 매우 좋은 사례다.

이런 모든 특징은 마라톤의 투자철학에 부합한다. 한델스방켄의 밸류에이션도 PBR 1.4배, PER 14배, 배당수익률 3%로 여전히 매력적이다. 더 많은 은행들이 한델스방켄처럼 되었으면 좋겠다.[25]

---

25) 이 글을 쓴 2009년 11월부터 2014년 12월 31일까지 한델스방켄의 주가는 스웨덴 크로나화(SEK) 기준으로 87% 상승했다.

5장

좀비의 출현

CAPITAL RETURNS

자본사이클 분석은 경쟁과 혁신이 끊임없이 경제를 발전시키고 생산성 개선을 촉진한다는 슘페터J.A. Schumpeter의 '창조적 파괴' 개념에 큰 영향을 받았다. 이런 시각에서 볼 때 경기침체는 마치 산불이 죽은 나무와 약한 나무들을 태워 없애고, 그 자리에 다시 어리고 건강한 나무들이 자라 번성하게 하는 것과 같은 유익한 기능을 한다.

세계금융위기 이후 주가 하락은 다양한 투자 기회를 제공하고 있다. 거품이 꺼지고 구조조정이 발생함에 따라 자본이 급격하게 빠져나간 산업들에서 최고의 기회가 등장했다.

이번에 소개할 아일랜드 은행산업의 경우는 자본사이클이 좋은 국면으로 진입하고 있는 사례다.

그러나 아쉽게도 이번 장의 글들이 모두 좋은 소식을 전하는 것은 아니다. 일부는 유럽의 정책결정자들이 구조조정으로부터 여러 산업을—특히 많은 노동력을 고용하고 있는 자동차산업과 정치적으로 민감한 대륙의 은행산업을—보호한 내용을 포함하고 있다.

그 결과, 자본사이클의 작동이 억제되었고, 이로 인해 과잉 생산능력과 약한 수익성의 문제가 해결되지 않았다. 이는 투자자들에게는 나쁜 소식이다. 나아가 이는 생산성이 하락하고 경제성장이 약화될 수밖에 없는 것으로 보이는 유로존 경제에도 나쁜 전조이다.

이런 문제들은 세계금융위기 이후 초저금리정책으로 더욱 악화되었다. 초저금리정책은 자금조달 비용을 낮춤으로써 허약한 기업들—'좀비기업'들—이 계속 흐느적거리며 걸어다니게 만들었다.

 5.1 매수 타이밍 2008년 11월

이제 투기 과잉의 징후들이 사라지면서 시장은 다시 매력적으로 보인다. 밸류에이션이 이렇게 낮은 상황에서 합리적인 투자기간만 설정한다면 좋은 수익을 내지 못할 이유는 없어 보인다.

지금 주식시장은 명백한 과잉신호가 있던 2006년 5월(4.5 '점점 부풀어오른 거품' 참고)과는 매우 다른 상황에 있다. 당시 우리가 지적했던 대부분의 거품 신호들은 지금은 긍정적으로 바뀌었다. 또한 시장 밸류에이션 지표도 주식 가격이 장기 투자자들에게 매우 매력적이라는 것을 시사하고 있다.

2006년 5월의 거품 신호들은 다음과 같이 바뀌었다.

1. 원자재 가격 하락 : 원자재 가격이 급락했으며, 이는 인플레이션에 긍정적인 영향을 미칠 것이다.

또한 원자재 관련 기업들이 생산능력 확충계획을 빠르게 보류하고 있다. 예를 들어, 아르셀로미탈은 수요가 증발하자 철강 가격을 안정시키기 위해 생산량을 대폭 줄이기로 했다.

2. 사모펀드 밸류에이션 급락 : 호황기 동안 아폴로, KKR, 블랙스톤은 기록적으로 높은 밸류에이션 수준을 이용해 자체 사모펀드들을 기업공개했다. 그런데 금융계의 이 강력한 거인들이 추락했다!

블랙스톤 주가는 2007년 6월 기업공개 이후 81% 하락했다. KKR 프라이빗 에쿼티 인베스터KKR Private Equity Investors는 2006년 4월 상장 이후 약 90% 하락했고, 아폴로 펀드의 AP 얼터너티브 에셋 AP Alternative Assets LP도 2006년 5월 이후 86% 하락했다. 2007년 7월 상장된 리만 프라이빗 에쿼티펀드Lehman Private Equity Fund는 80% 하락했다.

3. 사모펀드 손실 증가 : 2006년 5월 우리는 블랙스톤이 도이치텔레콤 지분 4.5%를 매수한 것이 과연 현명한 선택이었는지 의문을 제기한 바 있다. 현재 이 지분은 (매수 당시 이용한 레버리지의 증폭된 역효과는 제외하고도) 매수가 대비 약 20%의 손실을 기록 중이다.

2008년 4월 워싱턴 뮤츄얼Washington Mutual을 인수했던 TPG 중심의 차입매수그룹은 워싱턴 뮤추얼의 파산으로 단 5개월 만에 약 70억 달러의 인수비용을 날렸다(그중 TPG 펀드의 자체 손실은 12억 달러에 달했다).

4. 신주상장 급감 : 주식발행이 매우 부진했음에도 불구하고, 기업공개 시장 활동이 몇 년 사이 최저 수준으로 감소했다. 이런 현상은 금융업종에서 특히 두드러졌다.

최근 시장 과잉을 대표했던 부문의 신주 발행이 큰 타격을 받았다. 스위스에 상장된 모태펀드 파트너스그룹Partners Group은 고점에서 60% 하락했고, 신흥국시장 대상 자산운용사 샤를마뉴 캐피털 Charlemagne Capital은 89% 하락했다.

5. 부진한 M&A : M&A 활동은 야성적 충동이 난무했던 2006년 전성기 시절 과잉을 보여주는 또 하나의 지표였다.

당시 우리는 페로비알Ferrovial(스페인 건설회사)이 영국공항공사 British Airport Authority, BAA에 대한 차입매수 입찰을 발표하자 페로비알의 주가가 상승한 것에 주목했다. 그런데 그 이후 신용 접근이 단절되고 BAA 인수에 과도한 가격을 지불했다는 것이 밝혀지면서 페로비알의 주가는 77% 하락했다.

최근 M&A시장에서 나타난 중요한 반전은 BHP 빌리턴BHP Billiton (호주의 광업회사)이 리오 틴토Rio Tinto(영국-호주의 다국적 광업회사)에 대한 입찰을 철회했다는 것이다.

또한 우리는 2006년의 많은 합병이 비용절감 효과는 전혀 없고 레버리지를 이용해 추진되는 것 같다며 불만을 토로한 바 있다.

지금 우리는 마라톤을 포함한 투자자들로부터 보유지분을 매수해 에어콤Eircom(아일랜드 통신회사)을 인수했던 호주의 인프라회사 밥콕앤브라운Babcock & Brown이 인수한 지 3년도 안 돼서 최소 40%의 손해를 보면서 에어콤을 다시 매물로 내놓았다는 소식을 접하고 있다.

결국 시장이 레버리지 인프라펀드에 대한 확신을 잃으면서 밥콕앤브라운 주가는 76% 하락했다.

6. 내부자 매수 증가 : 2006년 4월 영국의 경우 내부자 매수는 내부자 매도의 10% 미만이었다. 그러나 지금 이런 추세는 극적으로 반전되었다. 2008년 10월 현재 내부자 매수는 매도의 2배에 달한다.

7. 몸 사리는 개인투자자 : 2005년과 2006년 개인투자자들은 기록적인 자금을 신흥국시장 투자펀드들 중심으로 뮤추얼펀드에 투자했다. 그런데 신흥국시장은 선진국시장과 디커플링되지 않고 동반 하락했으며, 그 결과 현재 2007년 고점에서 63% 하락한 상태다.
한 번 데이면 그 다음은 조심하기 마련이다. 보도에 따르면, 현재 개인투자자들은 4조 달러라는 역대급 자금을 머니마켓펀드money market funds, MMF에 넣어두고 있다.

시장 과잉을 시사했던 과거의 징후들이 사라졌을 뿐 아니라, 현재 시장 밸류에이션도 매력적이다. 50년 만에 처음으로 미국 국채수익률이 S&P 500 배당수익률 밑으로 하락했다. 유럽 주식들의 '10년 평균이익 대비 주가(그레이엄과 도드, 혹은 쉴러의 PER로 알려진 지표)'는 장기 저점에 근접해 있다.

시장 유동성은 증발해버렸고, (내부자 매수를 제외하고는) 매수자도 매우 적다. 헤지펀드들은 총자산의 약 1/3에 달하는 환매에 직면한 것으로 보인다. 이를 미리 예상한 많은 헤지펀드들은 유동성을 조달하기 위해 자산을 매각해왔다. 기업 차원에서는 2007년 기록적인 수준을 보였던 자사주 매입이 사실상 중단되었다. 외견상 재무 상태가 건전한 기업들도 은행자금에 대한 접근이 어렵고 부채시장이 닫힘에 따라 자사주 매입 프로그램을 중단하고 있다.

지금 시장은 공포와 안전제일 원칙에 억눌려 있고, 유동성 부족으로 커다란 가격 이례현상이 벌어지고 있다. 거시경제 전망이 어둡기는 하지만 이는 분명 주가에 반영되어 있으며, 시장이 지금 수준에서 한 단계 더 하락하려면 상당한 충격이 있어야 할 것이다.

한 세대 동안 주식의 밸류에이션이 이렇게 매력적인 때는 없었다. 밸류에이션이 이렇게 낮은 상황에서 합리적인 투자기간만 설정한다면 투자자들이 좋은 수익을 내지 못할 이유는 없어 보인다.[1]

5.2 스페인 '건설제국'의 해체 2010년 11월

'값비싼' 토목공사 붐이 마침내 종지부를 찍었다. 스페인 건설회사들의 '건설제국게임'이 이렇게 종료됨에 따라 다시 투자 기회가 찾아오고 있다.

대나무를 정렬시킨 갈매기 날개 모양의 지붕과 석회석으로 바닥을 깐 1km 길이의 마드리드-바라하스공항Madrid-Barajas airport 제4터미널에 도착하면, '마법의 경제성장기magical years of economic growth'에 스페인 건설회사들이 누렸던 인프라 붐이 어느 정도였는지에 대한 깊은 첫인상을 받게 된다.

스페인 건설사 페로비알이 2006년 완공한 이 터미널의 최종 건축

---

1) 주식시장은 2008년 11월 말부터 2009년 3월까지 계속 하락했고, 이 기간 하락률은 마이너스 20%였다. 그러나 그 후 S&P 500은 상승 전환했고, 2014년 말에 와서는 2008년 11월 대비 136% 상승했다. '단기 고통, 장기 수익'의 한 사례였다.

비용은 원래 예산을 20억 유로나 초과한 61억 유로였다. 안토니오 라멜라Antonio Lamela(스페인의 건축가)와 리처드 로저스Richard Rogers(이탈리아 출신의 영국 건축가)의 설계팀은 공항건물의 수준은 그 나라의 경제발전에 반비례한다는 말을 염두에 두기라도 한 것처럼 비용과 그들의 멋진 솜씨를 아끼지 않았다.

값비싼 토목공사 붐은 이제 끝났다. 스페인 정부는 결국 인프라 예산을 삭감하라는 압력에 굴복했다. 유럽연합의 자금도 어느 정도 고갈되었다.

스페인 국내경기의 둔화를 예상했던 대부분의 건설회사들은 수년에 걸쳐 사업을 다각화하고 해외로 진출했다. 그러나 불행히도 그 결과는 투자자들에게 괴로운 것이었다. 건설산업의 주가는 계속 부진했다. 어떤 경우에는 고점에서 80% 이상 하락하기도 했다.

스페인의 모든 것에 깊은 비관론이 우세한 지금, 스페인의 건설 거품이 붕괴한 잔해 속에 과연 어떤 가치가 있을까?

FCCFomento de Construcciones y Contratas는 대규모 거리청소계약 포트폴리오를 구축하면서 사업 다각화에 나선 첫 번째 건설회사들 중 하나였다. 다른 건설회사들도 주차장, 수처리water treatment, 수하물 처리 같은 상대적으로 자본집약적인 서비스사업으로 사업을 다각화하면서 그 뒤를 따랐다.

많은 기업이 전세계에 걸쳐 많은 유료도로를 건설했다(OHL, 페로비알, FCC). 또 다른 건설회사들은 재생에너지에 투자하기도 했다(악씨오나Acciona, ACS, 아벤고아Abengoa). 그런데 이들은 이런 에너지설비를 완공한 후 매각하는 대신 이를 직접 운영하기로 했다. 이들은 주로 부채를 활용해 이와 같은 사업 다각화에 필요한 자금을 조달했다.

사실 호황기에 스페인 건설회사들은 정부의 도로, 공항, 에너지 같은 인프라 건설의 자금원이 되었다. 스페인 은행들이 모기지대출을 확대하고 부동산개발회사들에 대한 익스포저(리스크 노출, 투자)를 늘리면서 점점 더 부동산회사처럼 보여가고 있던 바로 그때, 스페인 건설회사들은 점점 은행을 닮아가기 시작했다.

프로젝트 자금조달이 수월해지자 많은 건설회사들은 인수에 과도한 가격을 지불하기 시작했다. 스페인 정부는 건설회사들의 과세대상 이익에서 영업권 상각비용을 공제하도록 허용해줌으로써 어리석음을 부추겼다.

런던 히드로공항 소유주이자 정부가 과도한 이익을 통제하는 규제자산regulated asset base인 영국공항공사BAA를 페로비알이 자산가치 1.3배인 105억 파운드에 인수한 것을 포함해 많은 건설회사들이 건설경기 정점에서 매우 열악한 인수를 했다. 현재 페로비알은 여전히 195억 유로의 부채를 안고 있는데, 그중 70%가 BAA 인수와 관련된 것이다. 페로비알의 주가는 고점에서 41% 하락한 상태다.

마라톤 포트폴리오 보유종목인 악씨오나도 스페인 최대 전력회사인 엔데사Endesa 입찰전쟁에 뛰어들면서 엔데사의 지분 25%를 획득했는데, 그 과정에서 부채 부담이 89억 유로에서 180억 유로로 늘었다. 다행히도 악씨오나는 그 지분을 엔데사 재생에너지 자산으로 일부 인정받아 좋은 수익을 확보하고, 에넬Enel(이탈리아의 국영 전기·가스기업)에 팔 수 있었다. 그럼에도 악씨오나의 주가는 고점에서 78% 하락한 상태다.

사업을 다각화하고 확장함에 따라 스페인 건설회사들은 인수하고 있는 피인수 기업과 각종 부동산 권리들이 거대한 레버리지를 감당할 정도로 충분히 안정적이어야 정당화될 수 있는 막대한 규모의 부채를 쌓아갔다.

그런데 사이클의 초기 단계에는 그럴 수 있겠지만, 이후 거래에서는 부채와 높은 밸류에이션(과도한 가격 지불)이 맞물리면서 (인수자산들의) 사업실적이 조금만 하락해도 지분 가치에 치명적인 영향을 미쳤다.

세계금융위기가 닥치자, 유료도로 통행료와 공항이용객이 꾸준히 증가할 것이라던 건설회사들의 예측은 너무 낙관적이었던 것으로 밝혀졌다. 어떤 경우에는 규제 환경이 확연히 비우호적으로 변했다. BAA를 인수했던 페로비알은 경쟁에 대한 우려 때문에 시장 저점에서 개트윅공항을 매각할 수밖에 없었다.

다른 인수자산들은 비교적 경기에 민감한 성격을 가졌고, 따라서 경기주기에 따라 고통을 받았다. 여기서 누가 더 바보인가를 놓고 치열한 경쟁이 붙었다.

부동산시장 붕괴 직전 바르셀로나 소재 시멘트회사 유니랜드Uniland의 지배지분을 10억 9,000만 유로에 매수해 스페인 시멘트산업에 대한 익스포저를 늘린 FCC를 이길 바보는 없을 것 같다. FCC 주가는 2007년 고점에서 지금까지 78% 하락했다.

사시르 발레헤르모소Sacyr Vallehermoso(스페인의 건설사)는 뒤늦게 갑자기 부동산에 투자한 후 각종 부동산 권리들과 서비스로 사업을 다각화하려고 했다. 이 과정에서 자회사 이티네레Itinere는 경기주기상 잘못된 시점에 터무니없는 입찰을 하기도 했다. 결국 사시르 발레헤르모스의 주가는 91% 하락했다.

이런 건설제국게임은 이제 완전히 끝났다. 지금 대부분의 스페인 건설회사들의 주요 목표는 재무상태표에서 레버리지를 줄이는 것이다. 이 과정에서 지금까지는 다른 회사들보다 성과를 낸 회사도 있다.

페로비알은 유료도로, 주차장, 공항 사업 등의 매각을 통해 모기업의 부채(요컨대 페로비알에 상환 청구되지 않는 비소구부채non-recourse)를 30억 유로에서 사실상 0으로 줄였다. 이런 자산 매각은 2007년 6월의 시장 밸류에이션(고점 수준)과 비슷한 가격에서 이루어졌다. 그렇다고 해서 남은 보유자산도 고점 수준의 가치를 가진 것으로 여겨서는 안 된다. 매각된 자산은 매각이 가장 용이한 자산들이었던 반면, 매각하지 않고 보유하고 있는 자산들은 그만한 가치를 갖고 있다고 보기 어렵다.

다른 건설사들은 아마도 경제가 회복되면 좀 더 적절한 가격에 팔 수 있을 것으로 기대하면서 자산 처분 속도를 늦추고 있다.

이들 중 많은 기업이 가족지배기업이다. 따라서 경영진 교체는 어려운 일이 아니기 때문에 사실상 자산 처분 자체에 어느 정도 거부감이 작동하고 있다고 보는 시각도 있다. 결국 자산 매각으로 손실을 확정하는 것은 실패를 인정하는 것인데, 경영진 교체로 실패의 장본인이 더 이상 그 자리에 없으면 실패를 인정하기가 더 쉬워진다. 그럼에도 불구하고, 그러지 않는 것은 자산 처분 자체를 꺼리기 때문이라는 것이다.

투자 관점에서 볼 때, 현재 건설업종은 아주 세밀한 조사가 필요하다. 악씨오네의 경우를 보자.

악씨오네는 약 80억 유로의 부채를 안고 있는데, 그중 반 이상이 풍력에너지 프로젝트와 관련된 비소구부채이다. 악씨오네는 총 8,000메가와트의 재생에너지 설비용량을 보유하고 있다. 경영진은 이 설비자산의 가치가 메가와트당 150~180만 유로 정도로 보고 있다. 따라서 재생에너지사업 전체 가치는 120~140억 유로가 된다. 그런데 이는 악씨오네의 부채 수준을 가볍게 넘어설 뿐만 아니라 114억 유로인 회사의 기업가치도 훨씬 상회한다.

경영진의 이런 계산이 정확하다면 악씨오네의 나머지 포트폴리오—핵심 사업인 건설사업을 비롯해 6억 5,000만 유로의 가치가 있는 것으로 판단되는 지중해 페리사업, 13억 유로의 자본이 투자된 고속도로와 기타 부동산 사업권, 수처리사업, 그리고 50억 유로의 운용자산을 보유한 펀드운용사 등—의 시장가치는 모두 마이너스가 되어야 앞뒤가 맞다.

이처럼 자산이 풍부함에도 불구하고 악씨오네에 문제가 없는 것은 아니다.

악씨오네는 약 8억 유로가 개발 목적의 스페인 땅에 묶여 있다. 현재의 부동산환경에서 이 자산은 아마도 매각할 수 없을 것이다. 또한 악씨오네에는 곧 차환해야 할 골치 아픈 15억 유로의 엔데사 관련 부채 문제가 있다. 현재의 어려운 자본시장 환경에서는 차환에 비싼 비용이 소요될 것으로 예상된다.

그럼에도 스페인의 부동산 거품 붕괴는 상당한 투자 기회를 만들어 주고 있는 것 같다. 3~5년의 시간지평에서 보면, 악씨오네와 그 외 스페인 건설사들은 현재의 어려움을 헤쳐 나갈 수 있을 것으로 보이고, 이 경우 매력적인 밸류에이션 상승이 가능하다.[2]

 5.3 피그PIIGS도 날 수 있다 2011년 11월

포르투갈, 이탈리아, 아일랜드, 그리스, 스페인 즉 PIIGS는 투자자들에게 기피 대상이 되었다. 하지만 일부의 경우는 금융위기의 여파 속에 유리한 자본사이클 국면에 진입했다.

마라톤은 최근 더블린에 있는 한 증권사로부터 전화를 받았다. 이 증권사는 기업고객들을 대신해 우리의 의견을 듣고 싶다고 했다. 그리고 아일랜드에 상장해 밸류에이션에 손해를 보는 기업들이 있다고 보는지, 만약 그렇다면 밸류에이션 평가를 높이기 위해 다른 거래소에 상장해야 하는 것은 아닌지 물었다.

이 통화 직후, 아일랜드의 최대 상장사이자 건자재회사인 CRH는 1차 상장지primary listing를 런던으로 이전 중이라고 발표했다. 이런 조치는 표면적으로는 유동성 이유 때문이었지만—사실, CRH 주식

---

2) 이 글을 쓴 2010년 11월부터 2014년 12월 31일까지 악씨오네 주가는 미 달러화 기준 4.5% 상승에 그치면서, MSCI 유럽지수를 하회했다. 악씨오네는 스페인의 풍력발전소 보조금제도의 변화로 타격을 받았다. 악씨오네는 2015년 풍력에너지 자산을 매각했다. 마라톤은 이 글을 쓴 시점부터 2014년 말까지 미 달러화 기준 108% 상승한 페로비알 주식에 투자했어야 했다.

거래량의 반 이상이 이미 런던증권거래소에서 거래되고 있었다—사람들은 에메랄드 섬Emerald Isle(아일랜드의 별칭)에서 창출하는 매출이 전체의 극히 일부임에도 불구하고 '아일랜드 디스카운트Irish discount'에 시달리는 상황을 탈피하기 위한 것이라고 생각했다.

많은 투자자들에게 아일랜드는 가서는 안 될 곳이 되었다. 채권업계의 경우, 운용사들이 고객들에게 유럽 '주변부 국가(포르투갈, 이탈리아, 아일랜드, 그리스, 스페인, 약칭 PIIGS는 정치적으로 너무 문제가 많다)'에는 투자하지 말 것을 권하는 투자지침을 다시 작성하고 있다는 말도 들렸다.

아일랜드에서의 자본이탈은 CRH의 경우처럼 상징적이든, 일부 채권투자자의 요구처럼 실질적이든 간에, 우리의 최근 2개의 유럽 투자자산(아일랜드은행Bank of Ireland과 아이리시컨티넨털그룹Irish Continental Group)이 아일랜드 기업이라는 맥락에서 관심이 가는 일이다. 이 2개 회사의 뿌리가 켈트족(요컨대 아일랜드 기업)이라는 것을 숨기려면 이름부터 바꿔야 할 것이다.

마라톤은 부동산이 주도했던 아일랜드의 경제호황, 특히 매우 공격적인 기업 및 부동산개발 대출업체인 앵글로아이리시은행의 엄청난 성장을 항상 깊이 의심했다(4.1 '언제나 대기 중인 사고들' 참고). 앵글로아이리시은행은 대부분 도매금융으로 조달한 자금을 대출로 제공하는 이익률이 높은 사업모델과 주요 부동산개발업자들과의 밀접한 관계를 자랑했다.

전통적으로 신생기업들보다 보수적인 사업을 추구했던 아일랜드의 2대 대출기관인 아일랜드은행Bank of Ireland과 얼라이드아이리시

Allied Irish도 '부동산 붐의 수혜'를 입었다. 저널리스트 사이먼 카스웰 Simon Carswell은 그의 흥미로운 저서 『앵글로 공화국 : 아일랜드를 파산시킨 은행의 실체Anglo Republic: Inside The Bank that Broke Ireland』에서 아일랜드의 대표적인 이 2개 은행이 처음에는 앵글로아이리시와의 경쟁을 무시했지만, 2000년대에 들어 앵글로아이리시가 단순히 귀찮은 존재 이상이 되자, 주요 고객을 되찾아오기 위한 '고객탈환팀 win back teams'을 만드는 과정을 소개하고 있다.

돌이켜보면 이때는 은행들이 아일랜드 부동산에 대한 익스포저를 점차 줄여나갔어야 할 바로 그 시점이었다.

신용에 대한 강한 수요는 외국 대출기관들도 끌어들였다. RBS(로열뱅크오브스코틀랜드Royal Bank of Scotland)는 자회사 얼스터은행Ulster Bank을 통해서, 그리고 현재 로이즈은행이 소유한 HBOS(핼리팩스뱅크오브스코틀랜드Halifax Bank of Scotland)는 아일랜드 자회사 뱅크오브스코틀랜드 아일랜드Bank of Scotland Ireland, BOSI를 통해 아일랜드에 진출했다. BOSI는 2000년에 한 국영 대출기관을 인수한 후 본격적으로 성장했다. 이 '파티'에 마지막으로 합류한 것은 2004년 말 내셔널오스트레일리아은행National Australia Bank의 아일랜드 사업(내셔널아이리시은행National Irish Bank)을 인수해 그 후 3년 동안 대출자산을 3배로 늘린 덴마크의 단스케은행Danske Bank이다.

따라서 부동산경기 고점에서는 6개 기관이 각각 약 10%의 시장을 점유했고, 단스케은행이 이를 추격하고 있는 상황이었다.

이 아찔한 시절 이후 아일랜드 부동산 거품이 붕괴했고, 그와 함께 아일랜드 경제도 무너졌다. 아일랜드 신용시장의 상황도 이와 거의 다를 바가 없었다.

외국 대출기관들은 막대한 손실을 기록한 후 아일랜드에서 사업할 의욕을 잃었다. 단스케은행의 아일랜드 지점 중 50%가 문을 닫았고, 로이즈은행은—대출자산의 무려 32%를 상각 처리한—BOSI를 포기하는 방향으로 전환했다.

아일랜드 국내 은행들의 상황 역시 마찬가지였다. 앵글로아이리시도 대출자산의 50%를 대손상각 한 후 파산 상태에 빠졌고, 얼라이드아이리시는 정부가 99% 지분을 소유하게 되면서 사실상 국유화되었다. 이로 인해 아일랜드은행이 큰 손실을 입었고, 아일랜드 정부는 구제금융에 나서야 했다.

지난 여름 페어팩스 파이낸셜Fairfax Financial과 윌버 로스Wilbur Ross를 포함한 일군의 외국투자자들이 35% 지분을 획득하게 된 유상증자 이후, 아일랜드은행에 대한 아일랜드 정부의 지분은 15%로 줄어들었다. 마라톤도 이 유상증자에 참여했는데, 이는 아일랜드 은행산업의 침체가 자본사이클의 상승 전환을 알려주는 신호가 될 수 있다고 보았기 때문이다.

먼지가 걷힌 후 경쟁 지형이 어떤 모습일지는 아직 분명하지 않지만, 한 가지 분명한 것은 위기 전과는 다를 것이란 것이다.

아일랜드 정부는 아일랜드은행과 지금은 EBS주택금융조합EBS Building Society과 합병한 얼라이드아이리시 중심의 '2대 은행 체제'를 운영할 계획이다.

국영 아일랜드 배드뱅크NAMA는 은행들로부터 많은 문제성 개발 대출들을 가져갔으며, 이로써 아일랜드은행에는 약 1,070억 유로의 대출자산이 남았다. 그중 50%가 조금 넘는 대출이 영국과 아일랜드에서의 모기지대출이고, 나머지 대부분은 부동산과 관련 없는 중소기업 및 일반기업 대출이다.

대부분의 다른 유럽 은행들과 달리, 아일랜드은행의 대출자산은 은행 자본이 충분한지를 확인하기 위해 엄격한 기준 하에 따로 스트레스 테스트를 받았다. 현재 아일랜드은행은 유럽에서도 가장 높은 축에 속하는 15%의 티어1비율을 자랑하고 있다.

단기적으로 아일랜드 경제 전망은 여전히 어렵다. 주택가격은 하락률이 많이 축소되기는 했지만 여전히 하락 중이고, 실업률은 높고, 소비심리는 약하다.

그러나 좀 더 멀리 내다보면, 경쟁이 훨씬 적어진 은행시스템 하에서 아일랜드은행은 지배적인 금융기관으로서 갖게 될 가격결정력을 통해 다시 한 번 두 자릿수 ROE를 기록할 것으로 보는 게 합리적이다. 이렇게 가정할 경우 현재 0.4배도 안 되는 아일랜드은행의

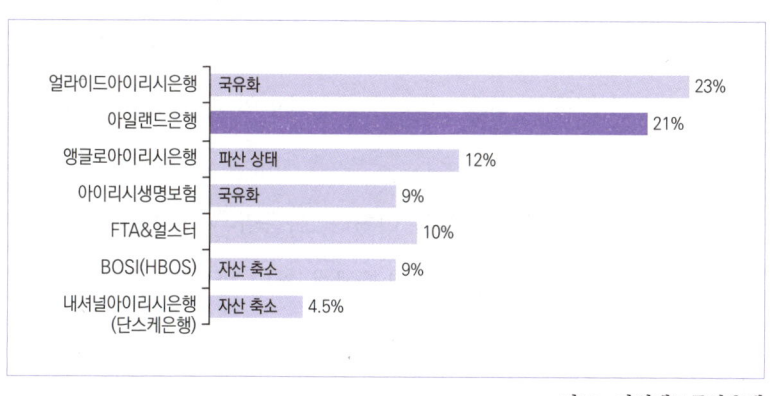

그림 5-1 | 아일랜드 은행들의 대출 점유율(2011년 10월)

자료 : 아일랜드중앙은행

PBR은 매우 매력적으로 보인다.

아이리시컨티넨털그룹Irish Continental Group, ICG의 상황도 자본사이클 관점에서 볼 때 비슷하다.

ICG는 아일랜드와 영국 간 최단항로인 홀리헤드-더블린Holyhead-Dublin과 펨브로크-로슬레어Pembroke-Rosslare 사이를 운행하는 아이리시페리Irish Ferries를 운영하고 있다. 횡단속도는 매우 빨라서 아이리시페리는 낮에는 승객 왕복서비스를 제공하고, 밤에는 화물 왕복서비스를 제공하면서 선박 활용을 극대화하고 있다.

이 항로에 유일한 경쟁자는 개인 페리회사 스테나라인Stena Line뿐이다. 두 항구의 수용능력이 제한되어 제3의 사업자가 진입할 여지가 없기 때문이다.

장거리 항로의 불리함에도 불구하고 지난 20년 동안 아일랜드의 무역이 증가하면서, 영국의 P&O와 덴마크 대기업 AP 몰러-머스크AP Moeller-Maersk 같은 선사들이 장거리 화물 수송량을 늘림에 따라 특히 화물 측면에서 페리들의 선적 용량이 증가했다.

그런데 아일랜드 경제가 하락하면서 화물량이 2008년 4% 하락했고, 2009년에는 추가로 14% 더 하락했다. 연료는 더 많이 사용하면서도 고급 화물은 적은 이런 장거리 항로의 화물 용량은 손실에 상응해 축소되었다.

경기 하락은 ICG에도 영향을 미쳤다. 화물량은 페리 전체 매출액의 55%를 차지했던 2007년의 고점에서 거의 반토막이 났다. 그렇지만 ICG는 아웃소싱한 선원 배치를 통해 원가를 줄였으며, 손실을 내고 있는 페리 용량의 일부를 제거했다. 그리고 아일랜드의 수출주도 경제가 다시 성장하기 시작함에 따라 화물량도 증가할 것이다.

차량 통행량의 60%가 아일랜드를 방문하는 영국 승객들에서 발생하는 여객 부문의 경우, 작년 ICG의 여객량 감소는 소량에 그쳤고, 이마저도 수익률 상승으로 상쇄되었다.

ICG는 아일랜드가 새로운 관광지로 경쟁력을 얻어가고 있고(호텔 시장은 이미 상당한 공급과잉 상태다), 항공 수송 능력이 감소함에 따라 수혜를 입을 것으로 보인다(라이언에어Ryanair와 에어링구스Air Lingus는 항공 수송 능력 확장 계획을 축소했다).

현재 ICG 선단은 앞으로 5~10년 동안은 교체할 필요가 없고, 따라서 선단 활동의 증가는 바로 현금흐름의 증가로 이어질 것이다. ICG의 밸류에이션은 10%의 현금흐름수익률을 감안할 때 매우 매력적으로 보이며, CEO의 회사지분 16% 보유는 경영진의 이해와 주주의 이해를 일치시키고 있다.

이런 점들을 고려했을 때 '아일랜드 페리'에 승선하는 것도 나쁘지 않을 것 같다.[3]

5.4 고장난 은행들 2012년 9월

유럽의 은행산업에서는 '창조적 파괴'가 정치적 이유로 용인되지 않는다.

---

3) 이 글을 쓴 2011년 11월부터 2014년 말까지 아일랜드은행과 ICG의 주가는 미 달러화 기준으로 각각 203%와 106% 상승했다.

그 때문에 자본사이클 또한 작동하지 않는다.

마라톤은 경쟁이 약화되고, 자본은 빠져나갔으며, 투자자 기대심리가 하락해 밸류에이션이 매력적으로 된 산업에 투자하려고 한다. 그래서 얼핏 보기에는 유럽 은행산업이 괜찮아 보일 수 있다. 경쟁과 자본은 외견상 축소된 것처럼 보이고, 신용 가격은 재책정되고 있다.

하지만 투자자들은, 이해하기 힘든 은행들의 재무상태표와 새로운 은행산업 규제 때문에(바젤Ⅲ 기준은 그 내용이 수천 페이지에 달한다) 은행산업에 대한 투자를 꺼리고 있다. 그리고 걱정해야 할 국가 채무불이행리스크도 있다.

그 결과 유럽 은행들은 유형자산 가치보다 낮은 가격에 거래되고 있다. 이로 인해 유럽 은행들은 미국 은행들보다 상당히 싼 가격이 되었다. 그러나 자본사이클 관점에서 볼 때, 유럽 은행들에 대한 투자 논지는 확실하지 않다.

먼저, 정말 자본이 빠져나갔는지부터 살펴보자.

호황기 동안 은행들은 저렴한 자본을 폭식하면서 자산을 늘렸다. 1998년 이후 2012년 1분기까지 유로존의 GDP 대비 은행 자산의 비율은 2.2배에서 3.5배로 증가했다.

유럽의 은행 자산은 항상 미국보다 많았다. 일반적으로 모기지대출이 유럽 은행들의 재무상태표에 계상되어 있고, 은행을 포함한 유럽 기업들의 회사채시장에 대한 접근이 제한적이기 때문이다.

그러나 레버리지 축소에 대한 최근의 모든 논의에도 불구하고, GDP 대비 은행 자산의 비율은 하락하지 않았다. 이는 주로 공적 부문 특히 유럽중앙은행European Central Bank, ECB이 지원한 '생명유지장치' 때문이다.

사실 2012년 7월 31일 기준으로 그 이전 12개월 동안 유로존 은행들의 자산은 오히려 340억 유로 증가했다. 요컨대 유럽 은행들은 산더미같이 부채를 쌓고 있으며, 지금까지 이를 줄이기 위한 조치는 거의 없었다.

또한 유럽 은행들은 자기자본도 부족하다. 지금까지 유럽 은행들은 해외에서 자본을 빼내오고 국내시장으로 후퇴하면서, 좀 더 쉬운 방식의 레버리지 축소에 나섰다. 선순위 무담보채권을 통한 자금조달은 감소했고, 따라서 유럽중앙은행 단기자금 조달이 그 자리를 차지했다.

이런 형태의 자금조달은 커버드 본드covered bonds(금융기관이 모기지, 국공채 등 우량채권을 담보로 발행하는 채권)와 함께 많은 양의 담보가 필요하다. 신규 선순위 자금조달(바젤 III의 요구사항)을 위해서는 더 많은 자기자본이 필요할 것이다. 맥킨지McKinsey는 유럽 은행들이 새로운 모든 규제 요건을 충족하기 위해서는 2021년까지 1.1조 유로의 자금을 조달해야 할 것으로 추산했다.

미국과 영국 은행에 투자했던 (쓰디쓴) 경험에서 얻은 교훈 중 하나는 최종 주식 수(요컨대 증자 전망)같이 기본적인 뭔가가 불확실할 경우, 투자 결과는 예측할 수 없다는 것이다.

폭격으로 파괴된 것 같은 산업의 수익성 개선에 도움을 주는 또 다른 요인은 M&A나 약한 회사들의 파산으로 인한 구조조정이다. 그런데 이와 관련해, 스페인과 아일랜드를 제외한 유럽대륙의 은행산업은 합리화하기가 어려워 보인다.

한 사례가 이런 점을 잘 보여준다. 2008년 선물딜러인 제롬 케로비엘Jerome Kerviel이 소시에테제네랄에 49억 유로의 손실을 입힌 사건이 있은 후, 프랑스 재무장관 크리스틴 라가르드Christine Lagarde는 이제 소시에테제네랄이 인수대상이 될 수 있느냐는 질문을 받았다. 그러자 그녀는 짧게 "불가능합니다Ce n'est pas possible"라고 답했다. 이런 태도는 유럽 정부 당국이 강자에 의한 약자의 인수를, 특히 그 강자가 외국회사일 때는 잘 허락하지 않는다는 것을 단적으로 보여준다.

많은 시장이 너무 많은 은행들과(유럽에는 6,800개 이상의 은행이 있다) 시대착오적인 구조 때문에 여전히 어려움을 겪고 있다. 경제적 미덕의 전형이라 할 독일에서조차 수백 개의 비상장 현지 협동조합 은행들, 저축은행들Sparkassen 그리고 도매은행인 주립은행들이 넘쳐난다. 이런 파편화로 인해 독일 은행시스템은 수익을 거의 창출하지 못하고 있다.

결국 유럽의 은행산업에서는 필요한 '창조적 파괴'가 정치적으로 용인되지 않고 있기 때문에 자본사이클이 작동하지 않고 있다.

은행들이 상환능력의 위기가 아니라 유동성 문제에 직면하고 있다는 구실로 유로존 정부들은 은행들을 지원하고 있으며, 향후 수년간 계속 그럴 가능성이 높다. 이 경우 재무상태가 비교적 좋은 은행들에 투자한 투자자들은 약화된 대출 증가와 과도한 경쟁으로 수익이 제한될 수 있다.

한편으로는 은행들에게 대출을 늘릴 것을 촉구하고, 또 한편으로는 부담스러운 자본 및 유동성 조건을 부과하면서 대출 능력을 제한하는 조현병적인 정책결정자들이 문제를 훨씬 악화시키고 있다.

유럽에서 갑작스러운 레버리지 축소 위협은 여러 해가 걸릴 것으로 전망되는, 느리고 고통스러운 조정 과정으로 대체되었다.[4]

 5.5 지연된 '정화과정' 2012년 11월

호황기에 구축된 과잉 생산능력이 불황기에 적절한 수준으로 조정되지 않을 경우, 해당 산업의 전망은 암울할 수밖에 없다.

유럽 경제에 대한 언론보도는 마치 공포물 시리즈 같다. 장기간 지속된 유럽 경제위기에 대한 피로감이 잃어버린 수십 년과 일본식 경기불황이라는 더 무시무시한 속편으로 이어지고 있기 때문이다.

이런 보도가 유로존 변방국에만 국한되는 것은 아니다. 영국 기업의 10%가 초완화적인 통화정책과 대출자들의 부실채권 대손상각 거부로 생명을 연장하고 있는 '좀비기업'이라는 뉴스가 나왔다. 또 모기지대출 잔액의 5~7%가 여러 형태로 상환유예 상태라는 영국 중앙은행(잉글랜드은행)의 보고도 있었다.

최근 몇 년 유럽의 여러 기업 경영자들과 나눈 대화에서 우리가 알게 된 주목할 만한 내용 중 하나는, 호황기에 구축된 과잉 생산능

---

4) 이 글을 쓴 2012년 9월부터 2014년 12월 말까지 MSCI 유럽은행지수는 미국 은행지수를 20%p 하회했다.

력이 아직 적절한 수준으로 제거되지 않았다는 것이다. 이는 상대적으로 자본집약적이고 경기에 민감한 산업의 경우 특히 더 그렇다.

금리가 저렴하고 야성적 충동이 충만할 때, 특히 동종업체들이 같은 경쟁에 뛰어들고 있고 주식시장이 성장에 보상을 제공할 때는 신규 자본 프로젝트를 시행하고 싶은 욕망을 거부하기 어려웠다. 그러나 안타깝게도 호황기에 이루어진 그런 '잘못된 투자들'은 금리가 계속 낮은 수준을 유지하고, 은행들은 손실을 피하기 위해 부실채권 회수를 꺼리고, 유로존 전역에 걸쳐 정치인들은 실업률 상승을 막기 위해 모든 수단을 다 동원하고 있는 시기에는 없애기 어려운 것으로 밝혀졌다.

없애기 어려운 잘못된 투자의 가장 대표적인 사례는 약한 수요와 —자체 자동차 생산을 늘리기 위해 열심히 노력하는—신흥국시장에 대한 수출 감소에도 불구하고 생산능력을 줄일 수 없는 것으로 보이는 유럽 자동차산업이다.

프랑스 자동차회사들의 낮은 주가 밸류에이션—현재 푸조Peugeot의 PBR은 0.1배에 불과하다—은 공장 폐쇄에 대한 정치적 저항을 고려했을 때 그 매력이 제한적이다.

또한 유럽 자동차회사들은 신규 투자도 거부할 수 없다. 최근 폭스바겐은 향후 3년 동안 자본적지출에 500억 유로를 지출할 것이라고 발표했다! 사용할 수 있는 선택지가 제한적이라는 것을 고려할 때, 자동차회사 경영진이 수익성을 희생하면서라도 설비가동률을 높이기 위해 가격 인하에 의존하는 것은 별로 놀랄 일도 아니다.

유럽 철강산업의 상황도 자동차산업과 별반 다르지 않다. 유럽의 철강 수요는 (부풀려졌던) 고점에서 20% 낮은 상태이다. 업계의 한 기관은 철강산업의 잉여 생산능력을 3,000~4,000만 톤으로 추산하고 있다. 이는 현재 유럽 자동차 수요의 거의 2배에 달하는 연간 2,500만 대의 자동차를 생산할 수 있는 양이다.

마라톤이 투자하고 있는 아르셀로미탈ArcelorMittal의 경영진은 우리와의 미팅에서 회사가 보유하고 있는 유럽의 32개 용광로 중 10개가 일시 가동 중단 상태이며, 직원들의 고용계약은 유지하고 있지만 업무시간을 줄였다고 했다.

그리고 629명의 노동자(아르셀로미탈의 프랑스 노동력의 3%)를 정리해고하면서 프랑스 플로랑주에 있는 2개의 용광로를 추가로 폐쇄하려는 시도는, 〈파이낸셜타임스〉의 표현에 따르면, "프랑스를 존중하지 않는" 것이기 때문에 아르셀로미탈을 프랑스에서 축출하겠다는 프랑스 산업장관의 공격에 직면하게 되었다. 프랑스 산업장관 아르노 몽뜨부르Arnaud Montebourg는 프랑스 최대의 투자자 중 하나이기도 한 아르셀로미탈을 정리해고 및 용광로 폐쇄 시도와 관련해 '협박과 위협'을 사용했다고 비판하기도 했다. 물론 아르셀로미탈은 이를 부인하고 있다.

생산능력을 관리하는 경영진의 자유가 매우 심하게 구속되면서, 아르셀로미탈의 총생산량 중 40%를 차지하는 유럽지역의 사업 전망은 다른 지역의 사업보다 훨씬 덜 매력적으로 보인다.

유럽 자동차회사와 철강회사들의 문제는 얼마 전 보다 양호했던 거시경제 환경에서 국내 생산능력을 과도하게 구축했기 때문이 아니라 기본적으로 수요 감소와 관련된 것이다.

다른 산업에서는 유서 깊은 전통적인 회사들이 대처하기 쉽지 않은 혁신적인 신기술이나 사업모델로 고통을 받고 있다.

구시대적인 고용계약과 국가 대표기업national champion[5]이라는 지위를 떠안고 있는 국적항공사들은 그런 장애요인이 없는 저비용 항공사들의 성장으로 큰 고통을 받고 있다.

현재 어려움을 겪고 있는 스칸디나비아 SAS항공의 CEO는 유럽에 챕터11(미국 파산법 11장 파산보호조항) 같은 절차가 부족한 것을 안타까워했다. 그는 미국에서 '부적격자의 생존survival of the least fit'이라는 반다윈적 결과를 가져온 시스템을 부러워하고 있는 것 같다.

다른 유럽 산업들은 수출용 생산능력을 구축했지만, 이들이 생각하고 있는 수출시장은—언젠가는 오히려 유럽으로 수출될 수 있는—자체 국내 공급능력을 발전시켰다. 앞에서 언급한 자동차산업 외에 유럽의 제지와 알루미늄 산업이 이런 산업에 속한다.

〈파이낸셜타임스〉의 최근 기사에 따르면, 2000년 300만 톤 미만의 알루미늄을 생산했던 중국은 2011년 전 세계 생산량의 40%에 달하는 거의 1,800만 톤의 알루미늄을 생산하고 있다. 이로 인해 전 세계 창고에는 15만 대 이상의 보잉 747과 7,500억 개 이상의 소다수 캔을 만들고도 남을 1,000만 톤의 잉여 알루미늄 재고가 쌓이게 되었다.

자본사이클 시각에서 볼 때, 이와 같은 상황은 주식시장 밸류에이

---

[5] 민간기업이지만 국가정책에 따라 국가경제에서 지배적인 지위를 부여받은 기업. 따라서 정부의 간섭을 많이 받는 기업—옮긴이.

션이 대체원가replacement cost[6]의 일부 수준으로 떨어지고, 초과 생산 능력을 처리할 수 있는 방법이 생길 때에만 매력적이 된다. 많은 유럽 산업에서 첫 번째 조건은 거의 충족되고 있지만, 두 번째 조건에 대한 전망은 어두워 보인다.

과거 불황기에는 인플레이션을 억제하기 위한 금리 인상의 결과 생산능력 조정이 이루어지면서, 광범위한 파산과 산업 구조조정이 진행되었다. 예를 들어 1990년대 초, 우리 포트폴리오는 구조조정에서 살아남고 그 후 경기회복기에 매우 좋은 실적을 낸 영국의 투자자산들(특히, 주택건설회사 테일러우드로Taylor Woodrow, 기업집단 트라팔가하우스Trafalgar House, 그리고 광고회사 WPP)로 상당한 수익을 올렸다.

저금리 상태가 지속될 것으로 보이고, 손실 실현을 두려워하는 은행들은 약한 기업을 지원할 준비가 된 상황에서, 통화정책이 자원의 의미 있는 재분배를 촉진할 가능성은 매우 낮아 보인다. 사실, 통화정책은 그럴 경우 발생할 비난을 미리 차단하는 방향으로 가는 것 같다. 이런 환경에서, 산업 통폐합을 통한 공급 측면의 구조조정도 그 가능성이 낮아 보인다. 많은 유럽 산업이 이미 상당히 통합되었고 반독점이란 장벽에 직면하고 있기 때문에 특히 더 그렇다.

주주 관점에서 볼 때, 이 글에서 소개한 과잉 생산능력으로 고통을 받고 있는 산업들은 그 전망이 암울해 보이지만, 상대적으로 ROE가 높은 기업들이 직면한 상황은 훨씬 나아 보인다. 이는 유로존의 과도한 비관론으로 인해 심지어 ROE가 높은 기업들마저 밸류

---

[6] 해당 자산과 동일한 자산을 시장에서 구매할 때 소요되는 비용—옮긴이.

에이션이 훼손되었기 때문이다.

지난 10여 년 마라톤은 ROE가 높은 기업을 중심으로 유럽 포트폴리오를 점진적으로 재편해왔다. 이런 기업들의 밸류에이션이 수익성이 낮은 기업들에 비해 프리미엄이 붙은 상태이기는 하지만, 이들이 주주가치를 창출할 잠재력은 현재의 밸류에이션보다 훨씬 커 보인다.

5.6 자본사이클 작동을 방해하는 요인들 2013년 3월

자본사이클이 항상 제대로 작동하는 것은 아니다. 특히 정치인들이 개입하는 경우가 그렇다. 정치인들은 열악한 산업을 보호한다는 명목으로 자본사이클의 원활한 작동을 가로막는다.

신용 붐은 전 세계적으로 광범위한 산업에 걸쳐 과도한 생산능력을 창출했다. 이때 자본사이클이 제대로 작동했다면, 주가와 수요의 급락은 구조조정과 자본 철수로 이어졌을 것이다. 그러나 일부 산업(예컨대 미국 주택건설산업)에 분명한 예외가 있긴 하지만, 이런 일이 항상 벌어지는 것은 아니다.

자본사이클 분석의 오류는 잘못된 주식 매수로 이어질 수 있다. 그럼에도 이런 오류들은 우리의 투자규율을 수정하고 발전시키는 데 도움을 준다. 돌이켜 보면, 우리의 자본사이클 접근법은 정치적 또는 법적 개입 그리고 혁신적인 기술과 세계화가 산업에 미치는 영향을 과소평가했을 때 이따금 실패했다.

이런 외부적 요인들에 더해, 기업이나 은행이 잘못된 경영으로 스스로 자초한 문제도 추가할 수 있다. 가장 일반적인 문제는 자본이 매우 열악한 수익을 내는 산업에서 탈출하지 못한 것이다.

최근 사이클에서 창조적 파괴의 힘은 공격적인 통화완화와 낮은 금리로 인해 무력화됐다. 이로 인해 약한 기업들은 결국에는 유지할 수 없는 수준의 부채를 지고도 그 이자를 상환하면서 계속 사업을 할 수 있었다. 이런 상황은 인플레이션 압력을 억제하기 위해 단행된 금리 인상으로 대규모 파산이 발생했던 그 이전 경기 주기 말의 상황과는 대비된다. 은행들의 자본금 요건에 대한 규제가 강화되고 있는 상황에서, 부실채권 추가 상각에 대한 의욕이 이미 저하된 은행들의 채권 상환유예 조치는 많은 지역에서(특히 유럽에서) 저금리의 효과를 더욱 악화시켰다.

정치인들이 등장하면 문제가 더 악화되는 경향이 있다. 금융서비스와 달리 제조업의 일자리는 많은 선진국 정치인들이 특별한 관심을 갖고 있는 이슈다.

성숙한 산업에서 성장 부족과 과잉 생산능력은 일반적으로 구조조정과 통합을 요구하게 된다. 특히 상대적으로 기초적이고 노동집약적인 산업의 경우 해외 생산이 더 일반적이기 때문이다. 과거 황금시대의 '정직한(땀을 흘리며 노동하는) 일자리'에 대한 향수와 정치인들의 표에 대한 갈망은 보호주의적 본능을 부채질했다. 현재 이런 추세가 가장 강하게 진행되고 있는 곳은 국가주의적 충동이 억제되지 않고 있는 유럽이다.

과잉 생산능력에 허덕이면서 정치적으로 민감한 산업의 경영진은 죄수의 딜레마 상황에 직면할 수 있다. 이탈리아의 경쟁업체들에 비해 비대칭적으로 많은 이익을 내고 있는 프랑스의 자동차회사가 과연 생산설비를 폐쇄할까? 아니면, 스웨덴 제지회사가 핀란드 경쟁업체에 유리하도록 설비를 축소할까? 다른 기업들이 먼저 나서서 생산능력 문제를 해결하도록 기다리지는 않을까?

신흥국시장에서 중국 정치인들의 '전략산업' 발굴은 태양광과 풍력발전, 스테인리스철강, 조선, 통신장비를 망라하는 여러 산업의 과잉 생산능력으로 이어졌다. 그 결과, 경쟁이 지역적인 것으로 보였던 선진국의 일부 시장이 갑자기 세계적인 시장이 되었다.

국가자본주의state capitalism 환경에 있는 경쟁자들의 동기를 평가하기가 어렵기 때문에 자본사이클 분석은 대체로 국내적인 성격을 가진 산업들, 그리고 세계 맥주산업의 경우처럼 지배적인 행위자들이 앵글로색슨식 자본주의 성향을 가진 곳에서 더 효과적으로 적용되는 경향이 있다.

신기술도 종종 자본사이클의 원활한 작동을 방해한다. 인터넷은 음악, 지역신문, 서적소매업, 여행사를 포함한 많은 산업에 큰 타격을 주었다.

마라톤은 열악한 산업의 공급 측면의 구조조정으로 발생한 혜택이 장기적인 수요 하락을 상쇄하기에는 역부족인 경우들에서 고통을 받았다.[7]

---

7) 이는 원래는 강력한 지위를 누리고 있었지만 사업모델이 디지털시대까지는 살아남지 못

하지만 다행히도, 자본사이클 접근법은 높은 자본수익률을 지속할 수 있는 우수한 인터넷 사업모델들을 찾는 데 효과적이다.[8] 경쟁의 찬바람으로부터 회사를 보호해주는 네트워크와 규모 효과가 가진 힘에 대한 이해는 아마존Amazon, 프라이스라인Priceline, 라이트무브Rightmove를 포함한 많은 인터넷기업에 대한 성공적인 투자로 이어졌다(아마존의 경우 지금까지는 자체 수익을 창출하기보다는 다른 기업의 수익을 파괴하는 데 더 뛰어난 것으로 밝혀지기는 했다).

최근 몇 년 동안 자본사이클 분석은, 큰 타격을 받은 후 공급 측면의 구조조정을 거쳐 회복되고 있는(혹은 회복되지 못하는) 산업에서 기회를 찾기보다는 높은 수익률을 유지할 수 있는 기업을 찾는 데 더 유용했다. 후자의 경우 우리의 투자 여부는 경쟁 자본이 그 산업에 들어와 공급을 촉진함으로써 결과적으로 산업의 수익성을 낮출 것인지 아닌지에 달려 있다.

많은 사례에서 우리가 목격한 것은 지배적인 기업들이 잘 관리되는 독점적인 자산을 갖고 있을 때 더 강력해지는 경우가 많다는 것이다. 그 대표적인 예가 네슬레Nestle, 유니레버Unilever, 맥도날드McDonald's 같은 기업이다. 이런 기업들이 창출하는 지속적인 현금흐름이—지금과 같은 저금리 환경에서 투자자들이 갈망하는—채권 같은 성격을 갖고 있다는 것은 상당한 도움이 되었다.

한 기업들에 대한 마라톤의 실패한 투자를 말하는 것이다. 이런 기업들로는 CD유통회사(HMV), 사진장비 제조사[이스트먼 코닥(Eastman Kodak)], 비디오대여점[블록버스터(Blockbuster)], 음반회사(EMI) 등이 있다.

8) 앞의 2.4 '디지털 해자' 참고.

요컨대 자본사이클 접근법의 뛰어난 강점은 그 적응성에 있다. 그럼에도 불구하고, 밸류에이션이 기업 행동에 영향을 미치고 공급 측면에 변화를 가져오기 때문에, 결국 높은 수익성과 낮은 수익성 모두 평균으로 회귀할 수 있다는 기본적인 통찰에는 변함이 없다.

마라톤 초창기에 우리의 규율은 공급 상황이 변하고 있는 주식을 찾는 데 초점을 맞추는 것이었다. 그런데 최근에 와서 우리는 경쟁 압력이 약해지고, 평균회귀 과정이 긴 산업과 기업을 찾는 것으로 초점을 전환했다.

5.7 '좀비기업'들이 계속 살아남는 이유 2013년 11월

'비전통적인 통화정책'의 지속은 긍정적인 신호가 아니라 부정적인 신호이다. 이는 실물경제가 여전히 어려운 상태이고, 정상적인 통화환경을 견딜 수 없다는 것을 의미한다.

2013년이 저물어가는 지금, MSCI 선진국지수는 올해 지금까지 20% 상승했고, 2009년 3월 이후로는 130% 상승했다. 이런 강세장에 기여한 것으로 많이 거론되는 요인 중 하나는 세계금융위기 이후 시행된 전례 없는 통화완화정책이다.

양적완화와 관련해 시장은 두 가지 믿음으로 움직이고 있다. 첫째는 통화정책이 경제를 부양할 것이고, 이는 기업 이익에 도움이 될 것이라는 믿음이다. 둘째는 저금리로 인해 주식이 현금과 채권보다 더 매력적으로 보이게 되었다는 믿음이다.

문제는 이런 두 믿음을 뒷받침해 주는 증거가 경험적으로나 이론적으로 많지 않다는 것이다.

최근의 비전통적인 통화정책이 실물경제에 미치는 지속적인 영향에 대한 결론은 아직 나오지 않았다. 그러나 분명한 것은 선진국 경제의 회복이 약해졌다는 점이다.

유럽 경제 규모는 2007년보다 2% 낮은 수준이고, 일본은 고작 1% 높은 수준이며, 미국의 국민 생산national output도 6% 증가에 그쳤다. 상대적으로 나은 미국 경제의 경우도 과거의 경제회복과 비교하면 매우 저조한 수준이다(〈그림 5-2〉). 기업 실적도 거의 나아지지 않

그림 5-2 | 경기침체 후 미국의 GDP 회복력

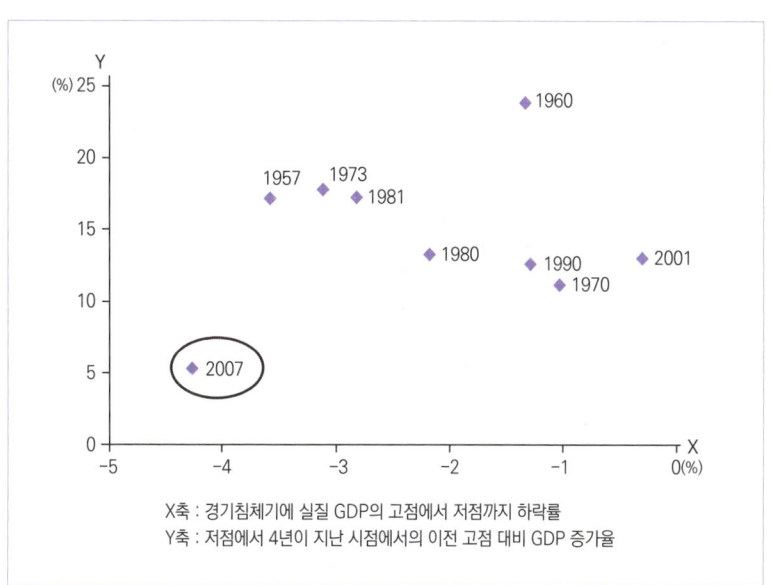

X축 : 경기침체기에 실질 GDP의 고점에서 저점까지 하락률
Y축 : 저점에서 4년이 지난 시점에서의 이전 고점 대비 GDP 증가율

자료 : 크레디트스위스(Credit Suisse)

았다. 최근 경제회복기의 기업이익 증가율은 그 이전 경기회복기에 비해 상당히 낮았다. 전 세계적으로 기업이익은 3년 가까이 증가하지 않았으며, 아직도 2007년 고점을 밑돌고 있다.

공공 부문과 민간 부문 모두 높은 수준의 부채는 부분적으로 약한 경제와 부진한 이익 증가 때문이다. 가계의 경우, 부채 규모가 증가하면 추가 차입을 할 가능성이 낮다. 이런 상황에서는 초저금리가 오래 지속되고 본원통화monetary base가 증가한다 해도, 민간 대출 증가나 비교적 광범위한 통화량monetary supply 증가 혹은 인플레이션이 촉진되지 않는다. 결국 중앙은행은 케인스의 유명한 '끈 밀기'를 하고 있는 것이다.[9] 2009년 이후의 엄청난 양적완화로 인한 초저금리에도 불구하고, 미국의 민간 부문 부채는 GDP의 168%에서 156%(2013년 6월 기준)로 하락했다. 이런 디레버리징(부채 축소)은 성장의 발목을 잡는 역할을 했다.

이런 역풍은 정부의 재정적자 확대로 어느 정도 상쇄되었다. 그러나 공공 부문의 지출은 경기부양에 미치는 효과가 민간 부문보다 적다(요컨대 케인스의 용어로 승수효과multiplier가 낮다).

또한 정부의 대규모 차입은 대중의 신뢰를 약화시킬 수 있다. 이런 일은 재정적자가 지속되는 상황에서 언젠가는 공공 부문을 구제하기 위해 더 많은 세금이 청구될 수 있다고 두려워하는 가계가 현재의 지출을 제한할 때 발생한다(민간은 현재의 재정적자와 미래의 세

---

9) 케인스는 금리를 낮춰 경기를 부양하려는 중앙은행의 조치는 끈을 '당기는 것'이 아니라 '미는 것'처럼 어려운 일이라고 했다—옮긴이.

금을 동등하게 본다고 한 리카도의 주장에 따라 경제학자들은 이를 리카도 동등 혹은 리카도 대동Ricardian equivalence이라고 한다).

인위적으로 낮춘 금리는 단기적으로는 경제에 도움이 되는 것처럼 보이지만 인센티브를 왜곡하고 경제의 결과를 왜곡한다. 이른바 '좀비기업'들은 계속 살아남게 되지만, 낮은 자금조달 비용은 신규 투자의 기준수익률hurdle rates(최소 기대수익률)을 낮추게 된다. 그 결과, 점점 자본은 가장 생산적인 곳으로 자유롭게 흘러 들어가지 못하게 되고, 그러면 총자본수익률과 경제성장률이 하락한다.

1990년대 초 이후 일본의 경험은 이런 점에서 우려스러운 대목이다. 거품경제가 붕괴되고 민간 부문이 디레버리징에 들어가자 저금리가 만연했다. 잃어버린 20년 동안 일본의 ROE는 유럽이나 미국보다 지속적으로 낮았다. 현재 일본의 ROE는 낮은 레버리지에도 불구하고 평균 약 8%로 유럽의 12%와 미국의 15%에 비해 여전히 매우 낮은 수준이다.

일본이 전 세계에 제로금리정책zero-interest rate policy, ZIRP이라는 것을 소개했음에도 불구하고, 일본의 1인당 명목 GDP는 1991년보다 계속 낮은 수준이다.

현재의 서구 상황과 다소 비슷하게, 일본의 민간 부문 레버리지가 감소하자 그 자리를 공공 부문의 부채 증가가 대체했다. 1990년대 초 GDP의 약 50%였던 일본의 공공 부문 부채는 현재 200%를 넘고 있다. 현재 일본 경제 대비 일본의 공공과 민간 부문의 총부채는 1990년보다 훨씬 높은 수준이다. 요컨대 일본의 오랜 저금리는 기업 수익성이나 부채 부담을 극복할 수 있는 국가 능력의 견지에서 거의 긍정적이지 않았다.

양적완화가 경제에 도움이 된다는 주장의 근거가 빈약하다면, 금리가 낮을수록 주식 밸류에이션이 높아진다는 개념은 어떨까?

채권수익률이 매우 낮은 세상에서는 주식이 상대적으로 더 매력적으로 보일 수 있다. 금융이론에서 무위험수익률이 낮다는 것은 (이를 상쇄하기 위해 주식 리스크 프리미엄이 상승하지 않는 한) 자본비용이 낮다는 것을 의미한다. 그리고 자본비용이 낮을수록, 시장 PER은 높아진다. 그러나 애초에 금리가 그렇게 낮은 이유—즉 약한 경제, 높은 레버리지, 그리고 거의 재앙적이었던 최근 금융 붕괴의 트라우마 등—를 잊어서는 안 된다. 이런 요인들은 투자자들의 자기자본비용 가정을 높이면서 PER을 낮출 것으로 예상할 수 있다.[10]

전체적으로 볼 때, 비전통적인 통화정책의 지속은 주식 보유자에게는 부정적인 신호가 된다.

이는 실물경제가 여전히 어려운 상태이고, 정상적인 통화환경을 견딜 수 없다는 것을 의미한다. 그리고 이는 경제가 총레버리지를 좀 더 지속 가능한 수준으로 줄일 정도로 충분히 빠르게 성장하기 어렵다는 것을 의미한다.

---

10) 리먼 사태 이후 자본비용 상승이 타당한지 아닌지는 논의의 여지가 있다. 그럼에도 배당할인모형(고든성장모형)은 저금리 상황에서 주식의 밸류에이션 상승을 제대로 설명하지 못한다는 것은 분명하다. 이 모형에서 주가는 미래의 배당흐름을 현재가치로 할인한 것이며, 이때 할인율은 대개 금리로 결정된다. 통화정책 결정자의 관점에서 볼 때, 저금리는 성장률도 낮을 경우에만 정당화될 수 있다. 그러나 이익증가률과 할인률이 동시에 하락하면, (현재의 배당금도 변화가 없다고 가정하면서) 주식의 밸류에이션은 변하지 않는다.

또한 공공 부문의 레버리지 증가는 미래의 어떤 시점에 또 다른 부채 위기—이번에는 국가 차원의 부채 위기—를 유발할 위험을 높인다.

마지막으로 저금리가 오래 지속될수록, 하락하는 투자의 기준수익률이 총자본수익률에 영향을 미치기 때문에 경제적 결과가 왜곡될 위험도 더 커진다.

위험은 명백하다. 이번엔 우리 서구사회가 잃어버린 10년의 위험에 직면해 있다.

5.8 피케티 교수, 안심해도 될 듯 2014년 8월

초저금리는 미래에 손실을 유발할 수 있는 위험자산으로 투자자들을 유인하고 있다. 여러 리스크를 부담하고라도 조금 더 돈을 벌겠다는 이런 욕심은, 적당한 때가 되면 피케티가 제안한 부유세보다 평등 회복에 더 많은 역할을 하게 될 것이다.

토마 피케티Thomas Piketty는 베스트셀러가 된 『21세기 자본Capital in the Twenty-First Century』에서 확대되는 빈부격차를 해소하기 위해서는 글로벌 부유세global wealth tax를 부과해야 한다고 주장했다.

부자에 대한 이런 조직적인 공격이 현실화될 가능성은 물론 희박하다. 그럼에도 피케티 교수는 많은 투자자들의 최근 행동에서 용기를 얻을 수 있을 것으로 보인다. 투자자들의 수익률에 대한 갈망과 그에 수반되는 안전에 대한 무시가 그 어떤 새로운 세금보다도 훨씬 효과적으로 빈부격차를 줄여줄 것이기 때문이다. 갤브레이스J.K. Galbraith가 『불확실성의 시대The Age of Uncertainty』에서 단언한 것처럼, "특권층은 탐욕으로 인해 주기적으로 자신들의 파멸을 자초했다".

최근 마라톤은 S&P 500에 편입된 한 기업과 미팅을 한 적이 있다. 이 기업의 역사는 한마디로 파란만장했다. 지난 20년 동안 이 기업이 기울인 모든 노력의 결과는 '순손실'이었다. 어느 한 해가 특히 나빴기 때문에 이런 결과가 나온 것은 아니었다. 이 기업은 지난 20년 중 겨우 10년 정도만 수익을 냈다(나머지 10년은 수익을 내지 못했다). 지난 10년 동안 장기부채가 4배로 증가했고, 지속적인 유상증자로 추가 자금조달이 이루어졌다(가장 최근 수치에 따르면, 주식 수는 10년 전보다 70% 증가했다).

지난 5월 늘 실적이 부진한 이 기업은 현재 만기수익률이 4.7%에 불과한 수의상환채권callable bond(콜옵션부채권)을 발행했다. 4.7%의 만기수익률은 미국 국채수익률에 겨우 2.3% 정도의 프리미엄을 붙인 가격이다. S&P는 이 기업에 'BB-' 등급을 부여했다. 이는 채무자로서 이 기업이 "부채 등 금융 의무를 이행하기 어려울 수 있는 중대한 지속적인 불확실성과 불리한 사업적, 금융적, 경제적 환경에 노출되어 있다"는 것을 의미한다.

이 기업이 유일한 사례도 아니다. 바클레이 하이일드지수Barclays High Yield Index는 지난 분기 말 10년 만기 투자부적격등급 채권의 스프레드non-investment grade spread[11]가 역대 최저인 2.4%에 도달했다는 것을 보여주고 있다. 이는 지난 20년 평균 스프레드 5.2%, 그리고

2008년 말 고점 스프레드 19%에 비해 현저히 낮은 것이다. 스프레드는 낮아진 부도율default rates을 따라 움직였다. 무디스는 직전 12개월 부도율을 장기 평균 4.7%보다 낮은 2.3%로 계산하고 있다.

피케티는 평균 자본수익률이 생산량 증가 속도를 초과하는 경향이 있다는 사실에서 '자본주의의 핵심적인 모순'이 있다고 했다. "자본은 일단 구성되고 나면 생산량 증가보다 빠르게 자본을 재생산한다"는 것이다. 쉽게 말해, 부자가 더 부자가 된다는 것이다.[12]

이 글을 쓰고 있는 현재(2014년 8월), 미국의 연방기금 목표금리Federal Funds Target Rate는 미국의 정상 경제성장률보다 훨씬 낮은 0.25%에 불과하다. 투자자들이 이보다 높은 수익을 올리기 위해서는 다양한 추가 리스크를 부담해야만 한다. 만기가 긴 국채들에는 금리와 인플레이션 리스크가 있다. 미국 국채보다 수익률이 높은 회사채로 옮겨가면, 투자자들은 신용리스크도 부담해야 한다. 일반적으로 금리와 신용스프레드는 함께 상승하기 때문에 이런 리스크들은 개별적인 것이 아니다.

사실 투자자들은 '하이일드high yield(고수익) 회사채'에서 미국의 정상 GDP 성장률을 약 1%p 상회하는 4.7%의 수익을 올릴 수 있고, 이는 피케티의 주장을 뒷받침하는 것처럼 보일 수 있다. 그러나 이

---

11) 회사채 수익률에서 국고채 수익률을 뺀 것—옮긴이.
12) 피케티의 주장에는 많은 문제가 있다. 우선, 그는 자본소유자들이 그들의 수익을 소비하기보다는 재투자한다고 가정하고 있는데, 모든 사람이 그런 것은 아니다. 더욱이 앞에서 언급한 것처럼(1.9 '성장 패러독스'), 역사적으로 미국 주식시장의 주당순이익 증가율은 GDP 성장률보다 낮았다(이런 차이는 미국 밖의 다른 지역에서 훨씬 더 두드러진다).

는 약 9%에 달하는 하위투자등급sub-investment grade 채권의 역대 평균 수익률과 비교된다. 따라서 채권시장이 '정상적인 상태'로 돌아가면 약 25% 정도의 자본 손실이 발생하게 된다. 높은 인플레이션이나 특별히 스트레스를 받는 시장상황이 발생할 경우 수익률은 현재 수준의 2배까지 오를 수 있고, 이 경우 채권가격은 반토막이 날 것이다.

게다가 통화리스크(환율리스크)와 유동성리스크도 고려해야 한다. 환율 변동성이 역대 최저 수준으로 하락하자 투자자들이 글로벌 캐리트레이드에 적극적으로 뛰어들고 있다는 보도가 쏟아지고 있다. JP 모건의 계산에 따르면, 현재 환율 변동성은 장기 평균의 50% 수준이다. 유동성리스크의 경우, 불리한 시장 환경에서 실제 매도가격은 호가보다 낮을 수밖에 없을 것이다. 이런 리스크는 과거보다 훨씬 더 심각할 수 있다.

더욱 엄격해진 자본규제 때문에 투자은행들은 그들의 시장조성 범위를 상당히 줄였다. 연방준비제도 자료에 따르면, 국고채전문딜러primary dealer, PD들이 보유하고 있는 하이일드채권 순보유액은 전체 시장의 0.5%도 안 되는 50억 달러에 불과하다.

현재 수익률로 투자부적격등급의 채권을 매수하는 것이 현명한 일인지는 발행자들이 그런 채권을 열심히 발행하고 있다는 것에서 가늠할 수 있다. 2003년에서 2007년 사이, 미국 하이일드채권 발행액은 연간 1,000억 달러에서 1,500억 달러 규모였다. 2013년 액면가 3,000억 달러 이상의 정크본드가 시장에 나왔고, 그해 상반기 동안 추가로 1,820억 달러의 하이일드채권이 발행되었다. 뱅크오브아메리카Bank of America의 하이일드지수High Yield Index에 포함된 2조 달러 채권의 거의 50%가 지난 18개월 동안 발행되었다. 최근 채권시장의 낮은 변동성은 투자자들에게 안정감을 주었다. 지난 6월 뱅크오브아메리카 무브지수MOVE Index(미국 국채옵션 변동성지수)는 역대 최저점에 근접했다.

은행들도 이 파티에 참여했다. 2007년 9,000억 달러에 거의 근접하면서 고점을 찍었던 미국의 레버리지론leveraged loan[13] 발행이 2013년 1조 달러를 넘어섰다. 국제결제은행Bank of International Settlements, BIS에 따르면, 현재 신디케이트대출의 40% 이상이 투자부적격등급 차입자들에게 제공된 것이며, 이 역시 2007년 고점을 넘어선 것이다.

은행가들은 2008년 세계금융위기 당시 신용을 크게 잃었던 형태의 구조화상품의 귀환을 축하할 수도 있다. CLO로 많이 알려진 대출채권담보부증권collateralised loan obligations 발행액이 2013년 820억 달러에 달했고, 올해(2014년)는 세계금융위기 이전의 고점을 넘어 1,000억 달러를 넘어설 것으로 전망된다.

동시에, 채권자보호조항 등 채권발행조건covenants도 약해지고 있다. 딜로직Dealogic의 계산에 따르면 여러 종류의 '약식대출'[14]이 올해 6월까지 40% 증가해, 현재는 모든 대출의 50% 이상을 차지하고 있다.

---

13) 차입매수용 인수자금 대출. 한 기업이나 자산을 인수할 목적으로 그 기업이나 자산을 담보로 받는 대출─옮긴이.

14) 약식대출(covenant-light) : 채권자보호조건이 까다롭지 않은 대출. 전통적인 채권자보호조항이 부족해 붙여진 이름이다─옮긴이.

지난 금융위기에서 얻은 교훈을 망각하기라도 한 것처럼 뮤추얼 펀드와 심지어 ETF들까지 은행의 대출채권bank loans을 매수하고 있다. 모닝스타Morningstar에 따르면 은행의 대출채권에 투자하는 뱅크론펀드들bank loan funds은 2013년 610억 달러라는 기록적인 자금을 유치했다. 이는 향후 유동성 문제를 초래할 수 있는데, 그것은 은행 대출채권의 기초자산(대출)이 상환되는 것보다 펀드가 더 빨리 판매될 수 있기 때문이다.

최근 연차보고서의 암울한 서문에서 국제결제은행BIS은 "강력하고 광범위한 수익률 추구가 가속화되고 있다"고 경고했다. 이에 더해 국제결제은행은 "유례없이 완화적인 통화정책의 혜택은, 특히 금융시장의 반응으로 판단한다면, 꽤 확실해보일 수 있다. 그런데 불행하게도, 그런 통화정책의 비용은 시간이 지나고 사후에만 분명해질 것이다"라고 했다.

최근 미국 연방준비제도의 자넷 옐렌Janet Yellen 의장은 "대출기준이 악화되고 있는 모습이 보인다. 우리는 이런 환경에서 발생할 수 있는 리스크들에 주목하고 있다"고 했다. 연방준비제도는 "채권발행, 가격책정, 인수기준에 대한 이전 지침을 더욱 강력히 준수하도록 다른 규제당국과 협력하고 있다"는 것을 분명히 했다.

신용시장의 최근 이런 동향을 옐렌 의장과 연방준비제도 이사들이 전혀 예상하지 못했던 것은 아니었을 것이다. 결국 연방준비제도가 금리를 내린 것은 투자자들이 더 많은 리스크를 부담하도록 만들려는 것이었다.

그러나 낮은 수익률, 열악한 신용, 빈약한 유동성, 심지어 통화 미스매치까지 이용하고 있는 투자자들은 시장상황이 악화되면 그렇게 해서 올린 약간의 수익은 미래 손실에 대한 빈약한 보상에 불과했다는 것을 깨닫게 될 것이다.

피케티는 안심해도 될 것이다. 무위험자산이 도무지 수익을 내지 못하는 시대에 여러 리스크를 부담하고 조금이라도 더 돈을 벌겠다는 부자들의 열정은 적절한 때가 되면 피케티 자신이 제안한 부유세보다 평등을 회복하는 데 더 많은 역할을 할 것이기 때문이다.

바로 이런 것이 정치적 문제에 대한 자유시장의 해결책이다. 자본주의가 실패하고 있다고 누가 말할 수 있을까?

6장

차이나 신드롬

마라톤이 '합리적인 자본배분'과 '공급 측면의 규율'을 중시한다는 점을 감안할 때, 오랫동안 중국 본토 주식에 거의 투자를 하지 않았다는 것은 그리 놀랄 일이 아니다.

중국 본토의 많은 기업들은 국영기업이다. 따라서 자본배분의 효율성과 외부 주주들(특히 외국인 주주들)의 이해관계는 국가정책 목표보다 부차적인 경향이 있다.

거시적인 탑다운top-down과 미시적인 바텀업bottom-up 시각 모두에서 볼 때, 중국은 자본사이클 분석을 적용해야 비로소 이해할 수 있다. 거시적인 수준에서 볼 때 중국은 과거 어느 때보다도, 심지어는 한국과 일본 같은 과거 아시아의 고성장국가들에서도 찾아볼 수 없을 정도로 높은 수준까지—GDP의 한 부분으로서—투자를 추진해 왔다. 투입요소inputs가 증가한 결과 당연히 요소생산성factor productivity은 하락했다. 이런 오랜 문제는 세계금융위기가 한창 진행 중일 때 고정자산 투자를 훨씬 높은 수준까지 끌어올려 경제성장을 지속하겠다는 베이징 당국의 결정으로 더욱 악화되었다.

또한 중국은 특히 자산집약적인 산업에서 잘못된 자본배분을 초래한 저금리의 부작용에 시달리고 있다. 그 결과 철강제조에서 조선에 이르기까지 많은 산업이 과잉 생산능력과 낮은 수익성을 보이고 있다.

저렴한 자본, 과잉 투자, 그리고 수익성 낮은 산업에서 자본 이탈의 제한이 결합되면서 중국은 마라톤 같은 자본사이클 투자자들에게는 일종의 '접근금지구역'이 되었다.

또한 이런 요인들은 강력한 경제성장에도 불구하고(이 글을 쓰고 있는 지금 중국 주식시장은 거품이 한창이고, 그 결과 일시적으로 수익률이 역대급으로 높기는 하지만) 중국에서 주주수익이 매우 실망스러운 이유를 설명해 주기도 한다.

설상가상으로 시장에 상장된 많은 중국 기업들은 회계가 의심스럽고, 회사 이력도 조작되었다.

중국 포지션 비중이 낮은 것을 정당화하기 위해 마라톤은 이따금 '중국 자본주의의 이상한 관행'들을 설명하는 글을 쓰기도 했는데, 이번 장에서 그중 일부를 골라 소개한다. 투자자는 자신의 투자에 스스로 책임을 져야 한다!

6.1 중국식 기법 2003년 2월

중국 기업들의 기업공개는 '중국 자본주의의 이상한 관행'의 대표적인 예다. 이제 기업공개에서 이익 조작은 하나의 규범이 되었다.

"내 심장은 자부심으로 가득 찼네……

정말 말하고 싶네, 내가 월마트를 얼마나 깊이 사랑하는지……"

― 월마트 중국 선전시 매장의 '사가(社歌)' 중에서

한때 중국 노동자들이 마오쩌둥 찬양가를 부르던 곳에서 이제는 큰 목소리로 샘 월튼Sam Walton을 기리고 있다. 많은 외국인 직접투자자들은 중국 사업에 진전이 있고, 시장경제에 대한 중국 당국의 태도에 주목할 만한 변화가 있다는 것을 체감하고 있다. 특히 월마트의 성공은 중국 투자와 관련해 거의 만장일치의 낙관론을 조장했다.

물론 중국 투자를 지지하는 이런 합창은 중국 관련 모든 기업공개에서 수수료를 챙기려는 투자은행가들에 의해 지휘되고 있다.

우리는 중국인들이 서구 상품을 소비하길 원하고, 자본주의에 열려 있으며, 부지런하다는 것을 의심하지 않는다. 또한 이 인민공화국이 인구가 10억 명이 넘고, 잠재적으로 광대한 시장이 될 것이라는 것도 알고 있다.

그런데 우리에게 불확실한 것은 이런 '경제적 기적'이 중국 주식에 투자한 외국인 주주들에게 이익을 안겨줄 것이냐 하는 것이다.

상장된 중국 국영기업에 투자한 투자자들의 실적은 끔찍했다. 〈표 6-1〉은 과거 주식발행(자본 조달)의 투자 실적을 측정한 것이지만, 미래 전망은 이보다 조금이라도 더 나을 수 있을까?

중국의 모든 것에 대한 투자자들의 도취감에도 불구하고 그 징후는 좋지 않다. 현재까지도 중국 상장기업의 수익성과 자산가치를 과대계상하기 위해 교묘한 회계적 기법이 사용되고 있다. 규제가 이를

표 6-1 | 주식발행 후 투자 성과(1993~2003년, 중국 국영기업)

조달자본	382억 달러
현재가치	371억 달러
누적수익(손실)	-2.9%
연평균 수익(손실)	-0.6%

자료 : 마라톤

따라잡기에는 느리기만 할 뿐이다. 상황이 개선되기는커녕 기업공개 추진자들이 더 뻔뻔해지는 것을 최근 우리는 목격했다.

특히 지독하게 나쁜 사례는 지배적인 유선전화사업자인 차이나텔레콤China Telecom의 최근 홍콩증권거래소 상장이다. 얼핏 봤을 때 배당수익률 4%에 잉여현금흐름 대비 주가 배수(주가잉여현금흐름비율)가 4배인 이 주식은 싸 보였다. 그럼에도 차이나텔레콤은 부분적으로 글로벌 주식시장의 전반적인 약세 때문에 글로벌 투자설명회에서 냉담한 반응을 받았다.

매우 흥미로운 것은 분명히 실패작이 되었을 차이나텔레콤의 기업공개에 대한 중국 정부의 대응이다. 하룻밤 사이에 (역시 중국 정부가 통제하고 있는) 통신산업 규제당국은 홍콩에서 걸려오는 국제전화 통화료를 8배 인상했다. 이 조치만으로 차이나텔레콤의 주당순이익이 12.5% 상승했다.

차이나텔레콤에 대한 정부의 지지를 보여주기 위해 기획된 이 조치는 매우 명백한 이익조작 행위였기 때문에, 우리는 이 조치가 중국의 민영화 계획과 외국인 투자업계 간의 관계에 분수령이 될 것이라고 생각했다.

솔직히 우리는 다른 동료 투자자들을 과대평가했다. 이들은 차이나텔레콤이 지역 MSCI지수에 편입될 가능성에 고무되어, 결과적으로 차이나텔레콤의 기업공개 청약이 크게 흥행할 정도로 이를 지지했다. 청약 마감 직전 홍콩의 대재벌 리카싱Li Ka-shing, 李嘉誠이 청약에 참여한 것도 차이나텔레콤의 흥행에 도움이 되었다.

우리는 차이나텔레콤의 기업공개에 참여한 기관매수자들이 상장회사 사업에 대한 정부의 개입이 결국 주주들에게 이익이 될 것이라고 믿고 있다는 생각에 마음이 불편해졌다. 차이나모바일China Mobile과 페트로차이나Petrochina가 상당한 자본조달을 한 지 몇 개월 만에 베이징 당국이 이 두 회사를 고달프게 만들었다는 것을 고려할 때, 차이나텔레콤의 기업공개에 참여한 기관매수자들의 그런 믿음이 매우 어리석어 보였다. 차이나텔레콤과 마찬가지로 차이나모바일과 페트로차이나는 정부보조금에 의존해 수익을 유지하고 있다. 우리가 볼 때 이들 기업의 내재가치는 매우 불투명하기 때문에 해당 주식을 보유하는 것은 완전한 투기다.

중국의 기업공개에서 이익 조작은 일반적인 일이다. 크레디트스위스가 출간한 한 연구보고서는 거의 모든 중국 본토 상장기업들의 자본수익률이 상장 1년 전에 고점을 찍었다는 사실을 지적하고 있다. 또한 크레디트스위스는 홍콩에 상장된 중국 기업들의 순이익률이 상장 후 4년 만에 평균 40% 하락했고, 자본수익률도 함께 하락했다는 것을 발견했다. 그러나 대중들은 중국의 '거시경제 스토리'에 빠져 있기 때문에 이런 분석은 무시될 가능성이 높다.

홍콩증권거래소의 최근 한 조사는 중국 기업공개의 질에 대해 외국 펀드매니저들이 매우 안일한 태도를 갖고 있다는 것을 보여준다. 대부분의 응답자가 중국 기업들의 재무실적을 "받아들일 수 있다, 혹은 생각보다 좋다"고 답했고, 10%의 응답자만이 "주주권리가 광범위하게 침해되고 있다"고 답했다.

이런 안일한 태도가 만연하는 동안 중국 기업공개의 질은 더 악화되지는 않는다 해도 계속 낮을 것으로 예상해야 한다. 예를 들어 중국 최대의 물류회사 시노트란스Sinotrrans의 경우를 보자(우리는 업계 전문지식이 부족해서인지 '물류logistics'가 트럭운송 및 창고보관과 어떻게 다른지 모르겠다). 시노트란스의 최근 기업공개 설명회에 참석한 잠재적인 매수자들은 지난 3년 동안 꾸준히 상승한 이익률과 자본수익률을 뽐내는 도표들에 사로잡힌 듯했다.

그러나 이 기업공개 투자설명서의 깊은 곳에 묻혀 있는 내용은 조만간 상장하려는 이 '기업'이 훨씬 큰 국영기업으로부터 자산, 계약, 그리고 토지와 직원들을 분할carve-out받아 불과 2주 전 설립되었다는 것이었다. 또한 이 투자설명서에 따르면 시노트란스는 운영자산의 거의 2/3를 국영기업들로부터 임차할 예정이다. 기업공개 추진자들이 이 두 기업의 재무제표를 소급해 분리하고, 자산, 비용, 매출을 적절히 배분했다는 것을 누구나 짐작할 수 있다.

기업공개에 참여한 매수자들은 후일 모기업으로부터—소액주주들에게 유리할 게 분명한 가격에—자산의 '투입'이 있을 것이라는 당근도 제공받았다. 그러나 중국 정부와의 많은 사업협정의 경우처럼 이런 자산 투입은 외국 투자자들이 지금 예상하고 있는 것보다 더 고통스러운 일이 될 수도 있다.[1)]

이처럼 고약한 중국의 기업공개가 촉진되는 과정에 외국 투자업계가 일부 역할을 했다는 것은 유감스러운 일이다. 우리 업계가 고객보호에 더 관심을 갖기 전까지는, '10억 명의 소비자'가 등장한다고 해서 고객들에게 긍정적인 투자수익을 전해줄 수 있을 것 같지는 않다.

6.2 화려하기만 한 겉모습 2003년 11월

중국의 성장 전망에 경도된 투자자들이 신뢰할 수 없는 기업들을 매수하고 있다. 최근의 사례들은 닷컴버블 절정기를 떠올리게 만든다.

지난 1년 동안 고객 및 컨설턴트들과의 미팅에서 중국 주식에 대한 우리의 투자가 부족하다는 문제가 자주 거론되었다. 이 문제는 최근 중국 주식이 상승한 후 특히 화제가 되었는데, 중국 주식의 상승은 다른 외국인 투자자들의 입맛을 자극했다. 그러나 우리 입장은 중국 주식—외국 투자자들이 홍콩증권거래소에서 쉽게 매매할 수 있는 중국 주식을 말한다—은 별로 매력적이지 않고 투기적 거품이 한창 진행 중일 가능성이 매우 높다는 것이다.

"오리들이 꽥꽥거릴 때, 먹이를 줘라When the ducks quack, feed them"

---

1) 홍콩달러화 기준, 2003년 11월에서 2014년 말까지 시노트란스 주가는 85% 상승했고, 차이나텔레콤 주가는 134% 상승했다. 그러나 이 둘 모두 같은 기간 285% 상승한 항상이종합지수를 하회했다.

라는 월스트리트의 오랜 격언이 있다. 투자은행가들은 오랫동안 연기됐던 중국 기업들의 상장계획을 분주히 다시 꺼내들었다.

투자자들이 그들의 돈, 아주 정확히 말하면 '그들 고객들의 돈'을 투자하도록 만들기 위해 상장 추진자들이 사용하는 기교는 많다. 그리고 그중 일부는 일반적인 관행이 되었다.

예를 들어 '분할carve-out'의 경우, 2003년 중국 정부가 후원한 중국 기업의 상장 중 특별히 기업공개를 목적으로 한 분할을 통해 만들어진 기업이 포함되지 않은 경우는 찾아볼 수 없었다. 그런 후 이제 기업공개 매수자들이 스마트머니를 투자하는 것처럼 발행자와 같은 조건으로 기업공개에 참여하고 있다는 환상을 심어주는 업계의 유명한 외국 파트너가 필요하다. 그리고 마지막으로, 단기 이익을 촉진하고 주요 기업가치를 창출하거나, 매수자에게 그 기업이 튼튼하다는 비현실적인 느낌을 주기 위해 이따금 자의적인 정부 규제와 개입만 있으면 된다.

이 모든 요인이 최근 중국의 대표적인 손해보험사 중국인민재산보험PICC의 6억 달러 기업공개에 등장했다.

PICC의 투자설명서는 그 이전의 불확실했던 기업공개 설명서들과 달리 PICC가 기업공개 전 분할로 설립되었다는 사실을 매우 솔직히 밝혔다. 비상장 모기업은 전형적인 굿-배드 뱅크good-bad bank 구조, 이 경우는 굿-배드 보험사 구조[2]로 원래의 보험 자산과 부채

---

[2] 굿뱅크는 부실자산을 배드뱅크에 넘기고 우량자산만 보유하고, 배드뱅크는 부실자산을 넘겨받는 구조이다—옮긴이.

의 12%를 보유한다는 사실도 밝혔다. 이 과정에서 실종된missing 보험계약들은 합산비율combined ratio 견지에서 손실로 공시되었지만, 이런 손실의 규모나 그 손실이 얼마나 지속적인지에 대한 자세한 설명은 없었다. 대대적으로 선전된 PICC의—가이코GEICO, 프로그레시브Progressive, 화이트마운틴White Mountains 같은 대표적인 보험사들보다 높은—5년 보험영업이익underwriting profit 실적의 지속가능성에 대해 우려할 만도 한 잠재적인 매수자들은 이로써 문제 있는 사업은 없다고 확신하게 되었다.

문제는 손실을 내는 이런 보험계약들을 인수했던 경영진이 여전히 PICC의 경영권을 굳게 장악하고 있다는 것이다.

우리는 중국 금융산업 분석가들로부터 선택적 공시를 동반한 굿-배드 뱅크 전략이 중국 금융산업 민영화 정책의 핵심적인 특징이라는 말을 개인적으로 들었다.

우리는 최근 중국 보험산업의 기업공개는 중국 정부의 대형 공공은행 상장 계획이라는 주요리의 전채요리로 보고 있다.

4년 전 대출자산의 최대 40%에 이르는 부실대출을 안고 있던 중국 대형은행들은 부실여신을 자산운용사들에 분리 매각했다. 이렇게 새로 단장한 중국 은행산업은 내년 기업공개에서 기관투자자들에게 선보일 가능성이 높다. 그러나 PICC의 경우처럼, 이들 은행도 고위 경영진과 대출정책에 거의 변화가 없었다.

우리가 우려하는 것은 기관 매수자들의 태도에 큰 변화가 없다면 매우 투기적인 기업공개로 보이는 PICC의 경우와 똑같은 부적절한 분석이 행해질 것이며, 중국 은행산업은 외부 투자자들에게 불리한 조건으로 자본구조를 재편할 수 있게 된다는 것이다.

중앙정부가 공언한 목표에 따른 은행 구조조정과 자본 재구성을 통해 은행들은 중국 산업 발전을 위한 자금을 계속 조달할 수 있을 것이다. 그러나 기업공개를 통해 기대 이상의 자금을 확보했다 해도, 이 자금은 지금 해결하기 위해 노력하고 있는 부실채권 문제를 유발했던 대출관행과 비슷한 대출관행으로 다시 소진되어 버릴 것이다.

이 문제의 원인은 공급 측면의 과잉을 초래하고 있는 중국의 매우 낮은 금리와 저렴한 자본 이용가능성에 있다.

우리가 1997년 이전 동남아시아에서 목격한 것처럼, 소매유통업에서 기초산업재에 이르기까지 많은 자산을 가진 기업들이 싸고 풍부한 유동성의 수혜자들인 경우가 많다.

이런 문제는 정책결정자들이 부동산같이 대표적인 비생산적인 산업의 성장을 억제할 수단을 찾고 있는 중국에서도 물론 간과되지는 않았다. 하지만 생산적인 산업에서조차, 중국 상장기업들은 매우 싼 자본을 이용할 수 있기 때문에 사업 수익이 계속 악화되고 있다. 이는 공급이 수요를 계속 초과하고 있는데도 급성장 중인 중국의 자동차산업에서 확연히 나타나고 있는 현상이다. 마라톤의 자본사이클 '비상벨'이 울리고 있다.

최근 두 기업과의 미팅을 통해 우리는 이 문제가 어느 정도 심각한지 깨닫게 되었다.

첫 번째는 유기농 농업회사 차오다현대농업 Chaoda Modern Agriculture 의 사례다.

차오다의 사업모델은 농장노동자 임금은 낮게 유지하고 판매하는 신선채소의 소매가는 상대적으로 높게 유지하는 것이다. 이는 어느 정도는 수익성 좋은 사업모델이다. 그러나 주식시장에서 주기적으로 들어오는 현금으로 자신감을 얻은 차오다는 지방정부에 거금의 선불수수료를 지불하면서 30년 농지임대에 거액을 투자하고 있다.

중국의 유통시스템이 더욱 효율적으로 개선됨에 따라 시간이 가면서 핵심 사업의 수익성이 하락할 수 있음에도 불구하고, 지방정부는 이 자산집중전략에 차오다가 훨씬 더 많은 자금을 투자할 것을 권하고 있다. 그 결과 차오다는 이익률은 하락했지만 판매량 증가와 거액의 자본조달로 이를 상쇄했다. 만약 자본공급이 고갈되거나 자본조달 비용이 상승하면 차오다의 가치는 큰 영향을 받을 것이다.

두 번째는 중국의 대표적인 무선통신 네트워크장비 제조사인 콤바텔레콤Comba Telecom의 사례다.

이 회사는 외견상으로는 자금을 자체 조달할 수 있을 정도로 충분한 수익을 창출하고 있음에도 불구하고, 사업확장 자금을 조달하기 위해 기업공개를 택했다.

문제는 이 회사의 고객들이 돈을 제때 납부하지 않고 있다는 것이다. 그 고객들은 다름 아닌 상장된 국영 이동통신회사들인데, 콤바 임원들에 따르면, 이들은 정부로부터 자산을 매입하는 것에만 열을 올리고 있다고 한다. 콤바는 요금납부가 특히 지체된 고객들에게 상대적으로 유리한 납부조건을 제시하면서까지 시장점유율을 늘리길 원하고 있으며, 기업공개를 통해 이런 사업확장 자금을 조달할 생각이다. R&D 지출, 마케팅, 유통 등은 시장점유율의 경쟁무기로는 전혀 고려되지 않고 있다.

결국 콤바의 사업 건전성은 증가하는 매출채권에 대한 자금충당용 신규 자본을 얼마나 싸게, 얼마나 오래 획득할 수 있느냐로 귀결된다.

중국 주식시장에서 살펴본 이와 같은 최근의 사례들은 1990년대 말 닷컴버블 절정기에 시장에 나왔던 기법들을 떠올리게 만든다. 당시 투자자들은 확실해 보였던 '인터넷(지금은 중국이다)'의 잠재력에 매혹되어 수익성이 지속될 가능성이 없고, 많은 경우—더 많은 자금을 조달하기 위해 주식시장이 필요했기 때문에—미래가 시장의 거품 지속에 달려 있던 비정상적인 기업들에게 과도한 가격을 지불했었다. 기업 측면에서 볼 때, 중국의 상황도 이와 매우 유사하다. 거시적인 전망은 여전히 매우 견조하며, 이는 이 거품이 더 부풀어 오를 수 있다는 것을 의미한다.

우리의 전략은 값싼 자본을 폭음한 데 따른 숙취가 발생하기를 기다린 다음, 그 후 적절한 가격으로 경쟁력이 있는 기업을 매수하는 것이다.[3]

---

3) PICC에 대한 마라톤의 약세 전망은 증명되지 않았다. 2003년 11월부터 2014년 말까지 PICC 주식은 총 637%의 수익률을 기록했다. 같은 기간 콤바텔레콤은 총 57%의 수익률을 기록했다. 차오다는 기업공개 이후 2011년 말까지 공모가에서 46% 하락했고, 그 후 상장폐지되었다. 차오다는 이후 다시 상장을 추진했다. 차오다는 "차오다의 비유동자산에 대한 물리적 계수 및 조사를 확인할 수 없었다"는 이유로 감사인이 한정의견을 낸 재무제표를 제출한 후, 결국 2015년 1월 재상장되었다. 이상하게도 이 두 번의 상장 사이에 차오다의 매출은 84% 감소했다.

6.3 그럼에도 '계속 질주' 2005년 3월

'강한 경제성장'에도 불구하고 중국 주식은 '끔찍한 수익률'을 제공했다. 1993년에 투자한 1달러는 지금 35센트로 쪼그라들었다.

지난 25년 동안 진행된 중국의 산업화는 오늘날 자본시장에 있는 대부분의 사람들에게 상당한 영향을 미친 경제적 사건일 것이다. 그러나 평소 미지의 세계에 뛰어드는 데 그리 느린 편이 아님에도 불구하고, 마라톤은 아직 중국에 어떤 실질적인 투자도 하지 않았다.

중국의 빠른 경제성장에도 불구하고 우리가 포트폴리오 투자자들을 위해 중국 주식을 골라준 경우가 없었기 때문에 우리 고객들에게 손해를 끼치지는 않았다. 〈차이나 이코노믹쿼털리China Economic Quarterly〉에 따르면 1993년 항셍중국기업지수Hang Seng China Enterprises Index에 1달러를 투자했다면 지금은 35센트가 되었을 것이다.

중국은 뛰어난 경제성장을 하면서도 왜 이렇게 끔찍한 투자수익을 제공한 것일까?

중국과 같은 정부주도 경제성장은 아시아 투자자들에게 낯선 것이 아니다. 예를 들어 싱가포르 같은 국가에서 정부주도 경제성장은 효율적인 자본배분에 대한 부적절성 때문에 기업의 낮은 자산수익률로 귀결되는 경우가 많았다.

아시아 성장모델의 중국식 버전은 꽤 복잡하다. 약 600개의 중앙정부 소유 국영기업들state-owned enterprises, SOEs은—단독 또는 타기업과 함께, 때로는 합작파트너 혹은 상장된 민간 부문 자회사를 통해—성省과 지地, 현縣 등 지방정부와 협력해 국가발전 의제를 추진한다.

중국의 국가자본주의모델은 추가로 두 가지 독특한 특징을 더 갖고 있다. 첫째, 기업 자본의 대부분이 은행시스템을 통해 조달되며, 오랜 경험으로 볼 때 대출의 상환은 선택적이다. 부채탕감으로 제공되는 생명줄은 수익이 매우 저조한 기업도 생존할 수 있게 해주고 있다. 둘째, 수세기에 걸친 지방 간 경쟁은 국가 전역에 걸쳐 모방 프로젝트를 확산시킨다. 900개에 달하는 중국의 양조장이 대표적인 사례다. 사실, 이로 인해 일부 지역에서는 맥주가 물값보다 싸다.

정부가 후원하는 부채탕감은 중국 상장주식에 대한 투자 성과가—최소한 외부 투자자들에게는—매우 성공적이지 못했던 이유를 부분적으로 설명해 준다.

주식은 상환할 필요가 없는 기업부채의 한 형태이기 때문에 부실대출에 중독된 국가에게는 주식이 대출에 대한 이상적인 대안으로 보일 수 있다. 그러나 상장기업이 주식으로 조달한 자금을 상환할 필요가 없기는 하지만, 자본시장에 대한 그들의 부채의무는 수행해야 한다. 비상장 국영기업들은 부채상환을 피할 수 있는 반면, 상장된 국영기업들은 채무를 이행하지 않으면서 아무 일도 없는 것처럼 지낼 수는 없다.

따라서 국영기업의 상장자회사들은 부채상환 의무와 열악한 구조적 수익성 사이에서 진퇴양난에 빠져 있다. 그 결과 이런 기업에 대한 주주지분은 시간이 가면서 점점 줄어든다.

10%의 경제성장률을 지속적으로 유지하고 있는 것만 놓고 보면

중국의 거시경제적 성과에는 별문제가 없는 것처럼 보일 수 있다. 그러나 이런 성장은 생산성 개선보다는 투입요소 증가에 따른 것으로 보인다. 경제학자들이 말하는 요소 이용factor-use의 비효율성은 더욱 심해지고 있다. 예를 들어, 현재의 성장률을 유지하려면 중국 전력산업은 매년 영국 전체 발전용량에 해당하는 설비를 설치해야 한다.

자산수익률 하락에도 불구하고, 훨씬 더 많은 생산요소를 투입하면 중국은 10%의 경제성장률 목표를 달성할 수 있을 것이다. 중국의 생산성이 개선되면 상대적으로 적은 자원(투입요소)으로 동일한 수준의 경제성장이 가능하다. 예를 들어, 칭다오맥주Tsingtao Brewery는 회사의 생산주기production cycle를 단축하면 연간 생산량을 20% 정도 높일 수 있다고 주장하고 있다.

모든 발전소를 포함한 중국 경제의 40% 이상이 투자 지출을 그 동력으로 삼고 있는데, 이는 1960년대 한국의 투자주도 경제성장 사례마저 뛰어넘는 수준이다. 이런 과잉투자는 기업 수익을 감소시키고, 그 결과 이익률이 압박을 받는다. 모든 업종에서 과잉 생산능력이나 가격규제 때문에 비용상승 압력을 다른 곳으로 떠넘길 수 없다. 그 한 사례는 2004년 모든 토지를 경매에 붙이기로 한 결정으로 개발자들의 토지은행land banks(추후 공익 목적에 사용하기 위해 정부 등이 미리 확보해 놓은 토지를 관리하는 기관이나 제도) 비용이 상승하면서 공급과잉 문제가 더욱 악화된 부동산산업이다.

중국의 A주[4] 주식시장이 4년 동안 하락 추세이기는 하지만 추세 반전을 예상하기란 쉽지 않을 것이다. 사실, 실물경제에서 나오는

그림 6-1 | 중국의 GDP 대비 투자 비율

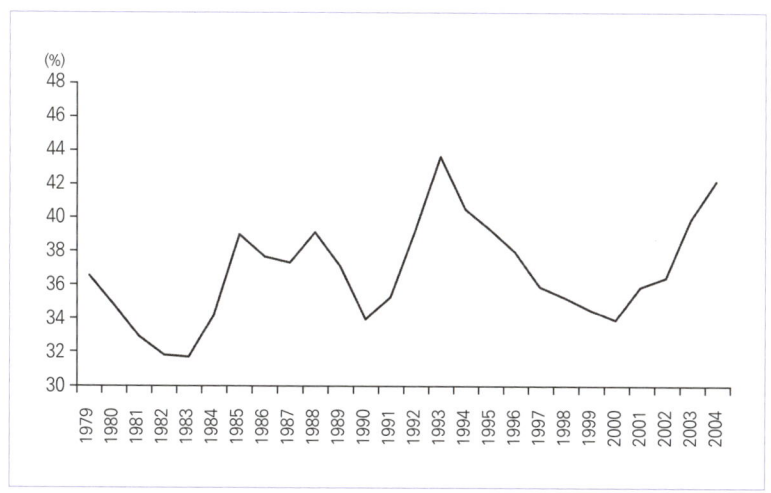

자료 : 도이치은행(Deutsche Bank)

모든 신호는 사이클 말기의 '과잉'을 나타내고 있다. 중국 기업들은 이익 압박의 영향을 빠른 매출 증가로 상쇄하려는 것 같다. 특히 최대한 2008년 베이징올림픽 이후로 사이클의 종말을 늦추는 것에 대한 정치적 인센티브는 상당하다.

따라서 이 거대한 경제는 중국 주식 투자자들이 어떤 희생을 치르든 간에 계속 질주할 것이다.[5]

---

4) 상하이와 선전 상장주식 중 내국인과 적격외국인 기관투자자(QFII)만 거래할 수 있는 주식—옮긴이.

5) 2004년 3월부터 2007년 10월까지 상하이종합지수는 485%의 총수익률을 기록했다. 연평균 수익률로 거의 100%에 달한다. 2007년 말 이 거품이 터진 후, 상하이주식시장은 68% 하락했다. 최근 중국 주식은 다시 거품이 형성되고 있다. 2014년 6월부터 12개월 동안 상하이종합지수는 130% 이상 상승했다. 이 기간 중국 주식시장의 신용잔고는 5배 증가해 2015년 중반 주식시장 시가총액의 6%가 넘는 3,250억 달러에 달했다. 중국의

6.4 레버리지게임 2014년 2월

우리가 중국에서 종종 발견하는 일인데, 한 자산관리회사의 경우도 겉모습과 실제가 매우 달랐다.

우리는 오랫동안 중국의 금융시스템에 회의적이었다. 중국의 이른바 '4대 은행'들의 약화된 밸류에이션 배수로 보건대, 요즈음에는 이런 회의적인 시각이 다소 일반적인 것 같다.

그런데 지금 중국 은행들을 피하고 있는 바로 그 투자자들이 중국의 대표적인 부실채권 투자기관 중 하나인 신다자산관리공사Cinda Asset Management 주식을 매수하기 위해 줄을 서고 있다. 이들은 신다가 중국의 불안정한 금융시스템에 대한 일종의 헤지수단이라고 믿고 있다. 그러나 좀 더 자세히 살펴보면 은행들로부터 자산(부실자산)을 인수하고 있는 신다 역시—바로 그 은행들이 제공하고 있는 저렴한 단기자금으로 지탱되고 있는 과도하게 부풀려진 중국 부동산시장과 과잉 투자된 석탄산업에서—레버리지게임을 하고 있는 한 플레이어에 불과하다.

1990년대 말, 중국 금융시스템은 느슨한 대출과 아시아 금융위기 여파로 인한 부실채권 부담에 시달리고 있었다. 이 문제를 처리하기 위해 중국 정부는 4개의 자산관리회사asset management companies,

---

경제성장 기적이 사라지면서 PER 75배에 달하는 중국 주식은 그 어느 때보다 더 현실과 괴리된 것으로 보인다.

AMCs, 즉 '배드뱅크'를 설립했다. 이때 신다도 중국건설은행China Construction Bank의 부실여신을 관리하기 위해 설립되었으며, 이런 국영 자산관리회사들 중 처음으로 시장에 나왔다.

작년(2013년) 연말, 마라톤은 신다의 기업공개 설명회에 초대되었다. 이 행사에 약간의 고풍스러운 분위기를 가미하기 위해 선택된 장소는 시티오브런던City of London에 있는 정육업자조합Worshipful Company of Butchers 건물의 그레이트홀Great Hall이었다. 이날 행사는 헐리우드 블록버스터영화 예고편을 연상시키는 깊은 저음의 미국인 음성 내레이션으로 산업의 역사와 신다의 전망을 소개하는 10분짜리 영상으로 시작되었다. 이따금 직원들이 단체로 하이파이브를 하는 자료 영상도 청중들에게 보여줬다.

두 경쟁 투자은행사의 지역대표들은 이례적으로 협력하는 모습을 보이면서 차례로 단상에 나와 신다의 기업공개에 투자했을 때의 장점들을 소개했다. 그중 가장 강조된 것은 이 투자가 가장 매력적인 투자상품인 부실자산에 대한 투자 기회라는 것이었다. 요컨대 투자자들이 신다 포지션을 보유하면 임박한 중국의 부채 폭발에서 수혜를 입을 수 있다는 것이었다.

얼핏 보면 그 경제성은 매력적으로 보인다. 2012년 신다의 ROE는 15.8%였고, 지배적인 지위로 인해 성장은 거의 확실했다. 현재 밸류에이션은 PBR 2.4배로 적당하다.

투자은행가들은 가장 유명한 부실자산 투자자인 오크트리캐피털Oaktree Capital과 신다를 호의적으로 비교했는데, 오크트리캐피털 자신이 신다의 '초석투자자cornerstone investor'[6]이다. 0.39% 지분을 '초석'으로 본다면 그렇다.

결과적으로, 이 자리에 초대된 것은 우리만이 아니었다. 약 50명의 다른 투자자들과 18개 상장주관사 대표들도 초청을 받고 참석했다. 자신의 주문이 잘 처리되었는지 확인하기 위해 옆에 있는 투자은행가를 붙잡고 말을 걸던 한 참석자는 대단히 흥분한 상태였다. 들리는 말로는 기관의 청약경쟁률은 10 대 1이었다(〈월스트리트저널〉에 따르면 개인투자자들의 청약경쟁률은 160 대 1로 마감되었다). 신다를 담당한 12명의 애널리스트 중 매수의견은 8명, 보유의견은 4명이었다. 또한 많은 주관사들의 보증으로 메시지는 분명했다. 한마디로 이 기회를 놓치면 바보라는 것이었다.

우리가 중국에서 종종 발견하는 일인데, 신다의 경우도 겉모습과 실체가 매우 다르다.

공개된 3년치 데이터로 볼 때 신다의 ROE의 원동력은 레버리지였던 것으로 보인다. 2012년에 보고된 ROE는 15.8%이지만, 같은 해 자산수익률은 2010년의 6.3%에서 하락한 3.4%에 불과했다. 이는 총자산을 자기자본으로 나눈 레버리지 배수가 2010년 4배에서 2012년 4.7배로 상승했다는 것을 의미한다.

성공한 부실자산 투자자들은 수익의 규모와 실현 시점의 불확실성 때문에 레버리지를 피하는 경향이 있다. 일반적으로 이들은 레버리지보다 상환 부담이 없는 영구자본permanent capital을 선호한다. 부채가 없는 부실채권 투자자들은 레버리지 투자자들이 곤경에 빠지

---

6) 상장할 경우 일정량의 주식을 매수하기로 한 투자자—옮긴이.

는 어려운 시기에 자본을 효율적으로 사용해 매력적인 수익률을 올릴 수 있다. 게다가 부실자산 투자 기회들은 일반적으로 바로 그런 기회 자체에 이미 내재된 상당히 높은 수준의 레버리지와 함께 온다.

이 자산관리회사(신다)의 레버리지 기원을 살펴보는 것이 도움이 될 것이다.

신다의 재무상태표에 따르면, 2013년 6월 말 현재 신다의 부채 총계는 2,200억 위안이다. 그중 2개의 가장 크고 가장 중요한 부채는 중국 재정부에서 제공한 335억 위안과 '시장지향적 자금원market-orientated sources'에서 나온 1,040억 위안이다.

재정부가 제공한 부채의 자금조달 비용(이자)은 판단하기 어렵지만, 우리는 이를 대략 연 2.25%로 추산하고 있다. '시장지향적 자금원'에서 조달하는 자금은 은행 간 시장에서, 즉 많은 부실자산이 발생한 바로 그 은행들에서 나온다. 이런 자금의 조달비용은 연 4.4% 정도 되는 것으로 보인다. 이는 우리가 중국에서 접했던 가장 낮은 자금조달 비용은 아니지만 현재 중국 대형은행들이 적용하고 있는 5.8%의 금리보다는 훨씬 낮은 비용이다.

요컨대 신다의 자금조달 비용은 인위적으로 낮은 것이고, 따라서 지속 가능하지 않으며, 신다의 높은 레버리지를 감안했을 때 자금조달 비용이 조금이라도 정상화되면 그것이 신다의 수익에 미치는 영향은 상당할 것이다.

두툼한 상장자료들을 자세히 읽어보면 신다의 자산이 다소 편향된 성격을 가지고 있다는 것을 알 수 있다. 신다의 자산은 2개의 핵심 요소로 구성되어 있다.

첫째는 860억 위안의 부실채권이다. 이는 기본적으로 금융 및 비금융기관으로부터 인수한 미수 매출채권들로 이루어져 있다. 투자설명서 주석에 따르면, "2013년 6월 30일 현재, '(i) 부동산……, 그리고 (iv) 건설산업 부문에서 발생한 매출채권으로 분류된 우리의 부실채권 자산총액'이 우리의 전체 부실채권 자산에서 차지하는 비율은 각각 60.4%와 4.5%이다". 요컨대 신다가 보유한 부실채권 자산의 2/3가 중국의 부동산 리스크에 노출되어 있다.

두 번째로 많은 자산은 440억 위안의 부채-출자전환debt-to-equity swaps, DES 보유분이다. 이는 기본적으로 길을 잃은 중대형 국영기업들의 지분과 관련된 것이다. 이 자산 포트폴리오의 상위 20개 비상장 부실자산 중 약 13개는 석탄광산회사들이고, 나머지는 화학회사와 제조회사들이다. 또 다른 주석에 따르면 석탄광산회사들이 신다의 부채-출자전환 자산의 약 61.5%를 차지하고 있다. 이어서 이 자료는 "2011년 당시 우리가 직접 주식지분을 보유했거나 그들 자회사의 주식지분을 보유했던 앞서 언급한 석탄산업의 21개 부채-출자전환 기업들의 석탄 생산량은 총 16억 500만 톤으로 국가 전체 석탄 생산량의 45.6%를 차지했다"는 것을 강조하고 있다.

매우 나쁜 자산이라도 적절한 가격에 매수하면 훌륭한 투자가 될 수 있다. 그리고 신다는 많은 자산을 원래 액면가에서 상당히 할인된 가격에(신다에 따르면 많은 경우 원래 채권가격의 20~30% 가격에) 획득했다. 그러나 신다의 밸류에이션을 고려하면 이런 할인 혜택의 상당 부분은 사라진다. 간단히 말해, 신다가 A라는 자산을 그 자산 장부가의 0.3배(30% 가격)에 매수했는데 투자자가 신다 주식을 신다 장부가의 2.4배 가격에 매수하면, 그 결과는 A 자산에 그 자산 장부가의 0.7배(70%) 가격을 지불한 것과 같다.

우리는 레버리지가 과도하고 실적이 저조한 기업 부문을 구조조정하려는 중국 당국의 시도를 비판하는 것이 아니다. 이는 필요한 과정이다. 사실, 신다와 같은 자산관리회사들을 만들고 부실자산들을 처리하기 위해 외부 자금원을 이용하는 것은 다소 작기는 하지만, 중국 신용시스템의 고무적인 자본구조 재조정 과정이다.

다만 여기서 명백히 잘못됐다고 지적하는 것은, 신다에 대한 투자가 중국 금융시스템이 안고 있는 문제에 대한 일종의 헤지라는 기업공개 마케팅 스토리다. 신다의 운명은 자신들이 획득하는 부실자산을 매수할 자금을 제공하고 있는 은행들의 운명과 얽혀 있다. 결국 신다는 중국 금융시스템을 개선하기 위해 태어난 것이 아니라, 시스템 바로 그 자체라는 것이다.

신다 기업공개에 매수주문을 넣기 위해 몰려들었던 많은 투자자들은 광범위하게 다각화된 부실자산관리회사를 매수하고 있다고 믿었던 것 같다. 이들은 어느 날 깨어보니 자신이 중국 부동산과 석탄 산업, 그리고 점점 더 취약해지고 있는 중국 금융시스템에 대한 레버리지 투자자산을 매수해 보유하고 있다는 것을 깨닫고는 그리 행복하지 않을 수도 있다.[7]

---

[7] 중국의 향후 은행위기에 대한 헤지는 전혀 안 되겠지만, 지금까지 신다 주가는 투자설명회에서 약속한 대로 중국 은행주 주가와 정반대로 갔다. 요컨대 2014년 2월 기업공개 이후 그 해 말까지 신다 주가는 거의 20% 하락했다. 이 기간 MSCI 중국은행지수는 36% 상승했다. 2014년 1년 동안 신다의 총자산은 42% 증가했고, 그 사이 내재 레버리지는

📋 6.5 돈을 벌 수 있는 기회? 2014년 9월

> 중국 은행들은 레버리지가 매우 높고, 자본사이클 분석도 잘 작용되지 않는다. 우리가 볼 때 중국의 신용 종말은 급격하게 발생할 수도, 더디게 발생할 수도 있지만, 반드시 발생할 것이다.

신흥국시장에 대한 역발상 투자자들에게 한 업종이 훌륭한 가치를 제공해주는 것처럼 보인다. 이 업종에서 가장 큰 4대 기업의 2013년 ROE 평균은 20%이고, 지난 5년 ROE 평균은 21%였다. 이들의 이익은 2008년 이후 연평균 18% 증가했으며, 작년(2013년)에도 꽤 양호한 12%의 이익증가율을 기록했다. 유동성을 추구하는 투자자들도 걱정할 것이 전혀 없는 게, 이들의 합계 시가총액은 6,500억 달러가 훨씬 넘는다. 그런데 이들 주식은 별로 인기가 없어서 시장에서 거의 장부가 가격에 매수할 수 있다.

문제의 이 4개 기업은 이른바 중국의 '4대 은행'을 말한다. 일반적인 인식에 따르면 중국 금융시스템은 정말 심각하다. 그러나 과거에 마라톤은 비슷한 인식 속에서도 은행에서 상당한 돈을 번 적이 있다. 예를 들어 아시아 금융위기는 싼 금융주들로 상당한 수익을 올릴 수 있는 훌륭한 기회를 제공했다.

오늘날 중국 은행들이 버림받은 신세라면 이들도 그와 비슷하게 돈을 벌 수 있는 기회를 제공하지 않을까?

5.1배로 상승했다.

그림 6-2 | 대출 및 신용리스크 비용 추이(2003~2013년)

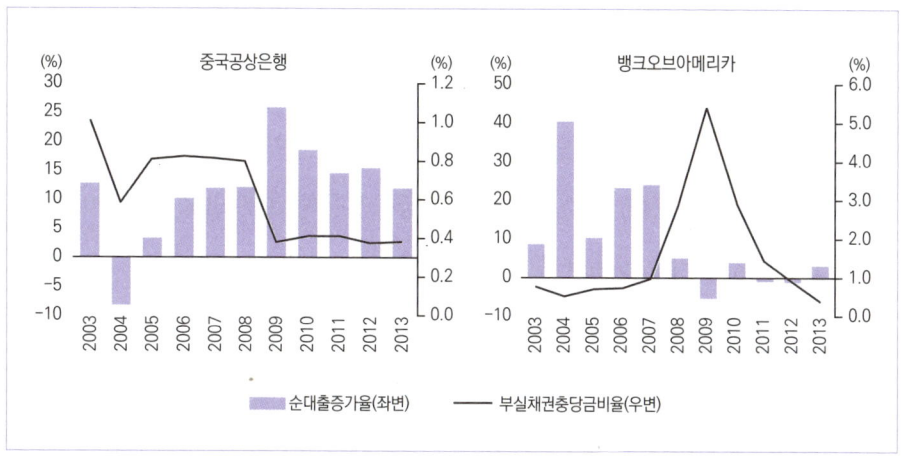

자료 : S&P 캐피털 아이큐

    짧게 대답하자면, 적어도 우리가 볼 때는 전혀 그렇지 않다. 그리고 좀 더 길게 대답하자면, 두 부분으로 나눠 답하는 것이 좋을 것 같다. 첫 번째 부분은 중국 은행들의 실제 수익성을 파악하는 것이고, 두 번째 부분은 이 은행들이 자본사이클에서 정확히 어떤 위치에 있는지를 파악하는 것이다.

    이를 위해 먼저 이 은행들의 수익성부터 해부해볼 필요가 있다. 이 4대 은행 중 가장 크고 20.8%의 ROE를 자랑하는 중국공상은행 Industrial and Commercial Bank of China, ICBC의 경우를 보자. 이 ROE는 레버리지로 약 15배 확대된 1.4%의 자산수익률에서 나온 것이다.

    여기서 첫 번째 문제는 신용리스크—즉, 장부의 부실채권충당금—가 적절히 인식되었느냐 하는 것이다. 〈그림 6-2〉는 중국공상은행과 미국 최대 은행인 뱅크오브아메리카 Bank of America, BOA의 지난

10년 대출 및 신용리스크 비용(부실채권충당금비율)의 추이를 비교한 것이다. 지난 몇 년 중국공상은행의 신용리스크 비용이 계속 낮은 수준을 유지하는 동안 대출은 높은 증가세를 보인다는 것을 알 수 있다. BOA의 경우도, 인과응보가 구현된 리먼브라더스 사태 발생 이전 몇 년간(2003~2007년) 최근 중국공상은행(2009~2013년)과 비슷하게 신용리스크 비용은 낮고 대출은 강한 증가를 보였다.

은행의 자본수익률은 신용 비용에 매우 민감하다. 예를 들어 중국공상은행의 리스크 비용이 평범한 수준인 1%까지 오르면, ROE는 20.6%에서 16.8%로 거의 1/5 하락할 것이다.

은행의 실제 수익성을 고려할 때, 레버리지 수준을 정상화하는 것도 필요하다. 중국공상은행의 경우, 주식 1위안당 약 15위안의 부채를 지탱하고 있다(주식자본 대비 부채비율은 1,500%). 그러나 레버리지는 이익을 배가할 수 있지만, 동시에 손실도 배가할 수 있다. 신흥국시장 은행의 평균 레버리지 수준은 약 10배이다. 뱅크오브아메리카의 레버리지도 10배이다.

신용 비용을 전체 부채의 1%, 레버리지 수준을 10배로 가정하면, 중국공상은행의 ROE는 11.3%로 떨어지게 된다. 우리가 볼 때, 이 11.3%가 중국공상은행의 지속 가능한 수익성에 더 가까워 보인다. 이는 중국공상은행 재무상태표에 대한 신뢰성이나, 중국 금융시스템의 시스템 차원의 위험과 관련된 우려는 고려하지 않고 얻은 결론이다.

중국 은행들의 경우 신용리스크 비용이 낮고 레버리지가 높은 것만이 문제가 아니다. 중국 은행들은 올바른 자본사이클 분석이 잘 적용되지도 않는 것 같다.

자본사이클의 교과서적인 사례에서 신규 자본은 이익이 특히 많은 산업으로 유입된다. 결과적으로, 이런 자본 유입은 생산능력을 과도하게 만들고, 이는 산업의 수익성과 주주수익에 악영향을 끼친다. 이런 과정은 생산하는 제품에 차별성이 없는 상품commodity기업들에서 가장 뚜렷하다. 정말 좋은 투자 기회는 이런 사이클이 한 번 돈 후, 즉 자본이 유출되기 시작할 때에야 나타나는 경향이 있다.

신용이 상품commodity이라는 것을 감안하면 자본사이클 분석은 다른 모든 상품기업과 마찬가지로 은행에도 적용된다. 그러나 일부 차이도 있다. 신용은 물리적 제한이 없기 때문에 신용의 증가는 은행이 축적할 수 있는 자본의 양과 은행이 떠안을 수 있는 레버리지의 양에 의해서만 제한된다.

이는 사이클의 상승 국면에서 경영진을 더 쉽게 흥분하게 만든다. 그러다 은행 사이클이 바뀌면, 과거에는 인식하지 못했던 죄악에 대한 소급문책—요컨대 신용비용의 급등—이 있게 된다. 동시에 은행들의 역량도 디레버리징(부채 축소)을 통해 사그라든다. 이는 재무상태표(자산) 축소와 합병의 형태로 나온다.

중국 은행들의 경우 아직 이런 증세는 나타나지 않았다. 이는 투자자 시각에서 볼 때 중국 은행들이 아직은 정확한 자본사이클 분석이 잘 적용되지 않는다는 것을 의미한다. 신용비용은 불가사의할 정도로 낮은 상태를 유지하고 있고, 일부 자본조달이 있긴 했지만, 이는 디레버리징보다는 성장 유지를 위한 것이었다. 어떻게 이런 일이 발생하는지는 판단하기가 어렵다.

중국의 신용 종말은 아시아 금융위기처럼 급격한 형태로 발생할 수도 있고, 일본식으로 좀 더 오래 지속되는 형태로 발생할 수도 있지만, 반드시 발생할 것이다.

6.6 먼저 움직이는 자가 살아남는다 2015년 5월

중국 본토 투자자들의 돈은 계속되는 투기적 과잉의 불쏘시개가 되고 있다.

중국 주식은 지난 1년 동안 열기를 쌓아왔다. 올해(2015년) 4월까지 12개월 동안 중국 본토 주식시장은 120% 상승했다.

시장평론가들은 중국의 거품이 끝났다고 선언하기를 꺼리는 것으로 보인다. 최근 〈파이낸셜타임스〉의 사설은 "중국 주식이 과대평가된 것은 분명하지만…… 더 상승할 수 있다"는 의견을 냈다. 골드만삭스도 중국 시장이 "개인투자자들이 매우 열광적으로 거래하는" 가운데 "분명 거품이 끼고 있지만, 이 거품이 시스템을 파괴할 거품인가? 그 답은, 아직 아니다"라는 입장을 밝혔다. 홍콩에 본사를 둔 금융조사기관 게이브칼^{Gavekal}은 "계속 망설이면서 관망만 하는 투자자들은 곧 파티를 놓칠 수도 있다"고 했다. 그러나 어떤 파티는 심한 숙취를 남기기도 한다.

표면적으로만 보면, 중국 주식은 마라톤의 상당한 관심을 끌어야 마땅하다. 일부 산업은 자본사이클의 저점에 도달한 것으로 보인다. 최소한 지난 몇 달 전 주식 밸류에이션은 적절해 보였다. 중국 정부는 여러 산업의 막대한 과잉 생산능력 문제를 검토할 것이라고 발표했다. 이 모든 것은 투자자 관점에서 볼 때 긍정적인 투자개시 요인이 될 수 있다.

그러나 밸류에이션은 보이는 것처럼 그렇게 매력적이지 않다(시장 전체의 낮은 밸류에이션은 문제를 겪고 있는 은행들이 평균을 끌어내린 영향 때문으로 보인다). 또한 중국의 거대한 과잉투자의 유산은 심각하고, 앞으로도 지속될 가능성이 높다.

상하이종합지수의 PER은 현재 21.7배이지만 은행들을 제외하면 37배가 된다. 은행들 비중이 그렇게 높지 않고 거품이 낀 기술업종에 더 많이 노출된 선전증권거래소의 현재 PER은 57배 이상이다. 선전거래소에 상장된 가장 큰 4대 기업 중 3개가 소매증권사라는 것이 문제다.

최근 중국 주식시장의 상승은 또 다른 실질적인 통화완화정책과 시기적으로 맞아떨어진다. 이번의 통화완화정책은 2014년 여름에 시작된 것으로 금융기관들이 1조 위안의 중단기 유동성에 접근할 수 있게 해준 이른바 '담보보완대출pledged supplementary lending'이라는 것이다.

이런 통화운영monetary operations 실행 이후 5% 이상이었던 7일 레포금리sevenday repo rate는 작년(2014년) 9월 3%로 하락했다. 거의 같은 시기에 중국 정부는 거래수수료를 인하하고, 1인당 허용되는 증권계좌 수를 1개에서 20개로 늘렸으며(누가 이렇게 많은 계좌가 필요할까?) 주식담보대출margin lending에 대한 규제를 완화했다. 정부 당국이 이번 거품을 의도적으로 부풀린 것으로 보인다.

국영언론들도 주식투자의 장점을 대대적으로 홍보하는 기사들을 내보내면서 정부 정책을 노골적으로 지지하기 시작했다. 이런 개입이 가져온 결과는 바로 눈앞에 있지만 잘 보이지 않는다.

온라인 동영상서비스회사인 베이징 바오펑테크놀로지Beijing Baofeng Technology의 경우를 보자. 2015년 5월 중순 현재, 베이징 바오펑테크놀로지가 선전증권거래소에 상장된 지 39일이 되었다. 그런데 이 중 36일 동안 바오펑의 주가는 상한가(일간 허용 상한가는 10%)를 기록했다. 복리의 마법을 통해 바오펑의 주가는 단시일만에 2,500% 이상 상승했다. 영업이익이 300만 달러에 불과한 회사가 지금 40억 달러에 달하는 시가총액을 자랑하고 있다.

그러나 바오펑은 올해 기업을 공개한 225개 회사 중 하나에 불과하다. 그중 223개 회사가 상장 첫날 상한가를 기록했고, 기업공개 후 이들의 평균 주가상승률은 400% 수준이다.

주식담보대출은 소매증권사들의 경우 가장 급성장하는 분야 중 하나다. 올해 들어 지금까지 주식담보대출액은 80% 증가했으며, 2014년 초 이후로는 4배 이상 증가했다. 중국에서 주식담보대출은 2010년 처음 허용되었으며, 유통주식 시가총액freefloat adjusted market capitalization의 8% 이상의 자금을 제공하게 되었다(이에 반해 뉴욕증권거래소Big Board의 주식담보대출은 시가총액의 2% 정도이다).

갤브레이스의 『대폭락 1929The Great Crash』를 읽어본 사람이라면, 시가총액의 10%에 달했던 주식담보대출이 1929년 대폭락의 주요 원인이었다는 지적을 떠올릴 수 있을 것이다. 지금의 중국 주식투기꾼들은 '재즈시대'의 선배 투기꾼들보다 훨씬 많은 레버리지를 이용하고 있다. 프랑스 은행 BNP는 점점 증가하고 있는 상하이증권거래소 거래량의 20%가 주식담보대출을 이용한 거래로 보고 있다.

이런 유동성 중 일부는 2014년 11월 시행된 상하이-홍콩 증권거래소 간의 '주식 교차매매 프로그램Sock Connect'[8]을 통해 홍콩증권거래소로 흘러 들어갔다. 홍콩에 상장된 중국 주식들은 본토에 상장된 주식보다 평균 30% 할인된 가격에 매매되고 있다. 강세론자들은 홍콩 주식의 밸류에이션이 상하이 수준으로 상승해 이런 할인 폭이 좁혀짐으로써 수익을 낼 수 있기를 기대하고 있다.

상하이와 홍콩에 상장된 대형 산업기업인 상하이전기Shanghai Electric는 지금 시장에 몰아치고 있는 광기의 좋은 사례다. 중국에서 상하이전기의 내재 시가총액은 410억 달러이며, PER은 거의 100배에 달하고(ROE는 10%이다), PBR은 6배가 넘는다. 그런데 홍콩에서 상하이전기의 내재 시가총액은 133억 달러이고, PER은 33배, PBR은 2.3배이다. 중국에서의 가격에 비해 홍콩에서의 가격이 매우 싸 보인다. 그러나 우리가 보기에 두 시장 모두에서 상하이전기의 밸류에이션은 합리화될 수 없다.

투자자들은 홍콩의 상대적으로 싼 가격에 크게 주목하면서 절대적인 가치에는 전혀 관심을 두지 않고 있다. 홍콩의 밸류에이션이 상하이에서 볼 수 있는 거품 수준으로 상승해야 하며, 그 반대가 되어서는 안 된다는 주장이 게이브칼이 말한 "지켜만 보고 있는 일부

---

8) 후강퉁 제도. 이를 통해 대륙의 투자자들이 과거 영국 영토인 홍콩에서 거래되는 중국 주식에 투자할 수 있게 되었다. 선전-홍콩 증권거래소 간의 교차매매 프로그램인 선강퉁 제도는 2016년 12월 시행되었다—옮긴이.

투자자들"은 설득할 수 있겠지만, 우리는 아니다. 마라톤은 중국 본토 투자자들보다는—이따금 흥분하기는 하지만—현실적인 홍콩 투자자들이 결정한 주가를 더 믿는 편이다.

자본 통제에 의해 중국 내부에 갇혀 있는 중국 본토 투자자들의 돈은 계속되는 투기적 과잉의 불쏘시개가 되고 있다.[9]

---

9) 이 글을 쓴 2015년 중순부터 2015년 9월 중순까지 상하이종합지수는 32%, 베이징 바오펑테크놀로지의 주가는 69% 각각 하락했다.

7장

월스트리트의 속마음

CAPITAL RETURNS

> "은행가는 절대 믿지 말라."
>
> – 윈스턴 처칠

마라톤의 자본사이클 접근법은 자연히 투자은행가들의 경계심을 불러일으켰다. 월스트리트는 자본시장의 인기 있는 부분으로 자본을 공급하는 한편, 의심스러운 금융공학을 통해 수수료를 창출하는 사업을 한다. 우리는 이 두 활동 모두 장기주주들의 이익에 해가 된다고 늘 생각했다. 어리숙한 매수 관망자의 입장에서 봐도, 2000년대 초 전형적인 월스트리트 은행가들은 고객의 이익을 보호하는데 거의 관심을 갖지 않았다는 것이 분명했다. 오히려 이들은 그 결과가 어떻게 되든 수수료 창출을 최우선했다.

2000년 9월 고객들에게 보낸 서한에서 마라톤은 "다음 과잉은 지난번보다 더 나쁠 것입니다. 그들의 탐욕과 실수에도 불구하고 대형 투자은행들을—파산시키기에는 너무 크고 서로 너무 밀접하게 얽혀 있어서—벌할 수 없다면, 그들이 시스템 자체에 도전하는 것은 시간

그림 7-1 | 가상의 투자은행 CEO '스탠리 천'의 세계관

"따라서 우리는 세상의 종말 시나리오에는
상상도 할 수 없는 공포가 가득하겠지만,
종말 전에는 전례 없는 수익 기회들이 넘쳐날 것으로 믿습니다."

자료 : 뉴요커(New Yorker)

문제에 불과합니다"라고 예측한 바 있다. 안타깝게도 이런 어두운 예측은 그로부터 8년 후 리먼브라더스가 파산했을 때 실현되었다.

우리는 투자은행가들이 초래하는 위험을 고객들이 항상 잘 파악할 수 있도록 매년 크리스마스 시즌이 되면 가상의 투자은행 그리드스핀Greedspin[1])과 가상의 CEO 스탠리 천Stanley Churn[2])을 등장인물로

---

1) 탐욕(greed)을 풍자한 것이다—옮긴이.
2) 과도한 매매를 의미하는 천(churn)은 수수료 수입을 극대화하려는 투자은행가들을 풍자한 것이다—옮긴이.

한 풍자적인 글을 고객들에게 써 보내기로 했다. 이런 관행은 2002년 12월 가상의 한 기술회사와 역시 가상의 구경제old economy 기업 제너럴초콜릿General Chocolate의 실패한 합병에 대한 글로 시작되었다.

다음 글들은 그 이후 여전히 활력 넘치는 스탠리 천의 행보를 기록한 것이다.

 7.1 항의서한 2003년 12월

과도하게 성장에 집착하고 매사에 홍보 지향적인 한 기업 경영진의 불만 사항.

마라톤은 투자 과정의 한 부분으로 기업 경영진을 인터뷰한다. 그런데 우리가 인터뷰했던 기업 경영진으로부터 불만을 토로하는 편지를 받는 경우가 가끔 있다. 최근 우리는 (한때 모멘텀테크놀로지 Momentum Technologies로 알려졌던) 제너럴초콜릿의 CEO로부터 다음과 같은 편지를 받았다.[3]

> 마라톤 파트너 여러분.
> 제가 이렇게 편지를 쓰는 것은 마라톤의 투자 애널리스트들과 만났던 최근의 미팅에서 우리 팀과 내가 경험했던 실망감을 전해드리기

---

3) 제너럴초콜릿과 모멘텀테크놀로지는 모두 풍자를 위한 가상의 기업이다.—옮긴이.

위해서입니다. 여러분은 회사 브로셔에서 "마라톤은 높은 수준의 전문성과, 혁신, 그리고 능력을 갖춘 독립투자회사입니다"라고 했습니다. 그러나 여러분과 미팅 후 우리에게 남은 인상은 이런 특징들이 보이지 않았다는 것입니다.

이 미팅은 한때 어려움을 겪었던 제너럴초콜릿을 다시 소개하는 우리의 비거래 로드쇼non-deal roadshow[4]의 한 부분으로, 그리드스핀파트너스가 준비한 일련의 미팅 중 하나였습니다.

우리는 우리의 전략적 컨설팅파트너 맥타비시McTavish(역시 가상의 컨설팅회사)가 상당한 작업 끝에 만들어 낸 우리의 새로운 도약 전략 We have Lift-Off에 관한 자세한 설명자료를 갖고 그 미팅에 나갔습니다. 나는 특히 '모든 중국인에게 초콜릿칩'이란 개념에 기초해 수립된 우리의 중국 사업전략이 특히 좋았습니다. 파워포인트 슬라이드들은 복잡했으며—사실 나도 그 완전한 의미를 이해하는 데 많은 시간이 필요했습니다—일부 기술적 용어에 대한 자세한 이해도 필요했습니다. 그날 우리가 만났던 대부분의 애널리스트들이 우리의 새로운 기업 언어를 이해하는 데 애를 먹기는 했습니다.

그런데 마라톤의 애널리스트들이 그 미팅에서 상당히 다른 전략을 주장했을 때 내가 얼마나 실망했을지 상상해 보십시오.

먼저 여러분의 팀은 우리가 발전시켜야 하는 바로 그 아이디어에 문제를 제기했습니다. 이는 여러분도 알겠지만 우리 팀의 의욕을 매우 저하시키는 행동이었습니다. 성장은 그 자체로 좋은 것입니다. 이

---

[4] 거래 없이 회사 상황 자체만 소개하는 기업설명회—옮긴이.

는 자명합니다. 그러나 여러분의 애널리스트들은 우리 사업을 수익성 있는 핵심 사업 중심으로 축소하고, 자사주를 매입해서 사용자본수익률을 극대화하라고 주장하는 것 같았습니다.

그러나 이런 주장은 몇 가지 이유로 명백한 오류입니다. 우리의 주요 기관주주들은—우리는 우리의 주거래 투자은행 그리드스핀을 통해 이들의 피드백을 받고 있습니다—우리의 확장을 원하고 있습니다. 이들은 투자할 수 있는 상당한 자금을 보유하고 있으며, 시가총액 100억 달러 미만의 기업에는 관심이 없습니다. 여러분과 달리 이런 진지한 투자자들은, 우리 성장전략의 장점을 존중하고 있는 대규모 애널리스트들을 보유하고 있을 뿐만 아니라, 인수자금 조달 목적으로 우리가 발행하는 주식을 매수할 재무 능력도 보유하고 있습니다.

마라톤의 주장처럼 사업을 축소하는 것은 경영구상의 실패를 의미합니다. 현재 많은 인수 아이디어를 갖고 있는 우리의 주거래은행 그리드스핀은 사업 축소를 결코 제안한 바 없습니다.

또한 성장은 우리의 경력 목표를 달성하는 데도 필수적입니다. 큰 기업들은 최고의 인재들에게 보상을 제공할 수 있으며, 우리도 그런 기업이 되어야 합니다. 자사주 매입은 주식의 유동성을 축소시키고, 이는 투자자들의 일을 더 힘들게 만들 뿐입니다. 여러분도 잘 알 것입니다.

현재 매달 제너럴초콜릿 주식의 10%가 거래되고 있다는 사실에 우리는 큰 자부심을 갖고 있습니다. 그럼에도 우리는 뉴스 흐름을 개선하면 이 수준을 더 높일 수 있다고 생각합니다. 현재 우리는 코코아 가격이 1%p 움직일 때마다 자동적으로 작동되는 새로운 '즉시 안내

서비스'를 주주들에게 제공하는 것을 고려하고 있습니다.

비용통제 같은 논란의 여지가 적은 부분에서도 여러분과 마음이 맞지 않았습니다. 여러분의 동료들은 우리가 마케팅과 연구개발 등에 비용을 더 늘려야 한다고 주장했습니다. 그러나 그런 행동은 우리의 분기 주당순이익에 부정적인 영향을 미칠 것이며, 이는 우리 기관주주들에게 결코 보고할 수 없는 일입니다. 우리는 연차보고서 표지에 '사람이 우리의 가장 중요한 자산'이라고 적어 놓았습니다. 하지만 이는 그 보상이 불확실하고 막연한 비용(예컨대 고객을 직접 대하지도 않고, 측정도 불가능하며, 선지출해야 하는 비용)의 절감을 목표로 한 생산성 제고 정리해고 프로그램과 항상 저울질해봐야 합니다. 우리의 이런 비용 중심 전략은 가시성을 높이고, 주당순이익도 바로 증가시킵니다.

여러분 동료들이 제과업에 대한 이해가 부족하다는 것도 곧 밝혀졌습니다. 이는 초콜릿산업에 매우 열심이었던 랍스터팟자산운용 *Lobster Pot Asset management* 애널리스트들과 그날 오전에 가졌던 미팅과는 완전히 대조적이었습니다. 이 애널리스트들은 제너럴초콜릿을 2개의 글로벌 경쟁업체라는 확고한 맥락에서 비교 가능한 모든 지표들을 매우 상세히 분석하고 있었습니다. 특히 우리는 새로운 C-윙크 초콜릿 휘플 기술*C-WONK chocolate whipple technology*에 대해 유익한 토론을 했습니다.

이런 전문화는 제너럴초콜릿 주주들과 합의한 방침과 완벽히 일치하는 것입니다. (제너럴초콜릿의 전신) 모멘텀테크놀로지의 혼란스러웠던 문제는 다 지나갔으며, 엎질러진 우유를 보고 울 일은 이제 없습니다.

반면, 마라톤의 애널리스트들은 여러분도 알고 있는 것처럼 우리의 페카비 전 회장님이 대표로 계신 우리 최대주주 듀오-펌프 엔터프라이즈Duo-Pump Enterprise에 대한 터무니없고 별 관련 없는 질문들만 계속했습니다. 여러분의 동료들은 듀오-펌프가 '20%의 경제적 지분'만 갖고 '51%의 강력한 의결권'을 행사하는 것에 의문을 제기했습니다.

이들은 우리가 듀오-펌프에서 받는 혜택을 간과한 듯했습니다. 결국, 듀오-펌프는 호경기와 불경기를 모두 겪었던 회사를 잘 관리하고 있습니다. 올해 초 이라크전쟁으로 주가가 떨어지자 듀오-펌프가 회사 주식을 매입하고 이를 나중에 다시 되팔기로 했을 때 우리의 주요 기관주주들은 안도했다고 말할 수 있습니다.

우리의 전 회장님께 지불된 경쟁업체 이직 금지 보상금의 경우, 이는 업계의 일반적인 관행이며, 우리의 매출액에 비하면 사소한 금액입니다. 이런 사항들은 마라톤 애널리스트들의 선정적이고 냉소적인 질문을 받을 문제는 분명 아닙니다.

그다음에는 나에 대한 인센티브에 관심을 돌렸습니다. 먼저 내 동료들 앞에서 이 문제를 논의해야 한다는 것 자체가 나로서는 당혹스러운 일이었다고 말씀드리고자 합니다.

내가 받은 스톡옵션의 가격결정일과—맥타비시가 '회사 재정과 관련된 부정적인 소식은 한꺼번에 모두 발표한다'는 의미에서 '키친싱크작전Operation Kitchen Sink'이라고 이름 붙인—우리의 0년 차 자산상각 발표 사이에는 아무런 관계도 없다는 것을 분명히 하고자 합니다. 또한 시장가격은 그 당시 회사의 기본 가치를 반영한다는 효율적 시장이론에 따라 이 스톡옵션의 행사가격은 그 당시 시장가격으로 정해졌습니다.

우리가 아는 한 마라톤의 이런 질문들은 투자결정에 필요한 정보의 범위를 훨씬 넘어서는 것입니다. 이번 미팅이 제너럴초콜릿의 사업에 대한 페카비 가문의 영향력에 관한 마라톤 애널리스트들의 부적절한 발언으로 끝났다는 점도 실망스럽습니다. 그런 발언들은 받아들일 수 없을 뿐 아니라, 극히 부적절한 것입니다.

우리 회사 이사회에는 페카비 가족들뿐만 아니라, 군인과 외교관으로 훌륭한 경력을 쌓은 마뉴엘 타피오카 장군General Manuel Tapioca과 고급여성복 패션사업에서 풍부한 경력을 쌓은 제 부친의 두 번째 부인 같은 저명 인사들이 포함되어 있습니다.

저는 수백 명의 애널리스트를 거느리고 있는 우리 은행가들로부터 애널리스트의 주요 업무는 향후 몇 달 간의 이익을 정확히 예측하기 위해 그 기업의 성장 전망을 이해하는 것이라는 말을 들었습니다. 우리는 이런 맥락에서라면 마라톤팀과 기꺼이 토론할 준비가 되어 있습니다.

마지막으로, 미국에 있는 우리의 대주주들과의 회의는 오후 4시에 정확히 끝내는 것이 좋겠습니다. 제가 알기로 펀드매니저들은 너무 늦기 전에 사무실로 돌아가 필요한 매매를 수행해야 합니다. 이러한 업무 마감시간 때문에 우리는 전 세계 어디든 오후 4시에 모든 투자자와의 미팅을 마치도록 우리 임원 전용비행기의 출발일정을 고정해 놓았습니다. 따라서 그 시간을 훌쩍 넘겨 기업지배구조에 몰두하는 사람들이 우리 대주주들의 자세한 소유구조에 대해 묻는 의미 없는 질문에 답해야 하는 것은 저희로서는 매우 불편한 일입니다. 다시는 이런 일이 일어나지 않을 것으로 믿습니다.

감사합니다.

제너럴초콜릿 CEO

제르베 페카비 Gervais Peccavi 배상

참조: 스탠리 천, 그리드스핀 파트너스 세일즈 대표

7.2 그들만의 '파티' 2005년 12월

스탠리 천은 사모펀드업계의 엄청난 수수료 전망에 흥분했다. 그리고 일생에 한 번뿐인 이 기회를 놓치지 말라고 독려했다.

수신: 리어뷰캐피털 무한책임파트너 여러분
발신: 스탠리 H. 천 회장
날짜: 2005년 12월 12일
제목: 다가오는 새해에 대한 단상

훌륭했던 또 한 해(그리고 내가 그리드스핀에서 리어뷰캐피털 RearView Capital 회장으로 자리를 옮긴 첫해)가 저물어 가고 있습니다. 이 기회를 빌려 다가오는 새해에 대한 나의 생각을 여러분과 나누고자 합니다.

나의 메시지는 단도직입적입니다. 우리는 사모펀드산업에서 일생에 한 번뿐인 수수료 창출 기회를 잡기 위해 신속히 움직여야 합니다. 나는 이 기회가 내가 전에 몸담았던 투자은행업에서 얻을 수 있는 기회보다 훨씬 크다고 믿습니다.

나의 이런 낙관론의 근거는 다음과 같이 직접적입니다.

- 은행업종은 열의가 넘치는 상황입니다. 우리에게 정말 특별한 조건으로 거래를 할 수 있는 자금이 제공되고 있습니다. 메리 머핀Merry Muffin에 대해 우리가 제안받은 내용만 봐도 알 수 있습니다. 우리 은행가들이 EBITDA 대비 9배라고 했을 때, 나는 그들이 우리에게 대출해 줄 금액이 아니라 거래배수(인수가격)에 대해 말하고 있다고 생각했었습니다!

  우리 주관은행들과 대화를 하면서 내가 분명히 느낀 것은 그들이 이제 더 이상 신용사업을 하고 있는 것이 아니라는 것입니다. 요즘 리갈은행Regal Bank의 노먼 브로드섕크Norman Broadshanks가 말하고 있는 것은 모두 신디케이션과 선불수수료에 관한 내용뿐입니다. 그는 '부채 폭탄'을 다음 사람에게 넘길 수 있는 한, 자신의 성장목표를 달성하기 위해 그가 할 수 있는 최대한 많은 대출을 기꺼이 제공하고 있습니다. 사실 요즘 브로드섕크와 그의 무리들은 우리에게 금융뿐만 아니라 거래 그 자체를 가져다주고 있습니다.

  그리고 기억하십시오. 2005년 유럽에서 차입매수를 위한 자금 차입이 2배 늘었다고 해서, 여기서 다시 2배로 늘 수 없다는 것을 의미하는 것은 아닙니다.

- 우리 고객들은 갈수록 더 간절히 우리와 투자하길 원하고 있습니다.

이들 모두 우리의 과거 수익에 흥분해 있습니다.

생각해 보십시오. 올해 우리 업계가 전 세계적으로 조달한 자금은 2,500억 달러에 이를 것입니다. 이런 거대한 자금 유입은 우리가 더 큰 펀드를 운용할 수 있고, 더 큰 거래를 할 수 있고, 따라서 어느 모로 보나 더 큰 수수료를 벌 수 있다는 것을 의미합니다.

우리는 공개시장으로 나가서 투자를 회수하거나, 인색한 사업목적 매수자trade buyer[5]를 찾는 일로 더 이상 걱정할 필요가 없습니다. 차입매수에서 차입매수LBO-to-LBO로 이어지는 연속거래의 증가로 우리는 갈수록 우리에게 유리한 연쇄적인 경제성을 확보할 수 있습니다. 또한 우리는 다시 브로드생크를 찾아가서 레버리지 활용 자본 재구성leveraged recap[6]을 하거나 그 반대로 할 수도 있습니다.

그러니 리어뷰 VI 펀드의 남은 자금을 계속 투자하고, 리어뷰 VII 슈퍼사이즈펀드용 자본조달에도 속도를 냅시다.

- 펀드운용업계는 아직도 모르고 있습니다. 새로운 레버리지 패러다임은 이들 대부분을 그냥 스쳐 지나갔고, 이들은 아직도 과거에 사용했던 터무니 없는 자본비용 지표와 부채 구조를 사용하고 있습니다. 이들은 주당순이익을 높이기 위해 여러분이 해야 할 일이 사실 별로 없다는 것을 이해하지 못하는 건 아닐까요? 그냥 부채만 추가하면 됩니다!

---

5) 사업을 목적으로 매수하는 투자자—옮긴이.

6) 레버리지 리캡: 기업 인수 후 사모펀드가 피인수기업의 지분 등을 담보로 차입을 한 후 배당 등으로 투자금을 회수하는 것—옮긴이.

그러면 매수측 바보들은 가치와 가격을 매우 혼동해서 우리가 '20% 프리미엄'을 말하면 '좋다!'라고 소리를 지릅니다. 그들의 주머니를 털 기회가 무르익었습니다.

- 경영진은 무엇이 자신에게 유리한지 알 수 있습니다. 실제 돈은 사모펀드쪽에 있고, 그들은 공개시장의 모든 성가신 규제에 신물이 난 상태입니다. 우리는 그들을 우리쪽에 합류시켜 그들의 인센티브를 다시 충전해주기만 하면 됩니다.

C-스위트 C-Suite(역시 가상의 투자은행)를 우리 손아귀에 넣으면, 우리는 (유리한 거래를 위해) 거래 전에 이익을 낮추고, 우리에게 필요한 모든 이사회 권고를 확보할 수 있습니다.

주인-대리인 갈등은 우리의 문제가 아니라 우리의 해결책입니다.

- 리어뷰 VII 슈퍼사이즈펀드의 수수료 규모는 매우 매력적입니다. 버티고 파트너스 Vertigo Partners가 그들의 최신 펀드에 100억 달러의 자금을 유치하고 있는 것을 생각해 보십시오. 1.5%의 운용수수료로 연 1억 5,000만 달러의 수수료를 벌고, 6년의 펀드 존속기간 동안에는 총 9억 달러를 수수료로 벌게 됩니다. 그리고 12명의 파트너들이 이 돈을 나누기만 하면 됩니다.

실제로 여러분은 이런 식으로 엄청난 수수료를 안전하게 벌 수 있습니다. 그것도 단 하나의 펀드에서 말이죠.

물론 1~2년 후에 기회의 창이 닫힐 위험도 있습니다. 생각해 보십시오.

- 어떤 시점이 되면 우리와 함께 투자하고 있는 기관들은 깨닫게 될 겁니다. 우리가 그들이 이미 보유하고 있는 사업들을 인수하고 있고 (그리고 이 일을 하는 데 대해 매수포지션만 취하는 롱온리long-only 펀드운용사에 약 0.5%의 수수료를 지불하고 있고), 레버리지를 활용하고 있으며(이는 우리 도움 없이 그들 경영진도 할 수 있는 일입니다), 높은 수수료를 지불하면서(연간 1.5%의 운용수수료+20%의 성공보수) 주식지분을 이전하고 있다는 것을 말입니다.

그러면 차입매수를 하면서 발생한 부채는 브로드생크를 통해 다시 그들에게 돌아가고, 따라서 우리 투자자들은 수수료만 지불하고 다시 원점으로 돌아가는 셈이 됩니다. 실로 이는 주인으로부터 대리인으로의 역사상 최대의 '부의 이전' 중 하나입니다.

- 우리는 지급이자가 세액공제를 받는다는 사실을 이용하고 있습니다. 세무당국은 세수가 부족한 이유 중 하나가 우리가 하고 있는 레버리지게임 때문이라는 것을 깨달을 수도 있습니다. 영국에서 사모펀드들은 민간 부문 노동력의 20%까지 고용하고 있고, 따라서 우리는 그리 반갑지 않은 관심을 끌 수도 있습니다.

- 끔찍한 연금 규제당국자들은 우리를 잘 알고 있습니다. 이들은 일부 차입매수 기업사냥꾼이—자기 회사 연금을 유용한 것으로 사후 밝혀진—로버트 맥스웰Robert Maxwell식으로 연금을 약탈할까봐 걱정하고 있습니다. 추후 이들은—피인수기업 직원연금에 대한 차입매수자의—개인보증을 요구할 겁니다!

- 헤지펀드업계와 그 부인은 초대장도 없이 우리 파티장에 들어오고 있고, 오랫동안 찬밥 신세였던 기업매수자들은 다시 활기를 찾아가

고 있습니다.
- 이지머니의 시대는 언젠가는 끝날 것입니다. 거시적인 상황이 악화되면 우리는 조개처럼 입을 닫고 엎드려 있어야 합니다.

우리에게 지금 필요한 것은 행동입니다.

- 서둘러 리어뷰 VI에 투자하세요.
- 이익 실현에 대해 너무 걱정하지 마세요.
- 여러분의 시간 중 최소 절반은 리어뷰 VII 슈퍼사이즈 펀드 마케팅에 쏟아부으세요.
- 투자은행의 우리 친구들과 좀 더 가까워지세요. 얼마 전에는 그들이 우리를 접대하게 했지만, 지금은 우리가 그들을 접대해야 합니다. 거래를 놓칠 여유가 없기 때문입니다. 우리는 모든 대규모 입찰에는 꼭 참석해야 합니다. 워런 버핏의 경매원칙(가지 말라!) 따위는 잊어버리십시오. 경매는 우리의 사업입니다. 가십시오!
- 투자은행 문제의 경우, 나는 이들이 우리에게 조언을 제공함과 동시에 돈을 빌려주려고 했기 때문에 이해충돌을 걱정할 때가 있었습니다. 쓸데없는 걱정이었습니다. 그린드스펀이 거래에 금융을 끼워넣기를 원한다면, 우리가 누구에게 안 된다고 말하겠습니까? 또한 우리는 은행가들의 삼중플레이(조언 제공, 금융 제공, 공동투자)에 개방적이어야 합니다.

일반적으로 자문가와 관련해서는 우리는 많은 중개회사 및 전문회사들과 성공의 과실을 나눌 수 있습니다. 쉽게 벌 수 있는 돈은 여기저기 많습니다.
- 그 후 리어뷰 Ⅶ과 Ⅷ을 어디에 투자할지에 대해 야심 찬 생각을 하십시오.

대형 기업집단은 우리가 게임을 하라고 경영진을 설득하기만 하면 되는 쉬운 사냥감입니다. 2개 이상의 기업을 거느린 기업집단은 미국 S&P 500의 경우 20% 미만이지만, 유럽에서는 50%를 훨씬 초과합니다.

우리가 컨소시엄 입찰에서 다른 사모펀드회사들과 한 팀을 이뤄 협력할 수 있다면 정말 좋은 일입니다. 끔찍한 입찰전쟁을 줄일 수 있기 때문입니다.
- 한물간 정치인들을 더 많이 충원하십시오. 언제 그들이 필요할지 모릅니다!

따라서 제 메시지는 간단합니다. 여러분, 속히 일에 착수하십시오! 지금보다 잔디가 더 푸르렀던 적은 결코 없었습니다.

2005년 12월 12일

스탠리 H. 천

f:/rearview/confidential/fees/outlook/2006

7.3 안심하게나, 먹을 것은 풍족하다네 2008년 12월

스탠리 천은 리먼브라더스 파산 후 향후 월스트리트의 수익성이 좋아질 것으로 예상하고 있다.

샬레 젤드천Chalet Geldchurn(가명)

포르테스트라세 1번가

추크 시

스위스

2008년 12월 11일

헨리 M. 폴슨 주니어Henry M. Paulson Jr.[7]
미 재무성
펜실베이니아 애비뉴 1500, NW
워싱턴 D.C. 20220
USA

비공개 / 기밀

하이, 행크.

매년 이렇게 말하기는 좀 그렇지만 그래도 다시 또 말하자면, 정말 대단한 한 해였네!

---

[7] 전 골드만삭스 회장으로 2006년 7월~2009년 1월 미 재무장관 역임—옮긴이.

물론 걱정할 일은 많았지만, 자네가 이룬 것을 먼저 돌아보세. 내 소견을 말하자면 자네가 수행한 재무장관직은 완전한 승리였네. 몇 년 전 내가 자네에게 왜 골드만삭스를 그만두고 연봉 2만 5,000달러밖에 안 되는 재무장관직을 수락했냐고 물었을 때는 자네가 정말 돈이 되는 이직을 했다고 생각하지 못했네.

2006년 재무장관에 취임하면서 5억 달러 상당의 골드만삭스 주식을 '비과세'로 매도해야 해서 아쉬웠나? 설마 그건 아니겠지?[8] 이를 통해 자네는 1억 달러의 세금을 절약했을 뿐 아니라, 시장이 좋을 때 나갔기 때문에 시세차익으로 2억 5,000만 달러를 추가로 더 벌었을 거야. 빙고!

*끔찍한 공매도자들에 의해 엄청난 타격을 받았던 그리드스핀에 대한 내 나머지 포지션을 갖고 나도 자네와 똑같은 선견지명을 발휘할 수 있었더라면 좋았을 것을…… 최고의 증권중개인 존 맥*John Mac*이 이런 메뚜기들(공매도자들)이 '시장에서 무책임한 행동'을 하고 있다고 잘 지적한 바 있지.*

*그리고 자네가 어떻게 투자은행산업을 재편했는지 보게. 물론 모건스탠리가 리먼브라더스의 뒤를 따라 망가지도록 놔두는 게 좋았겠지만, 그랬다면 타프*TARP(부실자산구제프로그램Troubled Assets Relief Program)*가 사실 골드만삭스 구제프로그램이라는 것이 밝혀졌을 것이고, 그러면 (아마도) 안 되겠지. 그리고 리먼브라더스 친구들이 달랑*

---

8) 미국의 경우, 공무원 등이 직무와 관련해 보유주식을 매도해야 할 경우 시세차익에 대한 소득세를 면제해준다.—옮긴이.

박스 하나와 쓸모없는 주식증서 뭉치만 들고 회사건물을 나가는 것을 보는 게 재미있지 않았나?

그러나 투자은행 2.0의 세계에서는 어떤 식일지 생각해보게. 골드만과 그린드스펀은 케이크 대부분을 둘이 나누게 될 거고, 나는 수수료가 어디로 가는지 알고 있네. 오마하의 늙은 현인을 끌어들이면[9] 적절한 존경의 분위기를 조성할 뿐만 아니라, 그를 통해 우리는 새로운 그림자금융시대에 온갖 '혁신적인 금융상품'들을 출시할 수 있네. 우리 사업에서는 10년에 한 번 상품이름을 바꾸기만 하면 된다는 샌디 웨일Sandy Weill의 법칙을 기억하게!

나에게 올해는 풍년이었네. 두바이로 가서 국부펀드의 투자를 자문하는 소버린웰스 어드바이저리 파트너스Sovereign Wealth Advisory Partners를 세우기로 한 결정은 정말 타이밍이 최고였네. 우리는 이 친구들(국부펀드들)이 미국 금융주에 800억 달러 정도 투자하도록 해서 상당한 수수료를 벌었네. 내 전 경력을 통틀어 내가 이렇게 큰돈을 벌었던 적도, 고객들이 이렇게 빨리 거액을 잃었던 적도 없는 것 같네!

물론 여기에는 리스크가 따라오지. 알 주물라타워Al Jumoolah Tower에 올라갔을 때 긴장감이 밀려왔고, 급행 엘리베이터에서 나를 따라오는 검은 선글라스를 낀 똑같은 덩치들이 계속 보였네. 손가락 화상 문제도 있었지. 벌어진 일을 생각해보면, 이 친구들은 미국과 관련된 모든 것에 확신을 잃었고, 돈 문제로 아주 기분이 상했지.

사상누각의 건설 붐 역시 마찬가지야. 곧 다가올 붕괴를 감안하면,

---

9) 세계금융위기 당시 워런 버핏의 골드만삭스 투자를 빗댄 것—옮긴이.

땅 위의 상황도 그리 좋아 보이지는 않았네. 따라서 두바이에서 수수료 전망은 아주 장밋빛은 아니었지. 옮길 시간이 된 거지. 그래서 지금 여기 뻐꾸기시계의 나라(스위스)에 살고 있는 거라네. 누군가 "금융에서 성공한 사람은 결국 모두 스위스로 간다"고 하지 않았나?

우리를 찾는 이들은 국부펀드 친구들만이 아니네. 나의 슈퍼사이즈 사모펀드(리어뷰 VII과 VIII)에 투자했던 수익 추구 투자자들도 2006년과 2007년 거래에서 완전히 망했다고 불평하고 있지. 그러나 우리는 여전히 운용수수료를 긁어모으고 있고, 그래서 그들에게 바이트백 반도체ByteBack Semiconductor의 최근 리파이낸싱 때문에 지난달 자금이 크게 줄었다는 내용의 서한을 작성하면서 조금 불안하기도 했네.

그래도 한 줄기 빛은 있는 법이지. 우리 고객들이 자금을 조달할 수 있는 유일한 곳은 공개주식시장이고, 따라서 이들은 어쩔 수 없이 주식을 처분해야 하는 주식 강제매도자로서, 리어뷰 VIII이 시장 바닥에서 멋진 거래를 마무리할 바로 그 시점에 헐값에 주식을 내놓을 수밖에 없을 걸세. 정말 즐거운 일이 아닐 수 없네.

내가 열심히 피하고 있는 또 다른 대형집단은 우리의 기업공개 투자 전문펀드 리어뷰캐피털IPO의 투자자들이네. 뭐, 리어뷰캐피털IPO의 주가 실적은 블랙스톤Blackstone, KKR, 아폴로Apollo의 기업공개 투자펀드들의 주가 실적과 궤를 같이했지만, 그것을 중국투자청Chinese Investment Authority에 말해보게. 기업공개 당시 내가 사모펀드의 황금기에 들어가고 있다고 말했을 때, 사실 좀 더 구체적으로 말했어야 했네. 그 당시 미래 전망이 좋았던 유일한 것은 우리의 사모펀드 수수료뿐이었지! 우리는 우리가 운용하지 않는 돈에서도 운용수수료를 받고 있다네, 맙소사!

　매년 이맘때쯤에는 늘 그렇듯, 지금 나는 앞으로 막대한 수수료를 창출할 기회는 어디에 있는지 생각 중이네. 자네와 나 모두에게 언제나 매우 효과적이었던 '돈을 따라가라'는 원칙에 입각해 보면, 텅만한 주머니를 가진 분명한 후보지는 바로 친애하는 미국일세.

　거액의 지출프로그램으로 '세상을 구하라'는 새로운 정책이 등장하고 있고, 연방준비제도는 마치 내일(인플레이션)은 없는 것처럼 돈을 찍어내고 있는데, 이는 우리 같은 수수료 창출자들에게는 이상적인 기회처럼 보이네. 우리는 그저 그중 가장 큰 주머니에 '자본주의의 보이지 않는 손'을 집어넣기만 하면 되고, 그러면 우리는 성공할 것이네. 우리는 리어뷰인프라스트럭처 파트너스RearView Infrastructure Partners를 부활시켰고, '미국 전역에 도로를! 모든 곳에 다리를! 아이들에게 광역 통신망을!' 프로그램에 필요한 자금을 조달하려 하고 있네.

　그것은 나를 자네의 미래로 인도하겠지. 나는 지금 자네보다 직업적으로 더 좋은 전망을 가진 사람은 전혀 생각할 수가 없네. 밥 루빈Bob Rubin[10]이 씨티그룹과 좋은 협상으로 다시 민간 부문으로 돌아간 이후, 그런 강력한 지위에 있던 사람은 자네 말고는 아무도 없었지 않나. 한 대형은행에서 상당한 보수를 받는 역할을 하는 것 외에, 나는 자네가 스탠리앤다프네천재단Stanley and Daphne Churn Foundation 이사직과 함께 리어뷰펀드RearView Funds 자문위원이 되어주었으면 하네. 안심하게나, 먹을 것은 풍족하다네. 2월 스키 시즌, 이곳에서 자

---

10) 로버트 루빈, 전 미국 재무장관, 전 씨티그룹 회장—옮긴이.

네와 우리 부부가 만나기 전에 이 문제를 깊이 생각해 주길 바라네.

아직도 쌩쌩한 자네의 영원한 친구!

그리드스핀 파트너스, 리어뷰캐피털 명예회장

스탠리 H. 천 보냄

 7.4 중국 탈출 2010년 12월

중국 경제에 대한 스탠리 천의 회의적인 속내가 공개되면서 벌어진 일들.

【GIR 뉴스 속보】항상 논란을 몰고 다니는 그리드스핀의 전 CEO 스탠리 천이 홍콩에 본부를 둔 투자은행 천-우 인터내셔널Churn-Woo International을 설립한 지 1년 만에 중국을 떠났다. 이는 중국 투자 전망에 대한 회사의 낙관적인 공식입장에 반하는 그의 회의적인 속내가 밝혀진 후 벌어진 일이다.

그의 지인들은 그가 최근 개인적으로 여러 대규모 투자를 했던 도쿄로 갔을 것이라고 전했다. 그러나 그의 정확한 소재는 여전히 미스터리이고, 그의 한 동료는 그의 안전에 우려를 표했다.

위키리크스WikiLeaks 웹사이트를 통해 스탠리 천과 주중 미국대사가 나눈 솔직한 대화 메모가 공개된 후 최근 몇주 동안 천-우 인터내셔널의 미래에 대한 추측이 무성했다. 이 메모는 전직 은행가이며 스탠리 천의 친구인 로니 픽스Ronnie Fix 주중 미국대사가 기록한 것이다.

베이징 그랜드하얏트호텔에서 있었던 이 둘의 3시간에 걸친 사적인 오찬이 끝나갈 무렵, 스탠리 천은 중국 경제를 "스테로이드를 먹은 두바이"라고 하면서, 중국 경제가 "터지는 것은 시간문제"이기 때문에 "공매도로 매수 투자자들을 끝장내고 싶다"고 했다.

픽스 대사는 국무성에 보낸 전문에서 "그(스탠리 천)는 중국 당국이 인플레이션을 통제할 수 없으며, 빈 강정 같은 부동산시장은 아일랜드식 폰지사기라고 생각한다"고 했다.

대화 중간에 스탠리 천은 "인플레이션 쓰나미가 곧 전 지역을 강타할 것이고, 내가 알 수 있는 유일한 승자는 무미건조한 일본은행들뿐이다. 그 외 모든 것은 쓰나미에 휩쓸려 익사할 것이다. 투자가 GDP에서 차지하는 비중이 50% 이상이라는 것은 터무니없는 일이다. 미국인들은 지금보다 더 많은 중국의 수출품을 소화해낼 수 없고, 그동안 중국의 임금을 억눌렀던 농촌에서 유입된 노예노동은 고갈되고 있다. 상승 잠재력이 있는 중국의 유일한 수출품은 인플레이션뿐이다"라고 경고하기도 했다.

또한 스탠리 천은 "모든 사람들에게 뇌물을 먹였고", 베이징 관료들은 "아주 우둔해서 우리에게 자문을 구하고 있기 때문에", 자신은 중국 고위급 관료들에게 쉽게 접근할 수 있다고 자랑했다. 대화 중에 그는 자신이 수행한 자문 역할 덕분에 '제1회 공자평화상'이라는 것이 있다면 자신이 수상자가 될 수도 있다는 농담을 하기도 했다.

대화 후반부에 스탠리 천은 중국 증권에 대한 공매도를 통해 이전의 그 어떤 투자 아이디어들보다 더 많은 돈을 벌 것으로 예상한다고 했다. 그는 보호예수조항이 만료되면서 신규 상장기업 고위 경영진의 주식 매도가 몰아치고 있는 중국판 나스닥인 차이넥스트Chinext에서 공매도를 하는 것에 특히 관심이 있다고 했다.

최근 투자자들에게 보낸 서한에서 중국의 전망이 좋다고 했던 그의 의견을 고려할 때, 스탠리 천의 이런 발언들은 매우 당혹스러운 것이다. '두려워할 필요는 없다No Need to Fear'라는 제목의 서한에서 스탠리 천은 중국의 인플레이션은 "식료품 공급 병목현상으로 인한 일시적인 문제"라고 했다. 그는 또 주택시장은 "일부 도시에서만 문제이며, 당국은 이 문제를 잘 관리하고 있다"고도 했다. 그리고 이 서한에서 그는 "현재 PER 80배 이상인 차이넥스트시장의 PER 배수가 두 배 더 상승해도 여전히 '아주 싼 가격'이다"라고 했다.

대화 메모의 내용은 중국에서 그리드스핀의 역할에 대한 우려도 키웠다. 메모의 한 부분에서 스탠리 천은 중국 은행들이 자체 그림자금융시스템을 발전시키는 것을 돕기 위해 "그리드스핀의 부외회계 규격 패키지를 판매해 수수료 수입을 올리는 것을 기대하고 있다"고 했다.

위키리크스 공개 이후, 반역 혐의로 천-우 인터내셔널 직원들이 대대적으로 체포되었다. 중국 관료들은 스탠리 천의 발언이 "도움이 되지 않았으며", 그가 "중국을 이해하지 못했다"고 했다. 그리고 스탠리 천에게는 베이징에 있는 국영 중국재교육센터로 출두하라는 요구서가 날아왔다.

천-우 드래곤 성장펀드Churn-Woo Dragon Growth fund는 2010년 1월 상하이 엑스포센터에서 열린 축하만찬에서 성대한 팡파르를 울리며 출범했고, 그래미상 후보였던 걸그룹 알라모드a la Mode가 만찬공연을 했다. 당시 평론가들은 비정상적으로 높은 수수료 구조에 주목했다. 이 펀드는 2009년 상하이종합지수가 80% 상승한 후 출범했는데, 2010년 상하이종합지수는 13% 하락했다.

많은 경제평론가들이 중국의 성장모델에 대해 공개적으로 의문을 제기했다. 롬바르드 스트리트 리서치Lombard Street Research는 건설 데이터를 인용해 2010년 9월 착공 건수는 전년 대비 80% 증가했는데, 같은 기간 매출은 오히려 감소했다는 사실을 지적했다. JP 모건은 신탁회사들에 판매된 2조 위안의 부외부채를 포함하면 대출증가율은 여전히 30% 이상이 될 것으로 추산했다. HSBC는 중국의 GDP 대비 주택건설주식의 주가가 극단적으로 높은 수준이라고 했다. 이는 일본과 아일랜드의 부동산 거품에 비견할 만한 수준이다.

스탠리 천은 항상 논란을 몰고 다니던 인물이었다. 2003년 그는 제너럴초콜릿 차입매수 당시 잘못된 조언을 제공한 혐의로 과거 학교 동창에게 고소를 당한 바 있다. (신용경색 초기 단계에 그가 여러 국부펀드들에게 미국 은행에 투자하라고 자문했던) 두바이에서는 그에 대한 체포영장이 발부된 상태다. 최근 그는 부유층에 대한 세금 인상을 히틀러의 프랑스 침공에 비유한 것에 대해 사과하기도 했다.

스탠리 천은 이런 여러 문제에 대한 언급을 회피했다. 지인들 사이에서는 중국을 떠나기로 한 그의 결정이, 그의 젊은 새 부인 때문이라는 이야기도 있다.

7.5 국회의사당을 점령하라 2011년 12월

그리드스핀으로 돌아온 우리의 못 말리는 은행가 스탠리 천은 수수료 창출에 관한 사업 아이디어가 넘쳐났다.

스탠리 천의 그리드스핀 파트너 미팅 연설문
"은행사업의 전반적인 새로운 사업환경"
2011년 12월 13일, 케이맨제도

내가 다른 금융 분야에서 일해보기 위해 그리드스핀을 떠난 지 7년이 되었습니다. 그러다 최근 중국의 천-우 인터내셔널에서 안 좋은 일을 겪은 후, 그리드스핀의 회장 특별고문으로 다시 돌아오게 되어 기쁜 마음 그지 없습니다.

내가 그리드스핀을 떠나 있는 동안, 우리가 투자은행업의 최고 전성기와 최악의 시기를 모두 겪었다는 것은 결코 과장이 아닙니다. 오늘날 투자은행업의 전망은 그리드스핀뿐만이 아니라 자본주의의 미래라는 차원에서도 어두워 보입니다. 그러나 월스트리트에서 분명한 것이 있다면—역사가 우리에게 뭔가 가르쳐준 것이 있다면—도전은 새로운 수수료 창출 기회를 의미한다는 것입니다.

그렇기는 해도, 우리는 먼저 도전에 맞서야 합니다. 우리의 투자은행사업은 전례 없는 수준의 공격을 받고 있습니다. 우리 앞에는 계급투쟁식 과세, 비커스Vickers부터 볼커Volker에 이르는 보복적인 규제, 불완전판매에 대한 벌금, M&A 활동의 침체 같은 난관이 있습니다. 유럽 정치인들은 금융거래세까지 도입하려고 합니다.

최근 골드만삭스는 분기 손실을 기록했습니다(상장 이후 두 번째 분기 손실입니다). 존 코자인 Jon Corzine[11]은 고객 돈 수십억 달러가 어디로 사라졌는지 몰라 곤경에 빠져 있습니다. 내부자거래에 대한 비난은 심지어 친애하는 오마하의 현인에까지 가해졌습니다. 그럼에도 그중 최악은 튜턴기사단 같은 가학적인 통화주의자들이 득세하면서 이지머니를 끝내겠다고 위협하고 있다는 것입니다.

우리의 전체 사업모델이 거품을 유발하는 공공정책들에 기초해 구축되어 있으며, 사업을 예전처럼 되돌리기 위해 우리가 할 수 있는 모든 것을 다해야 한다는 점을 굳이 여러분에게 재차 상기시킬 필요는 없을 것입니다. 심지어 최근에는 벤 버냉키 Ben Bernanke가 "통화정책은 만병통치약이 될 수 없다"고 말하기도 했습니다. 아, "터질 때까지는 거품을 발견할 수 없다"고 한 앨런 그린스펀 Alan Greenspan 과 규제는 "가벼운 터치로 해야 할 뿐만 아니라, 제한적인 터치로 해야 한다"고 한 고든 브라운 Gordon Brown의 시절이 얼마나 평화로웠습니까.

지금 같이 어려운 상황에 맞서 싸우기 위해서는 여러 전선에서 반격할 필요가 있습니다.

정부자문 사업 그룹 Sovereign Advisory Group, SAG

독일에서 추가로 어떤 구제금융 자금도 나오지 않는 상황에서 우

---

11) 2011년 파산한 MF글로벌의 CEO—옮긴이.

리의 유럽 분쟁해결팀은 더욱 창조적이 되어야 할 것입니다.

우리의 미국 모기지 전문가들은 현재 유럽재정안정기금EFSF을 위한 일련의 매우 복잡한 맞춤형 레버리지 구조를 짜고 있습니다. 또한 우리는 그 의미가 무엇인지 아무도 모르기 때문에 모든 사람이 동의할 수 있는 새로운 언어 개념들을 개발하고 있는 중입니다.

그가 누구든 '거시건전성 규제macro-prudential regulation'란 개념을 생각해낸 사람은 천재입니다. '경제적 거버넌스economic governance'[12]도 거의 마찬가지입니다. 독일인들은 이것을 재정이 불건전한 경제 주체들을 벌주는 회초리로 생각했고, 프랑스인들은 산업에 대한 국가 개입에 관한 것으로 생각했습니다. 미국에는 이른바 '불완전하게 수립된 합의incompletely theorized agreements'와 관련해 매우 흥미로운 작업을 했던 한 변호사가 있는데, 그가 말하는 '합의'는 우리가 필요로 하는 일종의 '보다 유럽적인 정책적 임시방편' 같습니다.

결국 진짜 돈이 필요할 것이기 때문에, 우리는 독일 정치인들을 대상으로 '죄인들'에 대한 지원 비용이 그들을 파멸시키는 비용보다 적다는 것을 설득해야 합니다.

우리는 우리의 독일 고객들을 동원해 독일 마르크화로 돌아가는 것은 수출과 이별하는 것이라고 정치인들에게 압력을 넣을 수 있습니다. 이와 관련해 '독일의사당 점령작전팀Operation Occupy Bundestag team'에서 일부 좋은 성과가 나오고 있습니다.

---

[12] 국가가 거시경제 및 미시경제 관련 여러 업무를 관리하기 위해 그 권한을 행사하는 체계—옮긴이.

범죄 전망에 대한 최악의 시나리오와 함께 긴축이—독일 정치인들이 별장을 갖고 있는—지역사회에 미치는 영향에 대한 연구 같은 것이 좋아 보입니다. 규칙 기반 재정절차와 제재에 대한 주장이 있을 경우를 대비해, 우리의 프랑스 지역팀들은 이를 회피할 대책을 이미 마련해 두었습니다.

'레이더호젠Lederhosen' 채권13) 문제 해결에 대해 유럽중앙은행에 영향을 미치려는 우리의 노력은 크게 강화될 것입니다. 골드만삭스 출신이 책임을 맡고 있고, 6명의 이사 중 5명이 이 문제 해결에 미래가 달려 있는 국가 출신이기 때문입니다.

그림자금융시대에 톡톡히 그 역할을 해냈던 우리의 OTC 부외회계 패키지OTC Off-Balance Sheet AccountingTM packages는 재정적자를 장부에 올리지 않게 개조할 수 있습니다. 몇 년 전 그리스 국가부채를 줄이고, 그럼으로써 그들을 유로의 늪에서 구해내는 놀라운 일을 해냈던 이 팀을 골드만삭스에서 몰래 빼내야 할 것입니다. 죄인 국가들과 관련해, 우리의 GIPSI민영화팀들에게는 훌륭한 기회가 있습니다(주의 : PIIGS는 더 이상 고객친화적인 국가의 약어가 아닙니다. 그리고 준법감시인은 이런 경고를 피하려는 똑똑한 체하는 애널리스트들을 감시하고 있습니다).

한편, 유로화 지역이 무너지기 시작하면 우리가 먼저 치고 나갈 수 있도록 계속 동향을 예의주시하고 여러 부서들은 시의적절한 정보를 수집해야 합니다.

---

13) 레이더호젠은 독일, 오스트리아 등의 전통적인 남성용 가죽 반바지이다.—옮긴이.

유로존 중앙은행들에 심어둘 라자라트남Rajaratnam[14] 스타일의 스파이 전문가 네트워크를 충원해야 할 수도 있습니다. 우리의 이런 '숨은 스파이들'이 깨어나 활동하기 시작하면 나노초 인트라넷 통신 시스템에 대한 우리의 최근의 투자는 상당한 성과를 낼 것입니다.

유로존 지역이 무너지면 최대한 혼란이 발생하길 바랍시다. 그리드스핀은 항상 거래의 승자 편에 있을 것입니다. 안심하십시오.

금융기관 사업 그룹Financial Institutions Group, FIG

금융기관과 관련한 우리의 가장 큰 과제는 수수료가 많은 자본조달사업을 실행하고, 광적인 은행 재무상태표(위험가중자산risk weighted assets, RWA) 축소 조치에 대한 반대 로비를 열심히 추진하는 것입니다.

유럽은행감독청European Banking Authority, EBA에 침투하려는 우리의 노력은 그다지 효과가 없었던 게 분명합니다. 정말 필요할 때 그리드스핀 출신들은 어디에 있는 겁니까?

그런데 올해의 은행 부문 '척 프린스 바보상Chuck Prince Booby Prize'은 그 얼간이들(유럽은행감독청)에게 돌아갈 게 분명합니다.[15] 유럽은행감독청은 덱시아Dexia[16]에 최고 점수를 준 스트레스 테스트를 시행했을 뿐 아니라, 새로운 자본비율 목표치를 설정할 때 부실자산구

---

14) 내부자 거래로 유죄를 선고받은 갤리언(Galleon) 헤지펀드 설립자—옮긴이.
15) 척 프린스 : 2007년 11월 파생상품 투자 실패로 사임한 전 씨티그룹 회장 찰스 프린스(Charles Prince)—옮긴이.
16) 2011년 유럽은행감독청의 스트레스 테스트를 높은 점수로 통과했지만, 같은 해 말 구제금융을 받은 프랑스-벨기에 금융기관—옮긴이.

제프로그램TARP 부문에 대한 의무 자본조달 조치도 도입하지 못했습니다.

그에 따른 은행 재무상태표 관리에 대해 "말린 자두처럼 쭈글쭈글하게 만드는" 축소 조치가 계속된다면 유럽은 힘든 시기에 들어가게 됩니다. 우리는 홍보 차원에서, 우리가 "더 나은 그리고 더 실질적인 기업시민corporate citizens[17]으로서 우리 은행들을 열심히 지원하고 있다"는 것을 강조할 수 있겠습니다.

인프라금융 사업 그룹Infrastructure Finance Group, IFG

인프라 지출은 언제나 나의 특별한 관심사였습니다. "우리의 미래를 위한 투자"와 "성장 어젠다"라는 인프라 지출의 표어는 긍정적인 홍보 효과를 갖고 있습니다. 또 수수료 창출 방법도 많은데, 이 부문에 대한 연기금 투자가 법적 의무가 되면 특히 더 그렇습니다.

'주요 노동자'와 '일선 업무' 같은 용어를 반복해 사용하면 정치꾼들에게 특히 잘 먹혀듭니다.

아이들을 위한 광대역Broadband-for-Babies 민간투자개발 프로젝트를 겨냥한 자본배분 오류에 대한 비난과 그에 따른 감사원 조사로 당면한 업무에 지장을 받아서는 안 됩니다.

---

17) 개인과 마찬가지로 기업도 지역사회의 한 구성원으로 지역사회에 공헌한다는 것을 강조하는 용어—옮긴이.

기업이벤트 업무팀 Corporate events team

우리는 많은 국가에서 정치지도자들이 교체될 것이란 견지에서 EU 정상회담 이후 파티기획전략을 새로 개발해야 합니다. 우리 기업이벤트팀의 활동으로 구축된 네트워킹의 이점은 인정하지만, DSK[18] 스타일의 호화로운 파티와 이탈리아식의 호색적인 만찬은 지금 권력을 잡은 좀 깐깐한 지도자들에게는 더 이상 적합하지 않습니다. 독일 메르켈 총리는 이런 것을 좋게 생각하지 않을 것입니다.

PR

나는 우리 홍보담당자들이 하고 있는 새로운 서비스에 특히 깊은 인상을 받았습니다. 우리의 이미지와 관련해서는, 이전의 지침과는 정반대이기는 하지만 '반성과 사과의 시간'이라는 행동지침이 추후 공지가 있을 때까지 계속 유지될 것입니다.

적대적인 세금, 규제, 정치 환경을 고려해, 단독으로든 혹은 무작위로 결합해서든 '공공', '신뢰', '핵심', '인프라스트럭처', '건강', '교육' 등을 포함한 여러 이름을 가진 투자 수단들을 통해 그룹의 주요 이익 수치를 일부러 낮게 만드는 것이 좋습니다.

마지막으로 개인적인 생각을 한 가지 말씀드리자면, 천-우 인터내셔널 고객들의 자금이 사라진 것에 대한 중국 금융규제당국의 악

---

18) 도미니크 스트로스 칸(Dominique Strauss-Kahn) : 전 프랑스 재무장관, 2007~2011년 IMF 총재—옮긴이.

의적인 비난에 대응하고자 합니다. 나는 분명하고 확실하게 말할 수 있습니다. 나는 고객자금을 남용하라는 어떤 서면지시도 한 적이 없고, 나 대신 다른 누군가가 그런 일을 하게 만들 의도도 전혀 없었습니다. 이 점을 분명히 하고 싶습니다.

즐거운 크리스마스와 연말 보내시고, 새해는 우리 모두에게 풍요로운 한 해가 되기를 기원합니다.

 7.6 '시민은행 그리드스핀' 2012년 12월

그리드스핀 회장으로 복귀한 스탠리 천은 시민정신, 지속가능성, 지역공동체 등이 강조되는 이른바 '시민은행 시대'가 내심 많이 불편하다.

발신 : 스탠리 천 [sc@greedspin.net]
날짜 : 2012년 12월 12일 11:09 AM
수신 : 행크 폴슨
제목 : 메리 크리스마스 앤 해피 뉴이어
첨부 : 그리드스핀 2012년 연차보고서 초안!

바보 같은 천, 바보, 바보! 그리드스핀으로의 복귀가 중국펀드에서 실패한 이후 나의 은퇴금고를 다시 채워줄 것이라고 생각한 내가 바보였네.

우리는 젊은 시절의 황금기를 다시 누릴 수 있었네. 그런데 병자를 고쳐놨더니 또 다른 고난이 닥쳐왔네 그려. 어쩌겠나. 또 한 번 달

려야지!

그런데 이번엔 상황이 좀 다르네. 지금 우리가 선두에 선 유일한 분야는 리보LIBOR금리 조작, 자금세탁, 보험 불완전판매, '무단' 매매 손실 등등. 해로운 것들뿐이네. 게임 그 자체는 아니었다 해도, 한때는 그저 게임의 한 부분이었던 행동들을 지금은 우리를 규제하는 아주 도덕군자인 척하는 사람들이 혐오스럽게 보고 있네.

'범죄'가 저질러졌을 때 경찰이었던 바로 그 사람들 말일세! 그들이 업종 절반을 국유화하려고 할 때, 주요 은행들이 제출한 리보금리 의견들LIBOR submissions이 허위였다는 것을 발견했을 때 얼마나 충격을 받았을까![19]

로니가 실수했을 때,[20] 그리드스핀의 고삐를 다시 잡아야 할 과제가 나에게 떨어졌지. 그래서 자네처럼 뒤로 물러나 회고록을 쓰거나 내 사람들이 땅에 포도나무를 심는 것을 지켜보는 대신, 나는 계속 펀치를 맞으면서도 여기에 붙어 있네.

우리가 할 수 있는 모든 것은 비용을 조작하는 정치꾼들과 기억상실증에 걸린 것 같은 규제당국자들 앞에서 칼레의 시민들Burghers of Calais처럼 땅에 엎드리는 것뿐이네.

시류에 편승하는 기회주의자들이야, 정말로! 행크, 우리는 바보들

---

[19] 리보금리 의견 : 리보금리를 계산할 때 사용하는 주요 은행들의 금리 의견을 말한다. 2012년 주요 은행들이 담합해 금리를 낮게 동결한 리보금리 조작사건이 사실로 밝혀졌다.—옮긴이

[20] 로니 픽스(Ronnie Fix) 당시 주중 미국대사와 스탠리 천의 중국 관련 대화 내용이 공개되었던 가상의 일화를 말한다.—옮긴이

의 손아귀에 있네. 이 사람들은 불황기에 자본과 유동성 요건을 높여야 한다고 믿고 있네. 더 문제는 이들이 투자은행업계의 마지막 기업가 불꽃을 꺼버릴 때까지는 이런 바보짓을 멈추려고 하지 않는다는 거야.

그리고 시민정신, 지속가능성, 지역공동체와 이해관계자라는 완전히 새로운 끔찍한 말들이 있네. 그들은 왜 이해하지 못하는 걸까? 은행 일은 간단해, 우리 보너스에 관한 일이지. 보너스를 주고 남은 게 있다면 그때 주주들을 챙기는 거야. 그 외는 다 장식품이지.

행크, 자네는 누구보다 나를 잘 알잖나. 본질적으로 나는 낙관주의자네. 나는 그리드스핀이라는 거대한 배를 잘 몰 수 있어. 시간이 모든 걸 해결해주고, 기억은 사라질 걸세. 그리고 나는 이 멍청이들이 틀렸다는 것을 증명하기 위해 필요한 뭐든 하기로 결심했네. 알다시피 나는 좋은 비밀누설은 하지 않고서는 못 배기는 사람이라, 올해 우리의 연차보고서 초안을 보내네. 준법팀의 검토와 대대적인 수정(문서의 '변경내용 추적'으로 시작되지)이 있을 거야. 그렇지만 누가 그래! 늙은 개에게 새로운 재주를 가르칠 수 없다고.

늘 변함없는 스탠리가

그리드스핀 2012년 연차보고서 〈초안〉

주주 여러분.

2012년은 우리에게 최고의 한 해는 아니었습니다. 슬프게도, 돌이킬 수 없는 실수들이 있었습니다. 그리고 어려운 과제들이 우리 앞에 놓여 있습니다. 여러분의 새 선장으로서 나는 적대적인 규제와 정치 환경이라는 암초, 그리고 리스크 혐오라는 끔찍한 소용돌이 사이를 뚫고 최선을 다해 항해해 나갈 것입니다.

행운의 여신은 용기 있는 자의 편이며, 리스크를 감수하는 것은 우리의 DNA라는 것을 결코 잊어서는 안 됩니다. 우리가 해결해야 할 문제들이 여전히 있지만, 나는 우리가 다시 <u>지속 가능한</u> 미래를 향해 나아갈 수 있다고 믿습니다. [삭제: 황금 같은]

그곳에 도달하기 위해 우리는 양면적인 전술을 사용할 것입니다. 먼저, 규제가 엄격한 곳에서는 시장 상황이 바뀔 때까지 우리 배의 신호기를 '리스크 제거risk-off' 모드로 확실히 세팅해 놓았습니다. 우리는 <u>열정적인</u> 시민정신을 가진 공익적인 유틸리티은행이 될 것입니다. 반면, <u>성장률이 더 높고</u> 그리드스핀의 기존 관행이 성공할 수 있는 신흥국시장에서는 엔진의 출력을 최대한 높여 '리스크 감수risk-on'를 극대화하겠습니다. [삭제: 말을 많이 하는] [삭제: 규제가 약하고]

시민은행 그리드스핀

글로벌 시민정신 과제를 수행하는 것이 우리의 핵심 임무입니다. 여기에는 박애주의, 고객 존중, 의사소통, 친환경 등이 포함됩니다.

그리드스핀 기브스Greedspin Giveth가 '반려견 1,000마리'[체크 - 왜 1만 마리가 아닌지 확인할 것] 캠페인, '구멍가게 1만 개' 프로그램과 함께 우리의 박애주의적 노력의 중심에 있습니다. 그리드스핀 기브스의 경우, 세이브더칠드런Save The Children 같은 지정 자선단체를 지원하기 위해 이사급 미만 직원들에 대한 보상을 1억 달러 줄였습니다. 반려견 1,000마리 캠페인으로는 중요한 고객의 자녀들에게 지금까지 550마리의 강아지를 기증했으며, 구멍가게 1만 개 프로그램을 통해서는 소규모 사업자들에게 그들이 상상할 수도 없는 적은 비용으로 리스크를 줄여줄 수 있는 파생상품을 계속 제공하고 있습니다.

> 삭제: 스탠리 천 가족재단

우리는 고객에 초점을 맞추는 노력을 계속 강화해 나갈 것입니다. 고객만족점수는 우리가 가진 커다란 기회를 잘 보여줍니다. 고위 임원들은 우리의 새로운 1,000만 달러 윤리센터에서 현대적인 프레젠테이션 기법을 배우고 있습니다.

> 삭제: 우리가 얼마나 끔찍한지

기술도 역할을 합니다. 새로운 비구조적인 데이터 소프트웨어가 도입되어 모든 그리드스핀 IT 플랫폼에서 사용되는 금지어들을 탐지하고 있습니다. 우리 데이터베이스에서는 더 이상 '멍청이', '등신', '바보' 같은 말은 사용할 수 없으며, 앞으로 이런 말들은 '소중한 고객'이라는 말로 자동 대체될 것입니다.

우리의 대외 홍보활동에서는 '주주 이해를 위해 행동한다'는 것만 언급할 것이 아니라, 동시에 고객, 직원, 그리고 좋은 시민이 되는 것에 대해서도 언급할 것입니다. 모든 보도자료에는 '지역사회', '힘든 주택소유자', '고객 경험 강화', '박애주의적 업무', '소상공인 지원', '파트너', '시민 참여', '시민정신', 그리고 '이해관계자' 같은 우리의 용어 목록에서 무작위로 선별된 단어와 표현이 최소한 어느 정도 포함되도록 할 것입니다.

지속 가능한 지구라는 장기 목표에 대한 우리의 약속은 재고의 여지가 없지만, 그린 그리드스핀Green Greedspin 의제는 지역 상황에 맞게 현명하게 조정될 것입니다.

2012년 그린 그리드스핀은 우리의 유산과 지속가능성 의제를 주도하면서 괄목할 만한 진전을 이루었습니다. 선진국시장에서 M&A 사업부의 IPO 활동이 감소하면서 결과적으로 위험한 가스 배출을 현저히 줄였습니다. 또 세계금융위기 발생 이후 전반적인 인력감축에 따라 그룹 전반의 총유독성 수준이 20% 감소했습니다.

신흥국시장—기본으로 돌아가다

신흥국시장은 여전히 우리의 대표적인 주요 성장 기회입니다. 매력적인 인구구성, 선진국을 쫓아오는 성장잠재력, 그리고 낮은 수준의 소비자 부채는 신흥국시장을 흥미로운 곳으로 만들고 있습니다. 선진국시장과 달리, 신흥국시장은 거대한 성장 잠재력을 갖고 있으며, 우리는 리스크 중개와 부의 이전에서 중요한 역할을 할 수 있습니다.

[삭제: 아직 그들의 마래를 저당 잡히지 않았으며]

혁신은 필수적이며, 특히 신흥국시장에서 가장 그렇습니다. 무역금융에서, 우리의 새로운 바이패스ByPass^{SM} 이체 솔루션은 패러다임 전환을 상징합니다. 우리는 고객들이 신흥국시장 무역경로trade corridor와 기술채널technology channels에서 사업을 할 때 발생하는 복잡한 현금관리 문제를 해결할 수 있도록 도울 것입니다.

새로 준비된 '고객 완벽 파악Getting to Know Our Customers A-to-Z' 체크리스트로 우리는 '마약조직은 접근할 수 없는 은행', '이해관계자들은 몰려오는 은행'이 될 것입니다.

2013년 우리는 새로운 신흥국시장 소비자 대출 플랫폼을 출시할 것입니다. 우리의 목표는 30초 만에 대출 결정을 내리는 것입니다.

불필요한 서류작업을 줄여주는 우리의 새로운 트위터앤텍스트론 Tweet&TextLoan^{SM} 서비스를 통해 보다 쉽게 대출을 신청할 수 있습니다.

담보와 관련해서는 더욱 창조력을 발휘할 것입니다. 신흥국시장 고객들은 이미 오토바이, 트랙터, 트레일러 등을 담보로 제공할 수 있습니다. 적절한 경우 반려동물과 기타 사랑하는 대상을 포함한 더욱 광범위한 담보옵션을 갖춘 계획을 시범운영 중에 있습니다.

신흥국시장에서는 매년 수백만 명이 소비자계층에 진입하고 있으며, 우리의 목표는 <u>장기적으로 지속될 수 있는</u> 사업을 구축하는 것입니다.

> 삭제 : 신속하게 구축해서 때가 되면 사업매각이나 IPO를 통해 가치를 실현할 수 있는

규제 - 균형 유지

우리와 규제당국의 관계는 <u>매우 중요했습니다</u>. 우리는 번영하는 지속 가능한 미래를 위한 올바른 환경을 창조하기 위해 서로 협력하길 원합니다. 앞으로 <u>더욱 협력을 강화해</u> 상호이해를 높이는 노력이 필요합니다. 지금까지 규제당국과 중앙은행에 들어간 그리드스핀 출신들은 우리 사업에 큰 도움이 되었습니다. 그리고 우리는 <u>은퇴</u>한 관료들에게 우리 준법팀과 리스크 부서에 좋은 연봉의 자리를 제공할 수 있습니다.

> 삭제 : 너무 적대적이었습니다

> 삭제 : 회전문 고용정책을 통해

> 삭제 : 피곤한

앞으로 있을 벌금 부과와 보상 및 배상 청구에 대항해 더욱 체계적이고 협력적인 방어를 위해 우리 소송팀과 PR팀이 합쳤습니다. '반성과 사과의 시간'이라는 행동지침을 철회하기에는 아직 너무 이르지만, 나는 우리 팀들이 줄어들고 있는 자본을 지키기 위해 훨씬 강력한 방법을 사용하길 바랍니다.

우리에게 거액의 벌금을 부과함과 동시에 자본금 요건을 강화하는 것은 우리 모두가 바라는 지속 가능한 은행시스템을 만들어내지 못

> 삭제 : (우리의 풍요로운 은퇴를 위해)

한다는 점을 규제당국자들에게 상기시킬 필요가 있습니다.

임직원 보수-그저 보상일 뿐

우리 직원들은 우리의 가장 중요한 자산이며, 이런 점에서 그들의 안전은 가장 중요합니다. 현재 우리는 전 세계 우리 사무실에 적용할 새로운 최첨단 출입카드 안전시스템에 투자하고 있습니다. 이 새로운 시스템은 효율성을 높이기 위해 옥토퍼스$^{Octopus\mathrm{TM}}$ 개인생산성 데이터베이스에 통합될 것입니다.

이사회 보수라는 핵심 문제와 관련해 나는 고위임원들의 보수를 점검하기 위해 우리 보수위원회에 사람중심적인 기업 출신의 경험 많은 인사들을 충원하려고 합니다.

삭제 : 불안전

삭제 : 실적 저조자들의 실시간 해고를 가능하도록 하기 위해. 개인 실적이 악화될 경우, 향후 실적이 나쁜 멍청이들의 출입카드는 즉시 사용 정지될 수 있음

삭제 : 광고엽게

결론

나는 우리의 11만 직원들에게[체크 – 아직도 그렇게 많은가?] 감사를 드리는 바입니다. 이들은 [지역사회에서]/[소상공인들을 지원하면서]/[시민참여 분야에서]/[힘든 주택소유자들을 도우면서]* 지금까지 계속 열심히 일했습니다. 이들은 [박애주의적 업무]/[시민정신]*을 통해 핵심 이해관계자들을 위한 지속 가능한 수익을 창출하기 위해 고객 경험을 강화해 왔습니다. 그들의 파트너가 된 것은 저의 가장 큰 영광입니다.

삭제 : 주주들

그리드스핀
회장 겸 CEO 스탠리 천

* 적절히 삭제할 것.

7.7 GIR[21]과의 오찬 인터뷰
: 황금궁전호텔이 청구한 계산서 2013년 12월

그리드스핀의 스탠리 천 회장은 그의 경력, 절대 멈추지 않는 낙관, 기이한 취미활동 등 각종 이슈에 대해 거침없이 답했다.

• 인터뷰어 : 루시 스팅어 Lucy Stinger

나는 스위스 그삼 Gsaam의 산악리조트에 있는 팔레도르호텔 Hôtel du Palais d'Or(황금궁전호텔)에서 예정된 그리드스핀 회장 겸 CEO 스탠리 천과의 오찬 인터뷰에 조금 일찍 도착했다. 스탠리 천의 전직 동료들은 그가 참을성이 없기로 유명하며 모든 미팅에 5분 규칙을 적용한다고 경고해 준 바 있다. 약속 시간에 5분을 조금이라도 넘기면 경력에 끔찍한 영향을 미칠 수 있다는 것이었다. 그는 딸의 성탄절 연극에 참석했다가 보수위원회 회의에 늦게 도착한 담당 부서장을 해고한 적도 있다고 했다.

약속 시간이 되자, 스탠리 천의 수행원들이 먼저 도착하기 시작했다. 선발대는 경호원, 홍보담당자, 개인비서 등 3명으로 구성되어 있었다. 그리고 마침내 어수선한 선발대를 뚫고 스위스 산악지대에 어울리지 않게 세로줄무늬 정장에 에르메스 타이를 매고 윙팁 구두를 신은 스탠리 천이 등장했다. 키가 너무 작아서 깜짝 놀랐다. 눈매는

---

21) GIR은 마라톤이 발행하는 정기 간행물 〈글로벌 인베스트먼트 리뷰(Global Investment Review)〉의 약자이다.

지나치게 사나워 보였고, 이는 부자연스럽게 희고 뾰쪽했다.

"GIR 아주 잘 보고 있습니다"라고 먼저 말을 꺼낸 그는 "요즘엔 거의 읽을 시간이 없었지만요"라며 뻔한 도발을 덧붙였다.

나는 GIR이 오찬 비용을 계산한다는 말과 함께 인터뷰 진행방식에 대해 간단히 설명했다. 그러자 그는 "재미있네요"라고 하면서, 기분 좋은 듯 "그러면 식사와 와인을 내가 골라도 됩니까? 병당 50이면 될 겁니다"라고 물었다. 나는 내가 채식주의자라고 말했다. 그러자 그는 잠시 불편한 듯 뜸을 들이더니, "네, 알겠습니다"라고 했다.

주제를 바꿔서 나는 그에게 사업에 대해 물었다. 그러자 그는 하얀 이를 번쩍이며 "지금이 최고지요!"라고 했다. 그리드스핀 회장에 취임한 지 1년이 지난 지금 그는 자신의 회사 전망에 대해 그 어느 때보다 낙관적이었다. 위험한 모기지 판매와 관련된 60억 달러의 벌금과 부정행위에 대한 수많은 조사가 이어지고 있음에도 불구하고, 그는 투자은행산업에 엄청난 변화가 있었다고 믿었다.

그는 은행 규제당국자들이 취하고 있는 공격적인 태도를 설명하면서 "지금 한 줄기 빛이 보입니다. 강한 규제는 사실상 우리 사업에 아주 좋은 것입니다. 우리가 올해 전 세계적으로 8,000명의 준법 인력을 새로 충원했다는 것을 아십니까?" 하고 물었다. 그는 새로운 규제로 경쟁을 제한하는 진입장벽이 높아지고 있다고 했다. "우리 산업에 신규 진입자가 많이 들어오지 못할 겁니다. 결국, 누구도 새로 들어와서 스프레드를 낮출 수 없기 때문에 스프레드는 계속 높은 수준을 유지하겠지요."

스탠리 천은 진입장벽을 이해하고 있었다. 그삼 마을을 내려다보는 급경사면 위에 있는 그의 500에이커 사유지는 견고하게 쌓아 올린 벽으로 보호되고 있었다. 그의 사유지의 기원은 16세기에 지어진 수도원으로 거슬러 올라간다. 이 수도원은 1880년대 폭파된 후 엄청난 거부 백계러시아인에 의해 포탑, 정문 건물, 알현실을 갖춘 로마네스크 양식의 부활궁전Revival Palace이란 이름으로 재건되었다. 오늘날 이 부지에는 지역당국의 반대에도 불구하고 건축된 신팔라디오neo-Palladian 양식의 자체 건물 우리에 수용된 100마리 타조들의 안식처도 있었다.

웨이터가 와서 주문을 받았다. 그는 "먼저 푸아그라를 주시고, 그 다음 비너슈니첼Wiener Schnitzel(송아지고기 커틀릿)을 주시오. 아, 그리고 사이드로 오르톨랑Ortolan Bunting(EU에서 금지된 오르톨랑촉새 요리)도 주시오. 이 숙녀분에게는 채식 메뉴로 부탁합니다"라고 주문을 했다. 그리고 가죽으로 된 두꺼운 와인리스트는 열어보지도 않고 손가락으로 부드럽게 두드리면서 "늘 마시던 것으로!"라고 주문했다.

금융규제도 스탠리 천의 성장 계획의 한 요소였다. 그는 밥 다이아몬드Bob Diamond[22]가 나이지리아에서 사업을 확장하고 있다는 뉴스를 언급하면서, "세계에서 우리 사업을 성장시킬 수 있는 지역을 보면, 규제가 약하거나 없는 지역들입니다. 우리는 규제가 강한 시장에서 돈을 빼내 이를 아주 좋은 수익률로 (규제가 약하거나 없는 지역에) 재투자할 수 있습니다. 궁극적으로 규제가 너무 많은 나라들은

---

22) 2012년 리보금리 조작 문제로 사임한 바클레이의 CEO 로버트 다이아몬드(Robert Diamond)—옮긴이.

돈을 잃을 것이고, 우리는 돈을 벌 것입니다"라고 했다.

푸아그라 한 접시가 도착하자, 스탠리 천은 입에 가득 넣고 단 두 입 만에 먹어 치웠다.

그는 "아프리카에는 아주 매력적인 자산이 있고, 인프라 건설자금을 애타게 원하는 정치인들이 있습니다. 우리는 중국인 투자자들을 데려가서 가치사슬 전반에 도움을 제공할 수 있습니다"라고 했다. 최근 그리드스핀은 제이콥 주마Jacob Juma[23]의 국가주택개발사업에 주도적인 역할을 했다. 그는 포크 손잡이로 테이블을 두드리면서 "우리에게 엄청 많이 떨어졌어요"라고 했다.

업계에 종사하는 내내 스탠리 천은 그의 경력을 위협했던 여러 실패에도 불구하고 대단한 자신감을 보였다. 이 거물 자본가는 1960년대 뉴욕의 그리드스핀 채권매매자로 사회생활을 시작했다. 그리고 1980년대와 1990년대에는 그리드스핀에서 가장 성공한 M&A 자문가 중 한 명이 되었다.

그러나 2000년 제너럴초콜릿과 바이트백ByteBack의 재앙과도 같았던 합병 업무로 인해 그는 편법행위에 대한 공식조사를 받은 후 2004년 회사를 떠나게 되었다. 이에 대해 그는 "그 거래에 아무런 후회도 없습니다. 제너럴초콜릿은 먹느냐 먹히느냐의 경우였어요"라고 했다.

와인 소믈리에가 적포도주를 가져왔고, 이어서 주요리가 나왔다. 그는 고기를 네모 조각으로 자른 후 재빨리 입안으로 집어넣었다.

---

23) 2009~2018년 남아프리카 대통령—옮긴이.

그가 주문한 사이드메뉴 오르톨랑은 현재 동물권리를 이유로 EU에서 금지된 요리로 부리부터 꼬리까지 꼬치에 꿰어 한입에 먹는 것이다. "알아요? 이 요리를 만들 때는 녀석을 산 채로 아르마냑 코냑에 넣고 익사시켜버려요!" 그는 오르톨랑 뼈를 와작 씹으며 큰 소리로 말했다.

그 후 계속 반복되는 패턴대로, 스탠리 천은 제너럴초콜릿 재앙 이후 새로운 모습으로 다시 돌아왔다. 2005년 그는 신용 거품 정점기에 막대한 금액을 조달해 투자하던 사모펀드회사 리어뷰캐피털 회장으로 재등장했다.

"나는 항상 내가 돈의 흐름을 촉진할 수 있는 시장의 가장 인기 있는 분야를 찾으려고 했어요. 우리 사업에서 돈의 흐름은 수수료를 의미합니다. 아주 정말 간단하죠"라고 했다.

2007년 사모펀드시장이 식기 시작한 후, 스탠리 천은 두바이로 건너가서 국부펀드에 투자자문을 제공하는 소버린웰스 어드바이저리 파트너스를 설립했다. 이 회사는 신용경색 초기 단계에 국부펀드들에게 당시 문제가 있던 미국 금융주에 800억 달러 투자를 자문했고, 이는 결국 재앙적인 손실로 이어졌다. 두바이에서는 아직도 그에 대한 체포영장이 발부된 상태다. 이런 일을 겪으면 다른 사람들은 대개 은퇴하지만, 그는 여전히 끄떡없었다. 그는 "결국, 우리는 자문가가 아니라 촉진자 역할을 했을 뿐이고, 포트폴리오는 우리 기대에 부합하는 실적을 냈습니다"라고 했다.

그다음 그는 베이징 출신으로 그의 전 개인비서였던 젊은 새 부인 수지Susie와 함께 중국으로 이주해 새로운 투자은행 천-우 인터내셔널을 설립했다. 그리고 1년 후, 그는 중국 경제에 대한 아주 회의적인 그의 발언 내용이 유출돼 언론에 보도되자 도망치듯 중국을 떠날 수밖에 없었다.

이 사건은 당시 (주중 미국대사를 마치고) 그리드스핀 회장으로 있던 로니 픽스의 관심을 끌었고, 그는 스탠리 천을 자신의 특별고문으로 복귀시켰다. 그리고 얼마 후 로니 픽스가 리보금리 조작 스캔들로 사임하자 스탠리 천은 자신의 옛 회사 회장으로 완벽한 복귀를 하게 된다.

배려하는 은행가caring banker라는 새로운 시대에 스탠리 천은 아주 뛰어난 적응력을 보여주었다. 그리드스핀 회장으로 취임하자마자 그는 기업의 자선활동을 새롭게 강조하면서 '시민은행 그리드스핀 정책'을 추진했다.

특히 그는 빈곤층에게 강아지를 기증하는 반려견 1,000마리 캠페인에 자부심을 갖고 있었다. 하지만 〈뉴욕타임스〉는 탐사보도를 통해 강아지를 받은 사람 대부분이 그리드스핀 고객이었다는 사실을 밝혀냈다. 내가 이 문제를 제기하자, 그는 당당하게 "고객들에게 우리의 배려하는 모습을 보여주는 것이 중요합니다"라고 했다.

비판자들은 2만 명의 직원을 정리해고(스탠리 천의 표현으로 '면직')한 것에 대해 그가 그리 배려심이 있는 사람이 아니었다고 주장하고 있지만, 그는 "너무 커서 실패하지 않는 사람(대마불사 같은 것)은 없습니다. 특히 작은 사람은 더 그렇지요"라고 서슴없이 말했다.

그는 항구적인 주식시장 강세론자였고, 통화정책의 힘을 굳게 믿었다. 그는 "유럽인들은 결국 그들 방식이 어리석었다는 것을 깨달고, 미국, 영국, 일본을 따라갈 겁니다. 그게 유일한 출구입니다. 자산 가격은 한 방향으로만 진행할 수 있습니다. 그리고 그 진행이 끝날 때, 우리는 매매의 반대편에 있을 겁니다. 지금이 정말 최고의 시기죠"라고 했다.

억만장자의 모든 장식품―스위스의 궁전, 매사추세츠 낸터컷 섬의 별장, 런던 고급주택지 벨그레이비어의 타운하우스, 6,500만 달러짜리 걸프스트림 전용제트기, 영국 프리미어 축구팀에 대한 지분, 뉴욕 포시즌스호텔 레스토랑 신용계정(단골이 외상으로 이용할 수 있는 계정)―에도 불구하고, 스탠리 천은 자신의 자산에 대해 말하기를 꺼렸다. 그러나 〈포브스〉에서 말한 60억 달러는 자신의 순자산을 크게 과소평가한 것이라고 했다. 그는 자신의 자선활동에 대해서는 훨씬 더 말이 없었고, '가족 일'이라고만 했다.

그리고 그는 눈을 반짝이며 말했다. "나는 내 피카소 작품들을 즐기고 있어요. 그리고 다른 몇몇 사람들과 달리 벌금을 내기 위해 내가 그 작품들을 팔 필요도 전혀 없었어요."

나는 그의 취미가 뭐냐고 물었다. 그러자 이번은 그가 확신이 없는 것 같았다. 그는 영감을 떠올리기 위해서거나, 아니면 그의 홍보 담당자의 도움을 받을 요량으로 식당을 한 번 죽 둘러보았다. 그러다 마침내 그의 시선이 한 풍경화에 머물렀다. 그리고 사뭇 음산하게 말했다. "총으로 양을 사냥합니다."

그 말과 함께 그는 이를 크게 드러내고 미친 사람처럼 크게 웃으며 자리에서 일어났다. 그리고 "당신 시간을 너무 많이 빼앗았네요"라고 하면서 계산서가 도착하기 전에 자리를 떴다.

그리고 계산서를 받은 나는, 과거 그의 많은 고객들처럼, 이 그리드스핀 은행가를 만난 것을 내심 크게 후회했다.

팔레도르호텔

스위스, 그삼, 포르테스트라세 80번가

	스위스프랑
푸아그라	60
비너슈니첼	120
오르톨랑	1,000
시금치	14
풀리니-몽라세 프리미에 끄뤼 레 퓌셀 2002년 산	1,200
샤또 페트루스, 포므롤 2000년 산	46,000
합계	48,394*

* 미 달러화로 약 5만 6,000달러(환율 1,400원 적용 시 한화로 약 7,840만 원)

부록

| 마라톤 에셋 매니지먼트의 목적, 비전, 가치 |

목적

시장지수보다 나은 성과를 올리며 고객이 장기적인 재무 목표를 달성할 수 있도록 지원한다.

비전

독창적인 자본사이클 분석을 통해 신중하고 지속 가능한 방식으로 우수한 투자 수익을 제공한다.
모든 고객에게 신뢰할 수 있는 동반자와 같은 역할을 한다.
헌신적이고 포용적이며 열정적으로 직무를 수행하며, 모든 일에서 엄격한 윤리 기준을 준수한다.

가치

고객 중심
    모든 측면에서 고객의 이익과 우리의 이익을 일치시키기 위해 노력한다.
    우리는 고객 자산을 관리하는 책임을 맡은 신뢰받는 파트너다.
    신중하고 실용적인 수탁자로서 고객의 이익을 최우선으로 한다.

장기적 관점
    모든 일에 있어 장기적인 관점으로 접근한다.
    투자하는 기업의 경영진에게 단기적인 사고방식을 피하고 장기적으로 지속 가능한 가치를 창출하는 데 집중할 것을 권장한다.
    투자 과정 전반에서 ESG(환경, 사회, 지배구조) 이슈를 철저히 고려하는 것이 우리의 의무다.

책임감
    책임감을 가지고 의사결정을 수행한다.

지적 정직성
    솔직하고 겸손한 자세로 행동한다.

주인의식
    기업가 정신과 주인의식을 갖고자 노력한다.
    우리는 서로를 지원하고 있으며, 고객의 이익을 위해 협력한다.

탁월한 운영
    끊임없는 호기심과 지속적으로 개선해 나가려는 사고방식으로 운영의 탁월성을 추구한다.

(출처 : 마라톤 에셋 매니지먼트 홈페이지)

함께 읽으면 좋은 부크온의 책들

- 내 주식은 왜 휴지조각이 되었을까? 　　장세민
- 투자의 전설 앤서니 볼턴 　　앤서니 볼턴
- 예측투자 　　마이클 모부신, 알프레드 래퍼포트
- 투자도 인생도 복리처럼 　　가우탐 바이드
- 퍼펙트 포트폴리오 　　앤드류 로, 스티븐 포어스터
- 안전마진 　　크리스토퍼 리소길
- 권 교수의 가치투자 이야기 　　권용현
- 벤저민 그레이엄의 성장주 투자법 　　프레더릭 마틴
- 가치투자는 옳다 　　장마리 에베이야르
- 박 회계사의 재무제표 분석법 (개정판) 　　박동흠
- 워런 버핏처럼 주식투자 시작하는 법 　　메리 버핏, 션 세아
- 인생주식 10가지 황금법칙 　　피터 세일런
- 주식고수들이 더 좋아하는 대체투자 　　조영민
- 금융시장으로 간 진화론 　　앤드류 로
- 현명한 투자자의 지표 분석법 　　고재홍
- 투자 대가들의 가치평가 활용법 　　존 프라이스
- 워런 버핏처럼 가치평가 시작하는 법 　　존 프라이스
- 투자의 가치 　　이건규
- 워런 버핏의 주식투자 콘서트 　　워런 버핏
- 적극적 가치투자 　　비탈리 카스넬슨
- 주식투자자를 위한 재무제표 해결사 V차트 　　정연빈
- 주식 PER 종목 선정 활용법 　　키스 앤더슨
- 현명한 투자자의 인문학 　　로버트 해그스트롬
- 워런 버핏만 알고 있는 주식투자의 비밀 　　메리 버핏, 데이비드 클라크
- 박 회계사의 사업보고서 분석법 　　박동흠
- 이웃집 워런 버핏, 숙향의 투자 일기 　　숙향
- NEW 워런 버핏처럼 적정주가 구하는 법 　　이은원
- 줄루 주식투자법 　　짐 슬레이터
- 경제적 해자 실전 주식 투자법 　　헤더 브릴리언트 외
- 붐버스톨로지 　　비크람 만샤라마니
- 워렌 버핏처럼 사업보고서 읽는 법 　　김현준
- 주식 가치평가를 위한 작은 책 　　애스워드 다모다란
- 고객의 요트는 어디에 있는가 　　프레드 쉐드
- 투자공식 끝장내기 　　정호성, 임동민
- 워렌 버핏의 재무제표 활용법 　　메리 버핏, 데이비스 클라크
- 현명한 투자자의 재무제표 읽는 법 　　벤저민 그레이엄, 스펜서 메레디스